Renner · Ethnopädagogik

Veröffentlichung
des Instituts für Grundschulpädagogik
und Kindheitsforschung
der Pädagogischen Hochschule Erfurt

Herausgegeben von Erich Renner

Erich Renner

Ethnopädagogik

Ein Report

DEUTSCHER
STUDIEN
VERLAG
Weinheim 2000

Über den Autor:
Prof. Dr. phil. habil. Erich Renner ist Direktor
des Instituts für Grundschulpädagogik und Kindheitsforschung
der Pädagogischen Hochschule Erfurt.

Druck nach Typoskript (DTP)

Herstellung der Druckvorlage: Barbara Sippach, Harald Lützkendorf,
Institut für Grundschulpädagogik und Kindheitsforschung
der Pädagogischen Hochschule Erfurt
Druck: Druck Partner Rübelmann, 69502 Hemsbach
Seriengestaltung des Umschlags: Federico Luci, 50674 Köln
Printed in Germany

ISBN 3 89271 909 8

Meine Großmutter hat mir immer wieder gesagt, wenn wir unsere Kultur verlieren, wenn es nicht mehr länger schwarz, weiß oder rot gibt, wenn wir unsere Sprache verlieren, dann ist die Zeit gekommen, in der die Welt aufhört zu existieren.

(Vergil Bedoni, Navajo-Diné)

Inhaltsverzeichnis

Schule

Medien und Spiele

Vorbemerkung

Ethnopädagogik als Subdisziplin zwischen Ethnologie und Pädagogik beginnt sich in Deutschland erst seit den achtziger Jahren des 20. Jahrhunderts konzeptionell herauszubilden. Die inhaltliche Entstehungsgeschichte indes reicht bis ins ausgehende 19. Jahrhundert zurück. In der nachfolgenden Einleitung wird versucht, diesen Werdegang anhand von Publikationen zu rekonstruieren.
Die anderen hier versammelten Arbeiten sind als Versuche zu verstehen, den von mir entwickelten ethnopädagogischen Ansatz auf biographischer Grundlage für Aufgaben in Forschung und Lehre zu erschließen. Damit sind gemeint: Auswertung autobiographischer Wissensbestände fremdkultureller Herkunft; Initiierung, Begleitung und Analyse autobiographischer Textproduktionen bei Individuen fremdkultureller Abstammung durch den Verfasser; Arbeit mit dem Deutungsmusteransatz. Inhaltlich kreist die Mehrzahl der Arbeiten um die kulturelle Situation der Navajo-Indianer im Südwesten der USA, mit der sich der Verfasser in verschiedenen biographischen, teilweise von der Deutschen Forschungsgemeinschaft geförderten Projekten befaßt hat und noch befaßt.

Ausgangspunkt einiger Arbeiten ist die Etablierung einer interdisziplinären Tagungsreihe mit dem Forschungsschwerpunkt *Kindheit* am Institut für Grundschulpädagogik und Kindheitsforschung der Pädagogischen Hochschule Erfurt, und zwar bisher 1994, 1996, 1998. Ein Mittelpunkt dieser Tagungen waren ethnologische bzw. ethnopädagogische Beiträge (vgl. Renner 1995; Renner u.a. 1997; Renner u.a. 1999).
Von den hier vorgelegten Texten sind einige bereits an einem anderen Ort, teilweise in gekürzter Form, veröffentlicht worden. Andere Studien und Berichte werden hier erstmals publiziert. Dazu gehören die einleitende Arbeit "Ethnopädagogik – ein werkorientierter Einblick", der Forschungsbericht "Navajo-Familienstudie", das Forschungsdesign "Traditionelle Sozisalisationsbedingungen und -wirkungen der Navajo-Kultur", das Seminarprogramm "Lernprozesse und Lernumwelten in fremden Kulturen", die Arbeit "Der asiatische Lerntyp", die Artikel "Moderne gegen Tradition" sowie "Über die Mediatisierung unserer Lebenswelten". Das Stichwort Report soll darauf verweisen, daß die Themen der einzelnen Kapitel nicht systematisch entstanden und deshalb in ihren ursprünglichen Kontexten belassen worden sind. Allerdings werden die Beiträge bestimmten inhaltlichen Gliederungspunkten zugeordnet, die programmatischen Charakter haben. Sie bezeichnen Problemfelder, denen sich eine ethnopädagogisch ausgerichtete Forschung widmen sollte.

Einleitung: Ethnopädagogik – ein werkorientierter Einblick

(1) Die Geschichte der Subdisziplin Ethnopädagogik hat, wie die der Ethnologie überhaupt, ihre Wurzeln in den Aktivitäten von Missionaren, Forschungsreisenden und Ethnographen, die ihre Beobachtungen bei fremden Völkern aufgeschrieben und publiziert haben. Unter ihnen gilt der französische Jesuitenpater Joseph Francois Lafiteau als derjenige, der bereits Anfang des 18. Jahrhunderts die "methodischen Prinzipien des Fremdverstehens", "das Einfühlen in die Gebräuche und Vorstellungen einer fremden Gesellschaft, die genaue Beherrschung ihrer Sprache und die Einsicht in den kulturbestimmten, vorurteilsgeprägten Charakter der eigenen Sehweise" ganz im Sinne heutiger Feldforschung praktiziert hat (vgl. Kohl 1986, S. 88). Aspekte funktionaler und intentionaler Erziehung haben in den Beobachtungen der Forschungsreisenden implizit seitdem jeweils mehr oder weniger eine Rolle gespielt. Lafiteau habe bereits die Bedeutung klassifikatorischer Verwandtschaftsbeziehungen als funktionalen Kontext von Erziehung erkannt und diskutiert, meint Todd (1913, S. 78).
In der zweiten Hälfte des 19. Jahrhunderts finden sich in ethnographischen Abhandlungen vermehrt Hinweise auf Erziehung und Familie. Ratzels dreibändige Völkerkunde (1885, 1886, 1888), die den damaligen Stand des Wissens repräsentieren will, mag ein Beispiel dafür sein (vgl. Bd. 1: S. 149 ~ Neger, S. 151 ~ Nilanwohner; Bd. 2: S. 181 ~ Polynesier, S. 274 ~ Melanesier, S. 553/554 ~ Indianer). Obwohl die dort mitgeteilten Details insgesamt eher spärlich sind, die Belegstellen enthalten Hinweise auf repressionsfreie Erziehung und Entwicklung in der frühen Kindheit bei Nilanwohnern und Indianern, auf die Bedeutung von Weihezeremonien und Altersgruppierungen, hält der Autor z.B. die Erziehungsfähigkeit der Indianer für begrenzt (vgl. Bd. 2, S. 553/554). Mit der Publikation "The primitive family as educational agency" (Todd 1913) dürfte eine der ersten systematischen ethnopädagogischen Arbeiten vorliegen, die auf einem umfangreichen internationalen Anmerkungsapparat basieren. Neben der europäischen sind auch die russische ethnographische Literatur und wichtige Pädagogen wie Rousseau, Pestalozzi, Herbart berücksichtigt. Mit neun Belegstellen aus Eastman (1902) benutzt ein wissenschaftlich arbeitender Autor vermutlich erstmals eine der frühen indianischen Autobiographien. Obwohl gerade diese Quelle eindeutig in gegenläufiger Absicht verfaßt ist, entsprechen Todds Verallgemeinerungen dem evolutionistischen Zeitgeist: Primitive Erziehung sei wesentlich Selbsterziehung. Die Möglichkeiten einer bewußten und reflektierten Erziehung seien unter anderem beschränkt durch die fehlende Vorstellung von Persönlichkeit, flüchtiges Gedächtnis und stumpfe Sensibilität. Erziehung gelte dem Vorteil der Eltern, nicht dem der Kinder (vgl. Todd S. 226-227). Die Primtiven, zumeist als Wilde apostrophiert, befinden sich danach in einem, gemessen am Entwicklungsstand der Zivilisierten, bestenfalls kindhaften Status. Diese umfangreiche Auswertung der damaligen Wissensbestände konnte den Verfasser nicht von seiner im Einleitungsteil festgelegten Meinung abbringen: "For my own part I hold the savage mind to differ quantitatively and qualitatively from our own" (vgl. Todd 1913, S. 9). Eine Reanalyse

des benutzten Quellenmaterials aus heutiger Sicht erbrächte vermutlich differenziertere Resultate.
Eine enzyklopädische Darstellung des Wissens über Kinder und Kindheit aller bekannten Kulturen hat der Mediziner Heinrich Ploß (1882) verfaßt. B. Renz (2 Bände: 1911, 1912) hat das Werk in einer dritten Auflage "gänzlich umgearbeitet und stark vermehrt". Die Publikation will eine Ergänzung sein zur "reichen pädagogisch-psychologischen Literatur, welche besonders in diesem Jahrhundert als Frucht der Liebe zum Kind in unseren Kulturstaaten aufgeblüht ist". Die Erweiterung begründet Renz in der "erstaunlichen Zunahme des ethnographisch-ethnologischen Materials aus den letzten Jahrzehnten" (vgl. Vorrede, 1911, S. IV). Die Bibliographie am Ende des zweiten Bandes verzeichnet nicht weniger als 1.800 Titel, wobei die europäischen Kulturen einbezogen sind. Mit den genauen Quellennachweisen im Anhang (vgl. Band 2, 1912, S. 826-874) ergibt sich ein zuverlässiges Belegsystem. Nimmt man das Kapitel XLIV über "Pflege, Abhärtung, Charakterbildung und körperliche Züchtigung des heranwachsenden Kindes" (vgl. S. 406- 450) als Beispiel, dann präsentiert die Enzyklopädie in aufzählender Manier ein variantenreiches Bild. Neben Überlieferungen aus der Antike stehen die orientalischen Hochkulturen, Beispiele aus verschiedenen Völkern quer durch die Kontinente, aber auch Hinweise auf Erziehungsmaximen von Pädagogen wie Comenius (vgl. S. 422). Benz vermeidet eine Überfrachtung der Darstellung mit wissenschaftlichen Ideologien, ohne seine "zeitbedingte" Einstellung zu den Themen zu verbergen: "Ein solcher Überblick macht zunächst den Eindruck, daß nur ein Teil der Menschheit (allerdings der überwiegende) Gehorsam, diese Grundlage aller Pädagogik, in seinen Erziehungsplan aufgenommen hat" (1912, S. 407).
Mit seiner "Geographischen Kulturkunde" hat Leo Frobenius (1904) eine ganze "Bibliothek" von stattlichen 923 Seiten "zur Belebung des geographischen Unterrichts" vorgelegt. Vermutlich erstmals wurden historische und zeitgenössische Quellen systematisch für die Arbeit in der Schule ausgewertet, wenn man will, ist damit der Beginn einer ethnopädagogisch arbeitenden Schulforschung bezeichnet. Frobenius, Begründer der ethnohistorischen Kulturkreislehre bzw. Kulturmorphologie, gliedert das Kompendium in vier Hauptkapitel: Afrika und die Afrikaner, Ozeanien und die Ozeanier, Amerika und die Amerikaner, Asien und die Asiaten. Einleitend dazu erläutert er die geographisch-morphologischen Strukturen, typische Kulturentwicklungen sowie charakteristische materielle oder geistige Errungenschaften. Diesen Vorgaben ordnet er dann die stattliche Zahl von 91 Quellentexten zu, Auszüge aus vorliegenden Publikationen von Reiseberichten und ethnographischen Forschungen. Frobenius sieht seine Auswahl nicht ganz zu unrecht bereits als eine Deutung, unterläßt es aber, die Auswahl der Textauszüge im Detail zu begründen und zu kommentieren. "(Der Geist dieses Buches) will uns zeigen, daß in dieser Erde die Gesetze schlummern, die den Menschen zu dem machten, was er ist ..." (vgl. 1904, S. X), lautet seine Devise. Ob und in welcher Weise diese Quellensammlung die mit ihnen verbundenen theoretischen Vorgaben erfüllen konnte, dürfte heutzutage nur wenige interessieren, ihre Heterogenität spricht eher dagegen. Interessant und attraktiv geblieben sind bis heute die Quellenauszüge in

ihrer oft naiven Ursprünglichkeit, aber vor allem in der erstaunlichen Differenziertheit der vermittelten Einblicke. Die Autoren vieler Reiseberichte und ethnographischen Darstellungen haben sich um das Verstehen ihrer fremdkulturellen Partner bemüht. Das zeigt sich in biographischen Versuchen und Lebensverläufen (S. 181-192: Lebensgeschichte eines Haussakaufmannes; S. 317-324: Lebenslauf der Papuas Neupommerns); in der Darstellung des Alltagslebens (S. 192-199: Tagesleben in Kuka; S. 271-278: Samoanisches Frauenleben; S. 518-526: Das Leben der Kalifornier; S. 707-717: Schamanismus und häusliche Sitten der Jakuten; S. 765-774: Familien-, Gesellschafts- und Staatsleben in China; S. 858-861: Notizen über das Mönchsleben in Siam; S. 889-899: das religiöse Leben der Singalesen); in Berichten über Kindererziehung (S. 577-581: Kindererziehung bei den Nordindianern; S. 615-626: Religion und Volkserziehung im alten Mexiko; S. 626-629: Lehre einer aztekischen Mutter). Frobenius argumentiert mit der seinen Quellen inhärenten Vielfalt kultureller Erscheinungsformen ungewollt gegen einfache und deshalb gewaltsame theoretische Modellierungen der menschlichen Kultur.
(2) Wichtige Impulse für eine pädagogisch argumentierende Ethnographie gehen auf den Begründer der Cultural Anthropology, den Deutsch-Amerikaner Franz Boas, zurück. Insbesondere seine Schülerin Margaret Mead hat seit 1928 mit ihren Arbeiten über verschiedene Völker des pazifischen Raumes ihren eigenen Landsleuten und den Europäern einen pädagogischen Spiegel vorgehalten. "Jede vierte bis fünfte Veröffentlichung (unter insgesamt 1.397 Publikationen) nimmt in irgendeiner Hinsicht Bezug auf pädagogische Fragen", analysiert Zinnecker (vgl. 1995, S. 207), der seine Rekonstruktion der Rezeptionsgeschichte Margaret Meads "Ethnographie der Kindheit in pädagogischer Absicht" tituliert. Die dort formulierten Schwerpunkte von Meads Arbeit lesen sich wie ein Programm der Ethnopädagogik: Überprüfung von Universalien des Aufwachsens und der Entwicklung; kleine Gesellschaften als 'natürliche Experimente' im Sinne von Varianten der Persönlichkeitsentwicklung und Erziehung; fremde Kulturen als pädagogischer Spiegel (vgl. 1995, S. 216-224). Kultur-psychologische Einflüsse in Gestalt der Kultur-Persönlichkeitsschule haben in den 30er Jahren die pädagogische Komponente noch verstärkt. In den Jahrzehnten danach gab es einen regelrechten Boom an Forschungsarbeiten über Kindheit und Kultur (Dennis 1940; Dubois 1944; Erikson 1937, 1943; Flannery 1941; Granquist 1947; Hilger 1946, 1951, 1952, 1957; Iglesias/Hudgins 1939; Leighton/Kluckhohn 1948; Opler 1946; Pearsall 1950; Raum 1940; Redfield 1943; Shimkin 1947; Wallace 1948; Whiting 1941). Theoretiker und Systematiker der Kultur-Persönlichkeitsschule wie Cora Dubois (mit Abram Kardiner) und Clyde Kluckhohn (Kluckhohn/Mowrer 1944, dt. 1963) haben die Verifizierung des Konzeptes von der Entstehung einer kulturspezifischen Persönlichkeit in der frühen und mittleren Kindheit per Feldforschung versucht. Bereits Kardiner hat in seinen Analysen bei Dubois (1944, S. 548) resümiert, daß die Persönlichkeiten der untersuchten Aloresen zwar gewisse basale kulturelle Züge zeigten, darüber hinaus aber höchst individuell entwickelt seien. Auch die Ergebnisse der vielzitierten Untersuchung über Navajo-Kindererziehung (Leighton/Kluckhohn 1948) lassen sich nicht mit den ursprünglichen theoretischen Vorgaben des Kultur-Persönlichkeitskonzeptes vereinbaren. Überrascht stellen die

Autoren eine große Variabilität der untersuchten Persönlichkeiten fest und führen diese auf deren unterschiedliche Lebenserfahrungen zurück (vgl. S. 225). Und genau dieses Argument widerspricht der Erwartung, frühkindliche Erziehungspraktiken allein seien entscheidend für die Persönlichkeitsentwicklung. In anderer Weise beispielhaft sind die sorgfältig erhobenen Ethnographien kindlicher Entwicklung durch die Benediktiner-Nonne Inez Hilger bei den nordamerikanischen Arapaho (1952) und Chippewa (1951). Bei den Chippewa interviewt sie 96 Männer und Frauen aus neun Reservationen. Elf Abschnitte des Textes widmet sie der Entwicklung und Erziehung des Kindes (z.B. "training children", "moral training", "mental training", vgl. S. 55-60, 97-101, 102-109), acht weitere dem kulturellen Milieu. Bei den Arapaho befragt Hilger insgesamt 57 Individuen aus den nördlichen und südlichen Reservationsgebieten. Acht Kapitel behandeln die Entwicklung und Betreuung des Kindes und neun andere die kulturelle Umwelt. Die Darstellungen enthalten jeweils eine Fülle von Zitaten aus dem Interviewmaterial. Zur Sorgfalt gehört auch, daß die Verfasserin alle Informanten namentlich auflistet. Viele Textpassagen haben selbstbiographischen Charakter, d.h., die Erzähler verwenden die Ich-Perspektive, was der Darstellung Authentizität verleiht. Hilger vermeidet jedoch eine theoretische Typisierung ihrer Ergebnisse. Morris E. Opler verfährt in einer Arbeit über "Kindheit und Jugend in der Jicarilla Apache Gesellschaft" (1946) in ähnlicher Weise. Der Autor präsentiert das Material eigener Feldforschung mit zwei Informanten und verbindet diese in detaillierter ethnographischer Deskription mit der vorliegenden Literatur. Theoretische Positionen und Modellierungen fehlen. Bemerkenswert sind umfangreiche selbstbiographische Darstellungen der Adoleszenzphase, in denen vier Informanten Versionen des Versagens und des Erfolgs während der ersten Teilnahme an Raubzügen und Krieg nach Abschluß der Reifezeremonien präsentieren (vgl. S. 135-154).

Als eine systematische Linie expliziter Ethnopädagogik kann man die seit 1954 von George D. Spindler initiierte Bewegung "Anthropology and Education" sehen. Fünfzehn Jahre später, 1970, resultierte daraus die Gründung der Zeitschrift "Anthropology and Education Quarterly". In einem Rückblick rekapituliert Spindler jene Themenkomplexe, die 22 Anthropologen und Erziehungswissenschaftlicher 1954 bei der Diskussion über Zusammenarbeit behandelt hatten (vgl. Spindler 1984): Entwicklung einer umfassenden, Anthropologie und Erziehung verknüpfenden Theorie; Berücksichtigung der soziokulturellen Kontexte des Erziehungsprozesses; Bedeutung kulturell bestimmter Entwicklungsphasen im Lebenszyklus; Merkmale interkulturellen Verstehens und Lernens (vgl. 1984, S. 4). Die anwesenden Vertreterinnen der Kultur-Persönlichkeitsschule, Cora Dubois und Margaret Mead, widersprachen dort der Auffassung von C. W. M. Hart, der sich auf eigene Untersuchungen bei den Tiwi der Melville Inseln bezog, daß nicht die frühkindlichen, sondern die adoleszenten kulturspezifischen Erfahrungen entscheidend für die Persönlichkeitsentwicklung seien (vgl. 1984, S. 3; auch Renner 1995, S. 118). Harts Argumente, es gäbe in keiner der untersuchten Kulturen eine standardisierte präpubertäre Erziehung, zu variantenreich seien die Verhaltensweisen der Individuen in den familiären Gruppierungen, vor allem sei der Einfluß der Spielkameraden von großer Bedeutung (Hart 1963), waren und sind ein wichtiges Korrektiv für die enge Beweisführung der Puristen unter den psychoanalytisch denkenden Kultur-Persönlichkeitsforschern.

Historische Rückblicke auf Anthropology and Education (Spindler 1963; Gearing 1973) sehen die Wurzeln in zwei Publikationen von Hewett (1904, 1905), der seine Kritik an kirchlich dominierten Lehrplänen in einem multikulturellen Land als "Anthropology and Education" bzw. "Ethnic Factors in Education" diskutiert. Beide Autoren, Gearing und Spindler, riskieren nur einen einzigen Blick über den großen Teich, indem sie detailliert auf Maria Montessoris Schrift "Pedagogical Anthropology" (1913) eingehen, die bei uns kaum beachtet wird. "Obwohl sie keine bäuerliche oder Stammesgesellschaft untersucht habe, arbeitete sie doch zumeist mit den städtischen Armen, arbeitete mit den obdachlosen Gassenkindern der römischen Slums, deren Kultur mit aller Wahrscheinlichkeit nicht exotischer sein kann. Noch wichtiger, in allen zentralen Punkten handelte sie wie ein Ethnologe: in ihrem Beharren, das menschliche Wesen lerne nicht mit Zunge, Ohr und Gehirn allein, sondern mit seiner individuellen Gesamtheit, lerne nicht durch Aktivitäten zwischen Erwachsenen und Kindern allein, sondern ebenso durch Interaktion mit der gesamten physischen und menschlichen Umwelt. Es ist so, als habe sie den Prozeß der kulturellen Vermittlung innerhalb einer Menge von Stammesgesellschaften akribisch genau untersucht und erkennen lassen, dies sind die vorherrschenden Muster in derartigen Gesellschaften ...", kommentiert Gearing die Bedeutung Montessoris aus der Sicht von Anthropology and Education (vgl. 1973, S. 1226). Mit dieser sicher nicht unberechtigten Rehabilitierung werden zugleich unterschiedlich verlaufende Diskussionslinien der amerikanischen und europäischen Ethnopädagogik verdeutlicht. Während die erstere Anthropologie als Synonym für Wissenschaft ansieht, die sich mit allen existierenden Kulturen und Völkern beschäftigt, einschließlich der eigenen, war und ist die europäische und insbesondere die deutsche Ethnologie/Ehnographie vor allem auf nichteuropäische Kulturen fixiert. Das darin angelegte Selbstverständnis konnte nicht ohne Auswirkungen auf die Ansätze einer Subdisziplin Ethnopädagogik bleiben, obwohl in der oben dargestellten Enzyklopädie (Ploß/Renz ³1911, 1912) ein früher universeller Blick ausgemacht werden kann. Gearings Überblick berücksichtigt in der Folge ausschließlich die angloamerikanische Literatur, und definiert dabei drei Problemfelder von Anthropology and Education: das Problemfeld Kulturvermittlung (cultural transmission), unterschieden nach kleinen, großen und heterogenen Gesellschaften; das Problemfeld Kulturvergleich (cross-cultural studies); das Problemfeld Interventionsforschung in Schulen. Als beispielhafte Untersuchung einer kleinen Gesellschaft referiert Gearing ausführlich die Studie von Meyer Fortes über die Tallensi im nördlichen Ghana (vgl. S. 1228-1231) und hebt hervor, "Imitation, Identifikation und Kooperation seien die zentralen Lernprozesse bei den Tallensi" (S. 1231). Er diskutiert dabei die Frage der Universalität solcher Erkenntnisse, weist deshalb auch auf ihre Übereinstimmung mit einer bekannten Studie von Raymond Firth (1936) bei den melanesischen Tikopia hin. Schließlich kontrastiert Gearing diese Annahmen mit den schon erwähnten Befunden von Hart bei den Tiwi in Nordaustralien. Alle diskutierten Gegensätze sieht er in der

Lern- und Bildungsgeschichte der Papagofrau Maria Chona offengelegt, die als Autobiographie von der Anthropologin Ruth Underhill (1936) initiiert und publiziert worden ist. Chonas Temperament sei eine ungünstige Voraussetzung für die Übernahme der traditionellen Kultur gewesen, das erzieherische System der Papago habe dennoch gewirkt, unvollkommen, aber nicht unangemessen (vgl. Gearing, S. 1234).
Als beispielhaft für anthropologisch-pädagogische Untersuchungen in großen Gesellschaften sieht Gearing Laurence Wylies Untersuchung über ein französisches Dorf (1957, dt. 1969, 1978). Umfangreich und detailliert befaßt sich die Studie unter anderem mit Kindheit, Schule, Jugend (1978, S. 39-136). Exemplarisch wird darin deutlich, wie Schule und Eltern im Hinblick auf die sozialkulturellen Prinzipien harmonieren: "Die Verhaltensregeln, welche die Lehrerinnen den Kindern beibringen, sind im wesentlichen dieselben, welche die Eltern zu Hause durchzusetzen versuchen. Es ist die Aufgabe der Lehrerinnen, die häusliche Erziehung fortzusetzen und Versäumnisse nachzuholen" (vgl. 1978, S. 82, auch 85). Und niemand stört sich am formalen Pauken auch moralischer Regeln, an die sich in der Wirklichkeit niemand hält (vgl. 1978, S. 67/68). Herausgearbeitet wird außerdem, wie die Examina der sechsjährigen Grundschule die Lebenswege der Kinder bestimmen: "Die besten (...) Schüler verlassen Peyrane, wenn sie zwölf Jahre alt sind, um sich an einer höheren Schule weiterzubilden. Die schlechten (...) gehen an ihrem vierzehnten Geburtstag ohne Formalitäten von der Schule ab" (1978, S. 93). Aber die Kinder wissen auch, daß die Examina wie eine "Bewährungsprobe der Familie" angesehen werden. "(Sie) tragen die Last der Familienehre auf ihren Schultern" (S. 97). Gearing diskutiert weitere amerikanische Untersuchungen in Deutschland, Japan und Sowjetunion (Bronfenbrenner 1970; Singleton 1967; Spindler 1969; Warren 1967), die ins Feld ethnographischer Forschungen in großen Gesellschaften gehören.
Es ist schwierig, die Publikationen zum Problemfeld Kulturvermittlung in heterogenen Gesellschaften zu überschauen. Zum Schwerpunkt nordamerikanische Minderheiten und ihre Problemen in der "weißen" Schule seien genannt: Hopi (Eggan 1956); Italo-Amerikaner (Gans 1961); Eskimo (Hobart/Brant 1966; Honigmann/ Honigmann 1965); Canadian Indians (King 1967); Omaha (La Flesche 1963); Mexican-Americans (Madsen 1964; Rubel 1966); Apache (Parmee 1968); Cree (Sindell 1968); Sioux (Wax/Wax 1964); Kwakiutl (Wolcott 1967). In gleicher Weise haben Forschungsunternehmungen in allen Kontinenten zu Veröffentlichungen geführt, die heute vielfach als Standardwerke gelten: Truk (Fischer 1961); Ghana (Foster 1965); Kpelle (Gay/Cole 1967); Philippinen (Jocano 1969); Burma (Nash 1961); Israel (Spiro 1955). Sindells Systematisierung dieser Forschungsphase "Anthropological approaches to the study of education" (1969) liegt etwas früher als Gearings Darstellung. Er unterscheidet die vorliegenden Arbeiten nach drei thematischen Arbeitsschwerpunkten: "Schulen und ihr soziokulturelles Milieu", "Untersuchungen innerer Prozesse in Schulklassen", "Untersuchungen, die sich mit einzelnen Schülern und ihren Lehrern befassen". Zusammenfassend kritisiert er vor allem drei Aspekte in seinem Vergleich, und zwar die Neigung der Forscher, ihre Themen nur aus der Sicht von Erwachsenen zu betrachten, die Überbetonung beobachtender Methoden, ohne daß dies präzise genug dargestellt und beachtet werden sowie die

Unachtsamkeit der Forscher bezüglich der Wirkungen der Schulerziehung auf die Entwicklung der persönlichen und kulturellen Identität (vgl. 1969, S. 601-603).
Einen Überblick über weltweite ethnopädagogische Forschungen versucht Middleton im Vorwort zu einer Quellensammlung "From child to adult" (1970, S. xvii-xx), in der 15 wichtige Studien zu Anthropoloy and Education ganz oder teilweise wieder abgedruckt sind: Ammar (1966); Eggan (1956); Firth (1936); Fortes (1938); Herskovits (1943); Hogbin (1946); Hunt (1967); Little (1951); Mead (1942-43); Nadel (1942); Nash (1961); Raum (1938); Read (1955); Redfield (1943); Williams (1958). Es gäbe überraschenderweise wenig gute Abhandlungen über Erziehung, die von Anthropologen verfaßt seien, kommentiert der Herausgeber einleitend seine Auswahl. Deshalb sei es schwierig, sowohl geographisch als auch bezüglich des Gesellschaftssystems einen angemessenen Überblick vorzulegen (vgl. 1970, S. xvi/xvii).
Eine kulturvergleichende Forschungslinie (cross-cultural studies) hat sich aus der Kultur- und Persönlichkeitsdiskussion entwickelt. Sie beginnt mit einer ethnostatistischen Arbeit über "Childtraining and personality" (Whiting/Child 1953) auf der Grundlage des Datenmaterials in den Human Relations Area Files. Die zwangsläufige Uneinheitlichkeit dieser Daten erfüllte jedoch nicht die Voraussetzungen für fruchtbare statistische Anwendungen. Deshalb hat Whiting mit anderen einen "Field Guide"(1966) entworfen, anhand dessen Feldforschung und weitere kulturvergleichende Studien durchgeführt worden sind, und zwar zunächst das häufig erwähnte "Six-Cultures-Project" (B. Whiting 1963), dessen Datenmaterial unter dem Stichwort "Mütter" erneut ausgewertet wurde (Minturn/Lambert 1964). Parallel dazu und in der Folge sind weitere Arbeiten entstanden, z.B. über "Patterns of childrearing" (Sears/Macobby/Levine 1957), über "Deliberate instruction and household structure" (Herzog 1962), über "Learning of values" (J. Whiting et al. 1966) und andere. Eine differenzierte Darstellung dieser Entwicklung findet sich bei Becker-Pfleiderer (1975). In einem Beitrag zum "Values-Projekt" (J. Whiting u.a.) werden zunächst Untersuchungen und Ergebnisse einer vergleichenden Untersuchung bei Texanern, Mormonen und Zuni-Indianern im Rimrock-Areal (westliches New Mexico, südlich IS 40) dargestellt und analysiert. Die untersuchten Kinder (23 Mormonen-Jungen/Mädchen im Alter von 8 bis 14 Jahren; 25 texanische Jungen/Mädchen zwischen 9 bis 13 Jahren; 75 Zuni-Jungen/Mädchen zwischen 10 bis 14 Jahren) wurden mit dem dreigliedrigen "Magic Man Test" befragt, wonach sie sich vorstellen sollen, sie könnten sich in jede Person, könnten sich in ein nahes Familienmitglied verwandeln, könnten sich ein bestimmtes Alter wünschen. Die Antworten zur ersten Frage werden als Beleg für Leistungsorientierung angesehen. Die Ergebnisse sind nur kursorisch dargestellt, die meisten Zuni-Kinder wünschten sich nichts anderes, als Zuni zu sein, während die texanischen Kinder in der Mehrzahl, die mormonischen zu 38%, die indianischen nur zu 20% als leistungsorientiert eingeordnet werden (vgl. 1966, S. 106). Die vorgetragene statistische Argumentation dürfte kaum haltbar sein, denn sie beruft sich auf Untersuchungen, in denen Magic Man mit TAT verbunden ist. Zudem ist der Altersdurchschnitt der Zuni-Kinder deutlich höher als bei den anderen. Schließlich bleiben die kulturellen Implikationen dieser Frage völlig unbeachtet. Unbeirrt sind die

Autoren auch bei der zweiten Aufgabe. Darin wählen 30 Zuni-Jungen ihren Bruder oder Vater, ebenso auch die mormonischen und texanischen Probanden. 38 Zuni-Mädchen wählen ihre Schwester oder Mutter, ebenso wie die deutliche Mehrheit der mormonischen und texanischen Kinder. Kulturelle oder altersspezifische Aspekte werden bei der Beurteilung nicht in Erwägung gezogen. Ähnlich undifferenziert gehen die Autoren mit Antworten um, die jeweils Auskunft geben sollen über das Schlimmste und das Beste, was den Kindern widerfahren könnte (vgl. S. 108-111). Danach vergleichen Whiting et al. Resultate von Befragungen bei Müttern (15 mormonischen, 15 texanischen, 16 Zuni) über Aufzuchtpraktiken mit Statistiken aus Whiting/Child (1953) und finden die dortigen Ergebnisse bestätigt. Schließlich werden in der Gesamtbewertung höchst fragwürdige Aussagen über historische Entwicklungen, über Besiedlung und Kulturwandel zur Bestätigung herangezogen. Abgesehen davon, daß die Antworten von Schulkindern bei Tests nichts mit den frühen Aufzuchtpraktiken anderer Mütter zu tun haben können, dieses komplexe Gemisch an Daten dürfte kaum verläßliche Antworten auf Fragen kultureller Wertevermittlung leisten können.
Das Feld der Interventionsforschung in und für Schulen zeigt eine typisch pragmatisch-praktische Seite amerikanischer Anthropology and Education. Damit ist die Anreicherung und Erweiterung der Studienprogramme in Colleges und Universitäten gemeint. Mandelbaum/ Lasker/Albert (1963a) diskutieren dieses Problemfeld in einem Sammelband mit 50 Autoren und publizieren in einer Bibliographie die Quellen dazu (1963b). Dazu gehört aber auch die Entwicklung von Curricula für Schulen allgemein. Besonders interessant ist das Konzept "Man: A Course of Study", das unter der Leitung von Jerome Bruner am Education Development Center in Newton (Mass.) entwickelt wurde, weil es auch in einer für Deutschland, an der Fakultät für Erziehungswissenschaft der Universität Bielefeld adaptierten Version unter dem Titel "Was ist der Mensch?" vorliegt (Schüler 1980). Das Konzept besteht aus sechs Unterrichtseinheiten: Anpassung; Natürliche Auslese; Evolution und Familie; Individuum und Gesellschaft; Menschen und ihre Werkzeuge; Umwelt und Geschichte. Zur Ausstattung gehören detaillierte Lehrerhandbücher und Arbeitsmaterialien für Schüler. Die Netsilik-Eskimos sind als fremdkulturelles, im engeren Sinne ethnographisches Beispiel in das Curriculum integriert. Zwei Materialelemente beziehen sich direkt darauf: "Netsilik, Menschen in der Arktis, nach einem Tagebuch von Knud Rasmussen" sowie "Lieder und Gedichte der Netsilik-Eskimos". In einem Begleittext sind die Ziele dieses Curriculums formuliert: "Unser Wissen vom Menschen verändert sich in geradezu aufregender Weise. Kinder an dieser Entwicklung teilhaben zu lassen, ist vielleicht eine Chance, sie vor Biologismus, Ethnozentrismus und naiver Fortschrittsgläubigkeit zu schützen" (Bielefelder Universitätszeitung 1979).

(3) Die bisherige Darstellung hat verdeutlicht, wie sich Anthropology and Education unabhängig von der europäischen und deshalb auch von der deutschen Situation entwickelt hat. Durch die eingeborenen Minderheiten wurde das Bewußtsein der nordamerikanischen Öffentlichkeit und der Wissenschaftsentwicklung permanent mit

kulturellen Varianten konfrontiert, was sich auch in einem anderen Verständnis des Begriffes Anthropologie niedergeschlagen hat. Probleme mit fremdkulturellen Völkern hatten die Europäer "nur" in ihren Kolonien, davon die Deutschen bis zum Ende des ersten Weltkriegs. Dennoch gehört das Thema "Kolonialpädagogik" in eine historische Betrachtung des vorliegenden Kontextes. Andere Diskussionslinien mit impliziten ethnopädagogischen Problemstellungen verbinden sich mit den Teilgebieten Vergleichende Erziehungswissenschaft (comparative education), Pädagogische Anthropologie sowie der interdisziplinär angelegten Kulturvergleichenden Sozialisationsforschung. Schließlich handelt es sich bei der europäischen Arbeitsmigration um ein Kapitel mit ethnopädagogischer Relevanz. Alle diese Teilbereiche und Subdisziplinen standen nicht im Zentrum der allgemeinen Diskussion; insbesondere Anliegen einer Ethnopädagogik, wie sie sich in frühen Anfängen um die Jahrhundertwende zeigen, sind bis in die achtziger Jahre des 20. Jahrhunderts in Deutschland nicht explizit diskutiert worden. Das gilt im wesentlichen wohl auch für die anderen europäischen Länder.
Kolonialpädagogik als Konzipierung eines auf kolonisierte Völker ausgerichteten Bildungswesens verträgt sich prinzipiell kaum mit den Anliegen ethnopädagogischer Problemstellungen, weil sie im Kern auf Assimilation zielt. Bei genauer Betrachtung zeigt sich jedoch, die Hauptarbeit der Umerziehung ist in den Kolonien von den Missionen geleistet worden. "Von den damals registrierten Schulen gehörten 1.682 der evangelischen, 916 der katholischen Mission und nur 112 der Regierung an. Die Missionen hatten also fast ein Monopol im Eingeborenenschulwesen, wenigstens in der Richtung, daß sie alles Gewicht auf eine zweckmäßige Erziehung der eingeborenen Jugend legten, während für die Regierungsschulen der Nachdruck in durchaus verständlicher Weise auf der Ausbildung eines gut geschulten Hilfspersonals für die Verwaltung fiel" (Richter 1937, S. 354). Das Bild einer gezielt minderwertigeren Erziehung, als sie für Weiße in Betracht kam, wird ergänzt durch den Tatbestand, daß es sich bei der außerordentlichen Mehrzahl um Elementarschulen handelte: Neben 2.548 Elementarschulen gab es lediglich 109 weiterführende und nur 53 handwerklich ausgerichtete Schulen (Adick nach Schlunk 1992, S. 140). Als wirklich tragische Komponente in diesem Umerziehungssystem muß man die Dominanz einheimischer Lehrkräfte, nur 13% stammten aus Europa (vgl. Adick, S. 140; Norris 1993), ansehen, wobei in den weiterführenden Schulen die europäischen Lehrkräfte in der Mehrheit waren. Selbstverständlich konnten in den Missionsschulen nur solche Einheimischen als Lehrende tätig werden, deren Assimilation außer Frage stand. Ebenso selbstverständlich war die religiöse Orientierung in den Missionsschulen, sie war in dieser Weise "ausdrücklich gegen die einheimische 'heidnische' Kultur gerichtet" (Grohs 1967, S. 43). Innenansichten von Einheimischen über ihre "Entwicklung in zwei Kulturen" und damit verknüpfte Erfahrungen in Schulen der Kolonialmächte belegen den dort ausgeübten massiven Assimilationsdruck (Grohs 1967; Paul 1999; Renner 1986). Führende deutsche Ethnologen haben sich detailliert zur Kolonialpolitik und -pädagogik geäußert. Die Kolonialpolitik müsse bei der Völkerkunde lernen, denn sie habe Wissensbestände über die "Wesensart des Eingeborenen", so daß eine Erziehung organisiert werden könne, die "auf den besten

Elementen des Volkstums aufbaut". Bei jeder Stammesgruppe müsse untersucht werden, ob ihre kulturellen (wirtschaftlichen, sozialen, religiösen) Zustände angepaßt, erneuert oder beseitigt werden müssen, formuliert der Afrikanist Diedrich Westermann (1941, S. 112/113). Auch andere haben die koloniale Ausdehnung europäischer Nationen und insbesondere der deutschen befürwortet. "Koloniale Gestaltung, Methoden und Probleme überseeischer Ausdehnung" nennt Richard Thurnwald sein Standardwerk zu diesem Thema (1939). In einem eigenen Kapitel über "Erziehung, Schule und Mission" (vgl. S. 419-438) wendet er sich gegen die verbreitete Meinung, es gäbe keine Erziehung bei den afrikanischen Stämmen, es seien vielmehr häufig "komplizierte Erziehungssysteme" (vgl. S. 419). Er erläutert diese Auffassung am Beispiel der Dschagga in Kenia. Durch den Einfluß der Kolonisatoren sei "die Erziehung der Hand der Eingeborenen entglitten", was "große Erschütterungen" mit sich gebracht habe (vgl. S. 421, 427). Auch die "naive Weise", mit der europäische Methoden "auf ganz anders geartete Menschen, Völker, Kulturen" übertragen werden, hält er für veraltet, "der europäische Lehrer und Erzieher müsse sich der Sinnesart und den Voraussetzungen des Afrikaners anpassen" (vgl. S. 428, 435). Was aber, wenn diese gut gemeinten Ratschläge deshalb nicht ankommen konnten, weil es sich bei der Mehrzahl der Lehrenden gar nicht um Europäer, sondern um bereits umerzogene Afrikaner handelt? Immerhin wird deutlich, wie deutsche Ethnologen versucht haben, sich in die Kolonialpolitik einzumischen, extrem paternalistisch der eine, wissensmäßig angemessen, aber realitätsfern der andere.
Das Selbstverständnis der "Vergleichenden Erziehungswissenschaft" ist eng verknüpft mit Aufgabenstellungen wie sie auch ihren Sonderformen und Vorläufern "Internationale Pädagogik" und "Auslandspädagogik" zugesprochen werden. Inhaltlich befaßt sie sich mit "Bildungsstrukturen, die aufgrund verschiedenartiger geographischer, politischer, kultureller, gesellschaftlicher, ökonomischer Gegebenheiten entstanden sind" (Schaller 1968, S. 213). Im Mittelpunkt stehen vor allem die Vergleiche nationaler Erziehungssysteme abendländischer, d.h. eigentlich nicht fremdkultureller Gesellschaften außerhalb des europäischen Einflusses. Einer der frühen Protagonisten der Vergleichenden Erziehungswissenschaft belegt dies in seiner allgemeinen Abgrenzung gegen Völker mit "unentwickelter Kultur" und einfachem Erziehungsdenken (vgl. Schneider 1961, S. 167). Daß die wissenschaftlich fundierte Bearbeitung des ganzen Spektrums der Kulturen nicht von derart einfachen Unterscheidungsmustern bestimmt sein darf, sondern von der Sorgfalt ihrer Fragestellungen und Forschungsmethoden, belegt die Schrift von Fritz Seidenfaden (1966, S. 116).
Versuche historischer und systematischer Darstellungen der Bedeutung ethnologisch-ethnographischer Befunde für die Pädagogische Anthropologie existieren nur wenige (Dürichen 1973; Renner 1995; Roth 1966). Andererseits spiegelt sich die Diskussion über wichtige ethnographische Forschungen auch in der deutschsprachigen pädagogisch-anthropologischen Literatur (Bittner/ Schmidt-Cords 1968; Fürstenau 1967; Höhn 1955; Süssmuth 1968), wenn auch, wie man an den Publikationsdaten sieht, nur phasenweise. Darin werden ethnographische Forschungen und ihre Befunde, wie sie in dieser Darstellung weiter vorne diskutiert worden sind, ausschließlich unter dem Stichwort

Kindheit wahrgenommen. Darüber hinaus finden sich nur wenige Publikationen (Renner 1989; 1996b).
Im Kontext der interdisziplinär angelegten Sozialisationsforschung dagegen existieren eigenständige Forschungsaktivitäten mit ethnopädagogischer Relevanz (Liegle 1970; 1971; 1980; 1987). Kindheit im Kulturvergleich ist beispielsweise ein von quantitativ arbeitenden Psychologen favorisiertes Forschungsfeld (Trommsdorf 1993). Bei den entsprechenden Forschungsdesigns geht es deshalb vor allem um Erklärungsversuche nach den Merkmalen Validität, Reliabilität, Objektivität mit mechanistischer Tendenz. Lebenszusammenhänge bleiben auf der Strecke. Selbst dort, wo man einsieht, daß spezifische Kulturkenntnisse eigentlich unabdingbar sind, also ethnographische Arbeit geleistet werden müßte, wo man einräumt, selbstreflexive und selbstsozialisatorische Aspekte seien bei der kindlichen Entwicklung im Spiel, versagt man sich der Idee, erklärende Ansätze mit verstehenden zu ergänzen. Es geht nur ums empirisch quantitative Überprüfen (vgl. 1993, S. 52).
Im Kontext der Migrantenproblematik besteht eine gemeinsame Interessenlage von Ethnologie und Pädagogik, die seit Anfang der 70er Jahre unter dem Einfluß der Kölner Ethnologin Ulla Johansen zu ersten Forschungsergebnissen geführt hat (Renner 1975; Wilpert 1980). Die Bibliographie "Gastarbeiterfamilien unter ethnologischem Aspekt" gibt einen entsprechenden Überblick (Johansen/Wolbert 1981). Eine interessantes Beispiel ethnographisch-biographischer Forschung aus pädagogischer Sicht stammt von Auernheimer (1994). In einer Reanalyse bereits veröffentlichten selbstbiographischen Interviewmaterials von türkischen Migranten macht er deutlich, wie die Sinnhaftigkeit kultureller Hintergründe von Individuen sich in der Wechselwirkung zwischen möglicher kultureller Praxis und modernen Strukturen ausbalancieren muß.

(4) Nach 1945 hat sich in der DDR eine eigenständige Entwicklung vollzogen. Für die Völkerkunde war damit eine Orientierung an den für alle Wissenschaften gültigen "Grundlagen des historischen Materialismus" verbunden. Obwohl sich innerhalb dieses Rahmens eine gewisse Ausdifferenzierung ergab, wurde das damit verbindliche Entwicklungsmodell der Kulturen nicht grundsätzlich in Frage gestellt (Johansen 1983). Führungsfiguren mit internationaler Reputation sind die Amerikaspezialisten Eva und Julius Lips. Sie haben, zurückgekehrt aus der Emigration in den USA, in Leipzig das Institut für Ethnologie aufgebaut. Der Schwerpunkt der Forschungsaktivitäten der DDR-Ethnologen allgemein lag nicht in der Feldarbeit, sondern im Bereich historischer Untersuchungen des reichen Museumsmaterials (vgl. Johansen, S. 308). Zu ihrem Selbstverständnis gehörte auch ein allgemeines Interesse an "umfassender Bildungsarbeit", was man als ethnopädagogisch relevante Haltung verstehen kann. "Völkerkunde sollte zum Allgemeinwissen gehören" heißt es im Vorwort des Lehrbuches und Nachschlagewerkes "Völkerkunde für jedermann", das unter der Leitung von Eva Lips, dem Ehepaar Treide und anderen Angehörigen des Leipziger Institutes publiziert wurde (1966). Das stattliche Werk von 436 Seiten zeigt inhaltlich und durch die aufwendige Ausstattung ein beachtliches Niveau. Für die Darstellung der Kulturregionen aller

Kontinente wurden mit Ausnahme der Sowjetunion die damals wichtigen internationalen Quellen verwendet (vgl. Vorbemerkungen). Die in einem einleitenden Artikel "Was will Völkerkunde?" vertretene Position läßt Ethnologie als eine Interventionswissenschaft erscheinen, deren Aktivitäten darauf gerichtet sind, die aus der Sicht der Forscher unangemessenen Zustände bei fremden Völkern zu "überwinden" (vgl. D. Treide, S. 12). Dem Urteil über die Qualität der Darstellung der einzelnen Kulturen von Ulla Johansen kann man sich anschließen: Das Buch kann "auch dem Studienanfänger einen Einstieg geben" (vgl. 1993, S. 315). Eva Lips hat sich über ihre Profession hinaus einen Namen als populäre Indianerbuchautorin gemacht (1965, 1974, ^{3}1975).

(5) Die Geschichte einer expliziten Ethnopädagogik nimmt ihren Anfang mit der fundierten Arbeit von Friedrich Karl Rothe (1984). Eine andere, eher verborgene Wurzel verbindet sich mit der 1979 zunächst im Selbstverlag bei Alfred K. Treml erschienenen "Zeitschrift Entwicklungspädagogik", heute die in Frankfurt/M. publizierte "Zeitschrift für internationale Bildungsforschung und Entwicklungspädagogik". Ein weiterer Markstein in der Entwicklung der Subdisziplin bildet die Publikation "Ethnopädagogik" (Müller/Treml 1992; vgl. auch die Rezension: Renner 1996a), an der neben Rothe auch der französische Ethnopädagoge Pierre Erny mitgearbeitet hat. Erny und Rothe haben darin gemeinsam je einen Artikel über Ethnopädagogik in historischer und systematischer Annäherung verfaßt. Die historische Variante enthält auch Ergänzungen zu der hier vorgetragenen Version der Entwicklung der Ethnopädagogik sowie weitere Literaturhinweise (vgl. 1992, S. 83-99). In ihrer systematischen Variante versuchen die Autoren in einem programmatischen Entwurf (vgl. S. 109-111) die Aufgaben künftiger Ethnopädagogik zu beschreiben, wobei sie einen praxisorientierten Schwerpunkt setzen im Sinne dessen, was bei Anthroplogy and Education mit Interventionsforschung in und für Schulen gemeint ist. Im gleichen Band diskutiert Treml Schnittmengen zwischen Ethnologie und Pädagogik aus wissenschaftstheoretischer Sicht (vgl. S. 113-131), wobei für die Ethnologie der faktische Verlust ihres Gegenstandsfeldes konstatiert wird. Das kann man sicher so sehen, soweit damit isolierte Völker gemeint sind. Andererseits hat sich weltweit eine Tendenz der Regionalisierung und des kulturellen Selbstbewußtseins der Völker und Kulturen entwickelt, sogar in Europa. Aus diesem Blickwinkel erweist sich eine solche Befürchtung als unbegründet. Ein interessantes Beispiel dafür sind die eingeborenen Kulturen der USA und die Reaktion von Anthroplogy and Education darauf, nämlich durch eine Erweiterung der Forschungsfelder im Sinne kultureller Dynamik und des Kulturwandels. Auch in der deutschen Ethnologie gibt es Reaktionen auf diese Situation. Im Herbst 1997 wurde in der Deutschen Gesellschaft für Völkerkunde eine AG Ethnopädagogik gegründet. Das Thema der Jahrestagung der DGV im Herbst 1999 in Heidelberg lautete "Interdisziplinarität – die Ethnologie und ihre Nachbardisziplinen". In der Sektion Ethnopädagogik wurden insgesamt sechs Vorträge gehalten, an denen auch der Verfasser beteiligt gewesen ist. Obwohl in der Deutschen Gesellschaft für Erziehungswissenschaft bisher eine solche Einrichtung fehlt, die damit verbundenen Problemstellungen sind durchaus aktuell, wie Thema und Programm des 17. Jahreskon-

gresses im September 2000 belegen: "Bildung und Erziehung in Übergangsgesellschaften". Abgesehen von der konzeptionellen Konstituierung einer expliziten Ethnopädagogik, wie sie mit den erwähnten Arbeiten in Gang gekommen ist, im Bereich der beiden zentralen Arbeitsfelder, der Auswertung ethnologisch-ethnographischer Wissensbestände sowie eigenständiger Feldforschung, ist in den letzten 30 Jahren in Deutschland und Europa grundlegende Forschungsarbeit geleistet worden (vgl. Brock-Utne 1994; Dracklé 1996; Erny 1972; Grohs 1992; van der Loo/Reinhart 1993; J. Raum 1978, 1980; Renner 1986, 1995, 1997, 1999; Renner/Seidenfaden 1997, 1998; Rothe 1969; Seidenfaden 1969). Es erscheint vor allem notwendig, ethnologisch-ethnographische Wissensbestände unter aktuellen Problemstellungen zu reanalysieren. So haben neuere Auswertungen der Monographien bekannter Feldforscher, z.B. Dubois, Eggan, Fortes u.a. mit einem ethnopädagogischen Blick auf "vielfältige Interaktionsmodelle" frühkindlicher Sozialisation (Grohs 1992) den kritischen Ansatz C. W. M. Harts im Diskurs mit Vertretern der Kultur-Persönlichkeitsschule bestätigt: "Es zeigt sich ferner, daß nicht die Eltern, sondern die Spielgruppen einen maßgeblichen Einfluß auf die Herausbildung von Werten und Normen der Kinder ausübt. In Anpassung und Widerstand werden hier Verhaltensweisen der Gesellschaft eingeübt" (S. 56). Mario Erdheim, der Schweizer ethnopsychoanalytischen Schule zugehörend, argumentiert aus einer anderen Perspektive zum gleichen Sachverhalt: "Die bisherige Anwendung der Psychoanalyse in den Sozialwissenschaften hat die Bedeutung der Adoleszenz für die Entwicklung der Kultur verkannt und die der frühen Kindheit falsch eingeschätzt" (vgl. 1982, S. 279). Im Gegensatz zu Untersuchungen, bei denen Ranglisten über Sozialisationswirkungen implizit im Mittelpunkt stehen, will Johannes W. Raum durch "ausführliche Beschreibung der Stellung des Kindes und Jugendlichen in einigen wenigen Stammesgesellschaften den Nachweis erbringen, daß die 'ökologisch-ökonomischen' Umstände für die Grundzüge der 'Sozialisation' ausschlaggebend sind" (vgl. 1978, S. 180). Er wählt dazu vier afrikanische Beispiele (Tallensi, Gusii, Samburu, San) und ein polynesisches (Tikopia). In differenzierter Auswertung des Materials rekonstruiert er (a) Entwicklungsstufen und Initiationsriten; (b) Rechte der Kinder und Jugendlichen (Selbstbestimmung); (c) Eingliederung in das Wirtschaftsleben; (d) Verhältnis zu den Eltern; (e) Erziehung durch andere Personen als die Eltern; (f) Kontrolle durch die Gemeinschaft; (g) Erziehungsmittel; (h) Sexuelles Verhalten (vgl. S. 181/182). In einer Schlußbemerkung verweist Raum auf gewisse Unabdingbarkeiten, die von bestimmten ökologisch-ökonomischen Strukturen in den Stammesgesellschaften für die Stellung und Erziehung des Nachwuchses ausgehen, wollen sie nicht die Existenz ihrer Kultur und Gesellschaft gefährden (vgl. S. 323).

(6) Eine bisher eher vernachlässigte Linie ethnopädagogischer Konstellationen ist verbunden mit der Geschichte der Autobiographie und der biographischen Methode in der Ethnologie/Ethnographie bzw. Anthropologie seit Anfang des 20. Jahrhunderts (vgl. Renner 2000). "In dem Maße, in dem ethnographische Forschung auf komplexe Lebensgeschichten ausgerichtet ist, läßt sie sich auf pädagogische Konstellationen ein

und auf deren latenten Charakter als Lern- und Bildungsgeschichten" (Renner 1999, S. 149). In diesem Zusammenhang werden fünf Grundprobleme einer ethnographisch fundierten erziehungswissenschaftlichen Biographieforschung definiert: Ethnobiographien als Bildungsgeschichten; als Lerngeschichten; als Geschichten von Kindsein, Adoleszenz, Erwachsensein; als Modernisierungstexte; als Beziehungsgeschichten (vgl. S.152-156). Der ethnopädagogische Ansatz auf biographischer Grundlage (Renner 1986; 1994; 1997) befaßt sich mit zwei miteinander verknüpften Arbeitsfeldern, der Auswertung vor allem ethnologisch-ethnographischer Wissensbestände in Gestalt veröffentlichter Autobiographien professioneller und/oder populärer Herkunft einerseits (Renner 1986; Renner/Seidenfaden 1997, 1998), der Initiierung, Begleitung und Analyse autobiographischer Textproduktionen andererseits (Renner 1988; 1996; 1997).

Literatur

Adick, Christel: Kolonialpädagogik. In: Müller, Klaus E./Treml, Alfred K., Hrsg., Ethnopädagogik, Berlin: Reimer 1992, S. 133-160

Ammar, Hamed: The aims and methods of socialization in Silwa. In: derselbe, Growing up in an Egyptian village, Province Aswan, New York: Octagon Books 1966: Chapter 6

Auernheimer, Georg: Struktur und Kultur. In: Zeitschrift für Pädagogik, 40, 1994, Nr. 1, S. 29-42

Becker-Pfleiderer, Beatrix: Sozialisationsforschung in der Ethnologie. Saarbrücken: SSIP Schriften, Heft 23, 1975

Bielefelder Universitätszeitung, Nr. 110, 1979

Bittner, Günther/Schmidt-Cords, Edda (Hrsg.): Erziehung in früher Kindheit. Pädagogische, psychologische und psychoanalytische Texte. München: Piper 1968

Brock-Utne, Birgit (ed.): Indigenous forms of learning in Africa. Oslo: Institute for Educational Research, University of Oslo, Rapport 7, 1994

Bronfenbrenner, Urie: Erziehungssysteme. Kinder in der USA und der Sowjetunion. München: 1972 (1970)

Dennis, W.: The Hopi child. University of Virginia, Institution for Research in the Social Sciences, Monograph 26, 1940

Dracklé, Dorle (Hrsg.): Jung und wild. Zur kulturellen Konstruktion von Kindheit und Jugend. Berlin, Hamburg: Reimer 1996

Dubois, Cora: The people of Alor. Minneapolis: University of Minnesota Press 1944

Dürichen, Gisela: Kulturanthropologische Befunde aus pädagogischer Sicht. Meisenheim: Hain 1973

Eastman, Charles Alexander: Indian Boyhood. Boston: Little Brown 1902

Eggan, Dorothy: Instruction and affect in Hopi cultural continuity. In: Southwestern Journal of Anthropology, 12, 4, 1956, S. 347-370

Erdheim, Mario: Die gesellschaftliche Produktion von Unbewußtheit. Eine Einführung in den psychoanalytischen Prozeß. Frankfurt/M.: Suhrkamp 1982

Erikson, Erik H.: Observations on the Yurok: childhood and world image. Publications in American Archaeology and Ethnology, Vol 35, Nr. 10, Berkeley and Los Angeles: University of California Press 1943, S. iii + 257-302

Erikson, Erik H.: Observations on Sioux Education. In: The Journal of Psychology, 7, 1937, S. 101-156

Erny, Pierre: L'enfant et son milieu en Afrique noire. Paris: Payot 1972 (engl.: Nairobi 1981)

Erny, Pierre/Rothe, Friedrich Karl: Ethnopädagogik – Historische Annäherung. In: Müller, Klaus E./Treml, Alfred K., Hrsg., Ethnopädagogok, a.a.O., S. 83-99
Erny, Pierre/Rothe, Friedrich Karl: Ethnopädagogik – Systematische Annäherung. In: Müller, Klaus E./Treml, Alfred K., Hrsg., Ethnopädagogik, a.a.O., S. 101-112
Firth, Raymond: We, the Tikopia. London: Allen and Unwin 1936
Flannery, R.: The dearly-loved child among the Gros Ventres of Montana. In: Primitive Man, 14, 1941, S. 33-37
Fischer, J. L.: The Japanese schools for the natives of Truk, Caroline Islands. In: Human Organization, 20, 1961, S. 83-88
Fortes, Meyer: Social and psychological aspects of education in Taleland. In: Suppelment to Africa 11 (4)
Foster, Philip: Education and social change in Ghana. Chicago: University of Chicago Press 1965
Frobenius, Leo: Geographische Kulturkunde. Eine Darstellung der Beziehungen zwischen der Erde und der Kultur nach älteren und neueren Reiseberichten zur Belebung des geographishen Unterrichts. Leipzig: Brandstetter 1904
Fürstenau, Peter: Soziologie der Kindheit. Heidelberg: Quelle & Meyer 1967
Gans, Herbert J.: The urban villagers: group and class in the life of Italian Americans. New York: Free Press of Glecoe, Mamillan 1962
Gay, John/Cole, Michael: The new mathematics in an old culture. New York: Holt, Rinehart and Winston 1967
Gearing, Frederick O.: Anthropology and education. In: Honigmann, John J., ed., Handbook of Social and Cultural Anthropology, Chicago: Rand McNally 1973, S. 1223-1249
Granquist, H.: Birth and childhood among the Arabs. Studies in a Muhammadan Village in Palestine. Helsinfors 1947
Grohs, Elisabeth: Frühkindliche Sozialisation in traditionellen Gesellschaften. In: Müller, Klaus E./Treml, Alfred K., Hrsg., Ethnopädagogik, Sozialisation und Erziehung in traditionellen Gesellschaften. Berlin: Reimer 1992, S. 31-60
Grohs, Gerhard: Stufen afrikanischer Emanzipation. Studien zum Selbstverständnis afrikanischer Eliten. Stuttgart: Kohlhammer 1967
Hart, C.W.M.: Contrasts between prepubernal and postpubernal education. In: Spindler, George E., ed., Education and Culture, Anthropological Approaches, New York: Holt, Rinehart and Winston 1963, S. 400-425
Herskovits, Melville J.: Education and cultural dynamics: Dahomey and the new world. In: American Journal of Sociology, 48, 1943, S. 737-749
Herzog, John D.: Deliberate instruction and household structure. In: Harvard Educational Review, 32, 1962, S. 301-342
Hewett, Edgar L.: Anthropology and Education. In: American Anthropologist, VI, S. 574-575
Hewett, Edgar L.: Ethnic Factors in Education. In: American Anthropologist, VII, S. 1-16
Hilger, Inez: Arapaho child life and its cultural background. Washington: Smithonian Institution, Bulletin 148, 1952
Hilger, Inez: Araucanian child life and its cultural background. Washingto: Smithonian Miscellaneous Collections 133, 1957
Hilger, Inez: Chippewa child life and its cultural background. Washington: Smithonian Institution, Bulletin 146, 1951
Hilger, Inez: Notes on Cheyenne childlife. In: American Anthropologist, 48, 60, 1946
Hobart, C.W./Brant, C.S.: Eskimo education, Danish and Canadian: A Comparison. In: Canadian Review of Sociology and Anthropology, 3, 1966, S. 47-66
Höhn, Elfriede (Hrsg.): Kind und Gesellschaft. Weinheim: Beltz 1955
Hogbin, Ian H.: A New Guinea childhood: from weaning till the eigth year in Wogeo. In: Oceania, 16 (4), 1946, S. 275-296

Honigmann, John J./Honigmann, Irma: Eskimo Townsmen. Ottawa: Canadian Research Center for Anthropology 1965

Honigmann, John J. (ed).: Handbook of Social and Cultural Anthropology. Chicago: Rand McNally 1973

Hunt, Robert und Eva: Education as an interface institution in rural Mexico and the American inner City. In: Midway, 8 (2), 1967, S. 99-109

Iglesias, Marvel/Hudgins, Morgan Christine: From the cradle to the grave. The story of a typical San Blas Indian Maiden. Cristobal 1939

Jocano, Landa F.: Malitbog: education in a Philippine Barrio. New York: Holt, Rinehart and Winston 1969

Johansen, Ulla: Die Ethnologie in der DDR. In: Fischer, Hans, Hrsg., Ethnologie, eine Einführung, Berlin: Reimer 1983, S. 303-318

Johansen, Ulla/Wolbert, Barbara: Gastarbeiterfamilie. Eine Bibliographie unter ethnologischem Aspekt. Berlin: Reimer 1981

King, Richard A.: The school at Mopas: a problem of identity. New York: Holt, Rinehart and Winston 1967

Kluckhohn, C./Mowrer, C. H.: Kultur- und Persönlichkeit: ein Begriffs-Schema. In: Schmitz, C. A. (Hrsg.), Kultur, Frankfurt/M.: Akademische Verlagsgesellschaft 1963, S. 287-320; Original: American Anthropologist, 46, 1944, S. 1-29

Kohl, Karl-Heinz: Entzauberter Blick. Das Bild vom Guten Wilden. Frankfurt/M.: Suhrkamp 1986

Lafiteau, Joseph Francois: Moeurs des Sauvages ameriquaines, comparées aux moeurs des premiers temps. 2 Bände, Paris 1724

La Flesche, Francis: The Middle Five: Indian schoolboys of the Omaha Tribe. Madison: University of Wisconsin Press 1963

Lafranchi, A.: Immigranten und Schule. Opladen 1993

Leighton, Dorothea/Kluckhohn, Clyde: Children of the people. Cambridge: Harvard University Press 1948

Liegle, Ludwig: Familienerziehung und sozialer Wandel in der Sowjetunion. Berlin, Heidelberg 1970

Liegle, Ludwig: Familie und Kollektiv im Kibbuz. Weinheim: Beltz 1971

Liegle, Ludwig: Kulturvergleichende Sozialisationsforschung. In: Hurrelmann, Klaus/Ulich, Dieter, Handbuch der Sozialisationsforschung, Weinheim: Beltz, S. 197-225

Liegle, Ludwig: Welten der Kindheit und Familie. Beiträge zu einer pädagogischen und kulturvergleichenden Sozialisationsforschung. München: Juventa 1987

Lips, Eva: Das Indianerbuch. Leipzig: VEB Brockhaus 1965

Lips, Eva: Nicht nur in der Prärie ... Von der Vielfalt der Indianerkulturen Nordamerikas. Leipzig: VEB Brockhaus 1974

Lips, Eva: Sie alle heißen Indianer. Berlin: Kinderbuchverlag ^{3}1975

Little, Kenneth: The social cycle and initiation among the Mende. In: derselbe, The Mende of Sierra Leone, London: Routledge and Kegan 1951, S. 113-130

Loo, Marie-José van de, Reinhart, Margarete (Hrsg.): Kinder. Ethnologische Forschungen in fünf Kontinenten. München: Trickster 1993

Madsen, William: The Mexican-Americans of South Texas. New York: Holt, Rinehart and Winston 1964

Mandelbaum, D./Lasker, G./Albert, E. (eds.): The teaching of Anthropology. American Anthropological Association Memoirs, no. 94, Berkeley: University of California Press 1963a

Mandelbaum, D./Lasker, G./Albert, E. (eds.): Resources for the teaching of Anthropology. American Anthropological Association Memoirs, no. 95, Berkeley: University of California Press 1963b

Mead, Margaret: Coming of age in Samoa: A psychological study of primitive youth for Western civilisation. New York: Morrow 1928

Mead, Margaret: Our educational emphasis in primitive perspective. In: American Journal of Sociology, 48, 1942-43, S. 633-639

Minturn, L./Lambert, W.W.: Mothers of six cultures. New York 1964

Montessori, Maria: Pedagogical Anthropology. New York: Stokes 1913
Müller, Klaus E.: Ethnopädagogik. Ein propädeutischer Grundriß. In Zeitschrift für Entwicklungspädagogik Nr. 3/1986, S.3-10
Müller, Klaus E./Treml, Alfred K. (Hrsg.): Ethnopädagogik. Sozialisation und Erziehung in traditionellen Gesellschaften. Eine Einführung. Berlin: Reimer 1992
Nadel, S. F.: Education for citizenship among the Nupe. In: dieselbe, A black Byzantium, London: Oxford University Press 1942, S. 388-402
Nash, Manning: Education in a new nation: the village school in Upper Burma. In: International Journal of Comparative Sociology, 2, 1961, S. 135-143
Norris, Edward Graham: Die Umerziehung der Afrikaner. Togo 1895-1938. München: Trickster 1993
Opler, Morris E.: Childhood and youth in a Jicarilla Society. Los Angeles: The Southwest Museum 1946
Parmee, Edward A.: Formal education and culture change: a modern Apache Indian community and government education programs. Tucson: University of Arizona Press 1968
Paul, Sigrid: Frühe afrikanische Schulerfahrungen – eine Analyse von Autobiographien. In: Renner, Erich u.a., Hrsg., Kindsein in der Schule, Weinheim: Deutscher Studien Verlag 1999, S. 260-272
Pearsall, Marion: Klamath childhood and education. Berkeley, Los Angeles: University of California Press 1950
Ploß, H./Renz, B.: Das Kind. In Brauch und Sitte der Völker. Völkerkundliche Studien. 2 Bände, Leipzig: Grieben [3]1911, 1912
Ratzel, Friedrich: Völkerkunde. 3 Bände, Leipzig: Bibliographisches Institut 1885, 1886, 1887
Raum, Johannes W.: Die Stellung des Kindes und Jugendlichen in einer repräsentativen Auswahl von Stammesgesellschaften. In: Kühn, Evelyn u.a., Das Selbstbestimmungsrecht des Jugendlichen im Spannungsfeld von Familie, Gesellschaft und Staat, Bielefeld: Gieseking 1978, S. 173-328
Raum, Johannes W.: Erziehung und Sozialisation in Stammesgesellschaften. In: Ortlieb, Heinz-Dietrich/Zwernemann, Jürgen, Hrsg., Afrika zwischen Tradition und Fortschritt, Hamburg: Verlag Weltarchiv 1980, S. 89-106
Raum, Otto Friedrich: Chaga childhood. Description of indigenous education in an east African tribe. London: Oxford University Press 1940
Raum, Otto: Some aspects of indigenous education among the Chaga. In: Journal of the Royal Anthropological Institute, 68, 1938, S. 209-221
Read, Margaret: Education in Africa: its pattern and role in social change. In: The Annals of the American Academy of Political and Social Science, 298, 1955, S. 170-179
Redfield, Robert: Culture and education in the midwestern Highlands of Guatemala. In: American Journal of Sociology, 48, 1943, S. 640-648
Renner, Erich: Autobiographie in der kulturanthropologischen Forschung. In: Behnken, Imbke/Zinnecker, Jürgen, Hrsg., Kindheit und Biographie/Lebensgeschichte, Velber/Hannover: Friedrich/Kallmeyer (in Vorbereitung für 2000)
Renner, Erich (Hrsg.): Das Leben des Rentierlappen Siri Matti, von ihm selbst erzählt. Aufgezeichnet von Ludwig Kohl-Larsen. Frankfurt/M., New York: Campus 1994
Renner, Erich: Die Suche nach Harmonie: Navajo-Versionen. Weinheim: Deutscher Studien Verlag 1996
Renner, Erich: Ethnographie und interkulturelle pädagogische Forschung. In: Krüger, H.-H./Marotzki, W. (Hrsg.), Handbuch erziehungswissenschaftliche Biographieforschung. Opladen: Leske + Budrich 1999, S. 147-164
Renner, Erich: Ethnologische Perspektiven in der (Pädagogischen) Anthropologie. In: Uher, Johanna, Hrsg., Pädagogische Anthropologie und Evolution, Erlanger Forschungen, Reihe A, Geisteswissenschaften, Band 73, 1995, S. 115-131
Renner, Erich: Erziehungs- und Sozialisationsbedingungen türkischer Kinder. Ein Vergleich zwischen Deutschland und der Türkei. Rheinstetten: Schindele 1975, [2]1982
Renner, Erich: Generation in Stammesgesellschaften. In: Liebau, Eckart/Wulf, Christoph, Hrsg., Generation, Versuche über eine pädagogisch-anthropologische Grundbedingung, Weinheim:

Deutscher Studien Verlag 1996b, S. 105-121
Renner, Erich: K. E. Müller/A.K. Treml "Ethnopädagogik", Rezension. In: Zeitschrift für Ethnologie, 121, 1996a, S. 152-154
Renner, Erich/Seidenfaden, Fritz (Hrsg.) Kindsein in fremden Kulturen. Selbstzeugnisse Band 1. Afrikanische Welt, asiatische Welt. Band 2: Nordamerikanische Welt, lateinamerikanische Welt, pazifische Welt, Welt europäischer Minderheiten. Weinheim: Deutscher Studien Verlag 1997, 1998
Renner, Erich: Navajo Trail of Beauty versus American Way of Life: Probleme individueller Modernisierung in einer traditionellen Kultur. In: Behnken, Imbke/Schulze, Theodor, Hrsg., Tatort: Biographie, Spuren – Zugänge – Orte – Ereignisse, Opladen: Leske + Budrich 1997, S. 209-224
Renner, Erich/Riemann, Sabine/Schneider, Ilona K. (Hrsg.): Kindsein in der Schule. Interdisziplinäre Annäherungen. Weinheim: Deutscher Studien Verlag 1999, darin sechs ethnopädagogische Beispiele
Renner, Erich (Hrsg.): Kinderwelten. Pädagogische, ethnologische und literaturwissenschaftliche Annäherungen. Weinheim: Deutscher Studien Verlag 1995, darin fünf ethnopädagogische Beispiele
Renner, Erich/Riemann, Sabine/Schneider, Ilona K./Trautmann, Thomas (Hrsg.): Spiele der Kinder. Interdiszplinäre Annäherungen. Weinheim: Deutscher Studien Verlag 1997, darin: fünf ethnopädagogische Beispiele
Renner, Erich: Sozialisation in zwei Kulturen. Analyse autobiographischer Texte. Frankfurt/M., New York: Campus 1986
Renner, Erich: Yequana oder das verlorene Glück. Untersuchungen zu einem pädagogisch-anthropologischen Bestseller und seiner aktuellen Diskussion. In: Zeitschrift für Ethnologie, 114, 1989, S. 205-222
Renner, Erich: "Und wir waren auch Naturmenschen". Der autobiographische Bericht des Sinti-Musikers und Geigenbauers Adolf Boko Winterstein und andere persönliche Dokumente von und über Sinti und Roma. Frankfurt/M., Berlin, Bern: Peter Lang 1997
Renner, Erich: Zigeunerleben. Der Lebensbericht des Sinti-Musikers und Geigenbauers Adolf Boko Winterstein. Frankfurt/M., Wien: Büchergilde Gutenberg 1988
Richter, Julius: Mission und Kolonisation. In: Das Buch der deutschen Kolonien, Leipzig: Goldmann 1937, S. 352-358
Roth, Heinrich: Pädagogische Anthropologie. Band I: Bildsamkeit und Bestimmung. Hannover: Schroedel 1966, S. 251-263
Rothe, Friedrich Karl: Kultur und Erziehung. Umrisse einer Ethnopädagogik. München: Weltforum 1984
Rothe, Friedrich Karl: Stammeserziehung und Schulerziehung. Eine Feldstudie zum Kulturwandel in der Republik Sudan. Braunschweig: Westermann 1969
Rubel, Arthur J.: Across the tracks: Mexican-Americans in a Texas City. Austin: University of Texas Press 1966
Schaller, Klaus: Vergleichende Erziehungswissenschaft. In: derselbe, Erziehungswissenschaft und Erziehungsforschung, Hamburg: Leibnitz 1968, S. 213/214
Schneider, Friedrich: Vergleichende Erziehungswissenschaft. Heidelberg: Quelle & Meyer 1961
Schüler, Henning u. a.: Was ist der Mensch? 6 Unterrichtseinheiten für ein fächerübergreifendes Curriculum der Sekundarstufe I, Lernbereiche Biologie und Sozialkunde, Stuttgart: J. B. Metzler 1980
Sears, R. R./Maccoby, E. E./Levine, R.: Patterns of childrearing. New York 1957
Seidenfaden, Fritz: Der Vergleich in der Pädagogik. Braunschweig: Westermann 1966
Seidenfaden, Fritz: Indianische Erziehung. Weinheim: Beltz 1969; Idstein/Ts. 1993
Shimkin, D. B.: Childhood and development among the Wind River Shoshones. Berkeley: Anthropological Records 5, 5, 1947, S. 289-335
Sindell, Peter S.: Anthropological approaches to the study of education. In: Review of Educational

Research, Vol. 39, 1969, S. 593-605
Sindell, Peter S.: Some discontinuities in the enculturation of Mistassini Cree children. In: Chance, N. A., ed., Conflict in culture, Ottawa: Canadian Research Center for Anthropology 1968
Singleton, John: Nichû: A Japanese School. New York: Holt, Rinehart and Winston 1967
Spindler, George E. (ed.): Education and culture. Anthropological approaches. New York: Holt, Rinehart and Winston 1963
Spindler, George E.: Roots revisited: three decades of perspective. In: Anthropology & Education Quarterly, 15, 1984, S. 3-10
Spindler, George E.: Urbanization and education in a rural German village. Stanford: Department of Anthropology 1969
Spiro, Melford E.: Education in an communal village in Israel. In: American Journal of Orthopsychiatry, 25, 1955, S. 283-292
Süssmuth, Rita: Zur Anthropologie des Kindes. München: Kösel 1968
Thurnwald, Richard: Koloniale Gestaltung. Methoden und Probleme überseeischer Ausdehnung. Hamburg: Hoffmann und Campe 1939
Todd, Arthur James: The primitive family as and educational agency. New York: Putman's Sons 1913
Trommsdorf, Gisela: Kindheit im Kulturvergleich. In: Markefka, Manfred/Nauck, Bernhard, Hrsg., Handbuch der Kindheitsforschung, Neuwied: Luchterhand 1993, S. 45-65
Underhill, Ruth: The autobiography of a Papago Woman. Menasha 1936
Völkerkunde für jedermann. Bearbeitet von Eva Lips, Ehepaar Treide. Gotha, Leipzig: VEB Hermann Haack, Geographisch-kartographische Anstalt 1966
Wallace, W. J.: Infancy and childhood among the Mohave Indians. In: Primitive Man 21, 1948, S. 19-38
Warren, Richard L.: Education in Rebhausen. New York: Holt, Rinehart and Winston 1967
Wax, Murray L./Wax, Rosalie H./Dumont, Robert V.: Formal education in an American Indian community. SSSP Monographs: A Supplement to Social Problems, Vol. 2, No. 4, 1964
Westermann, Dierich: Afrika als europäische Aufgabe. Berlin: Deutscher Verlag [2]1941
Whiting, B. B. (ed.): Six cultures. New York: Wiley 1963
Whiting, J. W. M.: Becoming a Kwoma. Teaching and learning in a New Guinea tribe. New Haven: Yale University Press 1941
Whiting, J. W. M./Child, I.L.: Child training and personality. New Haven: Yale University Press 1953
Whiting, J. W. M. et al.: Field guide for a study of socialization in 5 societies. Cambridge: Lab of Human Development 1954
Whiting, J. W. M. et al.: The learning of values. In: Vogt, E. Z./Albert, E. M., eds., People of Rimrock, Cambridge: Harvard University Press 1966, S. 83-125
Wilbert, C.: Die Zukunft der zweiten Generation. Erwartungen und Verhaltensmöglichkeiten ausländischer Kinder. Königstein 1980
Williams, Thomas Rhys: The social structure of the socialization process in Papago Indian society. In: Social Forces, 36 (3), 1958, S. 251-256
Wolcott, Harry F.: A Kwakiutl village and school. New York: Holt, Rinehart and Winston 1967
Wylie, Laurence: Dorf in der Vaucluse. Der Alltag einer französischen Gemeinde. Frankfurt/M: Fischer 1978 (1957, dt. 1969)
Zinnecker, Jürgen: Margaret Mead (1901-1978) – Ethnographie der Kindheit in pädagogischer Absicht. In: Renner, Erich (Hrsg.), Kinderwelten, pädagogische, ethnologische und literaturwissenschaftliche Annäherungen, Weinheim: Deutscher Studien Verlag 1995, S. 202-227

Entwicklung in zwei Kulturen

Wechselwirkungen familiärer und schulischer Sozialisation und Erziehung, diskutiert anhand autobiographischer Texte

Die am häufigsten diskutierten Erklärungsmodelle für Zusammenhänge familiärer und schulischer Erziehungs- und Sozialisationsprozesse haben folgende Merkmale:

Sie isolieren, d.h. sie reduzieren auf einen Blickwinkel.
Sie beziehen sich auf Querschnitte.
Sie suchen nach korrelativen Zusammenhängen, d.h. sie haben eine synchrone Verlaufsstruktur.
Sie sind universell orientiert.
Sie berücksichtigen nicht die Perspektive der Betroffenen.

Diese Charakteristika mögen damit zu tun haben, daß die Autoren der entsprechenden Veröffentlichungen keine Pädagogen sind und daß ihr Erkenntnisinteresse deshalb nicht vorrangig pädagogisch ausgerichtet sein kann.
Genuin pädagogisches Erkenntnisinteresse muß meines Erachtens auf Informationen aus sein, die über Momentaufnahmen mit möglicherweise repräsentativem Anspruch, aber abstrakter Kontur, Langzeitentwicklungen in ihren komplexen Zusammenhängen erfassen. Der Theorie-Praxis-Bezug der Pädagogik verweist immer auf den konkreten Fall kontinuierlicher oder diskontinuierlicher Entwicklung, und dieser ist nur sehr selten ohne vielfältige Hintergründe und Bezugspunkte verstehbar.
Das Suchen nach gleichzeitig auftretenden Bedingungen und Wirkungen resultiert in einem Denken nach dem Prinzip Ursache-Wirkung. Damit verbunden ist ein Streben nach Repräsentativität, nach universellem Anspruch. Die soziale und kulturelle Eigenständigkeit untersuchter Situationen und Phänomene bleibt dann außer Betracht. Zudem ist in einer derartigen Forschungsrezeptur ausschließlich die Problemsicht der Untersuchenden ausgearbeitet, die der Probanden oder Zielgruppe bleibt ausgeklammert.
Ein pädagogisches Konzept, das diese Vorbehalte im vorliegenden Zusammenhang berücksichtigt, müßte folgende Merkmale aufweisen:

Es hätte Zusammenhänge zwischen familiärer und schulischer Entwicklung in längerfristigen Abschnitten zu untersuchen.
Es müßte im Sinne einer diachronen Verlaufsstruktur die Wechselwirkungen zwischen den auftretenden Bedingungen analysieren.
Es hätte die spezifischen sozialen und kulturellen Kontexte zu berücksichtigen.
Es hätte die reflexive Komponente einzubringen, d.h. die Problemsicht der Betroffenen.
Es könnte durch systematische kulturelle Vergleiche Differenziertheit und Objektivität anstreben.

1. Traditionelle Familie und fremdkulturelle Schule[1]

Anhand einer besonderen Konstellation primärer und sekundärer Erziehungs- und Sozialisationsprozesse, die durch den kulturellen Kontrast beider Bezugsfelder charakterisiert ist, soll die Problematik weiter verdeutlicht werden. In diesem Kontext richtet sich dann das spezielle Erkenntnisinteresse auf die Frage, welche Einflüsse dominieren letztlich bei der Persönlichkeitsentwicklung und dem kulturellen Selbstverständnis, die ursprünglichen oder die sekundären?
Bei der Sichtung internationaler Untersuchungen zu diesem Problemkreis zeigte sich einerseits eine große Vielfalt an Untersuchungsansätzen und zum anderen die Widersprüchlichkeit der erzielten Ergebnisse. Nach drei Schwerpunkten ausgewählte Beispiele aus der Literatur können dennoch wichtige Einsichten vermitteln.
Auf die Frage, inwieweit Schule als Bedrohung und Zwang zur kulturellen Anpassung wirken kann, erlauben die Arbeiten von Green (1948), Rothe (1969), Philips (1970) Hinweise, die folgende Annahmen begründen:

> Eine massive fremdkulturelle schulische Sozialisation bedroht das in der Ursprungskultur begründete Selbstverständnis von Individuen derart, daß innere Konflikte zu erwarten sind.
> Auf Dauer gesehen lassen die Rückwirkungen desintegrative Tendenzen in der Ursprungsgruppe befürchten.
> Eine in der familiär-kulturellen Sozialisation ausgebildete intensive Identifikation kann ein gewisses Gegengewicht bilden.

Zur Funktion der Schule als Instrument umfassender Anpassungsprozesse eröffnen die Arbeiten von Chance (1960), Baal (1960), Köhler (1969) positive Perspektiven:

> Im Zusammenhang eines allgemein akzeptierten umfassenden Kulturwandels verlieren schulische Einflüsse ihren Zwangscharakter.
> Im Kontext breit angelegter Entwicklungsprogramme kann Schulerziehung eine leitende Funktion übernehmen.
> Gezielte und gruppenangemessene schulische Einflüsse können Fehlentwicklungen verhindern und gesellschaftlich integrativ wirken.
> Aus der Sicht der Betroffenen besteht die Notwendigkeit, daß Anpassungen als sinnvoll angesehen werden können.

Ob schulische Einflüsse auch ohne tiefgreifende Auswirkungen bleiben können, läßt sich mit den Untersuchungen von Koch (1955, 1962), Fischer (1963), Braroe (1975) so beantworten:

---

[1] Die Gliederungspunkte 1. bis 5. referieren in konziser Form die Untersuchung "Sozialisation in zwei Kulturen", Analyse autobiographischer Texte (Renner 1986).

Ein allseitig angesetzter Veränderungsprozeß, in dem Schule eine zentrale Funktion innehat, kann einen sichtbaren Wandel bewirken, ohne daß dadurch die innere Entwicklung, das Selbstverständnis und die in ihm verankerten Werte außer Kraft gesetzt werden.
Fremdkulturelle schulische Einflüsse können weitgehend wirkungslos bleiben, wenn die Ausgangsgruppe sozialkulturell intakt geblieben ist.

Die Auswertung weiterer Arbeiten von Spiro (1955), Voget (1950), Bruner (1956), Turnbull (1969) verdichtet die Hinweise darauf, daß zur Beurteilung der Wirkungen von Erziehungs- und Sozialisationsprozessen deren reflexive Komponente in Betracht zu ziehen ist. Das heißt, der sprachlich formulierte Bewußtseinsstand, die spezifischen Verarbeitungsweisen der Betroffenen in Gestalt ihrer Interpretations- oder Deutungsmuster bilden das Datenmaterial, von dem aus Wechselwirkungen zwischen primären und sekundären Einflüssen analysierend und interpretierend herausgearbeitet werden können.
Die in dieser Weise offengelegten "subjektiven Theorien" sind in ihrer inneren Konsistenz zu prüfen, an den Bedingungen der gesamten Zusammenhänge zu messen und mit möglichst vielfältigen Fremdperspektiven zu kontrastieren.
Datensammlungen, die längerfristige Abschnitte familiärer und schulischer Entwicklung enthalten können, wären z.B. narrative Interviews oder autobiographische Darstellungen in mündlicher oder schriftlicher Version.

2. Die Analyse und Interpretation autobiographischer Texte im Hinblick auf Zusammenhänge primärer und sekundärer Entwicklungsprozesse

Aus einem Materialfundus von 69 autobiographischen Texten nichtwestlicher Autoren wurden 15, nach vier Kriterien vergleichbare, ausgewählt: nach der Intaktheit der familiär-kulturellen Umwelt, nach dem Absolvieren der fremdkulturellen (westlichen) Schule in der ersten Generation, nach der Entstehungsweise und -absicht, nach der verwendeten Originalsprache.
Der als Analyse und Interpretation angelegte systematische Suchprozeß bewegte sich im Rahmen eines Katalogs von vor allem zwei Gruppen von Fragen.

Fragen, die vor allem auf Bedingungen gerichtet sind:

- Sind die durch den Schuleinfluß verursachten Brüche umso stärker, je intensiver die Sozialisation in der traditionell-kulturellen Familie gewesen ist?
- Können charakteristische Merkmale der Familie Schuleinflüsse neutralisieren oder auch kompensieren?
- Gibt es traditionell-kulturelle Merkmale, die die fremdkulturellen schulischen verstärken?
- Nach welchen Konzeptionen arbeiten Schulen, in denen kulturell unterschiedliche

Gruppen unterrichtet werden?

- Kann eine massive schulische Einflußnahme die vorangegangenen traditionell-kulturellen Einflüsse neutralisieren?

Fragen, die vor allem auf Wirkungen zielen:

- In welcher Weise werden familiär-kulturelle und fremdkulturelle Einflüsse von den betroffenen Individuen wahrgenommen und artikuliert?
- Welches kulturelle Selbstverständnis, welche Lebenspläne definieren sie vor dem Hintergrund ihrer gegenläufigen Erfahrungen?
- In welchem Zusammenhang stehen die Selbstverständnisse der Autoren zu ihrem tatsächlichen Verhalten?

Das bereits angedeutete methodische Instrumentarium wurde unter vier Aspekten ausgearbeitet,

- unter der Frage nach der Position der biographischen Methode im Rahmen qualitativer Forschung;
- unter Hinweisen auf die biographische Methode in der Ethnologie;
- im Hinblick auf Bedingungen und Wirkungen autobiographischer Texte und den Deutungsmusteransatz;
- im Hinblick auf die Modifizierung des Interpretationsverfahrens von Kieper (1980).

Die erzielten Ergebnisse bewegen sich auf zwei Ebenen,

- auf einer Wirkungsebene, auf der gezeigt wird, wie die betroffenen Individuen hinsichtlich ihres kulturellen Status einzuordnen sind;
- auf einer Bedingungsebene, auf der herausgearbeitet ist, welche Faktoren des familiären und schulischen Milieus in welcher Weise für Wirkungen bedeutsam waren.

3. Versionen des kulturellen Status

Die einzelnen Versionen des kulturellen Status sind nicht als homogene Typisierungen zu verstehen. Sie bezeichnen vielmehr die jeweiligen Grundhaltungen.

In Version I sind Individuen versammelt, die als Traditionalisten bezeichnet werden können, weil ihre traditionalistischen Überzeugungen trotz unterschiedlicher Beeinflussung durch eine fremde Kultur wiedergewonnen und wiederbelebt worden sind.

Version II bezeichnet traditionell orientierte Personen mit Anpassungsbereitschaft für neue Entwicklungen.

Version III umfaßt traditionsverhaftete Individuen, die in ihrem Selbstverständnis ein kritisches Element verankert haben, ohne das dadurch die Grundhaltung in Frage gestellt wird.

Mit Version IV sind Personen gemeint, die sich mit der fremdkulturellen Individualisierung der Lebensweise identifizieren. Diesen Schritt haben sie jedoch nicht verarbeitet. Sie leben mit offenen Konflikten.

Version V zielt auf Individuen, die trotz Änderung des Lebensstils ihre Orientierung aus der traditionellen Kultur beziehen. Dadurch können sie als Neuerer gelten.

In Version VI sind Personen charakterisiert, die eine neue Lebensweise praktizieren und letzten Endes erfolglos eine Verschmelzung von Resttraditionen mit kulturfremdem Gedankengut versuchen.

Die Individuen der Version VII können als Modernisten bezeichnet werden. Dabei existieren graduelle Unterschiede hinsichtlich des offiziellen Lossagen von der Ursprungskultur, was sich in latenten Konflikten zeigt.

4. Die zentralen Themen der Autobiographien[2]

Die Frage nach den Hintergründen und Bedingungen, unter denen die verschiedenen Versionen kultureller Selbstverständnisse sich entwickelt haben, ist aufzufassen als das Problem der zentralen Themen in den analysierten Autobiographien. Mit ihnen sind die subjektiv wahrgenommenen zentralen Einflußfaktoren dargestellt. Sie werden nachfolgend systematisch herausgearbeitet.

4.1 Vorbilder

Vorbilder sind die am häufigsten thematisierten Hintergründe bei der Selbstdarstellung einer Entwicklung in zwei Kulturen. Sie finden sich allerdings in einer erheblichen Variationsbreite, d. h. Vorbilder werden in sechs von sieben Versionen charakteristischer Entwicklungsverläufe genannt. Sie stehen dabei in vielfältigen Wirkungszusammenhängen.

---

[2] Die nachfolgend immer wieder genannten Namen beziehen sich auf die Autoren der analysierten Autobiographien: Prince Modupe (Sousou), Mugo Gatheru (Kikuyu), Stimela Jason Jingoes (Sotho), Albert Maori Kiki (Papua), Nathan Kakianak (Eskimo), Minnie Aodla (Eskimo), Charles James Nowell (Kwakiutl), James Sewid (Kwakiutl), John Stands in Timber (Cheyenne), Luther Standing Bear (Oglala), Jim Whitewolf (Kiowa Apache), Chris (Mescalero Apache), Navaho (anonym), Acoma (anonym), Helen Sekaquaptewa (Hopi).

In zwei der Autobiographien werden konkurrierende Vorbilder genannt (Maori Kiki, Kakianak), deren Einfluß sich jedoch nicht in Konflikten niederschlägt, sondern in harmonischen Selbstverständnissen resultiert. Im Falle Maori Kikis ist das als Ergebnis der geistigen Flexibilität des Autors zu werten, im Falle Kakianaks ist es die Flexibilität des Lehrers der II. Entwicklungsphase zu verdanken.
Vorbilder werden auch als Anlaß für Orientierung an der traditionellen Kultur genannt (Whitewolf). Im Beispiel Chris wirken die Eigenschaften und Fähigkeiten des traditionellen Kräuterheilens beider Eltern und der Tante als Vorbilder. Das Vorbild dieser Personen ist wesentlicher Hintergrund für Chris' spätere Tätigkeit als Heiler und Kräuterspezialist im traditionellen Milieu.
Andere Vorbilder, die genannt werden, sind wesentlich verantwortlich für die Umorientierung in der schulischen oder nachschulischen Karriere bestimmter Autoren. Modupe nennt zwei Beispiele von Afrikanern als Vorbild für seinen Ehrgeiz, ein Universitätsstudium zu absolvieren. Sewid bezeichnet drei Personen während seiner Schulzeit und in der nachschulischen Phase als orientierende Leitbilder für die eigene "moderne" Entwicklung.
In zwei Beispielen der Texte spielen Vorbilder aus dem traditionellen Milieu die entscheidende Rolle bei der Anpassung an die "moderne" Welt. Im Falle Aodlas sind es die traditionellen Eskimo-Eigenschaften von Vater und Großmutter, im Falle Standing Bears ist es der Vater, der im traditionellen Millieu als besonderes Vorbild dargestellt ist und diese Rolle in der Phase der Anpassung ebenfalls spielt.
Bruner betont den Zusammenhang von bestimmten Vorbildern zu einem bestimmten Akkulturationsstand. In seiner Untersuchung haben 14 von 17 als akkultiert geltende indianische Familien ein "weißes Modell" in ihrer Genealogie. In den hier dargestellten Beispielen belegen Autobiographen die Bedeutung von Vorbildern als Triebkräfte sehr unterschiedlicher Entwicklungen.

4.2 Kulturelle "Zwänge"

Mit der Verwendung des Begriffs "Zwang" an dieser Stelle soll darauf hingewiesen werden, daß bestimmte kulturspezifische Bedingungen als Hintergrund und Antrieb von Entwicklungen besonders bedeutsam sein können. Dabei wird sich zeigen, daß gleiche Bedingungen kulturkonform verschiedene Entwicklungen begünstigen können.
Nowell und Sewid gehören derselben Kultur an, stammen beide aus aristokratischen Familien, für die Prestige- und Besitzstreben zentrale Wertorientierungen darstellen. Im ersten Fall führen diese Voraussetzungen dazu, daß Nowell auf eine Aufhebung der zerstörerischen kanadischen Gesetzgebung wartet, damit er die ihm traditionell zustehenden Ansprüche auf Besitztitel geltend machen kann. Das gleiche traditionelle Streben nach Prestige und Besitz wird im Beispiel Sewid durch Einflüsse der II. und III. Entwicklungsphase umorientiert und zeigt sich in Ehrgeiz, Strebsamkeit, Durchsetzungsvermögen als modernes Leistungsverhalten im wirtschaftlichen und politischen Bereich.
In Modupes Entwicklung ist ebenfalls die Zugehörigkeit zur Stammesaristokratie die

ausschlaggebende Motivation. Durch die Addition weißer Macht in Gestalt einer Schulbildung soll die traditionelle Position individuell und familiär ausgebaut und gestärkt werden. Daß dies letztlich nicht erfolgreich ist, spricht prinzipiell nicht gegen den Einfluß der Ausgangsbedingungen.
Bei Jingoes und Navaho wirken sich sozialstrukturelle Bedingungen als Bindungen aus, die auch nicht durch lang anhaltende divergierende Erfahrungen an Relevanz verlieren. Während bei Navaho "nur" die verwandtschaftlichen Verpflichtungen zu erfüllen sind, ist bei Jingoes ein komplexerer Hintergrund gegeben, und zwar die Notwendigkeit einer familiären Kontinuität im Sinne der Ahnenverehrung sowie die traditionelle Verflechtung seiner Familie mit der Stammesaristokratie.
Maori Kikis bedeutungsvoller traditioneller Hintergrund ist die Sippenstruktur und die damit verknüpfte Ahnenverehrung. Sie behalten für ihn auch Aktualität, als er Verwaltungsbeamter und Politiker ist.
Bei Acoma werden kulturelle "Zwänge" als Gewalt der Traditionalisten dargestellt, die eingesetzt wird, um die Amerikanisierungstendenzen unter den Jugendlichen zu unterbinden. Der Autor selbst ist einer der Betroffenen, der unter dem physischen und psychischem Druck der Gruppe die traditionelle Lebensweise wieder aufnimmt.
Inkeles/Smith bezeichnen eines ihrer Merkmale für Modernität als "Unabhängigkeit von Eltern und anderen traditionellen Autoritäten". Diese Festlegung beinhaltet die Annahme, daß das Vorhandensein solcher Art von Abhängigkeit (kulturelle Zwänge Traditionalismus zur Folge habe. Die vorliegenden Beispiele zeigen dagegen, wie traditionelle Bindungen sehr unterschiedliche Entwicklungseinflüsse ausüben können.

4.3 "Geschichten" als Erziehungsmittel

Geschichten als Erziehungsmittel haben mit der Bedeutung der Großelterngeneration in vielen Kulturen zu tun. Die geistige Kontinuität sowie der aktuelle Lebensstil in diesen Kulturen sind in weitem Maße abhängig von den Möglichkeiten der Großelterngeneration, ihre Erfahrungen und ihr Wissen weiterzugeben. Mead belegt dies mit verschiedenen Beispielen: "Bis zu unserer Periode des schnellen kulturellen Wandels wirkte sich die Anwesenheit der Großeltern zuhause und ihre Teilnahme am Erziehungsprozeß der Kinder als Konservatismus aus. Bei den amerikanischen Indianern widerstanden diejenigen Stämme am stärksten jedem Wandel, bei denen die Großeltern den meisten Anteil an der Erziehung hatten" (1977, S. 75).
Im vorliegenden Zusammenhang geht es um verschiedene Formen erzieherischer Einflußnahme durch Geschichtenerzählen.
Nowell berichtet von einer typischen Aktivität seines Vaters, der ihm vor dem Einschlafen traditionelles Wissen nahe bringt. Für ihn bleibt dieses Wissen auf Dauer aktuell. In gleicher Weise berichtet Whitewolf von den traditionellen Erfahrungen, die ihm die Großeltern vermitteln.
Jingoes bezeichnet das unbewußte dauernde Lernen beim Zuhören von Rechtsgeschichten als einen typischen Entwicklungsfaktor im Leben von Basothojungen. Für ihn selbst wird

dieses Rechtswissen Agens seines ganzen Lebens und Zentrum seines Selbstverständnisses.

Ähnliches gilt für Chris, den die Geschichten der Alten über die Kräfte von Tieren und Pflanzen seit frühester Jugend faszinieren, so daß er schließlich selbst zum anerkannten Fachmann auf diesem Gebiet wird.

Im Falle Acoma spielen in der frühen Entwicklung besondere Beziehungen zu den Großeltern eine wichtige Rolle, sie konzentrieren sich in den Geschichten, die der Großvater erzählt. Dieser Einfluß verhindert nicht, daß gleichzeitig eine Aversion gegen die traditionellen Zeremonien entsteht. Im Endeffekt bestimmen trotz traditionellen Lebensstils Zweifel das kulturelle Selbstverständnis.

Modupe berichtet sowohl von personifizierten als auch institutionalisierten Formen des Lehrens. Das traditionelle Wissen in Form von Geschichten wird den Kindern von einem Spezialisten beigebracht, der auch später die Leitung der Busch-Schule innehat. Obwohl Modupe selbst behauptet, daß Dinge, die unter Schmerzen gelernt worden sind, wie die in der Busch-Schule, späterhin bedeutungsvoll bleiben, gewinnt für ihn das "moderne" Wissen die größere Bedeutung.

Maori Kiki schildert ausführlich die Einweihungsriten, die er durchlaufen hat und die damit verbundene mündliche Weitergabe der Geschichte seiner Ahnen und der allgemeinen Sittengesetze.

Für Sequaptewa haben die konsequent durchgeführten frühen Einführungen in verschiedene Bünde, bei denen traditionelles Wissen vermittelt wird, einen negativen Beigeschmack wegen der damit verbundenen Härte. Die dort erfahrenen Inhalte der Lehren beschäftigen sie jedoch bis in ihre aktuelle Lebenssituation.

Aodla bezeichnet das Geschichtenerzählen als kollektive Aufgabe in ihrer Gruppe, durch die systematisch Wissen und Erfahrungen weitergegeben werden. Das Beispiel, das sie selbst vermittelt, personifiziert die negativen Folgen des Geizes und präzisiert damit, daß Großzügigkeit notwendig ist.

Bei Gatheru ist das Männerhaus der Ort, an dem das traditionelle Wissen, "Geschichten der Kikuyu, Rätsel, ... Angelegenheiten der Männer", weitergegeben werden. Durch den Einfluß der modernen Welt verlieren diese Erfahrungen jedoch die Bedeutung für ihn selbst.

Stands in Timber erhält durch die in seiner Jugend erfahrenen Geschichten der Alten und durch die moderne Form des schriftlichen Aufbewahrens eine zentrale Lebensorientierung als Historiker, ohne daß die vermittelten Inhalte sein kulturelles Selbstverständnis konservativ bestimmen.

In diesen Beispielen ist die Vielfalt von Vermittlungsweisen traditionellen Wissens belegt: gezielte Maßnahmen der Eltern, Beteiligung der gesamten älteren Generation, zuhörende Beteiligung der Kinder bei sozialen Aktivitäten, die sich oft in besonderen Einrichtungen abspielen, Betreuung durch Spezialisten, Lernen in einem institutionalisierten Rahmen.

Unabhängig von Inhalt und Vermittlungsweise der "Geschichten" als Erziehungsmittel zeigen sie sich in den vorgestellten Beispielen in ein breites Spektrum von Wirkungszusammenhängen eingebunden, d.h. sie sind am Verlauf sehr unterschiedlicher Entwicklungen als Einflußgrößen beteiligt.

4.4 Umerziehungszwänge

Das Thema Schule wird vom Großteil der genannten Autoren als eine gewaltsame Unterbrechung des traditionllen Lebensstils empfunden. Die dabei praktizierten Maßnahmen müssen im wesentlichen als Zwänge in Richtung einer Umorientierung bezeichnet werden. Green (1948) formuliert in diesem Zusammenhang die These, daß als Ursache für Persönlichkeitskonflikte die Gesetzmäßigkeit familiär-kultureller und schulischer Orientierungen gelten müsse. Er fundiert seine These mit dem Vergleich von Informationen aus insgesamt sieben verschiedenen Gruppen. Rothe (1969) zeigt in seiner Untersuchung, wie als Konsequenz der Arabisierung über die Schule die Auflösung der Stammesstruktur im Gange ist. Persönlichkeitskonflikte werden dabei nur angedeutet. Im Gegensatz dazu behaupten andere Autoren, Koch (1962, 1965), Fischer (1963), Köhler (1969), daß sich trotz massiver umschulender Einflüsse "moderner" Gesellschaften die ethnisch-kulturelle Identität in den Ursprungskulturen behauptet.

a) Trennung

Elf von fünfzehn Autoren schildern ihren Eintritt in die Schule als Trennung von der Ursprungskultur nach Raum und Zeit. In drei Fällen wird diese Situation durch besondere Motivation gemildert: bei Modupe, Standing Bear, Navaho.

In den meisten Fällen ist die Maßnahme des Herauslösens von Kindern aus den traditionellen Umgebungen für mehrere Jahre gezielt vorgenommen. Sie ist mit der Erwartung verbunden, daß dadurch eine Akkulturation beschleunigt wird. Einige Autoren berichten, daß man sie regelrecht hat fangen müssen: Maori Kiki, Chris, Sekaquaptewa.

Die mitgeteilten Zeiträume dauernder Abwesenheit von den Familien sind beträchtlich. Sie bewegen sich zwischen fünf Jahren und einem Jahr.

In vielen Texten werden vor allem Anfangsschwierigkeiten hervorgehoben: Nowell, Whitewolf, Modupe, Aodla, Chris, Acoma, Standing Bear. Anfangsschwierigkeiten zeigen sich als Heimweh und als Anpassungsprobleme an den gewohnten Lebensstil.

Ein Teil der Eltern und Großeltern zeigt Vorbehalte gegen schulische Erziehung: bei Aodla, Kiki, Sekaquaptewa, Sewid. Diese Vorbehalte werden jedoch nicht von allen Autoren als eigene Orientierungen übernommen.

Schließlich machen die Entfernungen zwischen heimatlichem Wohnort und den Standorten der Schulen den Besuch der Eltern häufig zu einem unlösbaren Problem.

b) Änderung der Namen

In vielen Beispielen zeigen die Autoren der Autobiographien, wie sie Situationen wahrgenommen haben, in denen ihnen von den Verantwortlichen in der Schule neue

Namen zugewiesen worden sind. Charakteristisch dafür ist das Beispiel Standing Bears, der mit einem Zeigestock an der Tafel aus einer Liste unbekannter Schriftzeichen durch beliebiges Draufzeigen seinen Namen Luther erhält. Nowell äußert sich zu diesem Thema so: "Mein Name in der Schule war Charles James Nowell. Ich weiß nicht, wieso wir diese Namen bekommen haben." Whitewolfs Erfahrungen sind ähnlich nüchtern mitgeteilt: "Der Superintendent kam herein. Er sagte, mein Name sei in Zukunft James."
Ein anderes Beispiel für diese Art der Namengebung enthält die Darstellung Acomas. Auch bei anderen Autoren können vergleichbare Maßnahmen angenommen werden, ohne daß dies ausdrücklich dargestellt wird, und zwar bei Navaho, bei Kakianak, bei Chris, bei Aodla, bei Sekaquaptewa, bei Sewid, bei Stands in Timber. So wie es scheint, haben nicht alle die Änderung des Namens als tiefen Eingriff empfunden.
In der Regel wurde die Änderung der Namen seitens der Schulen gezielt als Maßnahme eingesetzt, um das Loslösen von den Ursprungskulturen zu dokumentieren und zu beschleunigen.
Im Gegensatz dazu haben alle Autoren aus Afrika und Neuguinea keine Schwierigkeiten in dieser Hinsicht. Sie verfassen ihre Texte unter Verwendung ihrer traditionellen Namen (vgl. Modupe, Kiki, Gatheru, Jingoes).
Es besteht jedoch kein Zweifel, daß man gezielte Namensänderungen als ein wichtiges Akkulturationsinstrument ansehen muß. Geschieht dies vor einem Hintergrund von Kulturen, in denen der Name die Identität der Einzelpersonen eindeutig zum Ausdruck bringt, z.B. bei den Kwakiutl oder bei den Teton-Sioux, dann ist der Eingriff umso schwerwiegender. Zwar ist der neue Name dann einer neuen Lebensphase zugeordnet, aber er schwebt sozusagen im freien Raum einer unbekannten zukünftigen Entwicklung. Erlangt dieser Name nach längerer Umerziehung schließlich Bedeutung, weil man ihn einer bedeutenden fremdkulturellen Persönlichkeit zuordnen kann, z.B. Luther Standing Bear, dann kann man von solcher Erkenntnis eher akkulturierende Wirkungen erwarten.

c) Änderung des Aussehens

Eine nicht unwesentliche Maßnahme unter den Umerziehungszwängen stellen die äußeren Veränderungen dar, die man an den Zöglingen vorgenommen hat. Besonders drastische Erfahrungen in dieser Hinsicht berichten Whitewolf und Standing Bear. Mit dem Scheren der langen Haare und mit anderer Kleidung werden auch die äußerlichen Erinnerungen an das frühere Leben zu löschen versucht.
Es gibt aber auch Beispiele, in den sich die Schüler wehren. Bei Acoma sind einige "harte" Ute-Burschen erwähnt, die sich die Haare nicht schneiden lassen.

d) Sprachverlust

Eine besonders tiefgreifende Änderung für diejenigen Autoren, die ihre Schullaufbahn weitab von der heimatlichen Kultur absolvieren müssen, dürfte der Verlust der Muttersprache gewesen sein. Extremes Beispiel dafür ist wieder Standing Bear, der berichtet, daß es allen Schülern in Carlisle verboten war, die eigne Sprache zu sprechen. Selbst als sein Vater zu Besuch kommt,

braucht er eine Erlaubnis des Schulleiters, damit er sich mit ihm in der Siouxsprache unterhalten darf. Da keine anderen Autoren solch strenge Regeln darstellen, kann man annehmen, daß in den übrigen Internaten flexiblere Einstellungen gegeben waren. Dennoch muß sich das Fehlen muttersprachlicher Kommunikationspartner für die Schüler als Sprachverlust gezeigt haben, vor allem wenn die Lehrer und anderen Betreuer ohne Kenntnisse der Muttersprachen der Schüler waren.
Auch in dieser Hinsicht scheint es Unterschiede zwischen den nordamerikanischen und afrikanisch-melanesischen Beispielen zu geben. Aus den Berichten der Autobiographen kann man entnehmen, daß die Lehrer in Afrika und Neuguinea die Muttersprachen ihrer Schüler beherrschten.

e) Einschulungsalter (E) und Schuldauer
Obwohl nur ein Teil der Autoren ihr Einschulungsalter als Problem schildern (vgl. Modupe, Whitewolf, Chris, Acoma), muß es insgesamt als zentrales Thema betrachtet werden. Im Falle später Einschulung, etwa vom 10. Lebensjahr an, ist die Internationalisierung familiär-kultureller Vorgaben weit fortgeschritten. Daß es trotzdem zu einer kulturellen Umorientierung kommen kann, zeigen die Beispiele von Modupe (E = 16), Gatheru (E = 11), Stands in Timber (E = 12). Dabei sind aber auch noch andere Faktoren im Spiel, z.B. die Anzahl der absolvierten Schuljahre.
Insgesamt scheint die Dauer der Schulausbildung ihre Wirkung hinsichtlich einer Anpassung an "moderne" Lebensstile nicht zu verfehlen. Das zeigen die Beispiele von Modupe, Aodla, Kiki, Sekaquaptewa, Gatheru, Stands in Timber, Standing Bear. Das heißt jedoch nicht, daß der zeitliche Umfang der Schulerfahrungen zwangsläufig "Modernität" zur Folge hat (vgl. z.B. Jingoes). Es heißt auch nicht, daß mit kurzer Schulausbildung Anpassung nicht erfolgreich sein kann (vgl. z.B. Sewid).

f) Disziplin und Strafe
In zehn Beispielen heben verschiedene Autoren harte Disziplin und harte Strafen als die wichtigsten Erziehungsmittel in den Schulen hervor: Kiki, Sekaquatewa, Nowell, Whitewolf, Chris, Navaho, Aodla, Gatheru, Sewid, Standing Bear. Die geforderte Disziplin hat teilweise die Form militärischen Drills. "... immerzu mußten wir uns in Reih und Glied aufstellen", berichtet Helen Sekaquaptewa. Bei Navaho werden die Erzieher sogar corporal und captain genannt. Der Leiter der Schule in Carlisle ist ein ehemaliger Offizier, dessen Erziehungsmaximen "natürlich" militärischen Charakter haben, wie Standing Bear vielfältig belegt.
Aber auch dort, wo Missionare Lehrer und Schulleiter sind, werden Prügel und Gefängnis als häufige Disziplinierungsmaßnahmen berichtet. Humanere Methoden schulischer Erziehung sind offenbar nur bei Kakianak, Jingoes und Modupe gegeben.
Im Falle Gatherus kann übermäßiger Drill seitens eines schwarzen Schulleiters durch Protest der Eltern abgewendet werden. Der Schulleiter wird schließlich seines Postens enthoben.
Diese Gegenüberstellung legt die Vermutung nahe, daß in den afrikanischen Ländern

Disziplin und Strafe als Erziehungsmittel weniger häufig zur Anwendung kamen als in Nordamerika. Grohs bestätigt in seiner Untersuchung diese Unterschiede jedoch nicht (vgl. 1967, S. 43, 45/46).

g) Lerninhalte
Interessanterweise werden die in den Schulen vermittelten Inhalte von den Autobiographen kaum thematisiert, d.h. sie werden offenbar nicht als Problem angesehen. Eine Ausnahme bildet Modupe, der in einem eigenen Kapitel die christlichen Inhalte seiner Schulbildung reflektiert und eine Synthese zwischen traditioneller Religion und christlicher Lehre für sich selbst versucht. Allerdings spielt dieser Zusammenhang für seine spätere Umorientierung keine entscheidende Rolle.
Einige Autoren erwähnen die Kombination des Schulunterrichts mit berufspraktischen Tätigkeiten oder Hilfsdiensten in bestimmten Berufen: Sekaquaptewa, Whitewolf, Chris, Navaho, Aodla, Stands in Timber, Standing Bear.
Die Beispiele von Chris und Standing Bear belegen dabei, daß die praktische Ausbildung, wie im übrigen auch die theoretische, keinerlei Rücksicht auf die zukünftigen Möglichkeiten der Zöglinge nimmt.
Aus dieser Sicht setzen die so aufgezwungenen Inhalte und Fähigkeiten zwar neue Lebensperspektiven, sie zeigen aber nicht ohne weiteres neue Lebenswege.

h) Besondere Ereignisse
Damit sind Situationen und Vorkommnisse gemeint, die als "kritische Ereignisse" Entwicklungen in zwei Kulturen beeinflussen können.
In den vorliegenden Texten lassen sich insgesamt drei Beispiele ausmachen. Nowells Erfahrung der Überlegenheit des traditionalistischen Großvaters gegenüber dem Missionar wird vom Herausgeber des Textes als Wendepunkt bezeichnet, der die traditionelle Orientierung des Autobiographen am besten verstehbar macht.
Die Erfahrung einer allseitigen Diskriminierung seiner Rasse im eigenen Land bezeichnet Gatheru als kritischen Punkt, von dem aus er seine Berufung fühlt, sich mit einer bestmöglichen Ausbildung seinem Land und seiner Rasse zur Verfügung zu stellen.
Im Falle Stands in Timber kann der frühe Tod beider Eltern als das kritische Ereignis angesehen werden, das seine zukünftige Entwicklung, nämlich den langjährigen Aufenthalt in einer boarding school in Kansas, bedingt. Dadurch wird letztlich die Umorientierung verursacht.

Zusammenfassung:

Die systematische Darstellung der zentralen Themen in den analysierten Autobiographien, die als Hintergründe und Bedingungen (Einflußfaktoren) der Entwicklung in zwei Kulturen zu verstehen sind, läßt sich in sechs Aspekten zusammenfassen:
Persönliche Vorbilder zeigen sich als besonders bedeutungsvolle Hintergründe für die Entwicklung der Autoren. Entsprechend dem jeweiligen sozialen und kulturellen

Kontext, dem sie zugehören und in dem sie handeln, können diese Vorbilder für sehr unterschiedliche Wirkungen verantwortlich sein.
Vielfältiger wirkungsvoller Hintergrund ist die Einflußnahme durch mündliche Vermittlung traditionellen Gedankengutes.
Kulturelle "Zwänge" bezeichnen ein Feld sozialstruktureller Konfiguration, in das die Autobiographen aufgrund ihrer traditionellen Entwicklungsphase eingebunden sind. Diesem Einfluß fühlt sich ein Großteil der Autoren zeitlebens verpflichtet.
Im Bereich der schulischen Umerziehung funktionieren Trennung von Familie und Kultur, Schuldauer sowie Disziplin und Strafe als die Zwänge, die die Entwicklung am intensivsten beeinflussen. Sie werden durch andere Bedingungen wie Änderung von Namen und Aussehen, Sprachverlust, Lerninhalte noch verstärkt. Die Folge ist dennoch keine lineare Umorientierung.
Schlüsselerlebnisse oder signifikante Ereignisse können Entwicklungen in bestimmte Bahnen lenken, d.h. sie können eine bestimmte Orientierung begründen.
Die vielfältigen Verflechtungen und die wechselseitige Bezogenheit der hier gereihten Einflußfaktoren widerlegen meines Erachtens die Annahme, Entwicklung in zwei Kulturen könne in kausalen Zusammenhängen im Sinne von Wenn-dann-Beziehungen erklärt werden.

5. Analyse und Interpretation autobiographischer Texte: zwei neue Beispiele

Nachfolgend werden zwei neue Texte einer systematischen Analyse und Interpretation unterzogen. Damit wird der in den vorangegangenen Abschnitten erwähnte Materialfundus weiter ausgeschöpft.[3] Die neuen Beispiele variieren die Aufgabenstellung jedoch insoweit, als hinsichtlich des Auswahlkriteriums "Intaktheit der familiär-kulturellen Umwelt" sowie des Kriteriums "verwendete Sprache" andere Merkmale zu berücksichtigen sind.
Im Falle des Martin Ordonez war der Vater, kulturell gesehen, ein anerkannter und traditionell lebender Maya, aber in seiner Person scheinen doch einige Ambivalenzen vorzuliegen. Seine Mehrsprachigkeit, er spricht mehrere Maya-Dialekte und Spanisch, belegt das ebenso wie die offenbar bewußte Ausrichtung an der traditionellen Lebensweise, die mit großer Wahrscheinlichkeit auf negative Erfahrungen mit anderen Lebensstilen zurückzuführen sein dürfte. Ob das etwas mit der Abstammung zu tun hat, muß freilich Spekulation bleiben.
Im Zusammenhang mit der traditionsorientierten Einstellung der Mutter kann das familiär-kulturelle Milieu im Verhältnis zum "offiziellen" Schulmilieu als extrem kontrastiv im Sinne westlicher Vorstellungen angesehen werden. Dieses schulische Milieu hat für Martin Ordonez zwei verschiedene Versionen bereit, d.h. zunächst die

[3] Dieser Hinweis bezieht sich auf die Auswahlliste in Renner (1986, S. 246-251).

Schule für Indios, danach die für Ladinos, aber beide nach spanischem Muster. Der Text des Martin Ordonez wurde in spanischer Sprache verfaßt und von den Herausgebern ins Englische übersetzt.
Justin Sameni Lemenye, Kwavi-Massai, verbringt seine Kindheit und frühe Jugend (1878-1890) zunächst in der Gruppe seiner Eltern. Die Kwavi leben zu jener Zeit nicht mehr als reine Hirtennomaden, sondern betreiben auch Ackerbau. Justin bleibt dagegen mehrere Jahre bei einer voll nomadisierenden Gruppe. 1890/91 flüchtet er vor der Hungersnot zu den Chagga, einem ackerbautreibenden Bantuvolk. Trotz gewisser Differenzen im materiellen Bereich kann die Kultur der beiden Massaigruppen, in denen Justin lebt, als identisch angesehen werden. Erst unter der Chagga werden seine ursprünglichen Erfahrungen erstmals deutlich kontrastiert, was er auch so empfindet und darstellt. Insgesamt stehen die afrikanischen Erfahrungen in extremem Gegensatz zu den daran anschließenden schulischen Einflüssen nach britisch-anglikanischem Vorbild. Der Text erschien zuerst in der Originalsprache Suaheli als Buch und wurde dann vom Herausgeber für eine Zeitschrift übersetzt und kommentiert.
Da diese beiden Texte hinsichtlich zweier Kriterien variieren, die für die Untersuchung der Vergleichbarkeit der dargestellten umfassenderen Arbeit entwickelt wurden, können sie hier eine gewisse Kontrollfunktion übernehmen, so daß die dort erzielten Ergebnisse geprüft werden. Zwei Fragen wären dabei im Blick zu halten:
Ändert sich durch die Unterschiede im Bereich des ersten Kriteriums etwas in der Gegensätzlichkeit der verglichenen kulturellen Milieus und deshalb im Ergebnis der erreichten Entwicklung?
Unterscheidet sich das Schulmilieu unter spanischem Vorzeichen von dem unter britischem Einfluß, so daß sich dies in der erreichten Entwicklung niederschlägt?

Das Problem der Übersetzung aus den Originalsprachen ins Englische muß hier in beiden Fällen vernachlässigt werden. Es kann aber angenommen werden, daß die Übersetzer das Spanische einerseits und das Suaheli andererseits angemessen gut beherrscht haben.

BEISPIEL 1: Martin Ordonez, guatemaltekischer Maya (Biesanz/Ordonez 1960)

Lebensdaten:

- Geburt 1917 in Sololá Atitlan;
- Mutter ist Indianerin, die Abstammung des Vaters ungewiß, aber er wird nach wechselvollem Leben einer der verantwortlichen Anführer der Indiogemeinde Soloá;
- Vater schickt alle Kinder gegen den Willen der Mutter zur Schule;
- Martin Ordonez besucht zunächst eine Indio-, später eine Ladino-Schule;
- in der 6. Klasse gewinnt er ein Stipendium eines Rechtsanwalts für die high school in Guatemala City;
- Er unterbricht den Schulbesuch und versucht sich als Zimmermann, als Schneider,

als Schuhmacher, als Dentist;
- Er kehrt zur Schule zurück und beginnt auf Empfehlung ein Studium (1930-1936);
- Martin Ordonez wird Lehrer und arbeitet als Spezialist für Indiosprachen am Indian Institute in Guatemala City.

Martin Ordonez' Deutungen (mental set) im Überblick

	Selbst	**Lebenswelt**	**größere Zusammenhänge**
familiär-kultureller Bereich	(1)I hated this (family) business. (420) (2)I was lucky to be the youngest; my help at home was not so necessary. (420)	(1) ... there is some doubt that my father was really Indian, (but) he became one of the principal leaders of the Indian community. (420) (2) ... (father) decided to become an Indian, as he noticed they were left alone in those days. (420) (3)(my father) spoke Spanish perfectly, although he was illiterate. (420)	
Schule	(3)At every chance I set down away from my brothers, wrote on anything ... read scraps of newspapers... (420) (4)I felt equal to any of (my classmates at high school). (421) (5)I was uprooted. (421)	(4)Father sent all his children to school against mother's wishes. (420) (5)The others hated school and loved the Indians costums (420) (6)The children (of Ladino school) were cruel, called me names, and spit on me, (because) I was only Indian. (420)	

	Selbst	Lebenswelt	größere Zusammenhänge
nach-schulische Karriere	(6)In Sololá I am always an Indian to the Ladinos. To the Indians I am more Ladino than Indian. (S. 422) (7)I confess ... when I was first teaching I did feel ashamed of (my mother) and of my Indian background. (421) (8)One suffers with this discrimintation ... But I have dignity and self-respect so such treatment does affect me. (422) (9)I feel equal to anyone. (423) (10) ... I do not follow a single Indian custom. (422) (11)I miss some things. (423) (12)But I do not regret having made the change, in spite of all my problems.(423)	(7)Mother still wanted me to wear Indian dress as a (teacher). (S. 421) (8)My family has some Indian customs because they live in town. (423) (9)(My mother) is pushed aside like any other Indian. But among the Indians she is a principal, highly respected... (422)	(1)(Indians and Ladinos) don't like each other (422). (2)It is hard to be an Indian and to try to assimilate the national culture. (423) (3)The Indians who stay in their own environment are happy. (423) (4)Others who have changed to Ladino have the same trouble as I, some have it worse because their own family are harder on them. (423)

Martin Ordonez' Deutungsdimensionen: Interpretationen

Der familiär-kulturelle Bereich: Selbstdeutungen
Schon in früher Kindheit sieht Martin Ordonez seine eigenen Orientierungen deutlich von denen seiner Geschwister unterschieden. Während diese die indianische Lebensweise und ihre Sitten und Gebräuche bevorzugen, haßt er alles, was damit zusammenhängt, insbesondere die manuelle Arbeit. Da er der Jüngste ist, ist er dafür auch entbehrlich:

"I was lucky to be the youngest; my help at home was not so necessary" (S. 420). Andere Kindheitserinnerungen sind nicht dargestellt.

Der familiär-kulturelle Bereich: Deutungen der Lebenswelt

Obwohl Martin Ordonez' Vater ein maßgeblicher Anführer im politisch-religiösen Leben der Cakchiquel in Sololá ist, hat der Sohn Zweifel an seiner indianischen Herkunft. Diese Zweifel lassen sich nicht ausräumen, weil der Vater schon stirbt, als Martin zwischen 6 und 7 Jahre alt ist. Immerhin weiß der Sohn zu berichten, daß der Vater sich indianisch kleidet und außer Cakchiquel verschiedene andere Mayadialekte beherrscht.

Die bewußt traditionelle Orientierung deutet der Sohn als erklärten Willen, den bedrängten Indios zu helfen: "(He) decided to become an Indian, as he noticed they were left alone in those days" (S. 420).

Als weitere Fähigkeiten des Vaters nennt Martin perfekte Spanischkenntnisse, aber ohne daß er Lesen und Schreiben gelernt hat: "He spoke Spanisch perfectly, although he was illiterate" (S. 420).

Die Schule: Selbstdeutungen

Im Vergleich zu seinen Geschwistern stellt Martin sich als derjenige dar, der bei jeder Gelegenheit Lesen und Schreiben übt. Um das zu praktizieren, muß er auch auf räumliche Distanz gehen. "At every chance I sat down away from my brothers, wrote on anything I could find, read scraps of newspaper I'd found" (S. 420).

Im Verlauf seiner Schulzeit hat Martin jedoch mit erheblichen Schwierigkeiten zu kämpfen. Die Mutter nimmt ihn aus der Schule für Indios, weil der Lehrer zu sehr schlägt, und sie schickt ihn in die Schule der Ladinos. Dort hat der Junge vor allem unter den Mitschülern zu leiden, weil er der einzige Indianer ist. Schließlich gewinnt er das Stipendium eines Rechtsanwalts in Guatemala City und besucht dort eine high school. Dort sind die Anpassungsprobleme außerordentlich, so daß Martin nach acht Monaten nach Hause flüchtet. Seine Versuche, verschiedene handwerkliche Berufe zu erlernen, scheitern ebenfalls. Man bemängelt außerdem an ihm, daß er keine indianische Tracht trägt. Doch er bekennt: "I liked Ladino clothes" (S. 421).

Als der Druck seitens des Rechtsanwaltes größer wird, das erhaltene Stipendium wieder zurückzuzahlen, kehrt Martin wieder in die Hauptstadt zurück. Obwohl ihn die Lehrer dort vor den Hänseleien der Mitschüler zu schützen versuchen, sind die Schwierigkeiten doch immens. Martins Selbstverständnis in dieser Situation enthält zwei Akzente. Einerseits fühlt er sich den anderen gegenüber als gleichwertig "I felt equal to any of them", andererseits sieht er sich von seinen bisher gültigen Erfahrungen abgeschnitten: "I was uprooted" (S. 421).

Diese Ambivalenz seiner Selbstdeutungen überspielt Martin Ordonez schließlich durch den Hinweis, daß ihm durch inzwischen vielfältige Erfahrungen mit Ladinos die Anpassung nicht mehr schwerfällt.

Die Schule: Deutungen der Lebenswelt

Im Hinblick auf die Schule sind Martins Eltern unterschiedlicher Meinung. Der Vater schickt alle seine Kinder gegen den Willen der Mutter zum Unterricht: "Father sent all his children to school against mother's wishes" (S. 420). Daß diese unterschiedliche Orientierung jeweils Resonanz bei den Kindern findet, belegt Martins Deutung: "The others hated school and loved the Inian customs" (S. 420). Dennoch respektiert die Mutter den Willen des Vaters auch nach dessen Tod. Sie unterstützt den Sohn, solange er noch die Schule besuchen muß: "But mother, in spite of her early opposition, did a lot to help me through secondary an normal school" (S. 422).

Die nachschulische Karriere: Selbstdeutungen

Obwohl Martin Ordonez durch den Beruf des Lehrers "Karriere" gemacht hat, sieht er sich weiterhin von allen Seiten diskriminiert. In seiner Heimatgemeinde betrachten ihn die Ladinos als Indio, für die Indios ist er jedoch ladinisiert, so sitzt er zwischen sämtlichen Stühlen: "In Sololá I am always an Indian to the Ladinos ... To the Indians I am more Ladiono than Indian" (S. 422). Dabei bekennt Martin, daß er sich anfangs seiner indianischen Herkunft geschämt hat (vgl. S. 422).

Alles in allem, er leidet unter den Diskriminierungen außerordentlich und definiert sich als eine Person mit Würde und Selbstachtung, gleichwertig mit jedem: "But I have dignity and selfrespect so such treatment does affect me" (S. 422).

Daß Martin Ordonez doch unter seiner indianischen Herkunft leidet, zeigt die Selbstdefinition, in der er jede Orientierung an indianischen Traditionen verneint: "I do not follow a single Indian custom" (S. 423). Zwar gesteht er ein, daß er einiges aus seiner traditionellen Umgebung vermißt, doch bedauert er seine vollzogene Anpassung nicht, trotz aller Probleme, die er dadurch hat: "But I do not regret having made the change, in spite of all my problems" (S. 423).

Die nachschulische Karriere: Deutungen der Lebenswelt

Über die Unterstützung der Schulausbildung hinaus versucht die Mutter jedoch gleichzeitig, ihre traditionellen Orientierungen beim Sohn ins Spiel zu bringen. Sie wünscht, daß er als Lehrer indianische Kleidung trägt, findet aber keine Resonanz: "Mother still wanted me to wear Indian dress" (S. 421).

Im Vergleich zu anderen sieht Martin seine eigene Familie durch das Wohnen in einem größeren Ort von der Ladinokultur leicht beeinflußt (vgl. S. 423).

Martins Status beeinflußt die Situation seiner Mutter nur so lange, wie er mit ihr unter Ladinos zusammen ist. Ohne ihn wird sie zur Seite gestoßen wie jede andere "Indita", obwohl sie in der Indiogemeinde hohes Ansehen genießt, da sie gewisse leitende Funktionen innehat (vgl. S. 422).

Die nachschulische Karriere: Deutungen in größeren Zusammenhängen

Martin Ordonez kennzeichnet das Zusammenleben zwischen Indios und Ladinos als von Distanz geprägt, weil die beiden Gruppen einander nicht mögen: "... they don't like each

other" (S. 422). Er gibt dafür einige Gründe an. Danach beruhen Haßgefühle und Mißtrauen sowohl auf historischen als auch aktuellen Erfahrungen der Indios. Überall, wo sie mit Ladinos in engeren Kontakt kamen, mußten sie schließlich unter ihnen leiden. Die Ladinos lehnen ihrerseits die Indios ab, denn diese können wegen ihrer Armut die Sauberkeitsmaßstäbe nicht einhalten (vgl. S. 422).
Da die national anerkannte Kultur von den Ladinos getragen wird, ist es für Indios schwer, sich dieser Kultur zu assimilieren: "It is to be an Indian and try to assimilate the national culture" (S. 423).
Die Schwierigkeiten unter der eigenen Gruppe deutet Martin als ähnlich tiefgreifend, weil die Familien teilweise erheblichen Druck gegen eine Ladinisierung ausüben: "Others who have changed to Ladino have the same trouble as I, some have it worse because their own family are harder on them" (S. 423).
Dagegen bezeichnet er die Indios, die in ihrer traditionellen Umgebung bleiben, als glücklich, weil die indianische Gesellschaft nach jahrhundertealten Erfahrungen organisiert ist (vgl. S. 423).

Martin Ordonez' Entwicklung in zwei Kulturen:

Zusammenfassung und Schlußfolgerungen
Martin Ordonez' traditionelle Entwicklung umfaßt schon sehr früh Impulse für eine Ladinisierung, d.h. zur Anpassung an die spanisch geprägte Nationalkultur. Einer dieser Impulse hängt mit den Perspektiven zusammen, die der Vater, der über vielfältige Erfahrungen mit der Ladinokultur verfügt, gesetzt hat und die über seinen Tod hinaus wirksam bleiben.
Die Mutter, die selbst die traditionelle Lebensweise bevorzugt, realisiert jedoch die Vorstellungen ihres Mannes in der Art und Weise, wie sie ihren Sohn Martin, trotz eigener Vorbehalte bei seinen schulischen Bemühungen unterstützt. Durch eine schulische Ausbildung verfolgt sie außerdem die gleiche Art politischer Führerschaft in der indianischen Kommune, wie sie auch ihr Mann verkörperte, nämlich mit den Kenntnissen der nicht-indianischen (ladinisierten) Welt für die eigenen Traditionen einzutreten.
Wichtige Merkmale des kulturellen Steckbriefes der Hochland-Maya (Murdock 1967) werden von Martin Ordonez mehr oder weniger ausführlich erwähnt: Nr. 3, Spalte 14 die Familienorganisation mit Vater, Mutter, Kindern als Kleinfamilie; Nr. 8, Spalte 28 die Wirtschaftsform mit extensivem Maisanbau; Nr. 10, Spalte 32 und Nr. 19, Spalte 73 die Führerschaft in der Gemeinde; Nr. 18, Spalte 69 die ethnische Schichtung in Indios-Ladinos. Damit haben die familiär-kulturellen Bedingungen des Aufwachsens für Martin eindeutig traditionelle Konturen. Martin Ordonez' Eigenperspektive und die Fremdperspektive des kulturellen Steckbriefes nach Murdock sind kongruent.
Die schulischen Erfahrungen Martins sind durchweg negativ, und zwar vor allem in personaler Hinsicht. In der Indio-Schule tyrannisiert ihn der Lehrer, in der Ladino-Schule traktieren ihn die Mitschüler. Diese sozialen Pressionen werden noch verstärkt durch den kulturellen Schock in der Ladino-Welt seines Mäzen in der Hauptstadt. Durch Flucht

zurück zur Familie weicht er diesen Schwierigkeiten aus. Erst eine noch sehr viel mehr die Existenz der Familie bedrohende Bedingung, die Rückforderung des Stipendiums, zwingt Martin, das Studium wieder aufzunehmen und zu Ende zu führen.
Aus der Sicht seiner nachschulischen Karriere ist Martin Ordonez zweifellos ladinisiert. Aber dieser Wandlungsprozeß hat seinen inneren Zwiespalt nicht harmonisieren können, der sowohl von Indio- als auch von Ladinoseite von stichhaltigen Faktoren bestimmt ist. Er sieht das als sein Problem, aber auch als das der Nationalkultur, nämlich die fehlende Integration beider Kulturen.
In beruflicher Hinsicht verkörpert Martin Ordonez selbst diesen Konflikt. Ausbildung und Studium haben ihn ladinisiert, aber er variiert den erreichten Status als Lehrer und nimmt eine Stellung als Spezialist für Indiosprachen an, was lebensthematisch einer Rückkehr zur traditionellen Kultur gleichkommt.

BEISPIEL 2: JUSTIN SAMENI LEMENYE; Kwavi-Massai (Fosbrooke 1955/56)

Lebensdaten:

- Geburt ca. 1878 in Mandal, Tanganjika;
- ca. 1885: Justin wird von feindlichen Massai gefangen und flieht,
- ca. 1887: er kehrt mit einem Verwandten zu den Massai zurück und lebt dort einige Jahre;
- 1890: nachdem die Rinderpest die Herden der Massai vernichtet, flüchtet Justin mit einem Freund zu den Chagga;
- 1891: die Chagga schicken Justin mit anderen Kindern in die Missionsschule nach Moshi;
- 1893: er übersiedelt mit der Schule von Moshi nach Taveta;
- Justin wird in Taveta getauft, vervollständigt an der Küste in Kisaumi seine Schulbildung;
- 1894: er kehrt nach Taveta als Lehrer zurück;
- 1895: Justin wird konfirmiert;
- er erlebt den Araberaufstand;
- Justin arbeitet als Lehrer in Taveta;
- 1897: Heirat;
- 1898: Geburt einer Tochter;
- Justin verläßt wegen geringer Bezahlung seine Arbeit als Lehrer;
- 1900-1903: er arbeitet als Dolmetscher in Mombasa, Nairobi und bei einer Forschungs-Safari;
- Justin besucht seine Familie im Kwavi-Land;
- 1909: er arbeitet als Lehrer für die African Inland Mission in Kijabe/Nairobi;
- 1911: Justin kehrt zu den Kwavi zurück und übernimmt verschiedene Funktionen, zunächst in der Verwaltung, dann als Kwavi headman (bis 1947).

Justin Sameni Lemenyes Deutungen im Überblick (mental set)

	Selbst	Lebenswelt	größere Zusammenhänge
familiär-kultureller Bereich	(1) ...I was very pleased with the arrangement (of living with the Masai) (1955, S. 39)	(1) At that time there was no peace between Kwavi and Masai... (1955, S. 37)	(1) At that time a Masai was a Masai: not the Masai of these days... (1955, S. 41)
	(2) I realized I would not see my home again as I was separated from it by such a great river. (1955, S. 40)	(2) ... I see now (my father) was acting for my own good to save me from myself. (1955, S. 39)	
	(3) Till this period, I learnt a great deal and lived happily as other children (1955, S. 40)	(3) ... it is not the custom of Masai children when meeting adults to commence the greeting,... (1955, S. 43)	
	(4) ... I was a lad very much attached to my weapons,... (1955, S. 42)		
	(5) ... I was the leader of our escape,... (1955, S. 44)		
	(6) I am a Masai. (1956, S. 24, 25)		

	Selbst	Lebenswelt	größere Zusammenhänge
Schule	(7) Let me say now that the bad luck, which had followed me, up to the time I arrived in Moshi, now left me. (1955, S. 48)	(4) Soon (the two Europeans) became my beloved fathers. (1955, S. 48, 50)	
	(8) I performed all my tasks happily. (1955, S. 48)	(5) ... none of the children refused to got (to Taveta) because we had no country, all being captives. (1955, S. 51)	
	(9) I beat my companions in every examination, even those who had commenced in the Taveta School. (1955, S. 53; 1956, S. 19)		
	(10) I was selected for teaching, ... (1956, S. 19)		

	Selbst	Lebenswelt	größere Zusammenhänge
nach-schulische Karriere	(11) ...(Mr. Steggall) found that I had become an experienced teacher. (1956, S. 20)	(6) (The officers said to the Masai): Justin is a Masai, althought his habits are now like those of a European. (1956, S. 26)	(2) ...each generation conducts its affairs differently. (1956, S. 24)
	(12) I was staying on the coast all this time and was a fullyfledged teacher. (1956, S. 23)		(3) At that time the whole country was at peace by virtue of European rule. Nobody raised a finger against his fellows. (1956, S. 28)
	(13) I was amazed that a European who was obviously of rank should call up a little flea like me to go and see him. (1956, S. 24)		
	(14) ... my salary, which I found insufficient... I left the job... (1956, S. 24)		
	(15) (without a job) I began to remember that myself was a Kwavi...(1956, S. 28)		
	(16) ...(I) got to know my tribe again. (1956, S. 28)		
	(17) I had three teachers under me... (1956, S. 29)		
	(18) I returned to Kwavi country..., fulfilling the promise which I had made to my sister... (1956, S. 29)		

Der familiär-kulturelle Bereich: Selbstdeutungen

Justins Kindheitserfahrungen sind geprägt durch stetige Auseinandersetzungen seines Stammes, den Kwavi-Massai, mit Nachbarstämmen und -gruppen. Dabei geht es zumeist um Viehherden. Bei Raubzügen werden sie weggetrieben, und nicht selten werden Gefangene gemacht, die häufig bei den Räubern leben bleiben, dort heiraten und sich eingliedern. Kompliziert wird das Nebeneinander der Stämme in jener Zeit durch Hungersnöte aufgrund von Viehseuchen und durch Krankheitsepedemien.

Die Kinder der Kwavi sind unter diesen Bedingungen schon früh Selbstversorger und nehmen sich Nahrungsmittel, wo sie zu finden sind, vor allem auf den Feldern. Obwohl Justin sich als Experte in diesen Dingen bezeichnet, wird er verschiedentlich erwischt und bringt dadurch seinen Vater in Schwierigkeiten, der teilweise erhebliche Strafen deshalb bezahlen muß. Nach Justins Darstellung wird es dem Vater schließlich zuviel, und er gibt den Sohn einem bei den Kwavi gefangenen Massai zur weiteren Erziehung mit, als dieser zu seiner Gruppe zurückkehren darf. Außerdem ist dessen Kwavi-Frau eine Klanverwandte des Vaters. Dabei argumentiert der Vater, bei den nur viehzüchtenden Massai gäbe es auf den Feldern nichts zu stehlen.

Justin stellt diese Wende in seinem Leben als etwas dar, was er sehr begrüßt, vor allem auch, weil der Sohn dieses Massai sein guter Freund ist: "... I was very pleased with this arrangement" (1955, S. 39). Bald nach der Trennung ahnt er jedoch etwas von der Dauer dieser Abschieds: "I realized I would not see my home again as I was separated from it by a great river" (1955, S. 40). Den großen Fluß deutet er als Symbol für das Ausmaß der Trennung. Trotz dieses Bewußtseins bezeichnet er sein Leben bei den nur viehzüchtenden Massai als glücklich, und er sieht sich als einer, der viel gelernt hat: "Till this period, I learnt a great deal and lived happily as other children" (1955, S. 40).

Das Lernen, das hier erwähnt, aber nicht ausgeführt ist, kann sich nur auf die traditionelle Lebensweise der Massai beziehen, die von europäischen Einflüssen noch weitgehend unberührt ist. An anderer Stelle bestätigt Justin diese Annahme, indem er sich als jungen Burschen darstellt, der sehr an seine Waffen gewöhnt ist, eine der Lebensweise der Massai entsprechende Haltung: "As I was a lad very much attached to my weapons, I took my sword which were my ever constant helpers" (1955, S. 42).

Dieses kriegerische Selbstverständnis braucht Justin als Rückhalt für die Flucht von den Massai zusammen mit einem ehemaligen Gefangenen, wobei er sich selbst als Initiator bezeichnet: "... I was the leader of our escape ..." (1955, S. 44). Als Grund gibt Justin an, bei den Massai nicht Hungers sterben zu wollen: "... but I can't stand this huger any longer" (1955, S. 42). Die beiden Flüchtlinge wollen in die Gegend fliehen, aus der der ehemalige Gefangene stammt, landen jedoch bei den Chagga, einem ackerbautreibenden Bantuvolk.

Obwohl Justin an vielen Stellen des Textes zwischen Kwavi und Massai unterscheidet, bezeichnet er sich ohne Einschränkung als Massai (vgl. 1956, S. 24, 25), als er von Europäern nach seiner Stammeszugehörigkeit gefragt wird. Dies ist sicher zu einem guten Teil in dem Wissen begründet, daß sich beide Gruppen sehr ähnlich sind, zum anderen Teil durch Justins langen Aufenthalt bei den nomadisierenden Massai.

Der familiär-kulturelle Bereich: Deutungen der Lebenswelt

Die Auseinandersetzungen zwischen den Kwavi und Massai, von denen Justin berichtet, "At that time there was no peace between the Kwavi and the Masai ..." (1955, S. 37) dürften jedoch noch einen anderen Hintergrund haben als nur existentielle Schwierigkeiten. Die nomadisierenden Viehzüchter verachten ihre Ackerbau treibenden Vettern. Die Ablehnung der körperlichen Arbeit und das Favorisieren eines ausgeprägten Kriegertums werden als charakteristisch für die Massai berichtet.
In seiner unmittelbaren Lebenswelt erwähnt Justin vor allem seinen Vater, von dem er in Zusammenhang mit Diebereien und Bestrafungen den Eindruck hat, daß er von ihm gehaßt wird: "I bad thought that my father loved me, but now he hated me to the extent of taking me to have my fingers cut off" (1955, S. 39). Diese Sichtweise korrigiert er jedoch zum Zeitpunkt der Niederschrift der Autobiographie und deutet das Verhalten des Vaters als notwendig und zu seinem Besten: "... I see now he was acting for my own good to save me from myself" (1955, S. 39).
Dennoch für Erinnerungen an den Vater gibt Justin bis zur Rückkehr zu seiner Schwester nach 13 bis 14 Jahren keinen Raum. Erst als er erfährt, daß ihn der Vater vermißt und über Jahre als Erbe und Bewahrer der Abstammungslinie gesucht hat, bedauert er, nichts davon gewußt zu haben (vgl. 1956, S. 28).
Bemerkenswert ist in diesem Zusammenhang, daß Justin mehrmals den Begriff "father" gebraucht, aber damit seinen Massai-Adoptivvater meint, einmal zur Zeit seiner Flucht von den Massai (vgl. 1955, S. 42) und zum anderen bei der Rückkehr zur Familie seiner Schwester (vgl. 1956, S. 28). Im letzten Fall unterscheidet er jedoch deutlich und sagt ausdrücklich "my Masai father".
Man kann davon ausgehen, daß Justins Verhältnis zum leiblichen Vater zwiespältig gewesen ist, trotz der positiven Deutungen des väterlichen Verhaltens zum Zeitpunkt des Rückblicks.
Ein weiteres Element seiner Lebenswelt definiert Justin mit traditionellen Umgangsformen, die das Verhältnis von Kindern und Erwachsenen bestimmen. Danach haben die Kinder zu warten, bis Erwachsene das Wort an sie richten, auch wenn es sich um das Begrüßen handelt: "... it is not the custom of Masai children when meeting adults to commence the greeting ..." (1955, S. 43). Beim Zusammentreffen mit den Chagga erfährt Justin, daß diese Verhaltensweise hier ungültig ist.

Der familiär-kulturelle Bereich: Deutungen in größeren Zusammenhängen

In einer sehr grundsätzlich scheinenden Aussage vergleicht Justin die Massai seiner Kindheit und Jugend mit den Massai zur Zeit der Niederschrift seines Textes Anfang der fünfziger Jahre. Dabei kommt er zu einem negativen Urteil, denn zu seiner Zeit seien Massai noch Massai gewesen. Diese Deutung bezieht sich konkret auf die Größe der Viehherden, auf die ein Massai stolz sein konnte (vgl. 1955, S. 41), läßt jedoch

Spielraum für andere Merkmale eines solchen Vergleichs. Immerhin zeigt sich Justin auch in dieser Beurteilung als typischer Massai.

Die Schule: Selbstdeutungen

Zwei Merkmale seines Selbstverständnisses im schulischen Bereich werden von Justin besonders hervorgehoben. Das erste betrifft die in der Schule vorgefundene ökonomische Sicherheit. Justin sieht das materielle Auskommen zum Zeitpunkt seiner Ankunft in der Schule zum ersten Male in seinem Leben gesichert. Die dauerhafte Versorgung mit den Notwendigkeiten des täglichen Lebens definiert er für sich als eine bestimmende Größe: "Let me say now that the bad luck, which hat followed me up to the time I arrived in Moshi, now left me" (1955, S. 48). Aufschlußreich sind dazu die Schilderungen über Justins erste Erfahrungen und Verhaltensweisen beim gemeinsamen Essen in der Schule. Er muß sich erst daran gewöhnen, daß er wegen des Essens mit niemandem konkurrieren muß (vgl. 1955, S. 47).

Das zweite Merkmal seines Selbstverständnisses leitet Justin aus seinen schulischen Erfolgen ab. In verschiedenen Phasen seiner Schullaufbahn sieht er sich jeweils als der beste Schüler, der schließlich sogar seine Lehrer überflügelt: "I beat my companions in every examination ..." (1955, S. 53; 1956, S. 19). Schließlich wird er ausgewählt, um selber Lehrer zu werden: "... I was selected for teaching" (1956, S. 19).

Die Schule: Deutungen der Lebenswelt

Die Engländer Reverend Steggall und der Arzt Dr. Baxter sind die ersten Europäer, denen Justin begegenet. Als er zu ihnen nach Moshi in die Schule geschickt wird, entwickelt sich schnell ein gutes Verhältnis, so daß er sie als seine geliebten Väter bezeichnet: "Soon they became my beloved fathers" (1955, S. 48, 50). Der Begriff "father" schließt dabei sicher auch die Funktion des Priesters ein.

Besonders zu Reverend Steggall scheint Justin große Anhänglichkeit entwickelt zu haben. Das zeigt sich zum Beispiel, als dieser zum Urlaub nach England reist (vgl. 1955, S. 53). Justin stellt den Reverend als denjenigen dar, der um seine Ausbildung besonders besorgt ist und der ihn schließlich für die neu gegründete Lehrerbildungsanstalt auswählt (vgl. 1956, S. 20).

Obwohl Justin seine Schullaufbahn sehr positiv darstellt und das Verhältnis zu Lehrern und Mitschülern als harmonisch schildert, setzt er mit der Formulierung "... we had no country, all being captives" (1955, S. 51) doch gewisse Zweifel bezüglich dieser Harmonie. Die Vokabeln "heimatlos" (had no country) und "Gefangene" (captives) deuten auf tieferliegende Erfahrungsschichten hin.

Die nachschulische Karriere: Selbstdeutungen

Das von Justin definierte Selbstverständnis in der nachschulischen Zeit bezieht auf seine Arbeit als Lehrer, auf das Verhältnis Europäer-Afrikaner und auf die Rückorientierung an seiner Herkunftsgruppe.

Im Anschluß an seine erfolgreiche Schullaufbahn bezeichnet Justin seine Tätigkeit als

Lehrer ebenso erfolgreich (vgl.1956, S.20, 23). Auf dem Höhepunkt seiner Lehrerkarriere hat er schließlich drei andere Lehrer unter sich: "I had three teachers ander me ..." (1956, S. 29). Diese Karriere ist jedoch durch eine Phase der Arbeitslosigkeit unterbrochen. Justin kündigt seine Tätigkeit auf, weil er die Bezahlung als unzureichend betrachtet. Über die Schwierigkeiten, die bei der Forderung nach besserer Bezahlung entstehen, macht er jedoch keine Angaben. Er verläßt seinen Job, obwohl er hinterher zum Selbstversorger werden muß, der das, was er braucht, anpflanzt: "... (I) became dependent on my cultivation" (1956, S. 24).

Auf jeden Fall zeigt die Formulierung "... I found (my salary) insufficient" (1956, S. 24) Justins Selbstsicherheit hinsichtlich der Bewertung seiner Tätigkeit.

Diese Selbsteinschätzung scheint sich bei der Darstellung des Verhältnisses Europäer-Afrikaner nicht zu wiederholen, es sei denn der Vergleich "Europäer von offensichtlichem Rang" und "ein kleiner Floh wie ich" wäre ironisch gemeint: "I was amazed thad a European who was abviously of rank should call up a little flea like me to go and see him" (1956, S. 24). Diese Annahme wird jedoch durch Details widerlegt, die Justin bei der Begegnung mit Europäern betont, obwohl sie eigentlich nebensächlich sind. An zwei Stellen hebt er hervor, daß ihm Europäer Stühle zum Setzen angeboten haben und ihn damit gleichrangig behandelt haben: "I was given a chair ..." (1956, S. 26, 24). Andere Hinweise auf das Verhältnis zwischen den Rassen ergibt der Text nicht.

Interessanterweise bringt Justin eine Zeit der Arbeitslosigkeit als Lehrer bzw. Dolmetscher in Zusammenhang mit der Rückbesinnung auf seine Herkunftsgruppe: "At that time I began to remember that I meyself was a Kwavi ..." (1956, S. 28). Dieser Zusammenhang zeigt im Vergleich zu den Hintergründen seines ersten Kontaktes mit den Weißen, dauernder akuter Nahrungsmangel, daß zum Zeitpunkt der nicht mehr gegebenen materiellen Versorgung eine Rückorientierung möglich wird. Materielle Versorgung läßt sich somit als bedeutsame Triebfeder in Justins Entwicklung verstehen.

Auf der Suche nach seiner Gruppe und seiner Familie trifft Justin schließlich seine Schwester und bekennt nach mehrwöchigem Aufenthalt, daß er seinen Stamm aufs Neue kennenlernt: "I stayed there for a month and got to know my tribe again" (1956, S. 28). An diese Begegnung mit den Kwavi und insbesondere mit seiner Schwester knüpft Justin auch die Begründung zu seiner endgültigen Rückkehr zu den Kwavi, denn er hat ihr versprochen zurückzukommen: "I returned to Kwavi country where I had been born, thus fulfilling the promise which I had made to my sister that I would come back and live with her" (1956, S. 29).

Es gibt einige Hinweise darauf, daß der bei der Rückkehr etwa 33jährige Justin die Kontinuität seiner Familie bei den Kwavi im Auge hat. Bei der Schilderung seiner ersten Rückkehr wird zweimal betont, daß durch den scheinbaren Verlust des Sohnes Justins Vater keinen Nachfolger hat und damit die Abstammungslinie endet, eine für afrikanische Traditionen äußerst negative Perspektive. Um dieser traditionellen Erwartung entsprechen zu können, gibt Justin schließlich seine beste Lehrerstellung auf, die er bisher innehatte und findet sogar Verständnis, daß er wegen seiner Kinder zurückkehren muß (vgl. 1956, S. 29).

In der Formulierung, daß er nun alt sei und Söhne und Töchter um sich habe, bestätigt sich dieser zentrale Aspekt seiner nachschulischen Karriere: "Now we are old and haveour sons and daughters around us" (1956, S. 29).
Die zweite Phase seiner Entwicklung, die schulische Karriere, wirkt jedoch insofern weiter, als er durch sie wichtige Funktionen in der Stammesverwaltung wahrnehmen kann, als er über Jahre sogar deren headman ist.

Die nachschulische Karriere: Deutungen der Lebenswelt
Als Justin zum ersten Male für Europäer bei den nomadisierenden Massai Dolmetschertätigkeiten übernehmen soll, lehnen ihn die Massai ab. Bei der Darstellung dieser Situation legt er den Europäern, die dabei sind, bestimmte Aussagen in den Mund, die ihn in seiner Entwicklung unter den Weißen charakterisieren. Er sieht sich von diesen als jemand betrachtet, der zwar wie ein Afrikaner aussieht, aber dessen Gewohnheiten europäisch sind: "We know for certain that this man is a Masai, although his habits are now like those of a European" (1956, S. 26).

Die nachschulische Karriere: Deutungen in größeren Zusammenhängen
Im Kontext seiner eigenen Heirat definiert Justin die Verhaltensweisen verschiedener Generationen völlig unafrikanisch, indem er sagt, daß jede Generation ihre Angelegenheiten unterschiedlich anfaßt und durchführt: "... each generation conducts ist affairs differently" (1956, S. 24). In dieser Äußerung hat er die afrikanischen Traditionen weit hinter sich gelassen und verhält sich akkulturiert. Damit ist jedoch noch nicht gesagt, daß dies eine Leitlinie seines Lebens ist, sein wirkliches Verhalten am Ende der Selbstdarstellung zeigt eine Rückkehr zur Tradition. Das Verhältnis Europäer-Afrikaner außerhalb der rassischen Probleme charakterisiert Justin am Ende seines Textes sehr positiv. Er betrachtet den Einfluß der Europäer auf die afrikanischen Stämme und Gruppen als friedensstiftend, weil ihre Gesetze die Rivalitäten und Stammesfehden unterbunden haben: "At that time the whole country was at peace by virtue of European rule. Nobody raised a finger against his fellows" (1956, S. 28).

Justin Sameni Lemenyes Entwicklung in zwei Kulturen:
Zusammenfassung und Schlußfolgerung
Justins familiär-kulturelle Entwicklung verläuft in traditionellem Rahmen, der durch zwei Varianten des Massailebens gekennzeichnet ist.
Über das Merkmal der Beschneidung, das für die kulturspezifische Lebensweise konstitutiv ist, berichtet er allerdings nichts. Daß er zu Beginn seiner Flucht nicht beschnitten war, belegt der Text dort, wo Justin sein Verhältnis als junger Bursche zu einem Massaikrieger darstellt (1955, S. 43). Da die Beschneidung während der Adoleszenz erfolgt, ist Justin durch seine Flucht zu den Chagga und dem anschließenden Aufenthalt in der Missionsschule möglicherweise in dieser Hinsicht Außenseiter geworden.
Der permanente und bedrohliche Nahrungsmangel ist die entscheidende Triebfeder, die

ihn und einen Freund flüchten lassen, so daß er bei den benachbarten Chagga eine andere Version afrikanischer Kultur bewußt kennenlernt. Die Schullaufbahn beginnt für Justin ohne sein eigenes Zutun. Aber bereits nach kurzem Kontakt mit britischen Missionaren macht er die Erfahrung, daß bei ihnen kein Mangel an Nahrung und anderen Lebensnotwendigkeiten gegeben ist - ein Tatbestand, der ihn tief beeindruckt und sicher auch mitbestimmend ist für seine positive Einstellung und das erfolgreiche Absolvieren aller Phasen der Ausbildung.
In diesem Zeitraum wird Justin auch nach europäischem Ritus initiiert, d. h. anglikanisch getauft, und er heiratet unter diesen Vorzeichen, nachdem er sein Lehrerexamen abgeschlossen hat.
Daß er seine langjährige Tätigkeit als Lehrer aufgibt, weil er sich zu schlecht bezahlt fühlt, spricht für ein kritisches Selbstbewußtsein gegenüber Autoritäten, das im echten Sinne als europäisch angesehen werden kann. Nach Ausübung verschiedener Tätigkeiten trifft er zufällig seine Schwester wieder und erfährt, daß sein Vater ihn vor seinem Tode lange gesucht hat, da er ohne männlichen Nachfolger die Abstammungslinie gefährdet sieht.
In diesem besonderen Ereignis dürfte Justins spätere Rückkehr zu seinem Volk begründet sein, er lernt in gewisser Weise seine eigene Kultur aus neuer Perspektive kennen, und sie wird ihm offenbar wieder wichtig.
Vom 33. Lebensjahr an ist er in verschiedenen Funktionen, zuletzt als headman, zum "traditionellen" Leben seines Stammes zurückgekehrt. Wie traditionsorientiert dieser Lebensabschnitt verlaufen ist, könnte damit zu tun haben, ob Justin für die Wahrnehmung der Position des headman die Beschneidung hat nachholen müssen oder ob die Taufe für ihn Initiation genug gewesen ist.

6. Die "neuen Beispiele" und die "zentralen Themen"

Zunächst sollen die Ergebnisse von Analyse und Interpretation der beiden Texte im Hinblick auf den kulturellen Status eingeordnet werden.
Danach gehört Martin Ordonez zur Gruppe der Version VII, weil er einen neuen Lebensstil annimmt, und das trotz der Unsicherheit seiner Orientierung, die ursächlich von der Intoleranz der Ladinokultur bestimmt sind.
Justin Lemenye gehört seinem Selbstverständnis nach in den Bereich der Version II, weil er zur traditionellen Lebensweise als headman seines Stammes zurückkehrt, in seinen vielfältigen Erfahrungen aber sicher Ansätze zur Problematisierung des traditionellen Bereiches angelegt sein dürften.

Die Fragen nach den Unterschieden der beiden Fälle im Vergleich zu der dargestellten umfassenderen Analyse lassen sich so beantworten: Obwohl die angelegten Kriterien durch andere Merkmale neue Akzente bekommen, wird dadurch die Kontrastivität der zu vergleichenden familiär-kulturellen Milieus im Verhältnis zu den fremdkulturellen schulischen Milieus nicht aufgehoben. Diese Variationen der Kriterien erweitern die Vergleichbarkeit potentieller Texte.

Die beiden Beispiele liefern vor allem Material, mit dem die "zentralen Themen" ausdifferenziert werden können. Das heißt, mit den Ergebnissen werden mögliche Hintergründe und Bedingungen bezeichnet, die die bekannten entweder bestätigen oder neue Akzente setzen.
Zum zentralen Thema "Vorbilder" enthält Martin Ordonez' Darstellung eine interessante Variante. Der verstorbene Vater verkörpert sie durch die in der Familie bekannten Einzelheiten seines Vorlebens und die daran geknüpften Maximen, die für alle Kinder eine Schulausbildung festlegen. Beides scheint mit einer vorhandenen inneren Disponiertheit für diese Ziele bei Martin Ordonez zu korrespondieren.
"Kulturelle Zwänge" als zentrales Thema werden offengelegt in dem Druck, dem Martin von seiten seiner Herkunftsgruppe ausgesetzt ist, dem er sich aber nicht beugt. Man erwartet z. B. von ihm, daß er sich auch in der Kleidung als Indio zu erkennen gibt, ein Merkmal jedoch, das ihn in den Augen der Ladinos diskriminiert.
Bei Justin entsteht eine Art innerer "kultureller Druck", als er zufällig seine Schwester nach langen Jahren wiedersieht und als er dabei erfährt, wie ihn der Vater bis zu seinem Tod als Bewahrer der Linie, d.h. der Ahnenreihe vermißt und gesucht hat.
Ein Element von "Umerziehungszwängen" kann in der Art gesehen werden, wie Martin Ordonez rigoros die Verhaltensweisen der Ladinos übergestülpt werden, so daß er daran verzweifelt.
Ein neues Merkmal "ökonomische Zwänge" wäre einzuführen am Beispiel des Martin, der die schulische Ausbildung nur deshalb wieder aufnimmt, damit die sonst entstehende finanzielle Belastung der Familie durch die Rückzahlung seines Stipendiums abgewendet werden kann. Bei Justin hat der "ökonomische Zwang" die Gestalt permanenten Hungers, der ihn zwingt, so selbständig ist er bereits mit 12 Jahren, sich anderswo durchzuschlagen. Schließlich können zufälliges Zusammentreffen Justins mit seiner Schwester, die Hungersnöte sowie der durch den Mäzen auf Martin ausgeübte Druck auch als "kritische" Ereignisse im Sinne des entsprechenden zentralen Themas angesehen werden.

Eine wichtige Erkenntnis vermitteln auch diese Beispiele, Entwicklungsverläufe zwischen zwei Kulturen sind komplex und stehen in wechselseitigen Zusammenhängen.

Literatur

Baal, J. van: Erring acculturation. In: American Anthropologist, Vol. 62, 1960, S. 108-121

Biesanz, J.M./Ordonez, Martin: Autobiography of Guatemala Indian. In: Wallace, A.F., Men and Cultures, Philadelphia 1960

Braroe, Niels W.: Indian & White. Self-image and interaction in a Canadian Plains Community. Stanford:

University Press 1975
Bruner, Edward M.: Primary group experience and the process of acculturation. In: American Anthropologist, Vol. 58, 1956, S. 605-623
Chance, N.: Culture change and integration: an Eskimo example. In: American Anthropologist, Vol. 62, 1960, S. 1028-1044
Fischer, John L.: The Japanese Schools for the Natives of Truk, Caroline Islands. In: Spindler, G.D., Education and Culture, New York: Holt, Rinehart & Winston 1963, S. 512-529
Fosbrooke, H.A.: The Life of Justin I-II. In: Tanganyika Notes and Records, 1955/56, S. 41-42
Green, Arnold W.: Culture, Normality and Personality Conflict. In: American Anthropologist, Vol. 50, 1948, S. 225-237
Grohs, Gerhard: Stufen afrikanischer Emanzipation. Studien zum Selbstverständnis afrikanischer Eliten. Stuttgart: Kohlhammer 1967
Inkeles, Alex/Smith, David H.: Becoming modern. Individual change in six developing countries. London: Heinemann 1974
Kieper, Marianne: Lebenswelten "verwahrloster" Mädchen. München: Juventa 1980
Koch, Gerd: Südsee - gestern und heute. Der Kulturwandel bei den Tonganern. Braunschweig: Limbach 1965
Koch, Gerd: Kulturwandel bei den Polynesiern des Ellice-Archipels. In: Sociologus. N.F., Jg. 12, Heft 2, 1962, S. 128-141
Köhler, Gerd: Gelenkter Kulturwandel im Hochland von Chiapas. Bielefeld: Bertelsmann Universitätsverlag 1969
Mead, Margaret: Großeltern als Erzieher - didaktische Erfordernisse. In: Materialien zur politischen Bildung, Heft 1, 1977, S. 73-83
Murdock, George Peter: Ethnographic Atlas. Pittsburgh: Univesity of Pittsburgh Press 1967
Philips, Susan U.: Acquisition of rules for appropriate speech usage. In: Monograph Series on Languages and Linguistics. Vol. 23, 1970, S. 77-96
Renner, Erich: Sozialisation in zwei Kulturen. Analyse autobiographischer Texte. Frankfurt/M., New York: Campus 1986
Rothe, Friedrich Karl: Stammeserziehung und Schulerziehung. Eine Feldstudie zum Kulturwandel in der Republik Sudan. Braunschweig: Westermann 1969
Spiro, Melford E.: The acculturation of Amercan ethnic groups. In: American Anthropologist, Vol. 57, 1955, S. 1240-1252
Turnbull, Colin M.: Ibrahimo. In: Popp, V., Initiation, Frankfurt/M.: Suhrkamp 1969, S. 71-84 Voget, Fred: A Shoshone innovator. In: American Anthropologist, Vol. 52, 1950, S. 52-63

Heimweh nach den Renen[1]

Probleme des Kulturwandels und individueller Modernisierung
bei den Samen (Lappen)

Vorbemerkungen

(1) Lappen oder Samen, wie soll man sie nennen? Verläßt man sich auf die Literatur, dann gerät man in Schwierigkeiten. Während die einen behaupten, Lappe sei für die Betroffenen ein Schimpfwort, sei ein Begriff der Diskriminierung, also sei nur der Eigenname Same zu verwenden (Kasten 1983, S. 6; Schwaar 1990, Anhang), meinen andere, den Betroffenen sei es ziemlich egal, wie sie von Außenstehenden genannt werden (Bökemeier/Friedel 1984, S.165). Der Flußlappe Mathies Somby gar bezeichnet die Seßhaften als Samen, die Rentierhirten als Lappen (Renner 1994, S. 259). Eine Mehrzahl deutscher und ins Deutsche übersetzter Autoren äußert sich überhaupt nicht zu diesem Sachverhalt und verwendet den Terminus Lappe. Ich selbst werde um der Variabilität in der Literatur willen beide Begriffe nebeneinander benutzen, akzeptiere aber andererseits, daß sich international der Terminus Same durchzusetzen scheint.

(2) Mein Interesse und meine Kompetenz für dieses Thema begründet sich in zweierlei Vorgaben, zum einen in meiner spezifischen Fachorientierung mit dem Studium der Pädagogik und Ethnologie und zum zweiten, als Konsequenz daraus, in jahrzehntelanger Arbeit im Bereich der interkulturellen Sozialisationsforschung auf biographischer Grundlage, die mich von türkischen und italienischen Arbeiterfamilien in Deutschland über die deutsche Minderheit der Zigeuner/Sinti zu nordamerikanischen Navajo-Indianern und schließlich zu den Lappen/Samen geführt hat.

Mein spezielles Interesse an den Lappen hat folgenden Hintergrund. Seit Ende der 80er Jahre bin ich Nachlaßverwalter des Arztes und Ethnologen Ludwig Kohl-Larsen, 1884-1969, der aus Landau/Pfalz stammt und mit einer Norwegerin verheiratet war, deshalb der Doppelname.

Seine ethnologischen Forschungszentren waren zwei so gegensätzliche Gebiete wie Lappland und Ostafrika. Im Nachlaß befand sich u.a. die 1943 aufgenommene, aber nicht publizierte Selbstbiographie des lappischen/samischen Informanten Mathies Aslaksen Eira, genannt Siri Matti. Märchen, Sagen und Erzählungen, die zum Großteil aus dem Munde von Siri Matti stammen, sind in Deutsch bereits publiziert (Kassel: Röth 1971, 1975, 1982). Meine Recherchen ergaben, daß es für den samischen Sprachraum eigentlich nur einen verbreiteten Text gibt, der sich mit der Kultur der Rentiersamen

---

[1] Erstmals publiziert in:
Rist, Thomas (Hrsg.): Sprache, Sprachen, Kulturen. Entdecken, Erforschen, Lernen, Lehren. Landau: Knecht Verlag 1996, S. 511-532

aus eigener Sicht befaßt, und zwar den von Johan Turi "Erzählung vom Leben der Lappen", 1910 zuerst publiziert, weltweit bekannt u.a. auch bei uns durch zwei deutsche Ausgaben (1912, 1992). Schlachter nennt die in lulelappisch geschriebenen Lebenserinnerungen des Nomaden und Volksschullehrers A. Pirak, ohne eine Quelle anzugeben (S. 537). Kasten erwähnt außerdem die 1979 in der Zeitschrift Acta Lapponica veröffentlichten Lebenserinnerungen des Samen Kristoffer Sjulsson (S. 149), die mir ebensowenig zugänglich waren.

Im Unterschied zu Johan Turis Text verknüpft Siri Matti seine Erzählung über die Kultur der Samen mit seiner Lebensgeschichte. In dieser Weise handelt es sich bei dem Siri Matti-Text um ein sehr seltenes Dokument. Im vergangenen Jahr habe ich den Text beim Campus Verlag Frankfurt/M. herausgegeben. Besonders interessant an Siri Mattis Lebensgeschichte ist seine Reise als Assistent eines norwegischen Missionars nach Alaska zu den Eskimos, wo er eine andere Version arktischer Kultur aus eigener Erfahrung kennenlernt.

(3) In meinem Beitrag möchte ich die individuelle Entwicklung des Rentierlappen Siri Matti im Zusammenhang mit aktuellen Problemen des Kulturwandels bei den Samen analysieren, d.h. im einzelnen, einen historischen Einblick geben in die Entstehung der Rentierzucht und der Kultur des Rentiernomadentums; aktuelle Erfahrungen über die Kultur der Rentiernomaden und Ergebnisse aktueller Forschungen zum Kulturwandel vermitteln; Probleme des Kulturwandels aus der Perspektive von Betroffenen als sogenannte individuelle Modernisierung diskutieren.

Neben den genannten persönlichen Dokumenten, den Erzählungen von Siri Matti und Johan Turi als Primärtexten, benütze ich dazu vor allem folgende Quellen: den ethnographischen Überblick von Ö. Vorren/E. Manker (Braunschweig 1961), eine umfangreiche Arbeit "Untersuchungen zur Geschichte der Hirtenkulturen" von Lázló Vajda, die sich ausschließlich mit dem Rentierhirtentum befaßt (München 1968), eine ethnohistorische Untersuchung "Kulturwandel bei den Samen" in Schwedisch-Lappland von Erich Kasten (Berlin 1983), einen Reisebericht von Rolf Bökemeier und Michael Friedel über die jahreszeitliche Wanderung eines samischen Rentierhirtenverbandes von Kautokeino, dicht an der norwegisch-finnischen Grenze, zur Sommerweide ans Eismeer (Hamburg 1984) sowie das Tagebuch des Schweizer Autors H. U. Schaar über sein "Leben mit den Samen in Finnisch-Lappland" aus dem Jahr 1990.

1. Historische Entwicklung

(1) Unangemessene Betrachtungsweisen

Populärwissenschaftliche Darstellungen erwecken manchmal den Eindruck, als verlaufe die kulturhistorische Entwicklung des Menschen kontinuierlich von einer Phase zur anderen, etwa im Sinne der Formulierung "von der Höhle zum Wolkenkratzer", "vom Faustkeil zur Maschinenpistole", "vom Rindenboot zur Hochsee-Yacht" usw. Derartige Simplifizierungen verführen dazu, den kulturellen Status bestimmter Völker an dem

erreichten Punkt auf der angenommenen Entwicklungslinie zu messen. In Wirklichkeit existieren solche Kontinuitäten nicht, weil die Bewältigung ähnlicher Lebensbedingungen in verschiedenen Weltgegenden durch die dort lebenden Völker zu unterschiedlichen Lösungen geführt und sich damit unterschiedliche Kulturen entwickelt haben, die sich nicht in eine kulturevolutionäre Theorie abendländischer Prägung zwingen lassen.
Obwohl die Eskimos der verschiedenen Kontinente ähnliche Lebensbedingungen hatten wie die Lappen, im nördlichen Kanada lebten sie teilweise als Karibujäger, von der Jagd auf wilde Rentiere, ist es in Kanada und Alaska nicht gelungen, sie zu Rentierzüchtern umzuerziehen. Beider Lebensweisen, beider Kulturen können in ihrer spezifischen Ausformung als optimale Anpassung an konkrete Lebensbedingungen betrachtet werden, ohne daß dabei zur Debatte stehen kann, welche die fortschrittlichere sei. Lösungen, die dabei gefunden wurden, lassen sich zumeist auch durch Wissen und Produkte der technischen Zivilisation nicht optimieren. Ebensowenig kann die Seßhaftigkeit bestimmter Völker ohne weiteres als fortgeschritteneres Entwicklungsstadium im Verhältnis zu einer nomadisierenden, mit Jagd oder Hirtentum verbundenen Lebensweise betrachtet werden. Es gibt viele Beispiele dafür, wie veränderte Bedingungen aus Seßhaften oder Halbseßhaften Nomaden haben werden lassen. In Nordamerika hat sich z.B. die Population der Cree und die der Ojibway als Folge der weißen Eroberung und des Abdrängens nach Westen geteilt, eine Teilgruppe hat den Kulturwandel zum Büffeljägernomadentum vollzogen, eine andere ist, der Jägertradition folgend im Waldland verblieben.
Andere Beispiele, etwa aus Somalia in Ost-Afrika, zeigen, daß nomadisierende Großviehzucht im Hinblick auf die ökologischen Bedingungen einer Region eine optimale Wirtschafts- und Kulturform sein kann, während erzwungene Seßhaftigkeit zu ökologischen Katastrophen führt und führen muß.

(2) Historisches aus Fennoskandien

Die Eigenständigkeit der samischen Sprache innerhalb der finnougrischen Sprachengruppe ist unbestritten, sie bildet eine selbständige Verzweigung. Die Ethnogenese der Samen in diesem Raum bleibt dagegen wissenschaftlich ungeklärt. Unbestritten ist auch, daß Samen mit Skandinaviern, Finnen und Russen seit der christlichen Zeitenwende, mindestens aber seit dem Mittelalter um das Areal konkurriert haben, das in der Literatur Fennoskandien genannt wird, also das heutige Finnland, die russische Kola-Halbinsel, das nördliche Schweden und Norwegen.
In der wissenschaftlichen Diskussion über die historische Entwicklung der samischen Kultur wird häufig nicht deutlich genug zwischen der Domestizierung des Rentiers, seiner Nutzung als Transportmittel, Milch- und Fleischlieferant einerseits und der Entstehung des Rentierhirtentums andererseits unterschieden. Die Domestizierung und Nutzung des Rentiers durch die Lappen ist sicher seit dem Mittelalter schon praktiziert worden. Das rezente samische Rentierhirtentum als nomadische Lebensform aber ist erst im 17. bis 18. Jahrhundert im nördlichen Skandinavien entstanden. Darin ist letztlich eine Reaktion auf ökonomische Veränderungen zu sehen, d.h. auf den "Rückgang des

Pelzhandels in ganz Fennoskandien" (Vajda 1968, S. 500). Dabei spielte die sibirische und nordamerikanische Konkurrenz eine wichtige Rolle. Die Expansion des "finnisch-skandinavischen Bauerntums" und die "Verdrängung der Binnenland-Lappen" in Areale, die agrarisch nicht genutzt werden konnten, spielte dabei eine nebengeordnete Rolle.

Folgt man der Einteilung von Kasten, dann kann man etwa drei historische Entwicklungsphasen unterscheiden, eine frühe Periode zwischen dem 5. und 11. Jahrhundert, in der vor allem norwegischeHandelsbauern mit den Samen Pelzhandel trieben, wobei Rentiere als Transportmittel unentbehrlich waren; eine mittlere Periode zwischen dem 11. und 17. Jahrhundert mit der Intensivierung des Einflusses der skandinavischen Mächte durch Einführung eines Handels- und Steuerwesens im Zusammenhang von Jagd und Pelzhandel, wobei Rentiere einen wichtigen Faktor darstellten; eine neuere Periode bis zum 20. Jahrhundert mit systematischer Kolonisierung und Missionierung und der Diversifizierung der samischen Kultur. Historisch gesehen handelt es sich demnach bei den Samen um eine Jäger- und Fischerkultur, die sich bis ins 20. Jahrhundert trotz vielfältiger Einflüsse in Seelappen bzw. Flußlappen, Waldlappen und Rentier- oder Berglappen unterscheiden lassen. Die Skoltlappen der russischen Kola-Halbinsel werden darüber hinaus als spezielle kulturelle Variante angesehen (Vorren/Manker 1967).

2. Zur Kultur der Rentier- oder Berglappen: ein Überblick

Aus der Zielsetzung des Themas ergibt sich meine Konzentration auf die Darstellung der Kultur des rezenten samischen Rentierhirtentums, wie es als ein Ergebnis des Kulturwandels seit dem 17. Jahrhundert entstanden ist.

"Rentierhirtentum bedeutet ... nicht nur eine bestimmte Form des Nahrungserwerbs, sondern eine komplette Lebensform, mit spezifischen Techniken, Organisationsformen, Wertbegriffen usw. einen aus zahlreichen Komponenten bestehenden Komplex also, dessen Funktionieren nicht zuletzt davon abhängt, ob die Bestandteile richtig aufeinander abgestimmt sind" (Vajda, S. 478).

(1) Voraussetzungen

In der Biologie des Bergrens (Tundra-Ren) sind die Voraussetzungen zu sehen, die einen solchen wirtschaftlichen und kulturellen Wandel ermöglichten oder, bei bestimmten Absichten, auch notwendig machten. Zur spezifischen Lebensweise des Rens, ob zahm oder wild, gehören jahreszeitliche Wanderungen auf festen Routen zwischen den südlichen Winterweideplätzen auf den Hochebenen bis in die Waldzonen des nördlichen Skandinaviens und den Sommerweideplätzen an der arktischen Küste bzw. den vorgelagerten Inseln, einer Strecke von bis zu 400 km einfach. Das Rentiernomadentum ist deshalb eine Anpassung der Lebensweise der Samen an den natürlichen Wandertrieb des Rens, verbunden mit einer totalen wirtschaftlichen Nutzung des Tieres. Johan Turi hat diesen Zusammenhang in seiner "Erzählung vom Leben der Lappen" treffend formuliert: "Und der Lappe hat beinahe dieselbe Natur wie das Rentier; die beiden sehnen sich nach Süden und Norden, nach der Gewohnheit, der sie zu folgen pflegen" (S. 70). Das bedeutet auch, daß das materielle Kulturgut und in Konsequenz daraus die geistige Welt der Rentierhirten sich auf diese Ressource beziehen.

(2) Materielle Kultur
Die materielle Kultur umfaßt eine technische Seite mit der Verwendung und Ausstattung des Rens als Zugtier für den speziellen bootartigen Schlitten (Pulk), mit dem transportablen Stangenzelt (laavu, bzw. laavo), den Lappenskiern zur Fortbewegung im Winter, dem Hirtenstab und dem Lasso (suopunkki). Dazu gehört auch eine spezielle Technik, die Rentiere durch das Bauen von Fangzäunen (vuopma) für die Rentierscheidung zusammenzutreiben. Bei der Rentierscheidung werden die Tiere nach Besitzern zum Schlachten und Markieren getrennt.
Die Kleidung der Samen stellt eine bemerkenswerte Leistung in ihrer Anpassung an arktische Lebensverhältnisse dar, insbesondere das spezielle Schuhwerk. Sommerschuhe (kommager) und Winterschuhe (skaller) aus Seehundfell oder Rinderhaut werden nahezu wasserdicht verarbeitet und bieten mit einer Füllung aus getrocknetem, weichgeklopftem Sennagras idealen Schutz gegen Kälte und Nässe. Beinkleider werden aus dem Fell der Rentierläufe hergestellt, dazu Hosen aus Rentierleder sowie ein Pelzhemd (dor'ka), das mit der Fellseite auf der bloßen Haut getragen ähnliche Eigenschaften wie die Stiefel hat.

(3) Sozialstruktur
Die traditionelle Sozialstruktur der Samen, die sii'da-Ordnung mit einem ised als Oberhaupt hat sich bei den Rentierhirten weiterhin erhalten. Dieses System wird vor allem bei der Organisation der jahreszeitlichen Wanderungen notwendig, zu der sich mehrere Herdenbesitzer in einer solchen sii'da zusammenschließen, wobei derjenige mit den meisten Tieren in der Regel zum ised bestimmt wird. Siri Matti weiß es aus eigener Erfahrung: "Der ised hat eine Art Befehlsgewalt über die anderen Familien des Verbandes; er hat auf alles zu achten und muß wissen, wer in der sii'da aus- und eingeht. Er muß alle Angelegenheiten, die Renwacht und alles, so ordnen, daß sie reibungslos verlaufen. (...) Alle Leute der si'ida müssen dem ised gegenüber gehorsam sein. Er trifft die Anordnungen, wann die Wanderung zu der Küste und im Herbst die Rückwanderung vor sich gehen soll ..." (S. 139).

(4) Geistige Kultur
Die traditionelle Religion der Lappen war ausgerichtet auf eine unterirdische Welt (saivo- Land), in der die Toten glücklich mit ihren Rentierherden leben, d.h. die unterirdische Welt spiegelt genau das irdische Leben. Im Pantheon der samischen Götter war Ibmel die dominierende Figur.
Mittler zwischen den verschiedenen Ebenen war der Schamane mit der Zaubertrommel,

der über Trance-Rituale Verbindungen positiver und negativer Art herstellen konnte. Darüber hinaus hatte jeder Familienvater seine Trommel, mit der er Hilfe und Auskunft suchen konnte. Bestimmten Göttern wie etwa Ibmel brachten die Samen Opfer auf einer Art Altar in Gestalt eines Opfersteines (seiti), um dadurch Einfluß auf ihr Schicksal zu nehmen.

Obwohl die Samen durch Kolonisierung und Missionierung seit dem 17. Jahrhundert verschiedenen christlichen Glaubensrichtungen (Laestadianer, Lutheraner etc.) angehören, wird ihnen eine synkretistische Grundeinstellung nachgesagt, in der die traditionell polytheistische Orientierung um christliche Elemente erweitert ist, "als Vermehrung der Möglichkeiten, die Unterstützung außermenschlicher Mächte in den verschiedensten Lebenslagen zu erlangen" (Kasten, S. 120). Siri Matti meint dazu: "In alten Zeiten hatten die Lappen den Glauben, und viele haben ihn heute noch, daß die Krankheiten von so genannten Geistern kämen" (S. 205). Den von ihnen verursachten Krankheiten konnte man nur durch die Zauberkunst der Schamanen (noaide) beikommen. Siri selbst wurde in seinen jungen Jahren einmal aufgefordert, die magische Kraft eines Zauberers, der zur Verwandtschaft gehörte, zu übernehmen, was er aber aus Angst, die damit verbundene Macht nicht aushalten zu können, ablehnte. Das Übernatürliche blieb für ihn jedoch zeitlebens ein Faktor, mit dem gerechnet werden muß, wie seine eigenen Erfahrungen es belegen: "Viele Norweger sagen, wenn man von den Unterirdischen erzählt, daß dies alles Unsinn sei. Doch ich glaube, daß es Rene und Menschen gibt, die unter der Erde leben" (S. 49).

Auch in Johan Turis Bericht über das Weihnachtsfest der Lappen ist die aus der vorchristlichen Tradition stammende mythische Figur des Stallo mit dem christlichen Glaubenskontext verknüpft (S. 66-69).

Über solche Verknüpfungen hinaus existiert bei den Lappen ein reicher Schatz an Sagen, Märchen, Volkserzählungen als mythische Deutung der Vergangenheit. Qvigstad hat eine vierbändige Sammlung mit etwa 600 Texten zusammengetragen (1925). Aber auch von Johan Turi und auch von Siri Matti sind Erzählsammlungen publiziert, Siri Matti hat allein knapp 150 Texte hinterlassen (vgl. Kohl-Larsen 1971, 1975, 1982).

Ein besonders charakteristischer Bestandteil der geistigen Kultur ist die sogenannte Joik-Musik und -Poesie, die sich, als heidnisch verschrien, aber dennoch erhalten hat. "Joik ist eine Art melodisch-rhythmischer Vortrag ..." (Gaski, S. 349). Der Joik wurde als schamanistisches Medium gebraucht, war Ausdruck lyrischer Empfindungen und hatte die soziale Funktion der Integration der Individuen in eine gegebene samische Gruppe. Der Schweizer Autor H. U. Schwaar erzählt in seinem Tagebuch, wie er das Joiken seiner samischen Freunde in Finnland erlebt: "Der Joik hat etwas Magisches. Der Sänger identifiziert sich mit einem Berg, See, Baum, Tier oder einem bestimmten Menschen und beginnt zu joiken. Nicht über sie, sondern als sie selbst. (...) (Iisakki-Matias) joikt Naturstimmen, eine alte Frau, den Jungen, der zu einem Mädchen geht. Gedichte ohne Worte, nur Töne, manchmal voller Kraft, aber nie grob, nie gewaltsam. In vielen Joik spielt der Schalk mit ..." (S. 14). Der deutsche Reiseschriftsteller Erich Wustmann hat Joik-Texte und Melodien bereits in den 30er Jahren gesammelt und darüber publiziert: "Auf mehreren Reisen, von denen die eine drei Jahre dauerte, lernte ich die lappländische Juoigamdichtung eingehend kennen, so daß ich schließlich selbst wie ein Lappe jodelte und mir ein Lied angedichtet wurde, das ich trotz eifrigster Bemühungen leider niemals zu hören bekam" (1956, S. 128). Andere Autoren meinen allerdings, daß ein Vergleich mit dem Jodeln der Tiroler dem Joiken Unrecht tue, weil es ursprünglicher, komplexer und deshalb künstlerischer sei (vgl. dazu Vorren/Manker, S. 103). In bildnerisch-künstlerischer Hinsicht haben die Samen vor allem eine reiche Ornamentik entwickelt, deren Ursprünge in mythischen Motiven für die Zaubertrommel liegen. In Gravier-, Kerb- und Ritztechnik finden sich diese Motive auf vielen Gebrauchsgegenständen, werden aber genauso beim Weben, Korbflechten und Sticken verwendet.

3. Zur Kultur der Rentierhirten heute

Kasten sieht als wichtigstes Ergebnis seiner ethnohistorischen Untersuchung über das Rentierhirtentum die Fähigkeit der Samen, sich verändernden Situationen ökonomisch/soziokulturell anzupassen. Er bezeichnet in diesem Kontext das Rentierhirtentum als "offenes System", innerhalb dessen es die Lappen verstanden haben, ihren jeweiligen Lebensstandard in Wechselbeziehungen zu gegebenen Einflüssen zu optimieren (S. 166).

Das Rentierhirtentum heute steht zunehmend unter dem Einfluß der Technisierung. Die Einführung des Motorschlittens hat die Weidemethoden grundlegend verändert. Im Zusammenhang mit der Verwendung von Wasserflugzeugen und Hubschraubern für den Transport wurde der Anschluß an Märkte und Konsumwelt effektiviert. Gleichzeitig entstand dadurch ein erhebliches Maß an Abhängigkeit, insbesondere durch die Kosten für Anschaffung und Treibstoff der Motorscooter. Vor allem scheint sich aber die Einstellung zur Lebensgrundlage Rentier zu enttraditionalisieren, das heißt in Richtung einer rationalisierten Großviehproduktion zu entwickeln, bei dem das implizit erworbene Wissen der älteren Generation verdrängt zu werden droht.

An seine Stelle tritt die staatlich verordnete Schulbildung, in der anhand entsprechender Lehrpläne das notwendige Wissen explizit, d.h. kognitiv außerhalb teilnehmender Erfahrung erworben werden muß. Im Grunde steht dadurch die ethnische Identität der Lappen auf dem Spiel. Damit geht einher, daß immer weniger Menschen in der Rentierhaltung beschäftigt sind und davon leben können. Kasten erläutert am Beispiel schwedischer Samen, daß Mitte der 70er Jahre eine Familie mit zwei Kindern etwa 300-350 Rentiere für den jährlichen Lebensunterhalt brauchte, zehn Jahre später aber bereits 500 Tiere.

Schwaar, der von der finnischen Samensiedlung Näkkälä zu Besuch in die norwegische Nachbarschaft nach Kautokeino fährt, läßt sich vom Leiter des dortigen Samen-Museums, Reidar Erke, über die Situation der Kautokeino-Lappen Anfang der 90er Jahre informieren: Danach sind von 3.000 Einwohnern des Bezirkes Kautokeino

80% Samen, etwa 600-800 leben noch als nomadisierende Rentierzüchter. Sie haben in Norwegen besondere Privilegien, können für wenig Geld an ihren verschiedenen Weideplätzen Häuser bauen, erhalten Ersatz beim Verlust ihrer Rentiere. Als Rentiersamen bilden sie die oberste gesellschaftliche Schicht. Die traditionelle Möglichkeit für andere Samen, durch Arbeit bei den Rentierbesitzern Tiere zu erwerben und allmählich zum Rentierhirten aufzusteigen, ist somit aufgrund staatlicher Verordnung ausgeschlossen. Bökemeier/Friedel, die Anfang der 80er Jahre an der Wanderung (flytte) einer Vier-Zelte-sii'da von Kautokeino an den Kägsundet zur Sommerweide auf der Insel Arnöy teilnehmen, bestätigen diese Entwicklung durch den Einfluß der Technisierung und der staatlichen Bürokratie. Während traditionell die Herde den Sund schwimmend hat bewältigen müssen, übernimmt jetzt die norwegische Marine für eine symbolische Krone den Transport.
Nach Meinung der beiden Mitreisenden schenke der norwegische Staat "den Rentierlappen schon zu viel: Steuern, Subventionen, Schlachtprämien" und saniere damit paradoxerweise eine traditionelle Lebensweise zu Tode (S. 176).
Auch Finnland praktiziert staatliche Reglementierung, verbunden mit Subventionierung. Im Jahr 1985 besaßen 7.411 Rentierhirten 253.080 Tiere, von denen 95.402 geschlachtet wurden. Offiziell erlaubt sind 187.700 Tiere. Diese Gesamtzahl verteilt sich auf die verschiedenen Bezirke, z.B. im Bezirk Näkkälä, einem Gebiet von etwa 2.000 km^2 sind 9.000 bis 10.000 Rentiere erlaubt, aber es gibt auch steuerliche Vergünstigungen und Finanzierungsprogramme für Häuserbauten, wie Schwaar berichtet (S. 40, 43).

4. Kulturwandel/Akkulturation und individuelle Modernisierung

(1) Theoretische Ansätze
Die soziologische Modernisierungstheorie hat sich in der Vergangenheit intensiv mit dem Problem des Kulturwandels unter dem Einfluß der Moderne befaßt. Im Konzept von Daniel Lerner spielt das Merkmal der Empathie den zentralen Operator für die Wandlung des kulturellen Status. Er sieht in der Fähigkeit, sich in die Rolle eines anderen zu versetzen, das für den Modernisierungsprozeß entscheidende Persönlichkeitsmerkmal. Gehört Empathie zu den Persönlichkeitsmerkmalen von Individuen, dann führt sie unter entsprechenden gesellschaftlichen Bedingungen zu einem modernen Lebensstil. Inkeles/Smith verstehen unter "individueller Modernisierung" eine Einstellung, die sich aus einem ganzen Komplex von Merkmalen konstituiert: Wertschätzung von Bildung/Ausbildung; Erwartung persönlichen Fortschritts; Unabhängigkeit von Autoritäten; Betonen persönlicher Verantwortung/Planung; Strebsamkeit/Ehrgeiz; Bereitschaft zum sozialen Wandel/Offenheit für neue Erfahrungen; Informiertsein; Gewähren der Rechte anderer (nach Renner, S. 194). Dieses Modernisierungssyndrom wird nach Inkeles/Smith am besten durch folgende Variablen erklärt: die Erziehung des Vaters, die eigene Erziehung, das eigene kulturelle Selbstverständnis, die städtische bzw. ländliche Herkunft, Berufserfahrungen, Lebensstandard, städtische Lebenserfahrung,

Bedeutung und Einfluß der Medien. (nach Renner, S. 206) Als Problem dieses Forschungsansatzes muß der universalistische Erklärungsanspruch gesehen werden, der selbstbestimmte Entwicklungsmöglichkeiten praktisch ausschließt. Außerdem bleiben andere als die westlich geprägte Modernisierungsrichtung wie etwa die japanische unberücksichtigt.

Die Kultur- und Persönlichkeitsschule, wie sie in den USA seit den 30er Jahren entstanden ist, hat die Persönlichkeitsentwicklung aus kulturspezifischen Prägungen zu erklären versucht und dabei mehr oder weniger zwangsläufig Verbindungen mit der anthropologisch-ethnologischen Akkulturationsforschung hergestellt. Die Basispersönlichkeit bzw. Modalpersönlichkeit (basic bzw. modal personality) entsteht nach diesem Konzept in der frühkindlichen Entwicklungsphase durch das enkulturierende Erziehungsverhalten der Familie. Die Kritik an den Ergebnissen dieser Forschungstradition konzentriert sich auf die Frage, in welcher Weise spätere Einflüsse als die frühkindlichen die Persönlichkeitsentwicklung mit bestimmen oder sogar dominieren.
Spiro hat in einer vergleichenden Analyse Ergebnisse der Akkulturationsforschung bei eingewanderten ethnischen Gruppen in den USA (Mexikanern, Juden, Japanern, Italienern, Norwegern, Chinesen, Iren, Franko-Kanadiern, Armeniern, Griechen, Polen, Russen) diskutiert (1955). Er hat dabei eine differenzierte Vielfalt von Zusammenhängen herausgearbeitet, z.B: soziale Mobilität setzt Akkulturation voraus; verweigerte Gleichberechtigung fördert Ethnizität; Religionszugehörigkeit macht resistent, kann bei Übereinstimmung die Akkulturation aber auch beschleunigen; familiäre Einflüsse sind konservierend; Kinder werden oft zu Agenten des neuen Lebensstils; äußere Akkulturation gilt nicht als verläßlicher Hinweis für den Wandel der Persönlichkeit; kulturelle Änderungen sind nicht identisch mit Persönlichkeitsänderungen; kulturspezifische frühkindliche Prägungen sind ein Faktor unter anderen (nach Renner, S. 21/22). Andere Arbeiten zur Akkulturationsfrage belegen die Differenziertheit persönlicher Entwicklungsprozesse, z.B. in Richtung auf einen Wechsel der Identifikationsrichtung zwischen verschiedenen sinngebenden Kulturkomplexen, z.B. als Hinweis auf die Bedeutung einer bewußtaktiven Selbstdefinition (Voget bzw. Bruner, nach Renner, S. 22/23). Edelstein diskutiert in einer Studie am Beispiel Islands die Diskrepanz zwischen implizitem Lernen durch teilnehmende Erfahrung in der bäuerlichen Tradition im Verhältnis zum expliziten Lernen in der Schule als stellvertretender Erfahrung. Die damit verursachte Kognitivierung der Sinnfrage hat für ihn als Konsequenz die gesellschaftliche Entfremdung der nachwachsenden Generation. Gesellschaftlich-kultureller Sinn verfällt zu einem subjektiven Zufallsprodukt.
In meinen eigenen Versuchen, den Zusammenhang zwischen traditioneller frühkindlicher Entwicklung und späteren Einflüssen, insbesondere die der fremdkulturell-schulischen, zu verstehen, habe ich mich auf Profile bewußtaktiver Selbstdefinitionen konzentriert. Es handelt sich um die Frage, wie Individuen ihre eigene Entwicklung selbst beurteilen, welche subjektive Theorie sie über ihre eigene Entwicklung haben. Auf diese Weise werden Selbstbiographien auch als selbstformulierte

Bildungsgeschichten betrachtet. Im Zusammenhang solcher Selbstdefinitionen können viele der genannten Faktoren in vielerlei Kombinationen eine Rolle spielen, für unterschiedliche Varianten von Entwicklungsverläufen verantwortlich sein. Eine unlineare Betrachtung der Entwicklung im Sinne von "Traditionalisten werden durch moderne Einflüsse modern" ist vor diesem Hintergrund höchst unzulänglich.

(2) Siri Mattis Lebensgeschichte als Beispiel

Nachfolgend möchte ich die Selbstbiographie des Rentierlappen Siri Matti vor beiden Hintergründen, dem allgemein-kulturellen und dem individuell-akkulturativen, genauer analysieren. Dabei soll Johan Turis "Erzählung vom Leben der Lappen" als weitere Primärquelle verwendet werden.

(2.1) Lebensdaten Siri Mattis in Stichworten

- Mathies Aslaksen Eira, genannt Siri Matti, geboren 1869 bei Kautokeino,
- sechs Geschwister, drei Brüder und drei Schwestern, alle Berglappen, außer einer Schwester, die einen Flußlappen heiratet,
- mit 8 Jahren Besuch der Schule in Alten, Verlust der Renherde, Tod des Vaters,
- bis zum 12. Lebensjahr Pflegekind des Lehrers in Alten, soll die weiterführende Schule in Tromsö besuchen,
- Mutter holt ihn nach Kautokeino zurück,
- mit 14 Jahren soll er Zauberlehrling bei seinem Onkel werden, lehnt ab,
- etwa 22jährig heiratet er Berit aus Kautokeino,
- 1892 begleiten beide einen norwegischen Missionar nach Amerika: über New York, Chicago, San Francisco, Seattle nach Alaska zur Missionierung der Eskimos,
- Geburt zweier Kinder in Alaska: Berit und Aslak, Ehefrau Berit stirbt am 15.Mai 1895 in Alaska an Pocken,
- Rückkehr mit Kindern nach Lappland, Händler für Renfleisch, Pelze, Branntwein, Lebensmittel,
- Kauf von Boot und Netzen: Fischer,
- nach 3 Jahren: Kauf einer Rentierherde von 350 Tieren,
- lebt 21 Jahre als Rentiernomade, wird einmal ised,
- nach 19jähriger Witwerzeit erneute Heirat, Frau wird geisteskrank,
- Experte in Rentierangelegenheiten bei Gericht,
- seit etwa 1934 seßhaft, baut Rentierpulke,
- 1943 mit 74 Jahren als Informant von Kohl-Larsen.

(2.2) Siri Mattis Entwicklung unter dem Einfluß verschiedener Kulturen, Versuch zur Analyse seiner Lebensgeschichte

In diesem Zusammenhang will ich drei Schwerpunkte diskutieren, zum ersten die familiär-kulturelle Situation des Aufwachsens, zum zweiten die schulisch-fremdkulturelle Einflußnahme, zum dritten die nachschulische Karriere und Orientierung.

Die familiär-kulturelle Situation

Als Siri Matti mit acht Jahren zum ersten Mal eine Schule besucht, hat er die nomadische Lebensweise der Rentierhirten in seinem Familienverband intensiv verinnerlicht. Er weiß, daß sein ganzes Geschlecht immer ein Renvolk gewesen ist. Seine erste bewußte Teilnahme an der jahreszeitlichen Wanderung datiert Siri auf das siebte Lebensjahr, aber er weiß auch, daß er in den vorangehenden Jahren immer daran teilgenommen hat, auch als Kleinkind im Wiegenbrett. Neben Holzhacken und dem Hüten der Rentiere als praktischer Teilnahme konzentriert sich das Spiel der Lappenkinder, mit denen Siri Matti aufwächst, auf die nachahmende Rekonstruktion des Lebens der Erwachsenen. Die Kinder basteln Rentierschlitten (Pulke), wechseln sich ab beim Ziehen dieser Pulke als Rentiere, bauen sich eigene Zelte und ziehen von Ort zu Ort in der Reichweite des Lagers. Und sie üben vor allem das Lassowerfen an aufgebauten Rengeweihen: "Dies war unsere liebste Beschäftigung, der Wurf mit dem Lasso", sagt Sir Matti (S. 19, 52/53).

Auf dem blanken Eis der Flüsse komplettieren die Kinder ihre Rekonstruktion des Erwachsenenlebens in spontanen künstlerischen Versionen, in dem sie mit ihren Messern Renherden, Hunde, Schlitten in die glatte Oberfläche schneiden. Dabei konkurrieren sie miteinander um die Anzahl der Rene und die Größe ihrer imaginierten Herden (S. 20).

Ein anderes bedeutsames Element traditioneller Sozialisation ist das Geschichtenerzählen. Siri Matti erinnert sich an die Faszination, die diese Geschichten der Alten auf ihn ausgeübt haben. Er und die anderen Kinder vergaßen das Essen dabei: "Wir wollten nur immer und immer wieder Märchen hören und saßen ganz still um den Alten, ohne Lärm zu machen" (S. 15). Aber auch die Mutter ist für den kleinen Siri eine wichtige Erzählerin, "... sie kam oft zu mir und begann zu erzählen, ehe wir Kinder uns zum Schlafen auf die Felle legten" (S. 16; auch S. 32; 39). In den Geschichten der Alten, hier Märchen genannt, wird den Kindern auch traditionelles Gedankengut und Denken, d.h. Mythologie und traditionelle Religion vermittelt (S. 15). Im Verbund der Knabengruppe werden weitgehend selbständig außerdem gewisse Verfahren der Selbstversorgung wie die Jagd auf Schneehühner und das Fischen erlernt. Siri Mattis Geschichte enthält viele Beispiele dazu (S. 27-31, 68-71). Und die Kinder erfahren auch sehr früh, wie die illegale Vermehrung der Rentierherden durch das Markieren fremder Jungtiere und das Schlachten fremder Tiere zuweilen wie ein sportlicher Wettbewerb betrieben wird. Rentierdiebstahl ist ein allgegenwärtiges Thema in den erzählten Geschichten. Auch der junge Siri Matti hat damit seine Erfahrungen (S. 43-49, auch S. 39).

Bei Johan Turi ist Rendiebstahl ebenfalls ein wichtiges Thema: "Aber das Zeichnen der Rentiere ist eine noch schlimmere Diebeskunst, wenn es so gemacht wird, daß sie im Frühling die Rentiere anderer Leute zeichnen, (...) und dadurch sind einige reich und andere arm geworden" (S. 77, 76-79; auch S. 48-50). Als Siri Matti aus Amerika zurückkommt, muß er das am eigenen Leib erfahren, von seinen ehemals 300 Renen sind zwar einige an Krankheit eingegangen oder von Wölfen gerissen worden, die meisten aber wurden gestohlen, so daß nur 15 geblieben sind (S. 131).

Schulisch-fremdkulturelle Einflüsse

Seiner Herkunft nach wäre Siri Matti in Kautokeino schulpflichtig. Doch die nomadisierenden Eltern haben Schwierigkeiten, das zu realisieren. Also schicken sie ihren Sohn in Alten an der Küste zur Schule, das ihrer Frühjahrswanderung näher liegt. Nicht nur die dort zu lernenden Inhalte sind für ihn neu, er hat auch noch niemals so viele Kinder auf einmal gesehen (S. 33-35). Im Mittelpunkt des Unterrichts steht das Auswendiglernen des Katechismus und das Lesenlernen. Als Siris Familie durch eine Lawine und durch Krankheit den Großteil der Herde verliert, kann sie mit dem Rest nicht nach Kautokeino zurück, sondern muß in der Nähe von Alten bleiben. Dann stirbt auch noch der Vater, und die Familie gerät in Not. Siri bleibt den Rest des Jahres und die folgende Zeit bis zum 12. Lebensjahr bei dem samischen Lehrer Erik Knut in Alten. (S. 56) Dieser verspricht, ihn alles zu lehren und wie ein eigenes Kind zu halten, aber es sieht so aus, als ob der Junge Hausknecht und Dienstmädchen zugleich gewesen ist. Sicher ist, daß er in dieser Zeit intensiv die seßhafte Lebensweise der an der norwegischen Gesellschaft orientierten Bevölkerung kennenlernt. Rückblickend bedauert Sir Matti, daß er nicht Lehrer werden konnte, aber er hat sich vorgenommen, so gut schreiben zu lernen wie die Norweger, um alles zu verstehen, "was sie sagen und schreiben" (S. 56). Um zu verhindern, daß ihr Sohn nach Tromsö zur Schule geht und dadurch seiner Familie und Kultur entfremdet wird, holt die Mutter ihn nach Kautokeino zurück. Aus dieser Zeit sind Siri Mattis Erinnerungen an den Konfirmationsunterricht offenbar am stärksten, aber nicht aus inhaltlicher Sicht, denn da wird offenbar nur auswendig gelernt und gelesen. Interessant sind sie wegen der Verschrobenheit des Pfarrers und der Art und Weise, wie er mit den Lappenkindern umgeht (S. 57-60). Unklar bleibt in diesem Zusammenhang, weshalb Sir Mattis Mutter Laestadianerin ist, er selbst sich aber als Lutheraner bezeichnet.

Im Bewußtsein seiner Umgebung spielt die "Pflegekindschaft" Siris beim Lehrer in Alten offenbar eine wichtige Rolle, denn beim Schulespielen mit den Altersgenossen muß er immer den Lehrer verkörpern. Dies dürfte auch damit zu tun haben, daß er im Hinblick auf Schulausbildung in dieser Umgebung besonders weit fortgeschritten scheint (S. 56).

Mit der Rückholaktion problematisiert die Mutter die geplante Schulausbildung für ihren Sohn anscheinend wegen der räumlichen Distanz. Aber negative Erfahrungen mit der Schulbildung sind unter den Rentierlappen nichts Unbekanntes. Johan Turi, 15 Jahre älter als Siri Matti, beschreibt dies in seinem schon 1910 erschienenen Buch. Er sieht zwar den Vorteil des Lesens, Schreibens, Rechnens, die verhindern, daß Renlappen von Kaufleuten und Bauern betrogen werden, aber das Hauptproblem sieht er darin, daß die Natur der Betroffenen sich verändert, "die Lappennatur geht verloren, und die Bauernnatur kommt statt dessen" (S. 43). Während darin der Einfluß der verschiedenen christlichen Bekenntnisse in der Schule nicht als Problem angesprochen wird, wird der Wechsel vom impliziten traditionellen Lernen hin zum expliziten Lernen in der Schule als Gefährdung der ursprünglichen Kultur gesehen.

Nachschulische Karriere und Orientierung

Mit seiner Rückkehr nach Kautokeino ist für Siri Matti die Dominanz des fremdkulturellen Einflusses unterbrochen. Und er macht eine Erfahrung, die ihm die Relevanz traditionellen Denkens vor Augen führt. Als er seinen Onkel Anders Eira in Langfjorden bei Alten besucht, will ihm dieser seine Zauberkraft als noaide vererben und weitergeben. Er argumentiert dabei, daß der 14jährige Siri Matti das gute und starke Blut dazu habe. Außerdem könne er die Kraft bewahren, bis er erwachsen sei. In diesem Zusammenhang demonstriert der Onkel seine Fähigkeit des Wahrsagens. Aus Angst vor unbekannten Konsequenzen lehnt der Junge ab, erhält aber bei dieser Gelegenheit einen gewissen Einblick in die Wirklichkeit magischer Kräfte (S. 81- 83).

Mit etwa 15 Jahren ist er dann in der Lage, selbständige Unternehmungen durchzuführen. Typisch dafür ist eine Reise zum Markt nach Alten/Bossekop an der Küste, ganz allein führt er dabei acht Lastpulke mit neun Zugrenen (S. 70/71). Bei vielen Gelegenheiten am Marktort lernt Siri Matti, sich Vorteile beim Handel zu verschaffen. Entsprechend sind die Geschichten, die sich um Ereignisse ranken, in denen Lappen und Seßhafte um solche Handelsvorteile miteinander konkurrieren (S. 72-80).

Der Pfarrer, der Siri Matti mit dem Argument, er habe "gute Anlagen und einen guten Verstand" als Missionshelfer für Alaska zu werben versucht, knüpft ganz offensichtlich an die in der Region bekannte und positiv eingeschätzte schulische Sozialisation des jungen Mannes an. Und der Geistliche wiederholt dieses Angebot, nachdem Siri Matti mit Berit aus Kautokeino verheiratet ist. Schließlich ist es im Jahr 1892 so weit, über Hammerfest, Trondheim, New York, Chicago, San Francisco, Seattle erreicht die Gruppe Alaska.

Die Erfahrungen dieser Reise machen Siri Matti zu einer Ausnahmeerscheinung in seinem Kulturkreis, obwohl er offenbar damals nicht der einzige Lappe in Alaska ist (vgl. S. 125). Aber er ist sicher der einzige, der Gelegenheit hatte, diese Erfahrungen selbstbiographisch zu rekonstruieren und zu verarbeiten. Seine Einstellung zu diesen Erfahrungen formuliert er so: "Wohin ich auch kam, achtete ich auf das, was die Leute taten" (S. 123). Und er vergleicht sich dabei mit Kohl-Larsen, der bei fremden Völkern alles genau aufschreibt. So enthalten die Berichte über diese Zeit sehr detaillierte Beobachtungen, Vergleiche und Bewertungen.

Danach sind Unsicherheit und Gefährdung in den amerikanischen Großstädten bereits am Ende des vorigen Jahrhunderts allgegenwärtig (S. 113/114). Ganz offensichtlich spürt er auch etwas von rassischer Diskriminierung, obwohl die Erfahrungen mit farbigen Minderheiten nur flüchtig sind (S. 114-116). Dagegen sind seine Beobachtungen während der mehrjährigen Kontakte und Begegnungen mit den Eskimos höchst detailgenau, differenziert und führen zu bemerkenswert selbstkritischen Kommentaren. So fallen direkte Vergleiche mit der Lappenkultur für diese nicht immer positiv aus. In der Sehnsucht der Eskimos nach Ortswechsel findet er ein Gefühl wieder, das er auch als Rentiernomade kennt (S. 126), im Hinblick auf die ausgeprägte Freigiebigkeit sieht er die Eskimos positiver als die Lappen, von denen er weiß, daß sie nicht gern mit jemandem teilen (S. 124). Beim häufigen Zusammensein mit Eskimos und der Erfahrung ihrer sehr anders gearteten Lebensweise gewinnt er das Gefühl, "jedes Volk müsse sein eigenes Leben führen" (S. 122). Die Einwände älterer Eskimos gegen die Missionierung, sie wären auch ohne fremden Glauben mit ihrem Leben bisher fertig geworden, bewegen Siri Matti, wie er bekennt, gerade jetzt in seinem Alter (S. 124). Und er wundert sich damals schon, daß auch die sogenannten Heiden eine Vorstellung vom Leben nach dem Tode entwickelt haben, was er folgendermaßen kommentiert, "ein solcher Glaube muß wohl in der Natur des Menschen liegen" (S. 124). Diese Reflexionen zeigen bei Siri Matti trotz intensiver religiöser Sozialisierung, trotz seiner Tätigkeit bei der Mission eine tolerante Geisteshaltung.

Siri Mattis Neu-Anfang nach der Rückkehr aus Amerika ist nicht ganz einfach. Zunächst versucht er sich als Händler, indem er sich nacheinander auf verschiedene Waren spezialisiert: Rentierfleisch, Pelze, Branntwein, Lebensmittel. Doch bereits nach einem Jahr gibt er den Handel auf, kauft ein Boot und Netze und gründet mit drei Seelappen eine Fischer-Crew in Langfjorden. Die Fischerei dieser Mannschaft ist offenbar erfolgreich, denn Siri Matti bekennt, "damals wäre ich fast ein Seelappe geworden" (S. 132). Aber er hält es nur zwei Sommer lang aus, dann erfaßt ihn "das Heimweh nach den Renen und den Bergen" (S. 133), denn das Seelappenleben ist ihm zu arm, zu eng, mit zuviel schlechten Gerüchen behaftet.

Nach insgesamt etwa drei Jahren (ca. 1901) kehrt Siri Matti allen bisherigen nicht-traditionellen Erfahrungen den Rücken und kauft sich eine Renherde von 350 Tieren. Die nächsten 21 Jahre danach lebt er wie seine Vorfahren als Rentiernomade. "Die ganze Welt schien mir jetzt wieder schöner", erinnert er sich an seine damaligen Gefühle (S. 134).

Einem Mann mit seinen Erfahrungen trauen einige Lappen durchaus übernatürliche Kräfte zu. Siri Matti berichtet in zwei Geschichten davon, daß ihn bestimmte Seelappen als Zaubermann und Heilkünstler ansehen (S. 201-203). Ein Mann mit seinen Lebenserfahrungen hat aber auch die Reputation des Fachmannes und Wissenden in traditionellen Angelegenheiten, was sich in seiner Tätigkeit als Berater beim Rechtsting niederschlägt.

Als Kohl-Larsen ihn im Frühjahr 1943 trifft, hat Aslak Eira, Siri Mattis in Alaska geborener Sohn, längst die Herde übernommen und die Nomadentradition weitergeführt. Siri Matti selbst hat sich aufgrund seines Alters niederlassen müssen, lebt aber als unruhiger Nomade, der er immer bleiben wird, an verschiedenen Orten, in Dalaboggi, Beskenjarg, Karasjok. Als Informant von Ludwig Kohl-Larsen wird er zum Bewahrer der samischen Traditionen, indem er sein Wissen und seine Erfahrungen zu Protokoll gibt. Kohl-Larsen wechselt mit Siri Matti den Ort gemeinsamer Arbeit.

Siri Mattis Entwicklung im Zusammenhang

Vergleicht man Siri Mattis Wissen, seine Erzählungen, seine traditionellen Erfahrungen (1943) mit denen von Johan Turi (1910), dann wird deutlich, daß sich die Lebensweise der samischen Rentiernomaden in den vierzig Jahren, die dazwischen liegen, nicht oder nicht wesentlich verändert hat, wenn auch der Einfluß der bürokratischen Kräfte, "das

Unheil der Gesetze" (S. 136-138), wie Siri Matti es sieht, zugenommen hat. Für die primäre Entwicklungsphase Siri Mattis bedeutet dies, die Einflüsse im familiär-kulturellen Bereich finden in einer intakten traditionellen Lebenswelt statt, wie sie für die Rentiernomaden seit dem 17. Jahrhundert charakteristisch ist. Die Lappen haben das Christentum ihrer Lebenswelt assimiliert, ohne ursprüngliche religiöse Einstellungen völlig aufzugeben. Es existiert so etwas wie eine sykretistische Grundeinstellung, um alle denkbaren übernatürlichen Einflüsse im Hinblick auf die eigene Wohlfahrt nicht auszuschließen, wie es Kasten herausgearbeitet hat und wie sie in den Erinnerungen Siri Mattis an seine Kindheit durchscheint.
Siri Mattis Entwicklung außerhalb der traditionellen Lebenswelt im Sekundärfeld der Schule ist im Vergleich zu anderen jungen Leuten seiner Herkunft intensiv fremdkulturell bestimmt, vor allem durch die Pflegekindschaft bei dem Lehrer in Alten. Sie läßt ihn mehrere Jahre weitgehend ohne aktive Teilnahme an traditionellen Erfahrungen verbringen. Als er dann von seiner Mutter zurückgeholt wird, die damit die kulturelle Entfremdung verhindern will, bewegt er sich während der nächsten zehn Jahre wieder völlig in der Lebenswelt der Rentiernomaden. Mit der Reise nach Amerika nimmt Siri Matti eine Rolle wahr, die einerseits an seine erfolgreiche schulische Sozialisation anknüpft, die aber andererseits auch mit Elementen der traditionellen Lebenserfahrungen der Lappen rechnet. Mit ihrer Variante arktischer Kultur scheinen Lappen den norwegischen Missionaren offenbar besonders geeignete Helfer bei der Missionierung der Eskimos in der Arktis zu sein. Siri Mattis Rückblick auf diese Erfahrungen weist darauf hin, daß sie ihn in seiner Lebensorientierung besonders beeinflußt haben, auch in der Beurteilung der Eigenwertigkeit seiner eigenen Kultur.
Ob diese Einsicht in die Eigenwertigkeit der eigenen Kultur den alleinigen Hintergrund dafür bildet, daß Siri Matti nach der Rückkehr aus Amerika andere Versuche der Lebensorientierung bald aufgegeben hat und vollständig zu seinen Ursprüngen zurückkehrt, läßt sich nicht mit Sicherheit sagen. Daß diese Erfahrungen ihn aber beeinflußt haben, kann angenommen werden, denn alle mitgeteilten Details verweisen auf völlige Identifikation mit der traditionellen Kultur. Mißt man Siri Matti an der Aussage von Kasten, ein Charakteristikum der Lappen sei ihre Fähigkeit, sich an neue Verhältnisse anzupassen und unterschiedliche Einflüsse im Hinblick auf zukünftige Entwicklungen miteinander zu verknüpfen, in Kurzform Lernfähigkeit genannt (vgl. S. 148), dann scheint er mir geradezu die Verkörperung dieses Merkmals zu sein. Siri Matti hat sogenannte moderne Lebensverhältnisse intensiv erfahren und ihre Möglichkeiten internalisiert, aber er entscheidet sich mit guten Gründen für seine Ursprungskultur, und er trägt durch seine Arbeit als Informant von Kohl-Larsen auf moderne Weise zu ihrer Bewahrung bei.

5. Bemerkungen zur aktuellen Situation

(1) Versucht man die aktuelle Situation der Samen im Hinblick auf die traditionelle Lebensweise der Rentiernomaden in Fennoskandien zu beurteilen, dann findet man in

der Literatur einhellig die Meinung, Technisierung, aber auch Reglementierung und Subventionierung hätten die ursprüngliche Kultur in Bedrängnis gebracht und drohten sie zu zerstören. Das heißt, die für diese arktische Lebensweise charakteristischen Fähigkeiten und das damit verbundene Wissen gehen verloren. Bökemeier/Friedel befürchten, daß der Bruch der Traditionen quer durch die Sippen geht, wobei die ältere Generation der angestammten Kultur anhängt, während die Jungen die Konsumgesellschaft favorisieren (S. 175). Es entsteht die für die technisierte Industriegesellschaft typische Abhängigkeit von den Märkten. Enttraditionalisierung der ursprünglichen Lebensform führt zur Folklorisierung. Rentiernomadentum wird zur Touristenattraktion, wie es das Beispiel des Samen Oula-Piera zeigt, der drei Monate lang während des Sommers in Hetta/Nordfinnland mit einigen Renochsen in einem Zelte haust, damit die Touristen glauben, sie wären nun im wirklichen Lappland. Bezahlt wird er von der Gemeinde, damit die Touristenläden florieren (Schwaar, S. 114, 119).

(2) Neben der Anpassungs- und Lernfähigkeit, die man den Samen attestiert, wird eine andere Eigenschaft unisono als charakteristisch angesehen, Reserviertheit und Abwehrhaltung gegen Fremde, ja, man erzählt neugierigen Fremden absichtlich Unwahrheiten. Diese lange schon bekannte Haltung hat dazu geführt, daß man Lappen generell als Lügner bezeichnet: Alle Lappen lügen! Schwaar nennt das "geistige Landesverteidigung, eine Waffe gegen Schnüffler" (S. 114). In allen hier verwendeten Quellen ist diese Abwehrhaltung thematisiert, verbunden mit der Schwierigkeit, von den Rentiernomaden überhaupt akzeptiert zu werden. Auch das Einheiraten in Samenfamilien führt nicht ohne weiteres zur Anerkennung (Schwaar, S. 112 ff.).
Daß Kohl-Larsen in Siri Matti einen Vertrauten und Informanten gefunden hat, liegt daran, daß er als norwegischer Regierungsarzt bereits 20 Jahre vorher im Tana-Distrikt gearbeitet hat. Wenn diese Fremdenscheu dazu beiträgt, die kulturellen Fähigkeiten und Leistungen zu bewahren, kann man sie nur befürworten. Im Verbund mit der bereits erwähnten Lernfähigkeit ergeben sich dann vielleicht Möglichkeiten, die traditionelle Lebensweise zu einer posttraditionalen weiterzuentwickeln, ohne einem unnötigen Modernismus zu verfallen: Heimweh nach den Renen als Fähigkeit, mit den Renherden zu leben, anstatt sie nur als Produktionsmittel zu benutzen.
In einem Bericht für den Europa-Rat während des Educational Research Workshop on "Minority Education" vom Oktober 1994 ist belegt, daß die Samen mit einer Gesamtpopulation von 60.000 Menschen (40.000 in Norwegen, 15.000 in Schweden, 3.000 in Finnland, 2.000 in Russland) mit ihrer Selbstorganisation in den letzten Jahrzehnten vorangekommen sind. Mit der Verbindlichkeit der samischen Sprache in den Schulen ist es nach diesem Bericht besonders in Finnland schlecht bestellt. Es fehlt an kompetenten Lehrern und an Unterrichtsmaterial. Die Verfasserin meint sogar, es gäbe einen "lack of official recognition", z.B. wird die samische Sprache im Bereich der Verwaltung für das Rentierhirtentum nicht verwendet, selbst dann, wenn man die Kompetenz dafür besitzt (S. 7).
Die Bewahrung einer Kultur hat immer als Voraussetzung die Bewahrung der Sprache.

Die 98jährige Navajo-Indianerin Laughing Woman hat einem ihrer Enkel eine Prognose für die Zukunft ihres Volkes hinterlassen, in der sie das Verschwinden der Vielfalt der Sprachen mit dem Verschwinden der Fähigkeit des Menschen gleichsetzt, unsere Erde menschlich zu bewohnen.Vor diesem Hintergrund kann man nur wünschen, daß es den Samen gelingen möge, ihre Sprache auch in Finnland zu erhalten, um die Voraussetzung zum Bewahren ihrer Traditionen nicht aufzugeben, damit ihnen das Heimweh nach den Renen nicht verloren geht.

Literatur

Bökemeier, Rolf/Friedel, Michael: Verlorene Menschen. Begegnungen mit Völkern, die es morgen nicht mehr gibt. Hamburg: GEO im Verlag Gruner + Jahr 1984, darin: Vom Eise befreit verkommen die Hirten der Arktis, S. 137-177

Edelstein, Wolfgang: Entwicklung, kulturelle Zwänge und die Problematik des Fortschritts. In: T. Schöfthaler/D. Goldschmidt (Hrsg.): Soziale Struktur und Vernunft. a.a.O., S. 403-439

Kasten, Erich: Kulturwandel bei den Samen. Eine ethnohistorische Untersuchung zum Kulturkontakt in Schwedisch-Lappland. Berlin: Reimer 1983

Kohl-Larsen, Ludwig (Hrsg.): Das Haus der Trolle. Märchen aus Lappland, erzählt von Siri Matti. Kassel: Röth 1982

Kohl-Larsen, Ludwig (Hrsg.): Die steinerne Herde. Volkssagen aus Lappland, erzählt von Siri Matti. Kassel: Röth 1975

Kohl-Larsen, Ludwig (Hrsg.): Reiter auf dem Elch. Volkserzählungen aus Lappland, erzählt von Siri Matti. Kassel: Röth 1971

Qvigstad, Just Knud: Lappische Märchen- und Sagenvarianten. Helsinki 1925

Renner, Erich (Hrsg.): Das Leben des Rentierlappen Siri Matti von ihm selbst erzählt. Aufgezeichnet von Ludwig Kohl-Larsen. Frankfurt/M./New York: Campus 1994

Renner, Erich: Sozialisation in zwei Kulturen. Analyse autobiographischer Texte. Frankfurt/M./New York: Campus 1986

Schlachter, Wolfgang: Die lappische Literatur. In: Kindlers Literatur Lexikon im dtv. Band 1, 1986, S. 534-538

Schöfthaler, Traugott/Goldschmidt, Dietrich (Hrsg.): Soziale Struktur und Vernunft. Jean Piagets Modell entwickelten Denkens in der Diskussion kulturvergleichender Forschung. Frankfurt/M.: Suhrkamp Taschenbuch 1984

Schwaar, H. U.: Tundra, Sumpf und Birkenduft. Leben mit den Samen in Lappland. Frauenfeld: Waldgut 1990

Schwede, Alfred Otto: Laestadius ruft Lappland. Berlin: Evangelische Verlagsanstalt 1963

Stangberg, Sigrid: The educational situation of the Saami populations in northern Europe. Background - history - demography - resources - economy. In: Council for cultural cooperation, Educational Research Workshop on "Minority Education" , Bautzen/Saxony, 11.-14. October 1994

Turi, Johan: Erzählung vom Leben der Lappen. Frankfurt/Main: Eichborn Verlag 1992 (1912)

Vajda, Laszlo: Untersuchungen zur Geschichte der Hirtenkulturen. Wiesbaden: Harrassowitz 1968

Vorren, O./Manker, E.: Die Lappen. Braunschweig: Westermann 1967

Wustmann, Erich: Klingende Wildnis. Erlebnisse in Lappland. Eisenach, Kassel: Röth 1956

Weitere Literatur

Bacon, Walter: Highway to the Wilderness. London: Robert Hale LTD. 1961

Bernatzik, Hugo A.: Lappland. Leipzig: Bibliographisches Institut 1935

Birket-Smith, Kaj: Ferne Völker. Umwelt und Kultur bei sechs Naturvölkern. Zürich: In: Die Lappen, Jäger und Nomaden, das Ren, Orell Füssli 1958, S. 93-127

Bye, Lilian: Das Jahr der Lappen. Bei den Nomaden Nordnorwegens. Berlin: Universitas (1940)

Bruijn, Cor: Lasse Länta. Eine Erzählung aus Lappland. Konstanz: Bahn 1960

Crottet, Robert: Begegnungen. München: Nymphenburger 1983

Crottet, Robert: Mein Freund Maouno. Hamburg: Wegner 1956

Crottet, Robert: Verzauberte Wälder. Legenden aus Lappland. Frankfurt/M.: Fischer Bücherei 1969

Die Brockhaus Völkerkunde: Das Bild der Völker. Band 3 "Westindien und die Inseln des Atlantischen Ozeans, Die Arktis. darin: Lappen (Norwegen, Schweden, Finnland u. Sowjetunion), Wiesbaden: Brockhaus 1974, S. 246-259

Ersson, Boris/Hedin, Brigitta: Wir sind Lappen. Lappenkinder erzählen. Reinbek: Carlsen ²1980

Gardi, René: Wiedersehen mit Lappland. Bern: AG Chocolat Tobler, ohne Jahr

Gaski, Harald: Die samische Literatur. In: Kindlers Neues Literatur Lexikon, Band 20. 1992, S. 348-351

Irwin, John L.: The Finns and the Lapps. How they live and work. Newton Abbot, London: David & Charles ²1978

Kattwinkel, Lieselotte: Lapin hullu. Eine Winterfahrt durch lappische Wildmarken bzw. Lapplandfahrt im Rentierschlitten. Braunschweig, Berlin, Hamburg: Westermann 1941, 1951

Klatt, Edith: Bergit und Andaras. Berlin: Alterberliner Verlag L. Groszer ²1958

Klatt, Edith: Neitah. Ein Mädchen im hohen Norden. Berlin: Altberliner Verlag L. Croszer 4. 1956

Kohl, Ludwig: Nordlicht und Mitternachtsonne. Erlebnisse und Wanderungen in Lappland. Stuttgart: Strecker und Schröder 1926

Kohl-Larsen, Ludwig:. Der große Zug nach Mitternacht. Eine Wanderung mit den Lappen zum Nördlichen Eismeer. Kassel: Röth ²1958

Lindholm, Valdemar: Märchen und Sagen aus Lappland. Leipzig: Phil. Reclam jun. 1989

Linne, Carl von: Lappländische Reise. Frankfurt/M.: Insel Tb. ²1977

Manker, Ernst: Zur Frage nach dem Alter der Renzucht. In: Zeitschrift für Ethnologie, Band 79, Heft 2, 1954, S. 175-181

Petterson, O.P.: Kristoffer Sjulssons minnen. In: Acta Lapponica/Nordiska Museet 20, Stockholm

Rickwin-Brick, Anna/Jannes, Elly: Nomaden des Nordens. Hamburg: Oetinger 1961 Strohmeyer, Curt: Im Zauber Suomis. Abenteuerliche Fahrten durch Finnland. Berlin: Deutscher Verlag 1939

Weyer, Edward jr.: Primitive Völker heute. In: Ein Hirtenvolk in der europäischen Arktis - Die Lappen. Gütersloh: Bertelsmann 1959, S. 127-137

Wustmann, Erich: Unter der Mitternachtssonne. Drei Jahre als Lappe. Neudamm, Berlin: Neumann 1941

Wustmann, Erich: 1000 Meilen im Rentierschlitten. Ein Leben in der Wildmark. Radebeul. Berlin: Neumann 1955

Changing Woman's Enkel: Führt der Pfad der Schönheit in die Zukunft?[1]

Sight-Seeing in Monument Valley

Im April 1992 machte ich mit meiner Familie eine Besichtigungstour in jener monumentalen Landschaft, die uns durch John Wayne-Western und Marlboro-Reklame zum vertrauten Alltag geworden ist. In einem schon angegrauten Pickup führte uns ein junger Navajo, der mir als Student avisiert worden war, nachdem man vorher meinen Beruf hatte wissen wollen. Nicht nur daß die Urwüchsigkeit dieser wirklich gewaltigen Landschaft unsere mediale Erfahrung davon zu einem Abziehbild schrumpfen ließ, der junge Mann verblüffte mich mit der ungefragten Äußerung, sein Vater sei dabei, seine Ausbildung als Medizinmann zu vervollständigen, 3/4 des notwendigen Wissens habe er bereits. Ich muß zugeben, daß mir die indianische Wirklichkeit im modernen Amerika zumindest theoretisch kein Buch mit sieben Siegeln war, aber hier hatte ich das Thema in Person vor mir, und zwar in einer Konstellation, der ich seit Jahren auf der Spur war.
Mein Nachfragen ergab, unser junger Navajoführer hatte eine traditionelle Familienerziehung genossen und erst mit fünf Jahren Englisch gelernt, danach die verschiedenen USA typischen Schulsysteme absolviert und war damals Student des Navajo Community College, einer eigenständigen Navajo-Einrichtung, an der sogar nichtalphabetisierte Medizinmänner unterrichten.
In Hubert (Joe) Atene, dem jungen Navajo, personifizierten sich also zwei gegenläufige, konkurrierende Bildungsprogramme, wie man sie sich kontrastreicher kaum vorstellen kann, und zwar der Navajo-Pfad der Schönheit und der American Way of Life. Aber in welcher Konfiguration?
Welche Chance hat in einem solchen Kontext die Navajo-Tradition?
Welches kulturelle Selbstverständnis ist zu erwarten?
Meine Verblüffung über diesen unerwarteten Blick auf Navajo-Wirklichkeit wurde zum Impuls für das hier vorzustellende Forschungsprojekt.
Nachfolgend möchte ich in diesem Zusammenhang, den Navajo-Pfad der Schönheit skizzieren, meine Arbeitsweise erläutern, Analysen und Interpretationen im Sinne erster Ergebnisse vorstellen sowie zusammenfassende Kommentare versuchen.

---

1 Erstmals publiziert in:
Renner, Erich (Hrsg.): Kinderwelten. Pädagogische, ethnologische und literaturwissenschaftliche Annäherungen. Weinheim: Deutscher Studien Verlag 1995, S. 184-201

Changing Woman und der Navajo-Pfad der Schönheit

Die monotheistisch angelegte mythologische Konzeption der Heiligen Schrift im Alten Testament ist konsequent auf die Schaffung des Menschen ausgerichtet. Auf dieser Grundlage entsteht das anthropozentrische Weltbild der abendländischen Kultur. Der Ursprungsmythos der Navajo vermittelt ein polytheistisch begründetes Bild der Schöpfung, in der die Heiligen Leute (Holy People) neben den Luft-Geist-Leuten (Animal People) den Ersten Mann und die Erste Frau mit ihren Nachkommen erschaffen. Während der Sündenfall im Alten Testament zur Austreibung aus dem Paradies führt, dominiert in der Ersten Welt der Navajo-Schöpfung eine disharmonische Struktur, gehören Verfehlungen und Missetaten zu den Merkmalen aller Lebewesen.

Um dieser Missetaten willen, sie sind vor allem sexueller Natur, sind die Erschaffenen der Vernichtung durch Ungeheuer ausgesetzt. Ihnen bleibt nur die Flucht bzw. der Aufstieg (emergence), und zwar ein Aufstieg in vier Phasen von der Ersten Welt in die Fünfte Welt, wobei die Fortsetzung des Aufstiegs zur jeweils nächsten Welt immer wieder die gleichen Auslöser hat. First Man und First Woman, die sich schließlich mit zwei weiteren Paaren in die Fünfte Welt retten können, sind dabei nicht auf der Suche nach einem Paradies, sondern auf der Suche nach Existenzbedingungen, innerhalb derer eine Chance besteht, ein ausbalanciertes Verhältnis zwischen Negativem und Positivem zu ermöglichen. Nach christlichem Weltverständnis kommt es darauf an, das Erdenleben auf das Wiedererlangen des Paradieses nach dem Tod auszurichten. Das Navajo-Weltverständnis rechnet mit dem Nebeneinander von positiven und negativen Aspekten des Lebens, aber es zielt auf deren Harmonisierung in dieser Welt, die Perspektive des Jenseitigen hat darin keinen Platz. In der Suche nach Harmonie, Schönheit, Glück und hohem Alter (sa'ah naaghaii bik'eh hózhó) ist das Telos der Navajo-Religion formuliert. Nachdem Erster Mann sich der Verantwortung für dieses Suchen stellt, kann das Heilige Volk unter Führung von Talking God die Voraussetzung für eine harmonische Konzipierung der Welt schaffen. Aus einer menschenähnlichen Türkisfigur entsteht durch den heiligen Atem des Windgottes die Erdgöttin, Mutter Natur, Changing Woman (Sich Wandelnde Frau), Sinnbild des endlosen Lebenszyklus.[2] Changing Woman's Sohn, einer

---

2 Auf der Suche nach langem Leben und Glück für sich und seine Leute wandert First Man dort vier Tage umher. "Nichts wird mir geschehen. Denn ich werde mich mit Gesang umgeben", verabschiedet er sich von First Woman. Auf der Suche nach langem Leben und Glück (sa'ah naaghaii bik'eh hozho) folgt er singend dem Blitz, dem Regenbogen, der Wolkenschleppe und erreicht den Riesenfichtenberg. Auf dem Berg, als der Blitz zuckt, der Regenbogen den Boden berührt und der Regen so dicht fällt, daß ihm die Sicht geraubt ist, hört er das Weinen eines Kindes. Und er findet eine Türkisfigur, die einem weiblichen Kind gleicht. Unter dem Einfluß von Sprechendem Gott (Talking God) behandeln First Man und First Woman das Türkiskind wie ein wirkliches Kind. Schließlich sind sie gefordert, mit ihm erneut den Riesenfichtenberg aufzusuchen. Unterhalb des Gipfels treffen sie auf Sprechenden Gott und andere Heilige Leute, sie haben eine weibliche Figur aus weißer Muschelschale dabei, die dem Türkiskind ähnelt. Im Kreis der versammelten Heiligen Leute werden die beiden Figuren in heilige Hirschhäute gehüllt. Sie singen

der Heiligen Zwillinge, hervorgegangen aus der Vereinigung mit der Sonne, Ungeheuer töter Monster, Slayer genannt, befreit die Fünfte Welt von bösen Mächten; Harmonie ist etabliert. Changing Woman läßt danach aus Teilen ihres eigenen Körpers die Kern-Clans der Navajo entstehen: den Bitter Water Clan (To dich'ii'nii), den Schlammwasser-Clan (Hashtl'ishnii), den Salzwasser-Clan (To dik'ozhi), den Nah-an-ihrem-Körper-Clan (Bit'anii).

Während sich so die Konturen der Fünften Welt entwickeln, reklamiert Changing Woman (Asdzaa Nadleehe bzw. Estsnatlehi) den harmonischen Ausgleich zwischen dem Himmlischen (der Sonne) bzw. dem männlichen Prinzip und dem Irdischen (der Erde) bzw. dem weiblichen Prinzip. Aber sie weiß, daß auch hierin ein labiles Gleichgewicht zu erwarten ist, in dem sich das Verhältnis der Erdoberflächenleute zu den Göttern spiegelt. Nach Zeiten der Disharmonie, die den Aufstieg der Vorfahren in die heutige Welt verursacht, liegt es nun an den fünffingrigen Erdoberflächenleuten, den Pfad der Harmonie und Schönheit zu wandeln. Den Prototyp des Sängers und Heilers, der die Verantwortung für das Wohlergehen seines Volkes übernimmt, haben wir in Erstem Mann kennengelernt, als er, heilige Lieder singend, sich auf den Weg macht, an der Neuordnung der Welt mitzugestalten.

WALKING IN BEAUTY beruht auf der Vorstellung der Harmonie (hózhó) zwischen Mensch und Natur, zwischen Heiligem Volk und Erdenvolk, auf der Vorstellung, daß Störungen der Harmonie in individueller und kollektiver Hinsicht durch die Rekonstruktion der Schöpfungsgeschichte wiederhergestellt werden können. Die Harmonie des Daseins wird nicht durch Manipulation der Natur zum Nutzen der Menschen erreicht oder in der Änderung der menschlichen Natur, sondern durch die Wahrung des richtigen Verhältnisses zur Natur.

Die Rekonstruktion der Schöpfung materialisiert sich in einer komplexen Vokalmusik, die sowohl das alltägliche als auch das zeremonielle Leben durchdringt, in einer tänzerisch- rhythmischen Intensivierung, in bildnerisch-ästhetischen Versionen der darin inkorporierten heiligen Kräfte, wobei die beiden letzteren Aspekte ausschließlich den Zeremonien vorbehalten bleiben.

Der Hogan, das traditionelle Haus der Navajo, ist der symbolische Ort, der die Vorstellungen vom Navajo-Universum verkörpert. Damit wird der Hogan zum Symbol der Navajo-Identität schlechthin. Ohne Hogan ist der Pfad der Harmonie und Schönheit undenkbar.

Kluckhohn hat neun Merkmale der alltäglichen Navajo-Lebensphilosophie formuliert. Sie betonen eine immerwährende Gefährdung des Lebens, die Befangenheit des Menschen und der Schöpfung in einem Dualismus von Gut und Böse sowie die Einsicht in die Überlegenheit der Natur.

---

das Lied von hózhóoji sin, das Lied von Glück und Harmonie, und als der Wind den Figuren das Leben einhaucht, entsteht aus dem Türkiskind Changing Woman und aus der anderen Figur Weißmuschelfrau (vgl. dazu Zolbrod 1988).

Die Existenz des Menschen in diesem Kontext wird durch bestimmtes Wissen ermöglicht; durch das Wissen von der Verknüpfung männlicher und weiblicher Prinzipien in allen Dingen; durch das Wissen von der Parallelität der Wirkungen im Sinne von Gleiches produziert Gleiches; von dem Wissen um die Wirkung und Macht des gesungenen und gesprochenen Wortes.
Die Persönlichkeit des Menschen ist notwendigerweise eine Ganzheit, verletzlich, aber individuell unverfügbar und gegenwartsorientiert.[3] Harmonie heißt in diesem Zusammenhang, Wahrung oder Wiederherstellung des richtigen Verhältnisses zur Natur. Der Pfad der Schönheit und Harmonie ist das Konzept, von dem aus die Antagonismen der Schöpfung und des Menschseins ausbalanciert werden können. Changing Woman hatte bereits die Heiligen Zwillinge gemahnt, niemals die Lieder zu vergessen, die sie ihnen übergeben hatte, "dem Tag, an dem ihr sie vergeßt, wird kein anderer folgen" (Reichard, S. 289). Changing Woman hat ihren Enkeln, den Navajos, das Instrumentarium zur Herstellung dieser Balance in Gestalt von Liedern/Gesängen, Sandbildern, Tänzen mitgegeben, die das hochkomplexe Zeremonialsystem ausmachen, aber auch das alltägliche Leben bestimmen. Und ihre Mahnung gilt auch hier.

---

[3] Kluckhohn formuliert neun Prämissen der Navajo-Lebensphilosophie:
(1) Das Leben ist sehr gefährdet! Das bedeutet, Leben insgesamt und deshalb auch individuelles Leben ist immer nur in einem labilen Gleichgewicht gegeben. Gefordert ist ein Weg der Harmonie.
(2) Die Natur ist mächtiger als der Mensch! Das bedeutet, der Mensch kann sich nur als integrales Element der Natur denken, nicht als dominierendes. Nur so ist Harmonie denkbar.
(3) Die Persönlichkeit ist ein Ganzes! Das bedeutet, Körper, Geist, (Seele) sind in untrennbarer Einheit verbunden. Nur die Berücksichtigung dieser Einheit führt zur Harmonie.
(4) Respektiere die Unverfügbarkeit des Individuums! Das bedeutet, jedes Individuum hat den Spielraum eigener Entscheidung über sich und seine Angelegenheiten. Die Vorstellung von Ganzheit und Harmonie läßt Spielräume für Individualität.
(5) Alles existiert in zwei Teilen, einem männlichen und einem weiblichen, beide gehören zusammen und vervollständigen einander. Das bedeutet, Welt und Menschheit in allen ihren Bereichen und Ausprägungen existieren in der Verknüpfung weiblicher und männlicher Prinzipien. Harmonie ist nicht denkbar ohne die Wechselwirkung zwischen Männlichem und Weiblichem.
(6) Die menschliche Natur ist weder gut noch böse, beide Qualitäten verbinden sich in jedem Menschen von Geburt an! Das bedeutet, es fehlt die Vorstellung von Erbsünde ebenso wie die von absoluter Tugendhaftigkeit. Entscheidend ist, daß beide Qualitäten nicht in Ungleichgewicht geraten, sondern ausbalanciert sind, also harmonisiert werden.
(7) Gleiches produziert Gleiches, und der Teil steht für das Ganze! Das bedeutet, es besteht ein enger Wirkungszusammenhang zwischen den Elementen bzw. dem, was als elementar angesehen wird, und der Ganzheit der Welt oder der Menschen. Dies ist gleichzeitig ein Weg, Einfluß zu nehmen. Die harmonische Rekonstruktion der Schöpfung in den Zeremonien bewirkt die Wiederherstellung von Harmonie.
(8) Alles, was gesagt wird, ist wörtlich zu nehmen! Das bedeutet, üble Redensarten können die Harmonie gefährden.
(9) Was zählt, ist das Leben jetzt! Das bedeutet, die Navajos orientieren sich nicht an einer jenseitigen Welt, an einem Leben nach dem Tod. Gefragt ist die Harmonie des heutigen Lebens und der heutigen Welt. (1946, 223-232)

100 Jahre Navajo-Mentalität und Identität?

Als der Anthropologe Walter Dyk 1934 die Lebensgeschichte des Navajo Left Handed aufzeichnet, dokumentiert er damit einen Rückblick bis in die Zeit der 70er Jahre des vorigen Jahrhunderts. Der Text, der unter dem Titel "Son of Old Man Hat" 1938 publiziert wird, gehört zu den persönlichen Dokumenten über amerikanische Ureinwohner, die unter den Anthropologen wegen ihrer "inneren Qualität ... als unübertroffen" gelten (vgl. Kluckhohn 1945, S. 91).
Der zunächst veröffentlichte Teil der Autobiographie umfaßt die ersten zwanzig Lebensjahre von Left Handed/Son of Old Man Hat, also den Zeitraum von 1868 bis 1888. In dieser Zeit, nach der Rückkehr der Navajo aus der Verbannung ins 700 km entfernte Bosque Redondo, beginnt eine Phase der kulturellen Restauration und der wirtschaftlichen Prosperität. Navajo-Mentalität und Navajo-Identität dieses Selbstzeugnisses sollen deshalb für den vorliegenden Kontext als ursprüngliche kulturelle Figuration angesehen werden, von der aus eine Antwort auf die vorliegende Fragestellung versucht werden soll.
Zur Verdichtung dieser Materialbasis verwende ich den autobiographischen Text des Navajo Old Mexican, ebenfalls von Dyk dokumentiert, der in ähnlicher Weise bis in die 70er Jahre des letzten Jahrhunderts zurückreicht, aber bei weitem nicht so detailreich ist; außerdem das Selbstzeugnis von Lucky, dem Navajo Singer, geboren um 1900, 1940 aufgezeichnet von Alexander und Dorothea Leighton. Schließlich die Lebensgeschichte von Bighorse the Warrior, geb. 1846, wörtlich wiedergegeben von seiner Tochter Tiana Bighorse.
Ein Spannungsbogen bis in die heutige Zeit formiert sich durch das von mir selbst gesammelte Material. Es handelt sich dabei um zwei Texte, die, als narrative Interviews entstanden, autobiographischen Charakter haben. Hubert (Joe) Atene, den ich bei jener Sight-Seeing-Tour kennenlernte, habe ich dafür nach Deutschland geholt. Sein Lebensbericht umfaßt etwa die Zeit der frühen 70er bis 1992. Die Lebensgeschichte von Vergil Bedoni, Joes Stiefbruder, Jahrgang 1953, im letzten September nach Deutschland geholt, deckt die Zeitspanne seit den fünfziger Jahren bis heute.
Im Mittelpunkt steht Vergils Selbstzeugnis mit einem Umfang von 220 Seiten. Joes Text mit 120 Seiten bildet dazu einen assoziativen Kontext. Somit rekonstruiere ich hier eine mögliche Linie individueller kultureller Selbstverständnisse über den genannten Zeitraum hinweg.
Zur Verdichtung der aktuellen Materialbasis verwende ich zwei Interviews mit Joe und Vergil, in denen Andreas Renner einen eigenständigen Zugang zu den Lebensgeschichten der beiden versucht. Außerdem verwende ich unsere unabhängigen Tagebucheintragungen, die Andreas und ich während einer Yeibichei-Zeremonie in Shiprock/New Mexico im Oktober 1993 gemacht haben.
Die methodischen Probleme des hier entworfenen Spannungsbogens konzentrieren sich auf die Frage der historischen und/oder kulturellen Bedingtheit des Materials. Der analysierende Vergleich von Selbstbiographien läßt sich ein auf den Tatbestand der

Historizität, konkret auf den Zusammenhang zwischen jeweiliger kultureller Konstituierung der Lebensläufe und ihrer subjektiven Rekonstruktion.
Clifford Geertz formuliert im Kontext seiner Theorie zum Verstehen kultureller Systeme, genannt DICHTE BESCHREIBUNG, zwei Aufgaben, und zwar "Vorstellungsstrukturen, die die Handlungen unserer Subjekte bestimmen - das <Gesagte> des sozialen Diskurses –, aufzudecken und zum anderen ein analytisches Begriffssystem zu entwickeln, das geeignet ist, die typischen Eigenschaften dieser Strukturen gegenüber anderen Determinanten menschlichen Verhaltens herauszustellen" (^{2}1991, S. 39). Wenn es demnach gelingt, die jeweiligen Vorstellungsstrukturen aufzudecken, dann sind diese auch in historisch-kulturellen Aspekten zugegen. Ein Vergleich über die angedeutete Zeitspanne kann gelingen, wenn die jeweiligen Kontexte nicht außeracht gelassen werden.
Ich versuche hier, die Vorstellungsstrukturen meiner Informanten als kulturelle Selbstverständnisse aufzufassen und diese vor dem Hintergrund der traditionellen Navajokultur mit den genannten historischen Beispielen zu vergleichen und zu beurteilen.

Navajo gestern und heute

Die gesungene Harmonie des Alltags

Betrachtet man Son of Old Man Hats detaillierte Darstellung seiner Kindheit und Jugend über die ersten 20 Jahre hinweg, dann frappiert zweifellos die Härte des täglichen Lebens, aber wirklich erstaunlich ist die Intensität seiner Durchdringung mit nonzeremonialen Liedern.
Das Song-Repertoire des Vaters gibt dabei den Rahmen für eine entsprechende Orientierung des Sohnes, und zwar sowohl in funktionaler als auch intentionaler Hinsicht. Son of Old Man Hat nimmt die Allgegenwärtigkeit der Songs wahr, ob bei ihrer Kombination mit Heilkräutern oder bei den alltäglichen Verrichtungen der Viehzucht. Und er lernt die intentionale Seite als intensive Schulung gleich in zwei Phasen kennen, und zwar als er etwa 9 bis 10 Jahre bzw. 18 bis 19 Jahre alt ist. Obwohl die dabei einstudierten Lieder offensichtlich keine zeremoniellen Einheiten darstellen, ihr Zusammenhang zum Navajo-Zeremonialsystem kann nicht bezweifelt werden. Durch das Einbeziehen eines Clan-Verwandten bei der ersten Phase wird deutlich, daß es sich nicht um ein ganz und gar individuelles Songrepertoire handelt, möglicherweise aber um eine clanspezifische Konzeption.[4]

---

[4] Son of Old Man Hat erinnert sich seit seiner frühen Kindheit an die Bedeutung von Liedern (songs) im alltäglichen Leben. Eines Tages kommt eine ältere, schon verheiratete Schwester und bittet den Vater um Medizinkräuter, die man benutzt, um die Aufzucht der Herden zu befördern. Sie erhält diese Kräuter mit dem Hinweis, daß sie nur dann wirken können, wenn die entsprechenden Lieder dabei gesungen werden (S. 32/33). Es handelt sich dabei um spezielle Kräuter und Songs für die

Der verwandtschaftsspezifische Zusammenhang findet sich bei Bighorse bestätigt, und zwar aus einer Zeit, in der das kriegerische Element noch große Bedeutung hat. Jeder Krieger erbt einen "travelling song", der ihn vor Gefahren unterwegs schützt.[5] Lucky's Kindheitserfahrungen mit Liedern zeigen die imitierende Wahrnehmung einer bestimmten Zeremonie im alltäglichen Spiel. Das Singen wird dabei als Mittelpunkt

---

Aufzucht von Pferden und Schafen sowie für die Beförderung anderer Besitztümer. Und Son of Old Man Hat erlebt, wie sein Vater im Winter die Corrals mit den Schafen besingt (S. 67). Es gibt dazu ein spezielles Lied, den Owl Song. Damit verbindet sich die Erfahrung, daß Eulen auch kälteste Winter gut über stehen. Auch dieses Lied ist kombiniert mit dem Aussprengen von Kräuterwasser und der Rezitation von Gebeten. In jenem Winter, als Son of Old Man Hat etwa neun bis zehn Jahre alt ist, engagiert sein Vater einen Verwandten namens Who Has Mules, um gemeinsam mit ihm eine systematische Belehrung durchzuführen (S. 75-81). Es geht dabei um Lehren, die wirtschaftliches Prosperieren zum Thema haben: die Haltung von Schafen, Pferden, Rindern und den Besitz von Gütern wie Türkise, Silber und Ausrüstung. Dazu gehört ein breites Repertoire an Ermahnungen gegen Faulheit und Bequemlichkeit, für harte Arbeit zur rechten Zeit, gegen den Gebrauch übler Redensarten. Son of Old Man Hat muß dabei vier komplexe und umfangreiche Standardlieder lernen. Aber in diesen Liedern sind die alltäglichen Verhältnisse in das gesamte Universum eingebunden, sie beziehen sich auf die Sonne, die Erde und den Hogan, das traditionelle Haus, in dessen Konstruktion sich der Navajo-Kosmos spiegelt. Am Ende, nachdem der Sohn in Wiederholung, Frage und Antwort die Lehren internalisiert hat, bestätigt Who Has Mules, Son of Old Man Hat habe alle Lieder, Gebete und Geschichten gelernt, die er selbst kenne. Nachdem er dieses Wissen habe, sei es ihm nicht mehr möglich, durch übles Reden alles zu verderben. Aber nicht nur als Mittel positiver Organisierung der Welt praktiziert man das Singen, sondern auch als Bestätigung, daß die Welt ihre erwartete Ordnung gefunden hat. Nachdem Son of Old Man Hat eine Gruppe vermißter Pferde wiedergefunden hat, freut sich der Vater darüber, und er drückt dies in Form eines Liedes aus (S. 175). Bei der Notwendigkeit, sich mit amerikanischen Truppen auseinanderzusetzen, übernimmt Son of Old Man Hats Vater eine führende Rolle. Später erzählt er zu Hause im Hogan, wie er durch das Singen eines Safe Song, die Sicherheit seiner Gruppe gewährleistet hat (S. 188). Obwohl Son of Old Man Hat inzwischen ein junger Mann geworden ist und die notwendigen Lehren bereits absolviert hat, fühlt sich der Vater, als er sein Ende nahen fühlt, erneut verpflichtet, den Sohn anhand von Songs auf das "richtige Leben" vorzubereiten. Son of Old Man Hat muß dabei drei Sätze von Liedern lernen, und zwar je einen mit 28, einen mit 12 und einen weiteren mit 28 Texten (S. 256-258). Und der Sohn fixiert sie durch Wiederholung in seinem Gedächtnis, als er am nächsten Tag seine Herden bewacht. Und er bewundert dabei das Song-Repertoire seines Vaters, mit dem dieser offenbar allen Gegebenheiten des Lebens gerecht werden konnte.

[5] Tiana Bighorse, die die Lebensgeschichte ihres Vaters in dessen eigenen Worten aus ihrem Gedächtnis rezitiert, berichtet aus den kriegerischen Aktivitäten in der Mitte des vorigen Jahrhunderts und von der Art und Weise, wie die Navajo auch bei diesen Gelegenheiten durch Lieder versucht haben, die Welt für sich einzurichten. Jeder Krieger hatte seinen eigenen travelling Song, den er von seinen Vorfahren geerbt hatte. Durch das Singen dieser Lieder konnte jeder etwas für seine Sicherheit tun (S. 27). Andere Navajo kennen Lieder für ihre Pferde, durch die sie übernatürliche Kräfte erlangen (S. 90).

er lebt, ohne daß die entsprechenden Kontexte schon begriffen werden können.[6]
Bei Gladys A. Reinhard, der wohl bedeutendsten Kennerin der Navajokultur, findet sich dieser Kontext auf den Punkt gebracht: "Für Navajo sind Lieder etwas Unabdingbares, sie sind Interpretation, Hoffnung, Schutz und Trost, ... ein Mittel, um Frustration in Stärke zu verwandeln" (1950, 1990, S. 291). Lieder sind Teil des Besitzes wie andere Güter. So erbt Son of Old Man Hat mit den Liedern ein Instrumentarium, mit dem die Harmonie seiner Lebensverhältnisse gewährleistet werden kann.
In einer kulturvergleichenden Untersuchung aus den 60er Jahren, in der Navajo, Zuni, Spanier und Texaner einbezogen sind, bezeichnen Vogt/Albert das Singen der Navajo bei formellen und informellen Gelegenheiten als eine ständige Quelle von Zufriedenheit und Glück.[7]
Die narrativen Texte meiner Informanten, insbesondere die Vergil Bedonis aus den 50er und 60er Jahren unseres Jahrhunderts, spiegeln intensive Erfahrungen mit der gesungenen

Harmonie des Alltags. Das Leben mit den Großeltern und das häufige Beisammensein mit dem Großvater geben den funktionalen Hintergrund dazu. In einer sich wiederholenden, nahezu idealen pädagogischen Atmosphäre zwischen Großvater und Enkel, "I behind his back, ... riding double on a horse", internalisiert der Enkel die Bedeutung vokaler Teilnahme an der Welt.
In der Folge dieser Internalisierungen praktiziert er solche vokale Teilnahme und Einflußnahme, z.B. beim Zähmen von Pferden: "... you have to learn the song of the horse ... Und Vergil bekennt, daß er dabei die Schönheit des Zähmens erfahre: "I enjoyed the beauty of taming horses ..."[8]

---

[6] Lucky's Erinnerungen an die Spiele seiner frühen Kindheit zu Anfang unseres Jahrhunderts zeigen, wie die Alltäglichkeiten der Erwachsenen die Kinder zur Nachahmung veranlassen. Also imitiert er mit anderen Kindern die miterlebte Pubertätszeremonie, die sein Großvater durchführt. Sie bauen die ganze Szenerie nach und spielen alle erlebten Details durch. Und Lucky berichtet, wie er die Leitung der Zeremonie übernimmt, zu singen anfängt, alle ihn begleiten, ohne daß sie wissen, was es mit dem Singen auf sich hat (S. 35/36).

[7] MEN DERIVE A GREAT DEAL OF PLEASURE FROM SINGING BOTH IN FORMALIZED AND INFORMAL SITUATION (vgl. Vogt/Albert 1966, S. 278).

[8] Vergil Bedonis frühe Erinnerungen aus den 50er Jahren unseres Jahrhunderts zentrieren sich auf das Leben mit den Großeltern. Schafehüten mit dem Großvater, ist das erste, was in seinem Gedächtnis haften bleibt. Großvater, selbst ein Medizinmann, muß viel unterwegs sein, um Zeremonien durchzuführen, für die er engagiert wird. Und er nimmt seinen Enkel überall mit. Während er ihn hinter sich auf das Pferd setzt, bleibt genug Zeit, ihm traditionelle Lieder beizubringen. "... we were riding together, I behind his back, behind the saddle, riding double on a horse, he would teach me songs" (S. 25). Die Zeremonien, die Großvater leitet, dauern oft mehrere Tage, und so hat der Enkel Gelegenheit, daran teilzunehmen und sie damit kennenzulernen. Die Intensität dieses Miteinanders mit dem Großvater gipfelt in dessen häufiger Nachfrage, ob er gewillt sei, selbst ein Medizinmann

Hubert (Joe) Atene, sein Stiefbruder, herangewachsen in den 70er Jahren, antwortet auf die Frage, was es heiße, ein traditionsorientierter Navajo zu sein, er müsse die Geschichten von Erde, Himmel, Wolken, Regen, Pflanzen kennen und an Mythen, Legenden, Lieder und Gebete glauben. "... and I think that's true", bekennt er selbst.
Während meines Zusammenseins mit den beiden erlebe ich mehrfach spontane Beispiele für gesungene Teilnahme an der Welt: als kontemplatives Element bei Joe, als Danksagen für Gastfreundschaft bei Vergil. Beide Informanten legen in unbefangener Weise offen, wie die vokale Tradition ihrer Kultur weitergelebt wird.[9]

Die Herstellung von Harmonie in den Zeremonien

Die Zeremonien der Navajo haben eine multifunktionale Struktur, d.h. ihre Durchführung hat immer einen individuellen Anlaß mit gleichzeitiger kollektiver Ausrichtung; sie konzentrieren sich auf die Heilung einer Einzelperson, lassen aber die Teilnahme weiterer Patienten zu; sie zielen sowohl auf Wiederherstellung eines ausgewogenen Verhältnisses zur Schöpfung für eine konkrete Person und leisten damit einen Beitrag zur allgemeinen Restaurierung von Harmonie als auch auf eine prinzipielle Bestätigung harmonischer Verhältnisse; sie verbinden religiöse Selbstvergewisserung mit sozialer Kommunikation und Kooperation. Man kann sagen, das gesellschaftliche Leben der Navajo orientiert sich an einem zeremoniellen Raster. In diesem Kontext kann man dennoch eine schwerpunktmäßige Ausrichtung der Zeremonien feststellen, und zwar in sogenannten Holyways einerseits und Evilways andererseits. Bestimmte zeremonielle Elemente durchdringen beide Gruppierungen.
Die Zeremonie, von der Son of Old Man Hat am häufigsten berichtet, nennt er "Nda", populärerweise heißt sie Squaw Dance oder eigentlich Enemyway und gehört zu den Evilways.

---

zu werden. Und Vergil erinnert sich, daß er zugestimmt hat. Eine andere praktische Bedeutung für den Gebrauch von Liedern erläutert Vergil im Zusammenhang mit der Pferdezucht. Um ein Pferd einzureiten, müsse man das Lied des Pferdes kennen: "... if you are going to break the horse, then you have to learn the song of the horse ..." (S. 39.) Und er konkretisiert dieses Konzept, als er davon erzählt, das Zähmen von Pferden sei seine Leidenschaft, und er habe das oft für andere Leute getan, ohne etwas dafür zu nehmen, nur weil er die Schönheit des Pferdezähmens genossen habe: "... I just enjoyed the beauty of taming horses ..." (S. 39). Und er bekennt, daß diese Tätigkeit in der Navajo-Gesellschaft mit hohem Prestige verbunden sei.

9 Während unserer ersten Bekanntschaft in Monument Valley hat Joe einen großen Teil seiner Wartezeit mit dem leisen Singen von Navajoliedern verbracht. Als er bei uns zu Hause war, hat er mich einmal unaufgefordert, solche Lieder auf seinem Walkman anhören lassen. Als wir zusammen mit Vergil bei Freunden eingeladen sind, bedankt er sich zum Abschied mit einem traditionellen Navajolied, einem ganz einfach strukturierten nonceremonial song.

Anlaß für Enemy-Way ist immer eine Disharmonie, eine Krankheit, die von Nicht-Navajo verursacht wird (= Evilway). In den Zeiten vor 1870 liegt die Hauptursache dafür in kriegerischen Auseinandersetzungen, aber auch in den Jahrzehnten nach der Befriedung lassen sich genügend negative Fremdeinflüsse ausmachen.
Son of Old Man Hat ist in die Nda-Zeremonie vielfältig eingebunden, zunächst ohne daß er selbst die Anlässe genau kennt, aber es wird deutlich, daß er dabei ein Stück Initiation in das Zeremonielleben erfährt, daß man ihn von Alpträumen und Schlafwandeln heilen lassen will, schließlich ist er als junger Bursche an den sozialen Aktivitäten, dem Tanz der unverheirateten Mädchen, dem Squaw Dance eben, der einem Heiratsmarkt ähnelt, lebhaft interessiert.
Andere zeremonielle und rituelle Erfahrungen erwirbt Son of Old Man Hat durch Yeibichei, Feather Chant, Red Ant Song, Windway und die Sweat Lodge Ceremony. Eine mehrdimensionale Harmoniesuche wird dabei praktiziert. Und er lernt dabei Sweat Lodge als eine Zeremonie kennen, die ohne Spezialisten von jedem Laien durchgeführt werden kann, wenn ihm die nötigen Gebete und Lieder zur Verfügung stehen.[10]

---

[10] Son of Old Man Hat bedauert, daß bei seiner Familie zu Hause niemals eine Heilungszeremonie abgehalten wurde – weder für Vater, Mutter noch für ihn selbst (S. 255/256). Er meint sogar, sein Vater glaube wohl nicht an derartige Behandlungen. Dennoch erzählt er, wie sein Vater einen Sänger holt, um die Mutter behandeln zu lassen, so das Unstimmigkeiten zwischen den Eltern danach nicht mehr vorkommen. Darüber hinaus ist die Lebenswelt seiner Familie orientiert und bestimmt durch einen Turnus zeremonieller Aktivitäten während seines gesamten Lebensberichtes.Die Zeremonie, die in der Region offenbar am häufigsten stattfindet, von der Son of Old Man Hat fünfmal, teilweise sehr ausführlich berichtet (S. 20/21, 59, 201-212, 322-328, 355-362), heißt eigentlich "Nda", sie firmiert zumeist unter dem populären englischen Begriff SQUAW DANCE, unter Anthropologen als ENEMY WAY. Nda hat, wie viele Navajo-Riten neben den religiösen Bezügen, konkrete Heilungsaufgaben, ist außerdem ein wichtiger Bestandteil der Sozialstruktur im Sinne kooperativer Aktivitäten. Son of Old Man Hat erinnert sich, daß seine Mutter ihn als kleinen Jungen auffordert, den Hogan der Zeremonie zu betreten, um auch behandelt zu werden (S. 20/21). Einige Jahre später, als wieder ein Nda in der Nähe stattfindet, kommt Son of Old Man Hat's Vater, verlangt vom Sohn, ein Bad zu nehmen, sich die Haare zu waschen und zu fasten, damit er behandelt werden kann. Die Mutter begründet die Behandlung mit der Beobachtung, daß Son of Old Man Hat schlafwandelt und währenddessen schreit und weint (S. 63).
Zur Behandlung gehört eine spezifische Kombination von Körperbemalung, Tanzen und Singen. Während des nächsten, ausführlich geschilderten Nda, ist Son of Old Man Hat's Vater vielfältig beteiligt, seiner Familie Wohnplatz ist sogar auserwählt die dabei zwischen verschiedenen Zeremonialplätzen hin- und herpendelnde Besuchergruppe aufzunehmen und zu bewirten. Zu den sozialen Aktivitäten gehört auch, daß sich die jungen unverheirateten Mädchen und Jungen treffen. Mädchen haben die Chance dabei, sich junge Männer zum Circle Dance zu holen, wofür sich diese dann mit einer Gabe freikaufen müssen. Son of Old Man Hat ist nun in dem Alter, daran teilzunehmen (S. 208-212). Und auch zu zwei weiteren Gelegenheiten erzählt Son of Old Man Hat detailliert von seiner Beteiligung beim Nda. Für ihn geht es dabei vor allem um das Bekanntwerden mit Mädchen, denn er ist nun im heiratsfähigen Alter. Dennoch der Anlaß für die Ausrichtung eines Nda ist die Organisation der damit verbundenen Heilzeremonie für das konkrete Leiden konkreter Personen, zumeist verursacht durch Geister, Fremde oder Feinde. Die nähere und weitere Verwandtschaft ist gefordert, sich je nach Verwandtschaftsgrad an den Kosten der Ausrichtung zu beteiligen. Manche

Die Texte von Bighorse, Old Mexican, Lucky dokumentieren die Allgegenwärtigkeit der Zeremonien im Navajo-Leben. Aber dies nimmt den Erzählern nicht ihren individuellen Spielraum für Identifikation und Teilnahme. Für Bighorse haben Zeremonien den Charakter von Selbstverständlichkeiten; Old Mexican äußert sogar Vorbehalte, aber als er schwer krank wird, heilt ihn schließlich eine sechstägige Zeremonie. Luckys Lebensinhalt sind die Zeremonien, eigentlich zieht er seit früher Jugend von einer zur anderen. Schließlich beherrscht er selbst eine ganze Reihe davon. Mit seinem Text ist eine Kontinuität der Zeremonien als gesellschaftsdominierendes Merkmal bis in die 40er Jahre

---

Zuschauer kommen, um bei den all-night-singings mitzumachen, eine große Masse kommt nur zum Vergnügen (vgl. Lamphere 1977, S. 159-161). Eine andere, häufig erwähnte Zeremonie ist der Night Chant oder Yeibichei. Während Son of Old Man Hat sich zunächst nur an eine Situation erinnert, in der seine Familie und die Verwandten in die Nähe ziehen, als sie von der Veranstaltung hören (S. 28). Als die Eltern bei einer anderen Gelegenheit von einer solchen Zeremonie zurückkehren, erzählt ihm die Mutter, daß die Yeis unterwegs seien zu den Hogans, um den Kindern wichtige Lehren beizubringen, und zwar in erster Linie Gehorsam gegenüber den Eltern (S. 34). Persönlich teilgenommen an einem Yeibichei hat Son of Old Man Hat erst nach dem Tode seines Vaters im Alter von etwa 20 Jahren. Aus diesem Grund wird er von maskierten Tänzern im Zeremonieal hogan mit anderen Teilnehmern offiziell initiiert, d.h., im Beisein des Medizinmannes und der Patienten, die auf dem Sandpainting Platz genommen haben, werden den Initian den rituell die Augen für das Yei-Zeremoniell geöffnet. Und Son of Old Man Hat erlebt den so genannten Blessing-Ritus, den Gesang um die Vollendung der Harmonie der Welt, der auch in anderen Zeremonien eine wichtige Rolle spielt (S. 332/333). Als der Gesundheitszustand seines Vaters immer prekärer wird, organisiert man zunächst den Feather Chant für ihn (S. 263-268), kurz darauf singt ein anderer Medizinmann den Red Ant Song für ihn (S. 271), schließlich holt man einen Diagnostiker, einen stargazer, der herausfindet, daß sich des Vater negative Kräfte gegen ihn selbst gewandt haben (S. 272-274).

Er soll selbst zugeben, ein Hexer zu sein, nur so könne man ihm helfen. Doch er weist diese Anschuldigung zurück. Danach bemüht man einen weiteren Medizinmann, der den Witch Ritus zelebrieren soll, doch alles ist vergeblich,Son of Old Man Hat's Vater stirbt. Insbesondere im Zusammenhang mit der Durchführung des Feather Chant werden alle Register einer mehrdimensionalen Harmoniesuche praktiziert, um symbolisch die Welt der Dunkelheit zu überwinden (vgl. Hausman 1993, S. 83). Die Zeremonie für den Vater dauert neun Tage. Während dieser Tage muß er schwitzen und Kräutertränke einnehmen, werden umfangreiche Gesangspassagen absolviert und an vier Tagen die notwendigen Sandbilder hergestellt. Dann passiert es, daß der Medizinmann-Helfer sich während der Nacht mit der Frau eines der Ausrichter einläßt, die Zeremonie wird kurz vor dem Ende abgebrochen, später aber dann weitergeführt, ohne daß klar wird, was dieser Vertrauensbruch für die Wirkung der Zeremonie bedeutet. Mit dem Windway lernt Son of Old Man Hat eine weitere Zeremonie bei seinem Clan-Vater Slim Man kennen, ohne daß er Einzelheiten darüber berichtet. Auf jeden Fall wird er dort engagiert, bei der Ausrichtung zu helfen. Für die Schwitzhaus-Zeremonie braucht man keine spirituellen Spezialisten, sie kann von jedem Laien praktiziert werden, der die notwendigen Vorschriften beachtet. Son of Old Man Hat berichtet immer wieder von seinen Erfahrungen beim Bau und Benutzen der sweat lodge (S. 85-87, 91-94, 316, 368).

unseres Jahrhunderts dokumentiert.[11]
Vergil Bedonis Wissen von der Zeremoniealkultur seines Volkes geht, wie oben schon erwähnt, auf frühe Kindheitserfahrungen zurück. Im Laufe seines weiteren Lebens reißen diese Erfahrungen nicht ab, sie werden vielmehr intensiviert. "I believe in our ceremonies and I often have ceremonies done for me every now and then ..."(32)
Eine davon wird durchgeführt, als er sich entschloß, in den Militärdienst einzutreten, ein sogen. Beauty Way.
Seine Kenntnisse bestimmter Zeremonien sind so detailliert, wie sie nur durch eigenes Erleben erreicht werden können. Von folgenden gibt er differenzierte Berichte: vom Yeibichei, vom Squaw Dance, vom Fire Dance, von der Girl's Puberty Ceremony, von der Sweat Lodge Ceremony.
In diesem Zusammenhang kommt er zu der Einschätzung, "Navajos think that the law of their medicine is strong ..."(5) und "medicine men are very important" (3o).
Und Joe verstärkt diese Vorstellung aus seiner Perspektive, in dem er seinen Brüdern traditionelle Orientierung attestiert: "...my brothers they all believe in traditional ceremo nies,... that's where they get their help from.", aber an anderer Stelle betont er auch, daß alle seine Brüder die High School abgeschlossen haben: "... so all my brothers they gra duated from High School."(3) Jene Bemerkung über seinen Vater bei unserem ersten Zusammentreffen wiederholt er im Zusammenhang seines Berichtes: "... (father)'s lear ning to become a medicine man right now ... he's like one fourth away from becoming a medicine man." (1) Im Interview mit Andreas präzisiert er die Rolle seines Vaters mit der Bemerkung, daß er eigentlich alle wichtigen Zeremoniealbereiche beherrsche, aber auf die Weitergabe des "Jish", des Medizinbündels warten müsse.
Die bei den amtierenden Medizinmännern vorhandenen Jish materialisieren verschiedene

---

[11] Die Selbstverständlichkeit von Zeremonien zur Wiederherstellung der Harmonie ist auch Thema bei Bighorse. Als er einen als Sklave verschleppten Jungen zurück zu seiner Familie bringt, werden beide mit einer Reinigungszeremonie empfangen, die ein Medizin mann leitet. Selbst Old Mexican, der von sich behauptet, an den traditionellen Tänzen, weil uninteressant für ihn, nie teilgenommen zu haben (S. 21), der sich außerdem brüstet, ohne die Beachtung traditioneller Vorschriften gejagt zu haben (S. 20), zögert nicht, Heiler zu engagieren, als er schwere Entzündungen an seinen Beinen bekommt. Schließlich arrangiert man für ihn eine sechs Tage dauernde Zeremonie, den Mountain Top Way. Flowing Down, dem Leiter der Zeremonie, gelingt die Heilung (S. 20). Das zentrale Thema der Lebensgeschichte von Lucky, dem Navajo Singer, sind notwendigerweise die Zeremonien: Yeibichei (S. 51-58), Wind Way (S. 61-65), Enemy Way bzw. Squaw Dance (S. 70-77, 131-133, 160-162, 183), Fire Dance (S. 77-80), Apache Wind Way (S. 157-160), Holy Way (S. 162-164). Daneben finden sich eine Fülle kürzerer Berichte über den Besuch von Zeremonien, vor allem Squaw Dances. Lucky sagt von sich selbst, daß er eine ganze Reihe selbst beherrscht: den gesamten Ghost Way über fünf Nächte, den gesamten Blessing Way, Apache Wind Way über zwei Nächte, einen Teil des neuntägigen Night Way, ein Teil des Mountain Way, ein wenig vom Feather Way sowie Coyote Way (S. 199). Insgesamt vermittelt diese Autobiographie einen differenzierten Eindruck von der Vielfalt und Häufigkeit der abgehaltenen Navajo-Zeremonien in den ersten 40 Jahren unseres Jahrhunderts.

Traditionslinien der Zeremonien und der damit verbundenen Kräfte. In diese Traditionslinien kann man sich durch eine Jahre dauernde Lehre hineinarbeiten. Joes Vater bzw. Vergils Stiefvater ist auf dem besten Wege, in eine solche Linie hineinzukommen. (vgl. Frisbie 1987)
Auch für Joe selbst gehören Zeremonien zur Selbstverständlichkeit seines Lebens. Er berichtet von seinen Erfahrungen bei der Pubertätszeremonie für eine Cousine, von seiner Teilnahme am Schwitzhüttenritus sowie von Zeremonien, die sein Vater für ihn durch geführt hat.
Unser eigenständiger Einblick in das traditionelle Zeremonialsystem oder auch in den kulturellen Stil (vgl. Levi-Strauss 9.1993, 168) der Navajo geht zurück auf teilnehmende Beobachtung bei der Yeibichei-Zeremonie im Rahmen der Shiprock Fair Ende Septem ber/Anfang Oktober 1993. Yeibichei dauert neun Tage, findet aber nur im Herbst statt, wenn die ersten Fröste auftreten. Wir lernen dort, daß die Tänze im Freien auf dem Zeremonialplatz für das Publikum offen sind, nicht jedoch der eigentliche Heilungsritus im Zeremonialhogan. Das wir mit Zustimmung des leitenden Medizinmanns trotzdem teilnehmen können, ist wohl ein Glücksfall, doch wir wissen bis heute nicht genau, weshalb. Keine Amerikaner zu sein, ist sicher ein großer Vorteil. Die Reaktionen verschiedener Navajo bestätigen uns, wie außergewöhnlich unsere Teilnahme ist.
Die Zahl der an den Tänzen teilnehmenden Navajo steigert sich dann zum neunten Tag hin bis auf mehrere tausend Personen aller Altersgruppen. Da die Hauptpatientin eine große Gruppe von Verwandten, Freunden und Bekannten während der neun Tage ver köstigen muß, leisten wir dazu einen Beitrag an Mehl, Zucker, Kaffee, Kartoffeln, was mit großer Zufriedenheit und Dankbarkeit angenommen wir. Dem Medizinmann und seinen wichtigsten Helfern schenken wir Kautabak, den anderen spendieren wir Softdrinks.
Jedenfalls sind wir während des 6., 7., 8. und 9. Tages mit dabei, sitzen bis zu acht Stunden täglich im Hogan, erleben die Entstehung hochkomplexer Sandbilder von wirklich unglaublicher Ästhetik, werden von den umfangreichen Gesängen in Bann gehalten, sind einbezogen in die Segnungs- und Heilungsriten für Haupt- und Nebenpatienten durch das Trinken von Kräuterwasser, beobachten die Initiation von Kindern und Erwachsenen in den Yeibichei und bleiben danach mehrere Stunden bis in den frühen Morgen draußen bei den Tänzen.
Unsere Erfahrungen, die wir in detaillierten Tagebucheintragungen festhalten, im Vergleich zu der vorhandenen Standardliteratur lassen mich zu dem Schluß kommen, daß die Bedeutung der Zeremonien bei den Navajo bis heute, d.h. bis ins Jahr 1993, ungebrochen scheint.
Es sei noch hinzugefügt, daß in der Woche darauf in Tuba City, im NW der Reservation gelegen, ein weiterer Yeibichei stattgefunden hat.

Zusammenfassender Kommentar in vier Punkten: Die Aktualität des Navajo-Pfades der Schönheit und Harmonie

(1) Der Pfad der Schönheit und Harmonie ist nach allen hier vorgestellten Details die symbolische Struktur, in der sich die traditionelle Navajokultur, ihr kollektives und individuelles Selbstverständnis, am zutreffendsten spiegelt. Schönheit/Harmonie können dabei als ein ganzheitliches Konzept verstanden werden, in dem Perspektiven gebündelt sind, die man z.B. in der heutigen Ökologiedebatte wiederfindet. Insoweit hat dieses traditionelle Harmoniekonzept eine moderne Ausrichtung.

(2) Die hier vorgetragenen, einen Zeitraum von rund 100 Jahren umspannenden interpretativen Ergebnisse, erlauben die Schlußfolgerung, daß diese symbolische Struktur, trotz erheblicher ökonomischer Veränderungen in der Navajo-Gesellschaft bis heute identitätsstiftend geblieben ist. Die darin praktizierte vokal-bildnerisch-tänzerische Spiritualität hat ihre Faszination und ihre Vitalität, ihr Wirkungspotential behalten.

(3) Die Selbstzeugnisse der beiden Gewährsleute Vergil Bedoni und Hubert (Joe) Atene spiegeln in allen bisher bekannten Belangen eine traditionelle Identität, und das, obwohl beide den American Way of Life bis zur College-Ausbildung absolviert haben. Vergil bringt diese Haltung in folgender Aussage auf den Punkt: "Whenever we get papers that ask us für denomination, I just put traditional person." (33) Und an anderer Stelle: "... whatever advice I can give to other people, it will be from what I have learned from my grandmother an grandfather." (26) Schließlich: "... being a Navajo, I will allways accept the theories and the religion of the Navajos." (6) Joe, von Andreas nach seiner Freizeit gefragt, antwortet: "... in my spare time, I'd be driving, like to my grandma's or my mother's place... I would ride a horse and go down to the spring, just go there and just wander around, I guess." (101) Und an anderer Stelle: "... when you're living in a city ... you wanna be with nature ... you gotta go out and see ... just for a few hours, then you get all the feelings back .... (101)

(4) Die Kultur- und Persönlichkeitsforschung hat das wissenschaftliche Konzept geliefert, das bis heute die Antworten auf die Frage bestimmt, wie wirkungsvoll Kindheitserfahrungen für die Entwicklung der Persönlichkeit sind. Die Eindeutigkeit dieser Antworten mag mit dem Einfluß der Psychoanalyse auf diese Denkschule zusammenhängen.

Neuere Ergebnisse der ethnologischen Kindheitsforschung (Riesmann, Weiss, Wikan, Kubik/Rauter, Kummels) belegen, "... daß es zwischen der Persönlichkeit des Kindes und der Erwachsenen viel weniger Kontinuität gibt, als wir geneigt sind anzunehmen, so daß wir allen Grund haben, die uns vertraute Überzeugung, Kindheit sei die (allein) entscheidende Periode für die Persönlichkeitsbildung, in Frage zu stellen". Wichtiger sei dagegen, "die direkte Wahrnehmung davon, wie jemand mit der übrigen Welt in Verbindung steht - mit der eigenen Verwandtschaft, mit der eigenen Gesellschaft, mit der anderen Gesell schaft und mit der Natur".

Persönlichkeit "ist eher Ausdruck des Gefühls davon, wer man selbst in einem gegebenen gesellschaftlichen Zusammenhang ist". Wichtig ist es herauszufinden, wie die

Subjekte Ereignisse, Bedingungen, Maßnahmen "auf sich bezogen wahrnehmen". (vgl. Riesmann 1993, 177, 173, 172)

Das kulturelle Selbstverständnis unserer beiden Gewährsleute, d.h. ihre Navajo-Persönlichkeit, resultiert demnach aus der lebendigen Aktualität ihrer in Kindheit und Jugend erworbenen traditionellen Prägung. Entscheidend für ihre Traditionsorientierung sind aber nicht in erster Linie die traditionellen Kindheitserfahrungen für sich, sondern die Art und Weise, wie beide sich heute selbst im Kontext der vitalen Navajokultur definieren. Aber dieser Selbstdefinition fehlte ohne jene Kindheitserfahrungen eine entscheidende Grundlage.

Literatur

Bennet, No, I./Bighorse, Tiana: Bighorse the Warrior. Tulson: University of Arizona Press 1990

Dyk, Walter: Son of Old Man Hat. Lincoln: University of Nebraska Press 1938, Bison Book 1967

Dyk, Walter: A Navaho Autobiography. New York: The Viking Fund 1947

Frisbie, Charlotte J.: Navajo Medicine Bundles or Jish: Acquisition, Transmission, and Disposition in the Past and Present. Albuquerque: University of New Mexico Press 1987

Griffin, Joyce J. (ed.): Lucky the Navajo Suiger.Albuquerque: University of New Mexico Press 1992

Geertz, Clifford: Dichte Beschreibung. Frankfurt/Main: Suhrkamp Taschenbuch 2 1991

Kluckhohn, Clyde/Leighton, Dorothea: The Navajo.Cambridge/Mass.: Harvard University Press 1946

Lamphere, Louise: To run after them. Cultural and social bases of cooperation in a Navajo Community, Tucson: Uni versity of Arizona Press 1977

Levi-Strauss, Claude: Traurige Tropen.Frankfurt/M.: Suhrkamp 1978, 1979, 1993

Loo, Marie-Jos, van de/Reinhart, Margarete, (Hrsg.): Kinder, ethnologische Forschungen in fünf Kontinenten. München: Trickster 1993, S. 157-183

Reichard, Gladys A.: Navaho Religion. A Study of Symbolism. Princeton: University Press 1977

Renner, Andreas: Die Navajokultur in T. Hillermans Talking God (Sprechende Maske) aus der Sicht zweier Navajo-Indianer. (1992, 1993) 2 Interviews, unveröffentlicht.

Renner, Erich: Navajoleben. (1992, 1993) Die Lebensgeschichte des Navajo Joe Atene. Die Lebensgeschichte des Navajo Vergil Bedoni. Unveröffentlicht.

Renner, Erich: Sozialisation in zwei Kulturen. Analyse autobiographischer Texte. Frankfurt/M.. New York: Campus 1986, S. 164-168: Navaho Curer

Riesmann, Paul: Stimmt Freud in Afrika? Über das Verhältnis von Erziehung und Person. In: Vogt, Evon Z./Albert, Ethel M.: People of Rimrock. A Study in five Cultures. Cambridge/Mass.: Harvard University Press 1966

Zolbrod, Paul G.: Auf dem Weg des Regenbogens. (Das Buch vom Ursprung der Navajo). Düsseldorf: Diederichs 1988

Navajo Trail of Beauty versus American Way of Life[1]

Modernisierung und Traditionsorientierung

Der afrikanische Filmemacher Dann Konyaté aus Burkina Faso hat im Kontext seines Filmes über westafrikanische Griots, fahrende Sänger und Geschichtenerzähler, mit dem Titel "Keîta, das Erbe des Griot" das Problem der Modernisierung kommentiert: "Es gibt in Afrika Tradition und Moderne. Wir stehen mittendrin. Wir sind einmal traditionell, ein andermal modern, aber niemals beides zugleich auf vernünftige Weise." Ein deutscher Kollege, der an der Universität von Ife in Nigeria gelehrt hat, bestätigt diese Formulierung aus einer anderen Perspektive. Überrascht stellt er fest, daß seine Studenten in Ife keine Probleme damit haben, sowohl eine europäische als auch eine afrikanische Logik und Rationalität anzuerkennen (Greven 1980, S. 82; auch Horton 1967, I, S. 65). Beide Denkweisen haben für die afrikanischen Studenten spezifische Wirklichkeitsbezüge, es existiert eine afrikanisch-traditionelle neben einer europäisch-modernen Realität.

Folgt man dagegen den verschiedenen Ansätzen der soziologischen Modernisierungsforschung, von Lerner bis Inkeles/Smith, dann haben die Völker der sogenannten Dritten und Vierten Welt keine andere Wahl, als "linear" den Weg zur Moderne zu beschreiten. Zu beurteilen bleibt dann lediglich, wie weit sie auf diesem Weg vorangekommen sind. Mehrdimensionale Orientierungen, wie sie die afrikanischen Beispiele anzeigen, sind in dieser Sichtweise ausgeschlossen. Eine segmentäre Traditionsorientierung würde darin als nicht erreichte oder mißlungene Modernisierung erscheinen. So kritisiert Hans Bosse das Modernitätskonzept von A. Inkeles und D. H. Smith aus ethnohermeneutischer Sicht mit guten Argumenten als zu global: Ihre Modernitätskriterien sind nicht in der Lage, die Pluralität von Entwicklungspfaden zu erfassen, denen Subjekte mit ihren Lebensentwürfen folgen, auch wenn sie ähnlichen, uniformen Einflüssen 'moderner' Institutionen ausgesetzt sind" (1984, S. 380).

Analysiert man autobiographische Texte aus Afrika unter ethnopädagogischer Perspektive, dann zeigt sich eine Vielfalt an kulturellen Selbstbildern und in der Art und Weise, wie darin traditionelle und moderne Erfahrungen miteinander verknüpft werden. Zwei Beispiele dazu:

Der Sousou-Prinz Modupe aus Sierra Leone wird unter der Voraussetzung in die Missionsschule geschickt, daß der Erwerb von europäischer Bildung das traditionelle System verstärkt, in dem seine Familie die vererbbare Führungsrolle innehat (nach Renner 1986,

---

[1] Erstmals publiziert in:
Behnken, Imbke, Schulze Theodor (Hrsg.): Tatort: Biographie. Spuren – Zugänge – Orte – Ereignisse. Opladen: Leske + Budrich 1997, 209-224

S. 59). Dieses Ziel hat er selbst auch internalisiert, doch die schulischen Einflüsse verändern ihn, so daß er bei der Rückkehr zu seinem Volk bekennt, "the greatest changes did not show; they were interior" (S. 110). Die Orientierungsänderung, die sich darin ankündigt, führt Modupe auf den Einfluß eines Afrikaners zurück, der in Oxford Examen gemacht hat. Obwohl man Modupe traditionell verheiratet hat, plant er mit seiner Frau ein Studium in USA. Doch nach deren Tod flüchtet er regelrecht vor den Ansprüchen seiner Familie und kehrt nie mehr nach Afrika zurück, ungeachtet der hohen Bedeutung, die er selbst seiner traditionellen Erziehung in der Busch-Schule beimißt: "What one learns in pain lives on in the head" (Renner 1986, S. 101).
Jingoes, ein Basotho aus Südafrika, hat durch seine nach schulische Karriere (Gelegenheitsjobs, Militärdienst im Ersten Weltkrieg, Missionslehrer, Gewerkschaftssekretär) die eigene Familie und Kultur aus den Augen verloren und attestiert sich selbst einen europäischen Lebensstil. Dennoch gewinnen seine traditionellen Bindungen wieder die Oberhand, denn er folgt dem "Ruf seiner Ahnen" und dem der regierenden Dynastie in Lesotho, um dort eine Position in der Stammeshierarchie als traditioneller Rechtsfachmann einzunehmen. Er knüpft dabei an seine frühen Erfahrungen teilnehmender Beobachtung bei immerwährenden traditionellen Rechtsverhandlungen an sowie an seine frühe Rolle als auserwählter Begleiter des Sohnes des Principal Chief. "When I was a boy, two things fascinated me; the first was teaching; the second was being a court president!" (nach Renner 1986, S. 78). Seinen Erfolg als traditioneller Richter schreibt er auch seinem Wissen um magische Kräften zu: "I was fortunate as a court president in that, being a ngaka myself, I know about litlhare" (Ebenda, S. 78).
Derartige Forschungserfahrungen auf dem Gebiet "individueller Modernisierung" versuche ich auf der Grundlage von biographischen Untersuchungen aus ethnopädagogischer Perspektive genauer zu erfassen. Dies möchte ich in drei Thesen formulieren:

- Das Problemfeld Modernisierung und insbesondere das der individuellen Modernisierung läßt sich im Kern als eine pädagogisch-anthropologische Grundsatzfrage verstehen, als die Frage nach dem Zusammenhang zwischen primärer und sekundärer Sozialisation oder auch als die Frage nach der Bedeutung des Kindseins für das Erwachsensein und, wenn man will, für das Menschsein überhaupt.
- Der Zusammenhang zwischen primärer und sekundärer Sozialisation kann prinzipiell als Spannungsfeld oder auch als Feld gegenläufiger Entwicklungsbedingungen aufgefaßt werden. Besonders prägnante Beziehungsgefüge kann man dann erwarten, wenn Primärerfahrungen durch sekundäre Einflüsse, wie sie etwa eine fremdkulturell orientierte Schule vermittelt, kontrastiert werden. Der ethnopädagogische Ansatz auf biographischer Grundlage rechnet mit derartigen kulturell ausgeprägten Gegensätzen und will herausarbeiten, wie sich diese im kulturellen Selbstverständnis und in den Selbstbildern von Individuen spiegeln.
- Der ethnopädagogische Ansatz auf biographischer Grundlage verwendet das Instrument der "Deutungsmusteranalyse" und nimmt an, daß es sich bei den erarbeiteten subjektiven Theorien von Individuen über ihre eigene Entwicklung im Kein um Deutungen handelt, die sich zu kulturellen Selbstbildern fügen. In diesem

Kontext werden keine unlinear vom Primären zum Sekundären verlaufenden Entwicklungen erwartet, wie sie z.B. im Mittelpunkt der Kultur- und Persönlichkeitsforschung gestanden haben.

Der ethnopädagogische Forschungsansatz

Die Kontur des in den Thesen umrissenen Ansatzes kann deutlicher werden, wenn man ihn mit dem Konzept der "objektiven Hermeneutik" vergleicht. Der Oevermann'sche Ansatz versucht die "wahren" Hintergründe des Gesagten (in narrativen Interviews oder selbstbiographischen Texten) durch Kontrast mit der Vielfalt und Varianz möglicher Lesearten, also anhand einer theoriebezogenen, textfremden Triangulation aufzudecken. Das bedeutet, vereinfacht gesagt, es wird unterstellt, daß der Informant nicht weiß, was er sagt (vgl. dazu Heinze ^{2}1992, S. 93ff.).

Kulturvergleichende Sozialisationsforschung versucht "wahre" Hintergründe durch die optimale Reichweite des erinnerten Lebensausschnittes aufzudecken. Je länger die Zeitspanne ist, die in selbstbiographischen Texten behandelt wird, desto eher und deutlicher profiliert sich ein Selbstbild als selbstentworfene Theorie der eigenen Entwicklung. Der Theoriecharakter wird insbesondere in der Spannung zu ebenfalls selbstformulierten Details der Lebenspraxis offengelegt. Das heißt, es wird unterstellt, daß es eine für Individuen bedeutsame "subjektive Authentizität" gibt mit einer ihr inhärenten Logik. Christa Wolf verwendet diesen Terminus bei ihrem Versuch, die Wechselwirkung zwischen Autor und Stoff beim Schreiben zu präzisieren (^{2} 1989, S. 324/325; vgl. auch Zinnecker 1982). In selbsterzählten Beispielen einer kulturell gegenläufigen Konstellation von primärer und sekundärer Sozialisation werden subjektive Varianten der Verarbeitung von Spannungen, Krisen, Kontinuitäten, Diskontinuitäten, Konsistenzen, Inkonsistenzen, Wechselwirkungen als Versuche, subjektive Authentizität zu gewinnen oder zu erhalten, explizit und sind der Analyse zugänglich. Anhand impliziter Triangulation auf der Basis weiterer kulturinterner Selbstzeugnisse und/oder Forscher-Triangulation kann die Genauigkeit solcher Selbstbilder verbessert werden.

Meine eigenen Forschungserfahrungen seit nunmehr zehn Jahren beziehen sich auf zwei miteinander verknüpfte Arbeitsfelder, zum einen auf die Auswertung von Veröffentlichungen, insbesondere im Bereich der Ethnologie, Auswertung ethnologischer Wissensbestände und, damit verbunden, auf die Entwicklung einer methodischen Praxis für das oben umrissene Konzept und zum anderen auf die Initiierung, Begleitung und Analyse autobiographischer Textproduktionen. Zur Analyse selbstbiographischer Texte verwende ich ein ethnopädagogisch modifiziertes Koordinatensystem, das von Marianne Kieper (1980) entwickelt wurde:

Das Analyseverfahren folgt dem theoretischen und methodischen Ansatz der Deutungsmusteranalyse (Arnold 1983). Materiale Basis der Analyse sind autobiographische Texte oder die Transkription autobiographischer Erzählungen oder biographisch orientierter Interviews. Die Analyse konzentriert sich auf deutungsmusterrelevante Aussagen. Das heißt, es handelt sich nicht um die Analyse der in den Texten enthaltenen Beziehungen, sondern um die Analyse der in den Texten enthaltenen Beziehungsanalyse, also um eine Deutung der Deutungen, die der Erzähler oder die Erzählerin selber formulieren. Die deutungsrelevanten Stellen werden markiert, aus dem Text herausgelöst und neu geordnet. Für die Ordnung verwende ich ein ethnopädagogisch modifiziertes Koordinatensystem (vgl. Marianne Kieper 1980). Es arbeitet mit drei horizontal nebeneinander geordneten Dimensionen des Verweisens, und zwar mit Deutungen, die auf das Selbst, auf die Lebenswelt und auf größere Zusammenhänge gerichtet sind. Außerdem folgt die Gruppierung dem biographischen Verlauf. Sie strukturiert die Sozialisationskontexte auf drei vertikal angeordneten Ebenen: familiär-kultureller Bereich, fremdkultureller Bereich Schule, nachschulische Karriere. So entsteht ein Raster mit neun Feldern, das Vergleichbarkeit im Hinblick auf implizite Deutungsmuster ermöglicht (Renner 1986, S. 37-39).

Es handelt sich um ein strukturalistisches Arbeitsverfahren, das vom Destruieren (Zerlegen) über die Selektion zur Rekonstruktion fortschreitet. Auf diese Weise lassen sich deutungsmusterrelevante Aussagen als eine Art "mental set" rekonstruieren. Solche "mental sets" sind bereits erste Interpretationsergebnisse. Die zweite Interpretationsphase begründet und kommentiert das in den "mental sets" rekonstruierte Beziehungsgefüge im Hinblick auf eine spezielle ethnopädagogische Fragestellung.

Insgesamt lassen sich die folgenden vier Schritte[2] unterscheiden: 1. Annäherung an den Informanten und seine Umwelt; 2. Initiierung autobiographischer Texte; 3. Kontexte herstellen (= Texte kommentieren); 4. Distanzierungen versuchen (= Analyse: [a] "mentalsets" erarbeiten, [b] das Beziehungsgefüge analysieren und interpretieren).

Initiierung einer biographischen Fallstudie

Daß in den USA, dem Land der Modernität schlechthin, noch immer intakte traditionelle Kulturen existieren, wurde mir überraschend klar, als 1992 ein junger Navajo bei einer Rundfahrt durch Monument Valley im Grenzgebiet von Utah und Arizona eher nebenbei erzählte, sein Vater sei gerade dabei, ein Medizinmann zu werden: "My father is becoming a medicine man right now." Drei Viertel des notwendigen Wissens habe er bereits, erfahre ich weiter. Und ein halbes Jahr später, als ich den jungen Mann, um mehr von ihm zu erfahren, zu mir nach Hause eingeladen habe, statt teilnehmender Beobachtung ihn also in eine Situation beobachteter Teilnahme versetze, präzisiert Joe seine Aussage: "Mein Vater ist jetzt bereit, das Medizinbündel zu übernehmen, er vertieft sein Wissen über das, was er schon weiß. Ich denke, er ist ziemlich gut, er hat alles gemacht, soweit ich weiß. Im Augenblick wartet er nur noch auf das Medizinbündel" (Renner 1996, S.

---

[2] Vgl. dazu auch das Konzept "guided autobiography" bei Schratz 1996, S. 123ff. und die unterschiedliche Zielsetzung!

311). Und Joes Halbbruder Vergil, 17 Jahre älter, den wir ein Jahr später ebenfalls aus denselben Gründen in unseren Haushalt aufnehmen, indem wir wiederum Feldforschung als Heimforschung praktizieren, erläutert den Werdegang seines Stiefvaters. Bereits als Junge habe dieser dem eigenen Vater, der ebenfalls Medizinmann war, bei Zeremonien und Sandgemälden assistieren müssen, so habe er mit 18 bis 20 Jahren bereits die Hälfte des nötigen Wissens erworben. Der heute 62jährige habe sich vor etwa 30 Jahren niedergelassen und begonnen, sein vorhandenes Wissen bei praktizierenden Medizinmännern zu erweitern: "Es ist also schon eine ganze Weile her, daß er aufzunehmen begann, was ihn in den Kreis werdender Medizinmänner einbezog ..." (Renner, S. 255). Und dies ist nicht etwa ein Sonderfall. Von Hosteen Klah, einem bedeutenden Navajo-Medizinmann wird berichtet, er habe 26 Jahre studiert, bevor er erstmals die Leitung des neun Tage dauernden Yeibichai Chant übernahm. In seiner Biographie heißt es dazu weiter: "But this did not mean he had completed his education on the subject" (Newcomb 1964, 6. Aufl. 1989, S. 112). Das Wissen, das z. B. zu diesem neuntägigen Großen Nachtgesang gehört und beherrscht werden muß, besteht aus einer Großzahl von Gebeten, Hunderten von Liedern, man spricht von 500 bis 600, dazu müssen Dutzende verschiedener Gebetsstäbe und heiliger Gegenstände hergestellt werden, und je nach Variante ein- bis zweidutzend hochkomplexer Sandgemälde mit einem Durchmesser bis zu vier/fünf Metern. Das alles muß der Leiter einer solchen Zeremonie in allen Details im Gedächtnis haben, und er lernt es ausschließlich implizit, das heißt durch Teilnahme und Mitarbeit. Das Beispiel von Joes Vater bzw. Vergils Stiefvater, Ben Atene, deutet außerdem an, daß in der Kultur der Navajos bestimmte zeremonielle Traditionslinien existieren, repräsentiert durch Medizinbündel (jish), in die ein werdender Medizinmann, auf der Grundlage seiner Lehr- und Studienzeit aufgenommen werden kann. Obwohl Navajo-Medizinmänner als Zeremoniealspezialisten zu betrachten sind, erwerben sie ihr Wissen und Können implizit durch Teilnahme auf die gleiche Weise wie auch das traditionelle Wissen des normalen Navajo über seine Kultur durch Teilnahme gelernt wird. Der Navajo Buck Austin charakterisiert die Lernsituationen, bei denen Kinder die Worte der Weisheit internalisieren, als "never-ending old-time lectures" (Johnson 1977, S. 136). Vergil, häufig mit seinem Medizinmann-Großvater zu dessen mehrtägigen Zeremonien unterwegs, erzählt von langen Ritten nach weit entfernten Orten. Hinter des Großvaters Sattel reitend lernt der Enkel die traditionellen Lieder. Und auf die Frage, ob er selbst einmal Medizinmann werden möchte, antwortet der Enkel wahrheitsgetreu mit "ja": "... and often he would ask me if I wanted to learn, and I would say yes, that I would be willing to become a medicine man and if he thaught me a lot, then one day I would surely become a medicine man" (Renner 1996, S. 317). Meine beiden Informanten Joe und Vergil entstammen demnach einem bis heute intakten kulturellen Kontext, dessen Relevanz auf unmittelbarer Erfahrung und implizitem Lernen gründet. Die zeremonielle Grundstruktur dieses traditionellen Hintergrundes und die daraus resultierende spirituelle Haltung firmiert unter dem Begriff "Navajo Trail of Beauty".

Als "American Way of Life" bezeichnet man eine spezifische, Modernität in besonderer

Weise symbolisierende Denk- und Lebensweise, in der alle Lebenszusammenhänge der Rationalität zugänglich sein sollen. Die Schulerziehung kann als das Instrument angesehen werden, in dem dafür notwendiges Wissen vermittelt und Rationalität als Voraussetzung zu einer individuellen Sinngebung des Lebens begründet werden sollen. An die Stelle unmittelbarer Erfahrung und impliziten Lernens tritt in der Schulerziehung somit die stellvertretende Erfahrung der Curricula und, damit verbunden, explizites Lernen (Edelstein 1984, S. 426ff.).

In vergleichender Charakterisierung lassen sich "Navajo Trail of Beauty" und "American Way of Life" als gegenläufige Bildungs- und Lernkonzepte verstehen. Dabei soll nicht übersehen werden, daß es im Zusammenhang mit der Einrichtung von Community Schools und Colleges in der Navajo-Reservation zu einer Didaktisierung traditioneller Inhalte der Navajo-Kultur gekommen ist und kommt, die zu einer "rein" kognitiven Behandlung der Traditionen führt.

Mein Erkenntnisinteresse vor diesem Hintergrund kreist um die Frage, wie meine beiden Navajo-Informanten Joe Atene und Vergil Bedoni die erfahrene Gegenläufigkeit dieser Bildungskonzepte verarbeitet haben, denn beide leben in dem gleichen weitverzweigten und traditionsorientierten Familienverband, und beide haben nach ihrer traditionellen Erziehung das amerikanische System bis zur College-Ausbildung durchlaufen.

Um dieser Frage nachgehen zu können, habe ich meine Informanten Joe Atene und Vergil Bedoni in einem Abstand von einem Jahr nach Deutschland geholt. Sie wurden aus ihrer vertrauten Umwelt in eine ihnen bis dahin völlig unbekannte Lebenswelt verpflanzt. Ich betrachte das als ein konstruktives Element des Forschungsprozesses, durch das die Konturen der gegenläufigen Sozialisationsbedingungen umso deutlicher werden können. Schwerpunkt der "Heimforschung" war die Initiierung möglichst umfassender selbstbiographischer Texte, wobei wir eine Mischform von narrativem Interview und freiem selbstbiographischem Erzählen praktiziert haben. Grundlage dafür war die Aufstellung eines Arbeitsplanes, der sich an den Lebensläufen der beiden orientierte. Während der Einarbeitungszeit war ich immer anwesend und habe, wenn es das Thema erforderte, nachgefragt. Diese Fragen sind in die Publikation mit aufgenommen worden. Im übrigen sollten Vergil und Joe zunehmend unabhängig von mir arbeiten.

Eine zweite Forschungsphase habe ich als Interviews initiiert, in denen Andreas Renner, mein Sohn und Amerikanist, nach seinen eigenen Vorstellungen zusätzliche Auskünfte über Lebensverhältnisse, Denken und Handeln der beiden einholen sollte.

In der dritten Forschungsphase sollten Probleme gegenläufiger Kultureinflüsse anhand des Navajo-Kriminalromans "Sprechende Maske" (Talking God) von Tony Hillerman in Interviews mit Vergil und Joe diskutiert werden. Ich nenne diese Phase "mediatisierte Interviews". Bei den Protagonisten dieses "ethnic detictive novel" handelt es sich um zwei Detektive der Navajo Tribal Police mit unterschiedlichem kulturellem Selbstbild. Der jüngere, Jim Chee, ist traditionsorientiert und versucht, neben seinem Polizei-Job die begonnene Ausbildung als Medizinmann fortzuführen. Der ältere Polizist, Joe Leaphorn, hat sich stärker an die Lebens- und Denkweise des weißen Amerika akkulturiert. Vergil und Joe haben den Roman "Talking God" bei uns zu Hause gelesen, Andreas hat entlang der kulturellen Details darin seine Interviews geplant und durchgeführt. Außerdem habe ich Feldforschung durch zwei Reisen nachgeholt. Die erste führte Andreas und mich zur Yeibichai-Zeremonie anläßlich der Shiprock Fair in New Mexico im Oktober 1993. Wir konnten an dieser wichtigen Zeremonie mehrere Tage teilnehmen. Eine weitere Reise habe ich mit dem Amerikanistik-Kollegen Wolfgang Schaller zum Navajo Community College in Tsaile/Arizona im September 1994 unternommen, um die Didaktisierung der Navajo-Kultur in einem College-Curriculum kennenzulernen und mit Verantwortlichen darüber zu diskutieren. Die Ergebnisse dieser Arbeit sowohl die Texte der autobiographischen Erzählungen und biographischen Interviews als auch Auszüge aus den Reisetagebüchern sind in dem Buch "Die Suche nach Harmonie: Navajo-Versionen" (Renner 1996) veröffentlicht. In Auswahl sind darin auch deutungsmusterrelevante Aussagen der "mental sets" enthalten, auf die ich mich bei der nachfolgenden Interpretation beziehen werde (S. 316-327).

Believing in Ceremonies

Die von mir aus den Erzählungen und Interviews mit Vergil und Joe herausgefilterten "mental sets" lassen in ihrem Zusammenhang ein gemeinsames Grundmuster der Deutung ihres bisherigen Lebens erkennen, das ich "believing in ceremonies" nennen möchte. Es ist wesentlich dadurch bestimmt, daß die Vergewisserung der traditonellen Navajokultur, die in ihrer Familie lebendig ist, die Grundlage bildet für die Auseinandersetzung mit der Welt des weißen Amerika, in der sie heranwachsen und ihren Platz suchen müssen. Doch es handelt sich um ein Grundmuster in zwei Variationen.

Zusammenhänge in den " mental sets"

Vergils Variante ist charakterisiert durch Anzahl und Vielfalt seiner Selbstdeutungen. Im Mittelpunkt dieses Selbstbildes steht die Betonung seines Indianerturns, "I will always be an Indian no matter what other people say ..." (S. 318). Und er meint damit nicht ein irgendwie geartetes panindianisches Bewußtsein, sondern er versteht sich ganz dezidiert als Navajo Traditionalist. Ein solches Bekenntnis wird ihm offenbar des öfteren durch administrative Erhebungen abverlangt, so daß er es im Kontext seiner Selbstdarstellung nur wiederholt: "Whenever I get papers that ask us for my denominiation I just put 'traditional person'" (S. 319). Die Hintergründe dafür sind nicht nur in Vergils Stolz auf seine Abstammung vom großen Navajo Häuptling Hoskinini zu sehen, sondern in vielfältigen Details seiner traditionellen Entwicklung. Sie beginnt mit den Zeremonien, für die der Medizinmann-Großvater engagiert wird und zu denen er seinen Enkel mitnimmt, und sie wird manifest in der Aussage, er vertraue auf die Zeremonien, seit er ihnen zum erstenmal mit seinem Großvater begegnet sei: "... after my first encounter

with my grandfather's ceremony I believe in it ..." (S. 317). Vergil weiß sogar noch, daß er in diesem Vertrauen dem Großvater damals geantwortet hat, er selbst wolle auch Medizimann werden: "... and often he would ask me if I wanted to learn, and I would say yes, that I would be willing to become a medicine man" (S. 317). Doch es ist für ihn nicht nur Erinnerung an die Kindheit, auch seine aktuellen Lebensverhältnisse verknüpft er mit diesen Erfahrungen. Er vertraue in die Zeremonien, nehme oft an ihnen teil und lasse für sich immer wieder welche ausrichten. Und auch die Lebenslehren (teachings) seiner Großeltern spielen in seinem Selbstbild eine bedeutende Rolle, denn er verbindet sie mit der inneren Nähe zu seinen Großeltern, die er bis heute spüre, ... "I still dream about my grandfather even today" (S. 316). Schließlich hält er die Lebenslehren seiner Großeltern bereit für andere, die ihn um Rat fragen, nicht zuletzt auch für die eigenen Kinder. Vor diesen Hintergrund gehört auch die Absicht, seinen Kindern alles, was er selbst über die Navajokultur weiß, beizubringen. Dennoch will Vergil ihnen, wenn sie einmal alt genug sind, eigene Entscheidungen zugestehen.
Im Kontext des Krimi-Interviews bestätigt und ergänzt Vergil die Merkmale seines traditionellen Selbstbildes und bezeichnet sich als "being raised up in one" (S. 322). Mit der Vorstellung konfrontiert, seine Tochter wolle vielleicht einmal einen Weißen heiraten, meint er, wahrscheinlich würde er in einem solchen Falle ausrasten. Doch im weiteren Gespräch lenkt er ein, vielleicht würde sich seine Meinung auch ändern, wenn er älter sei und "to tell the truth don't know" (S. 322). Die im Krimi thematisierte Vereinbarkeit des Polizistenberufes mit der Arbeit als Medizinmann scheitere, nach Vergils Ansicht, daran, daß er selbst wie alle Navajos fremden, d.h. hier nicht-traditionellen Autoritäten mißtraue.
In seinen lebensweltlichen Deutungen komplettiert Vergil sein kulturelles Selbstverständnis. Er betont die Macht der Zeremonien, die Bedeutung der Medizinmänner und meint, sie hätten in gewisser Weise eine psychotherapeutische Funktion, dabei verweist er auf die Unabdingbarkeit ihrer komplexen und langwierigen Ausbildung. Und zuletzt: Geduld zu haben, ist ihm ein wichtiges Charakteristikum der Navajokultur: "... it's our way of life to have patience ..." (S. 321).
Durch die Romanvorgabe kreist das Krimi-Interview um die neuntägige Yeibichai-Zeremonie. Entsprechend vielfältig sind die von Vergil thematisierten kulturellen Details. In diesem Zusammenhang bezeichnet er die Navajos als abergläubig, "we are very superstitious" (S. 323), vor allem, wenn sie Unglück hätten. Er erläutert das Navajo-Verbot des Fotografierens und Tonbandaufnehmens, diskutiert über die Aufnahme Fremder in Navajo-Familien sowie über die sehr häufige Ablehnung der Navajo-Polizei. Zur kulturellen Situation der beiden Navajopolizisten Chee und Leaphorn ist er der Auffassung, es gäbe keine Bikulturalität, man sei entweder das eine oder das andere: "... you have to believe or you're not a believer, there's only two ways about it" (S. 323). Im Verhältnis zu den Aussagen, die Vergil über den traditionellen Hintergrund seiner Biographie macht, nehmen seine Deutungen der modernen Lebenswelt einen geringeren Raum ein. Sie beginnen mit den Frustrationen der Einschulung und des Ausharrens in einer boarding school und betonen den Willen, sich für die Abschlüsse

anzustrengen. Als Hintergrund weiß er die Haltung der Mutter, die, obwohl traditionell orientiert und ohne Schulbildung, für ihre Söhne auf einer solchen besteht: "... my mother wanted each of us to have an education, to learn the white man's ways ..." (S. 320). Im Vergleich zu heutigen Schulverhältnissen, meint Vergil, sei es zu seiner Zeit autoritärer in den Schulen zugegangen, man habe den Kindern sogar die Verwendung ihrer Muttersprache untersagt. Besondere Wirkung haben die Westernfilme gezeigt, die man den Navajo-Kindern Anfang der 60er Jahre in der boarding school vorgeführt hat. Obwohl es Indianer sind, die in den Filmen immerzu die Verlierer sind, imitieren die Indianerkinder spielend die Rolle der Helden.

Eine moderne Perspektive Vergils gründet auf diesen Schulerfahrungen. Er möchte seine begonnene College-Ausbildung vervollständigen und mit einem master's degree oder gar mit einem Ph. D. abschließen: "... to finish my schooling if I can ..." (S. 322). Rancher zu sein und Pferde zu züchten, ist eine andere Option, die Vergil sich offenhält und von der er manchmal träumt, ja, er bezeichnet sich selbst als jemand, der immer neue Herausforderungen sucht: "I am always a dreamer ..." (S. 318). Er verschweigt auch nicht, daß Alkohol ein Problem für ihn gewesen sei, aber er ist sich sicher, davon befreit zu sein: "But today I am safe to say I am alcohol-free" (S. 318).

Vergils Deutungen, die über die eigene Person und Lebenswelt hinausgehen, formulieren einen prinzipiellen Widerspruch zwischen der Lebens- und Denkweise von Navajos und Weißen. Sie enden mit einer Art prophetischem Vermächtnis, das auf "Laughing Woman", seine 98jährige Großmutter zurückgeht, die 1993 verstorben ist. Dieses besagt, daß im Verschwinden der kulturellen Unterschiede und der Sprachen sich das Ende der Welt ankündige: "... when we lose our culture, when there is no longer black or white or red, when there is only one language, then that's when the world will end ..." (S. 324).

Die Lektüre des Navajo-Krimis in Verbindung mit dem Interview führen Vergil zur Aufgabe seiner Vorbehalte gegenüber dem Autor Hillerman. Er sagt, der Roman gefalle ihm und animiere ihn, auch die anderen neun Bücher zu lesen. Er meint sogar, Hillerman wolle den Navajos helfen, weil er aus seiner Sicht einen Einblick in ihre Kultur ermögliche; außerdem biete er indianischen Völkern Anregungen, besser miteinander auszukommen.

Joes Variante des Deutungsmusters "believing in ceremonies" ist durch das Fehlen von Selbstdeutungen charakterisiert. Lediglich in zwei Beispielen positioniert er sein "Ich", aber auch dort erscheint es eher als Anhängsel der Bewertung und Beschreibung von Personen und Sachverhalten seiner traditionellen Lebenswelt. Joes Erläuterung des Navajo-Terminus Harmonie, den er als Ausdruck des Zusammenhangs aller Erscheinungen des Universums interpretiert, schließt mit dem Bekenntnis: "... and I think that's true" (S. 324). Im Vergleich der traditionellen mit der modernen Erziehung meint er, als Navajo müsse man zuallererst die Traditionen kennenlernen, und endet auch hier mit dem Bekenntnis: "... that's what I think" (S. 327). Von Andreas gefragt, was er in seiner Freizeit mache, entwirft Joe das Bild eines Besuches beim Wohnplatz seiner Mutter oder Großmutter, ohne von diesen selbst zu sprechen, aber in einer Art Reaktivierung früherer Erfahrungen mit der landschaftlichen Umgebung und den Tieren.

Dieses Bild versieht er mit der Bemerkung "... I guess" (S. 326), was einer Relativierung gleichkommt. In Joes lebensweltlichen Deutungen findet sich ein ähnlicher Zusammenhang. Auf eine Frage nach Problemen des Lebens in einer Stadt antwortet er wieder mit einem solchen Bild. Um es in einer Stadt auszuhalten, müsse man ab und zu aufs Land, Natur zu tanken, "... then you get all the feeling back ..." (S. 325).
In seiner familiären Lebenswelt dominieren traditionelle Merkmale: die Bedeutung der Großelterngeneration, das Hervorheben traditioneller Entwicklung, die Orientierung aller 10 Brüder an den Zeremonien "... that's where they get their help from" (S. 325) und nicht zuletzt die Rolle des Vaters als Medizinmann-Aspirant, der nicht nur für Joe, sondern für alle seine Kinder Zeremonien abgehalten hat.
Die Erfahrungen mit der Anglo-Lebenswelt in Gestalt der Schule bewertet er trotz aller Zwänge wie Haare stutzen, militärischem Drill, obligatorischem Kirchgang und Englischreden vor der Klasse insgesamt positiv, denn seine Brüder seien bekannte und erfolgreiche Sportler gewesen, was seine eigene Akzeptanz erleichtert habe. Mit der Selbstdeutung, Sport mache ihm Spaß, komplettiert er diesen Zusammenhang. Das Resümee, alle seine Brüder hätten einen High School-Abschluß, findet in Joes Meinung den Hintergrund, man wolle durch das Verstehen der englischen Sprache das Leben auf der Reservation erleichtern.
Im Krimi-Interview äußert sich Joe besonders ausführlich zu den Navajo-Traditionen, doch seine eigene Person bleibt hier weitgehend im Hintergrund. Zwei Ausnahmen finden sich. In der ersten charakterisiert er die Religion der Navajo als "... just like praying to nature ..." (S. 326). Im anderen Fall gesteht er, als es um die "klassische" indianische Fähigkeit des Fährtenlesens geht, das könnten nur noch ältere Traditionalisten, aber er selbst nicht mehr.
Bei der Frage, wie es mit dem Kulturmuster "Meiden der Schwiegermutter" stehe, meint er, die Zeiten hätten sich in dieser Hinsicht geändert. Die durch den Krimi provozierte Frage, ob Fremde den wirklichen Sinn der Navajo-Traditionen überhaupt verstehen könnten, beantwortet Joe negativ, selbst wenn ein Weißer die Navajo-Sprache beherrsche, sei ein völliges Verstehen nicht möglich. Doch er relativiert seine Aussage dreimal mit der Formel "I guess" (S. 327). Im selben Zusammenhang weiß Joe, daß das Lernen traditionellen Wissens nur während praktizierter Zeremonien implizit erfolge, was im Gegensatz zum schulischen Lernen stehe, wie er es kenne. Auf seinen Vater angesprochen, bestätigt Joe, daß dieser das traditionelle Lernen abgeschlossen habe und nun auf das Medizinbündel warte. So bezweifelt Joe die im Hillerman-Krimi postulierte Vereinbarkeit der Arbeit als Medizinmann mit dem Beruf als Polizist. Er weiß aber Beispiele, in denen Kinder von Medizinmännern sowohl der Tradition folgen, indem sie dem Vater assistieren, als auch in die Kirche gehen und andere, in denen Kirchenmitglieder in Notfällen wieder zur Tradition zurückgekehrt sind.
Joes verallgemeinernde Deutungen kritisieren die Differenz zwischen dem Soll der amerikanischen Gesetzgebung und dem Ist der Rechtsprechung. Er weiß von Navajo-Studenten, die intensiv die Rechte studiert hätten, am Ende doch nicht dahinter gekommen wären, wie dieses Spiel zu spielen sei.

Tony Hillerman, dem Autor der Navajo-Krimis, bescheinigt Joe einerseits fundiertes Wissen über die Navajokultur und Qualität des Schreibens, andererseits aber überspitze er doch manchmal.

Strukturen des Deutungsmusters

Der strukturelle Zusammenhang von Vergils kulturellem Selbstbild wird von Deutungen bestimmt, die einen ausgeprägt traditionellen Charakter haben. Mittelpunkt und Identifikationspotential dafür sind Erfahrungen, die sich von den Großeltern mütterlicherseits herleiten. Dazu muß man wissen: Die Navajos sind matrilinear organisiert. Großvater Jack Atene, Medizinmann und seinerseits Enkel des bedeutenden Navajo-Führers Hoskinini, ermöglicht dem eigenen Enkel schon sehr früh die Teilnahme an Zeremonien und damit die Wahrnehmung ihrer Bedeutung für die Navajos. Da der Enkel den Großvater immer wieder als Zeremonialleiter erlebt, intensivieren sich diese Erfahrungen bis hin zu einer völligen Identifikation, denn Vergil erinnert sich, daß er damals auch Medizinmann werden wollte. Bei den Lehren und dem traditionellen Wissen, die der Großvater verkörpert, handelt es sich um orales Traditionsgut, das über dessen Großvater Hoskinini fünf Generationen zurück bis in die erste Hälfte des 19. Jahrhunderts reicht. Vergil als Ururenkel sieht sich ausdrücklich als jemand, der in dieser Linie steht. Mit ähnlicher Hochachtung spricht er von Großmutter Kitty Atene, Laughing Woman. Auch sie ist eine nicht minder wichtige Identifikationsfigur. Sie verkörpert die Navajotraditionen und bleibt für ihn bis ins hohe Alter von 98 Jahren eine wichtige Quelle traditionellen Wissens. Vergils Reflexionen und Deutungen, selbst seine Träume kreisen, wie er ebenfalls bekennt, um diese traditionelle personal-familiäre Konstellation. Selbstverständnis, Lebensmaximen und Erziehungskonzept für die eigenen Kinder leitet er daraus ab. Die mitgeteilten Details seiner Lebenspraxis können als Verwirklichung seines kulturellen Selbstbildes, seiner traditionellen Identifikation verstanden werden. Er erzählt, er nähme regelmäßig an Zeremonienteil und lasse für sich solche auch immer wieder durchführen. Bei meinen nachgeholten Feldforschungen habe ich das mehrfach bestätigt gefunden.

Die traditionelle Ausprägung von Vergils Selbstkonzept enthält aber auch offensiv-operative Merkmale, die ihn "für sich und andere" sprechen lassen. Sie drücken sich aus in der Stringenz der personalen Identifizierungen, den abgeleiteten Lebensmaximen und in den dafür gebrauchten häufigen "Ich-Deutungen". Darin läßt sich ein Hinweis auf überwundene Anfechtungen von Seiten der nicht-traditionellen Welt erkennen, die Vergil in einer pointierten Deutung vorbringt: "I am safe to say I am alcohol-free" (S. 318). Vergil wäre danach kein Traditionalist im herkömmlichen Sinn, sondern einem Typus zuzuordnen, für den traditionelle Lebensorientierung als ein bewußtes Bemühen erscheint, das sowohl das Bestehen moderner Frustrationen als auch deren Überwindung einschließt. Einen weiteren Akzent bekommt diese Haltung in der relativen Unbefangenheit gegenüber zukünftigen Entwicklungen, soweit die eigenen

Kinder davon betroffen sein könnten. Joes kulturelles Selbstbild erhält durch die weitgehende Abwesenheit von Ich-Deutungen einen distanzierten, indirekten Charakter, obwohl er über die mütterliche Linie der gleichen traditionell-familiären Lebenswelt entstammt. Die Aktualität dieser Traditionen verkörpert vor allem Joes leiblicher Vater, Ben Atene, in seiner Rolle als Medizinmann-Aspirant. Großmutter Kitty Atene ist auch für Joe eine wichtige Orientierungsgröße, doch seiner lebenweltlichen Deutung "... we're closer to our grandparents" fehlt jene Unmittelbarkeit, wie sie bei Vergil vorliegt. An anderer Stelle bestätigt Joe diese größere Distanz, denn er weiß zwar, "(grand-mother) has pretty much gone through the histories of the Navajo life", aber was sie an traditionellem Wissen verkörpert, weiß er nur durch seine eigene Mutter. Dennoch versteht er sich als einer, der die Traditionen aufgenommen hat und der meint, für Navajos sei es wichtig, diese zuallererst kennenzulernen. In den Äußerungen Joes über die Lebensorientierung seiner Brüder "... they all believe in traditional ceremonies ... that's where they get their help from" vervollständigt sich der strukturelle Zusammenhang seines traditionellen Hintergrundes.

Und nicht nur im traditionellen Kontext, auch im schulischen Bereich stellt Joe seine Brüder, sechs leibliche und vier Stiefbrüder, in einen für sich selbst bedeutungsvollen Zusammenhang: Ihr guter Ruf als Sportler habe ihm die schulische Laufbahn erleichtert. Dabei ist er stolz darauf, daß alle einen High School-Abschluß erreicht haben, was für Navajo-Verhältnisse und wohl für indianische überhaupt eher außergewöhnlich sein dürfte. Joes Schullaufbahn ist zum Zeitpunkt der Beendigung seiner Selbstdarstellung noch unabgeschlossen in der Collegephase. Und es ist offen, wohin ihn seine schulische Sozialisation noch führen wird.

Mit der Deutung, seine Eltern worden ihm stets trauen oder auch an ihn glauben, "my parents, they always believe in me" (S. 325), formuliert er eine Art Resümee seines Selbstverständnisses, das gleichermaßen traditionelle und moderne Einflüsse umschließt. Und auch darin wird der distanzierte Charakter seiner Deutungen offensichtlich. In Vergils operativer Diktion würde der gleiche Sachverhalt wohl anders lauten, z.B.: Ich werde meine Eltern nicht enttäuschen, weil sie mir vertrauen und an mich glauben. Ein anderes Distanz erzeugendes Merkmal in Joes versammelten Deutungen ist die häufige Verwendung der Formel "I guess", was als "vermute ich" oder "meine ich" zu übersetzen ist. Insgesamt ist "believing in ceremonies" ein Deutungsmuster, das auch für Joes kulturelles Selbstbild gilt, aber seine darin aufgehobenen Deutungen haben einen eher beschreibend-statischen Charakter. Es bleibt offen, was er daraus für seine Zukunft ableitet.

Fazit: So wie das Deutungsmuster "believing in ceremonies" hier entwickelt wurde, bezieht es sich auf Lebensentwürfe, die ein traditionelles Fundament haben. In den beiden Versionen der Halbbrüder Vergil Bedoni und Joe Atene begegnet uns dieses Muster sowohl in einer eher operativen als auch in einer eher deskriptiv-indirekten Ausprägung. An anderer Stelle habe ich bereits diskutiert, ob diese Unterschiede kulturspezifische Gründe haben könnten, ob also die indirekte Sprechhaltung Joes typisch Navajo sei (Renner 1996, S. 328ff.). In der Literatur gibt es dafür keine eindeutigen

Belege. Aber man findet immer wieder die Auffassung, daß in bestimmten Sprachen, zu denen auch das Diné der Navajo gehört, das kollektive Plural dominiere. Ich vermute, es handelt sich eher um unterschiedliche sprachlichkognitive Stile. Aufklärung darüber könnte nur durch Vergleich der englischen Texte mit Navajoversionen derselben Sprecher erreicht werden.
Für die Bewertung der beiden Varianten des Deutungsmusters "believing in ceremonies" muß schließlich berücksichtigt werden, daß sie biographisch eine unterschiedliche Bedeutung haben für Vergil und Joe, denn sie repräsentieren verschiedene Lebensphasen. "Vergils kulturelles Selbstkonzept spiegelt seine im Feuer vielfältiger Modernisierungsversuchungen gehärteten Erfahrungen, so daß er sich gegen akkulturative Einflüsse abgrenzt, ohne diese für sich völlig ausschließen zu können. Joes kulturelles Selbstverständnis hat diese 'Bewährungsprobe' noch vor sich" (Renner 1996, S. 329).

Zum Modernisierungsproblem

Die Analyse und Interpretation dieser beiden Navajo-Selbstzeugnisse stützen meines Erachtens das eingangs erwähnte Argument von Bosse, daß es in der Modernisierungsforschung notwendig sei, die "Pluralität der Entwicklungspfade zu erfassen, denen Subjekte mit ihren Lebensentwürfen folgen". Die kulturellen Selbstbilder Vergils und Joes zeigen darüber hinaus etwas von der Komplexität möglicher Verflechtungen im Spannungsfeld primär-traditioneller und sekundär-moderner Einflüsse. Die pädagogische Dimension dieses Spannungsfeldes wird aber erst deutlich, wenn wir die in den Deutungen erkennbaren vorbildhaften Wirkungszusammenhänge in Betracht ziehen. Meine bisherigen Erfahrungen mit dieser Variante kulturvergleichender Sozialisationsforschung auf biographischer Grundlage verweisen immer wieder auf solche Phänomene vorbildhafter Wirkungsgefüge, und man stellt verblüfft fest, daß dieses Thema in der pädagogischen Diskussion so gut wie nicht existiert, nicht einmal in der zwölfbändigen Enzyklopädie. Vergils und Joes Selbstzeugnisse sind aber auch Exempel für die Relevanz dessen, was ich familiäre Lebensthemen oder auch Geschichten als Erziehungsmittel nennen möchte, denen ich in der Arbeit mit Lebensgeschichten ständig begegne. Auch in ihnen sehe ich bedeutsame pädagogische Phänomene, denen man zu wenig Beachtung schenkt.
Insgesamt hoffe ich mit diesen Ausführungen deutlich gemacht zu haben, daß Modernisierungsforschung ohne ethnopädagogische Forschung auf biographischer Grundlage eigentlich nicht auskommen kann.

Literatur

Arnold, R.: Deutungsmuster. In: Zeitschrift für Pädagogik 29, 1983, Nr. 6, S. 57-62

Bosse, H.: Zur Ethno-Hermeneutik von Modernisierungskrisen und selbstbestimmten Bildungsprozessen. In: T. Schöfthaler/D. Goldschmidt, Hrsg., Soziale Struktur und Vernunft. Frankfurt/M.: Suhrkamp 1984, S. 379-402

Edelstein, W.: Entwicklung, kulturelle Zwänge und die Problematik des Fortschritts. In: T. Schöfthaler/D. Goldschmidt, Hrsg., Soziale Struktur und Vernunft, a.a.O., S. 403-439

Greven, M. Th.: Gast in Ife. In: Frankfurter Hefte 3, 1980, S. 29-38

Heinze, T.: Qualitative Sozialforschung. Erfahrungen, Probleme und Perspektiven. Opladen: Westdeutscher Verlag 1982

Hillerman, T.: Talking God. New York: Harper Paperbacks 1990, deutsch: Die sprechende Maske. München: Heyne Tb. 8433, 1992

Horton, R.: African traditional thought and Western Science In: Africa, Vol. 37, 1967, S. 50-71: Part 1, S. 155-187: Part 11

Inkeles, A.: Was heißt "individuelle Modernität"? In: T. Schöfthaler/D. Goldschmidt, Hrsg., Soziale Struktur und Vernunft, a.a.O., S. 351-378

Inkeles, A./Smith, D. D. H. Becoming modern. Individual Change in Six Developing Countries. London: Heinemann 1974

Johnson, B. H.: Stories of Traditional Navajo Life and Culture. Tsaile/Arizona: Navajo Community College Press 1977

Kieper, M.: Lebenswelten "verwahrloster Mädchen". Autobiographische Berichte und ihre Interpretation. München: Juventa 1980

Newcomb, Franc Johnson: Hosteen Klah. Navaho Medicine Man and Sand Painter. Norman. London: University of Oklahoma Press 5. Aufl. 1989 (1964)

Renner, E. (Hrsg.): Das Leben des Rentierlappen Siri Matti von ihm selbst erzählt. Aufgezeichnet von Ludwig Kohl-Larsen, Frankfurt/M., New York: Campus 1994

Renner, E.: Changing Woman's Enkel: Führt der Pfad der Schönheit in die Zukunft? In: derselbe, Hrsg., Kinderwelten, Pädagogische, ethnologische und literaturwissenschaftliche Annäherungen. Weinheim: Deutscher Studien Verlag 1995, S. 184-201

Renner, E.: Die Suche nach Harmonie: Navajo-Versionen. Weinheim: Deutscher Studien Verlag 1996

Renner, E.: "Heimweh nach den Renen" Probleme des Kulturwandels und individueller Modernisierung bei den Samen (Lappen). In: Th. Rist, Hrsg., Festschrift für Heribert Rock, Landau: Knecht-Verlag 1996, in Druck.

Renner, E.: Sozialisation in zwei Kulturen. Analyse autobiographischer Texte. Frankfurt/M., New York: Campus 1986

Renner, E.: Zigeunerleben. Der Lebensbericht des Sinti-Musikers und Geigenbauers Adolf Boko Winterstein. Frankfurt/M.: Büchergilde Gutenberg 1988

Schöfthaler, T./Goldschmidt, H. (Hrsg.): Soziale Struktur und Vernunft. Frankfurt/M.: Suhrkamp 1984

Schratz, M.: Lebensgeschichten als Bildungshilfe? Fallarbeit mit der "Guided Autobiography". In: M. Schratz/J. Thonhauser, Hrsg., Arbeit mit pädagogischen Fallgeschichten. Innsbruck-Wien: Studien Verlag 1996, S. 123-158

Wolf, C.: Die Dimension des Autors. Essays und Aufsätze, Reden und Gespräche, 1959-1985. Band 11, Berlin: Aufbau-Verlag 1989, insbesondere S. 317-349

Zinnecker, J.: Einige strategische Überlegungen zur hermeneutisch-lebensgeschichtlichen Forschung. In: Zeitschrift für Sozialisationsforschung und Erziehungssoziologie. Heft 2, 1982

Navajo-Familienstudie

Abschlußbericht des gleichnamigen DFG-Projektes

1. Konzise historische Einordnung

Retrospektive Kindheitsdarstellungen sind schon während der Aufklärung in ihrer Bedeutung erkannt worden. Karl Philipp Moritz' "Magazin für Erfahrungsseelenkunde" (10 Bände, 1783-1793) publiziert bereits Kindheitserinnerungen, weil man annimmt, die dort mitgeteilten Kindheitseindrücke seien für die Charakterbildung wichtig. Im Mittelpunkt stand damals die Vorbildfunktion solcher Erinnerungen. Bis zur Wahrnehmung ihrer wissenschaftlichen Bedeutung dauerte es dann noch etwa 150 Jahre.
Das hier vorgestellte Forschungsprojekt hat, interdisziplinär gesehen, seine historischen Vorläufer in der Begründung der qualitativen Sozialforschung mit der Pionierarbeit der Soziologen Thomas und Znaniecki über die polnischen Bauern in Europa und Amerika (5 Bände, 1919-1927). Die Autoren verwenden erstmals systematisch Briefe, Lebensgeschichten und autobiographische Texte neben Zeitungsberichten und Dokumenten aus den Archiven von Verwaltung, Kirche und Gericht.
Parallel dazu hat in der Ethnologie oder Anthropologie (wie es angloamerikanisch heißt) der Amerikaner Paul Radin erstmals mit wissenschaftlichen Absichten eine Autobiographie initiiert: The Autobiography of a Winnebago Indian. Und dann gleich in drei Varianten (1913, 1920, 1926). Die Autobiographie als Inhalt und die biographische Methode als Forschungsintrument hat sich dann im Kontext der Kultur-Persönlichkeitsforschung durchgesetzt. Eine erste systematische Aufarbeitung erfolgte erst 1945 durch Clyde Kluckhohn.
"Kindheitserinnerungen als Quelle pädagogischer Kinderkunde" (1960) nennt Erika Hoffmann ihren Versuch, das vorhandene Material erziehungswissenschaftlich zu nutzen, ohne daß sie damit Wirkung erzielen konnte. Henningsen hat dann mit einer Arbeit "Autobiographie und Erziehungswissenschaft" (1962, 1981) eine Grundlage geschaffen, von der aus das Projekt "Aus Geschichten lernen " von Dieter Baacke und Theodor Schulze (1979; ²1983) eine breite Resonanz erfuhr. Wie es das gerade erschienene "Handbuch erziehungswissenschaftliche Biographieforschung" ausweist, existiert inzwischen ein breites Spektrum an Forschungsprojekten und eine intensive Theorie- und Methodendiskussion.
Der ethnopädagogische Ansatz auf selbstbiographischer Grundlage, wie ich ihn entwickelt habe, versucht, ethnographische und pädagogische Perspektiven miteinander zu verknüpfen, d.h. vor allem, den Kontrast der kulturellen Fremdheit für den wissenschaftlichen Erkenntnisprozeß in Anspruch zu nehmen. Zwei Varianten habe ich bisher praktiziert, einmal die Auswertung von Bibliotheksbeständen an selbstbiographischem Material und zum anderen die Initiierung und Begleitung der Prozesse selbstbiographischer Textproduktion. Beim letzteren verknüpfe ich die

klassische Methode der Ethnographie, die "Teilnehmende Beobachtung ", mit einem biographischen Forschungskonzept. Insgesamt werden bei diesem Ansatz selbstbiographische Texte als Lern- und Bildungsgeschichten aufgefaßt. Die Kindheitsphase hat darin eine grundlegende, eine initiierende Bedeutung. Als Instrument der Analyse dient das Deutungsmusterkonzept. Damit werden Schlüsselaussagen bzw. Definitionen aus dem Textmaterial herausgefiltert und je nach ihrer Ausrichtung auf die eigene Person, die Lebenswelt oder allgemeine Zusammenhänge in Tableaus oder Rastern zusammengestellt. Diese habe ich "mental sets" genannt. Die darin rekonstruierten Definitionen bilden einerseits das Gerüst jeweils subjektiver Theorien und sind insoweit bereits erste Interpretation, aber andererseits sind sie das empirische Material detaillierter Analysen und Bewertungen.

2. Ausgangsfragen und Zielsetzung des Projekts

In der ersten Forschungsphase (Projekt aufgrund hochschulinterner Mittel) wurden die Selbstbiographien zweier Halbbrüder aus einem Familienverband der Utah-Navajos aufgezeichnet, transkribiert, analysiert und publiziert (vgl. Renner 1996). Die Lebensgeschichten beider haben als Hintergrund sowohl das traditionelle Programm "Navajo Trail of Beauty" (NTB) als auch den Anspruch des sich im amerikanischen Schulsystem spiegelnden "American Way of Life" (AWL). Beide Konzepte stehen in diametralem Gegensatz zueinander. NTB und AWL können als extrem gegenläufig aufgefaßt werden. Das Deutungsmuster "Believing in Ceremonies" wurde als konstitutiv für das kulturelle Selbstbild der beiden Informanten herausgearbeitet, wenn auch in zwei Varianten (vgl. Renner 1997b, S. 220ff.).

Durch die Initiierung weiterer Selbstbiographien aus dem Familienverband Bedoni-Atene steht das Deutungsmuster "Believing in Ceremonies" auf dem Prüfstand. Damit ist gemeint, ob und in welcher Weise die traditionelle Navajokultur und ihre zeremoniellen Manifestationen zur Wiederherstellung individueller und gruppenbezogener Harmonie für alle gilt.
Es geht deshalb einerseits um die Relevanz des Musters für die im DFG-Projekt erfaßten Familienmitglieder bzw. um Varianten, Spielarten dieses Musters und/oder um mögliche Verwerfungen darin. Damit bewegen wir uns hier im Verarbeitungsraum individueller Erfahrungen.
Es geht andererseits um die Gesamtkonfiguration aller Selbstbilder vor diesem Hintergrund sowie um deren systemisch-familiäre Verknüpfungen im Sinne einer Familienstudie. Hier stellt sich die Frage, ob und in welcher Weise es dieser Familie gelingt, durch gelebte traditionelle Beziehungsformen eine kulturspezifische Subjektivität aufzubauen? Damit bewegen wir uns im Verarbeitungsraum kollektiver Erfahrungen.

3. Realisierung und Ergebnisse des Projektes

3.1 Entwicklung der durchgeführten Arbeiten

Das in meinem Antrag vom 14.08.1996 entworfene Arbeitsprogramm (vgl. 3.2, S. 10ff.) wurde wie folgt umgesetzt (vgl. dazu auch das folgende Diagramm):

a) Es wurden weitere 14 Selbstbiographien aufgenommen; 13 davon gehören mehr oder weniger eng zum Familienverband Bedoni-Atene, so daß dieser, inklusive der beiden bereits veröffentlichten, durch Selbstbiographien von insgesamt 15 Personen repräsentiert wird.
Im einzelnen liegen vor:
- umfangreiche Selbstbiographien von
  Vernon Bedoni, Vincent Bedoni, Phil Atene, Toney Lee Atene;
- größere Selbstbiographien von
  Lilly Atene, Ben Atene sr., Lula Bedoni - Vincents Ehefrau, *Rosita Bedoni* - Vergils Ehefrau, *Angela Atene* - Averys Ehefrau;
- kürzere Selbstdarstellungen bzw. Interviews von
  Avery Atene, *Tom Bennett* - Vater von Rosita Bedoni, *Monty Bedoni* - Sohn von Vincent und *Lula Bedoni*, *Vanessa Bedoni* - Tochter von Vincent und Lula;
- *Vergil Bedoni* hat in einem abschließenden Interview seine Selbstdarstellung aus dem Jahr 1993 (Renner 1996, S. 48-185) rückblickend komplettiert.

Außerdem:
- *Medizinmann Irvin Tso*, der in zeremoniellem Kontakt zur Vergil Bedonis Familie steht, hat wichtige Phasen seiner Lebensgeschichte auf Band gesprochen.
- Der *Schulreformer Dr. Robert A. Roessel* jr. wurde als Gründer und derzeitiger Direktor der alternativen, d.h. bilingualen und bikulturellen Navajo-Reformschule "Rough Rock Community School" interviewt.

b) *Das Arbeitsprogramm* zur Initiierung und Erhebung der Selbstbiographien wurde aufgrund der situativen Bedingungen variiert und ergänzt. Von dem im ursprünglichen Forschungsplan vorgesehenen Personen konnten Vinton Bedoni, Albert Atene, Marcus Atene, Larry Atene, Ben Atene jr. nicht einbezogen werden: Vinton Bedoni, weil er in Colorado lebt; Ben Atene jr., weil er im Herbst 1998 bei einem Anschlag/Unfall getötet wurde; Albert, Larry, Marcus Atene, weil es zwischen Brüdern beider Abstammungslinien Animositäten gibt.
Statt dessen wurden, wie oben angezeigt, die Ehefrauen von dreien der Brüder einbezogen, ebenso die beiden ältesten Kinder des Ehepaares Lula/Vincent Bedoni. Damit ist eine bessere Geschlechterverteilung innerhalb des Samples gegeben. Mit Vanessa und Monty, den beiden Enkeln von Lilly und Ben Atene, wurde eine generationelle Erweiterung realisiert.
Die bisherige Selbstbiographie des Medizinmanns Irvin Tso sowie das Interview mit

dem Schulreformer Robert A. Roessel jr. ergeben eine vorläufige Orientierung für die Beurteilung der Entwicklung des traditionellen Hintergrundes in der Reservation und der Versuche, durch bilinguale und bikulturelle Schulkonzepte kulturelle Kontinuität zu ermöglichen.

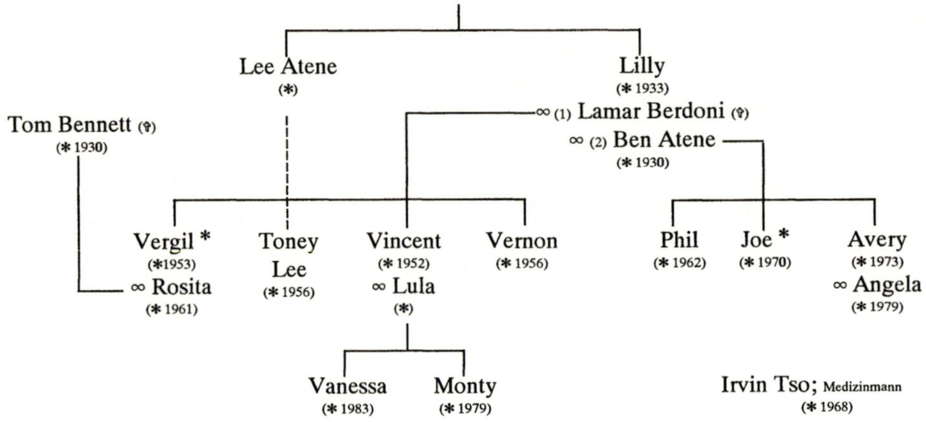

* bereits veröffentlicht: Renner1996

3.2 Darstellung der erreichten Ergebnisse

a) Stand der Navajoforschung und die Perspektive der Betroffenen

Die Navajos gehören zu den Indianerstämmen, denen sich die anthropologische (ethnologische) Forschung in den USA besonders intensiv gewidmet hat. "The myriad of publications on the Navajo cover every facet of their lives", meint Lamphere (1979, S. 19). Die gleiche Autorin bezweifelt Wert und Wirkung aufwendiger "long-term studies", wie sie, von der Harvard Universität ausgehend, seit den 30er Jahren über vier Dckaden bei den Navajos betrieben worden sind. Bedeutungslos seien solche Forschungen vor allem für die Betroffenen.

Biographieforschung ist im gesamten Kontext der Navajo-Forschung, wenn überhaupt praktiziert, ein eher marginales, bestenfalls ergänzendes Instrumentarium geblieben, und die Ergebnisse haben dort deshalb komplementären Charakter. Das heißt, Perspektiven der Betroffenen spielen keine forschungsdominante Rolle.

Mein eigener Überblick zum Stand der Biographisierung und Biographieforschung der Navajo-Kultur (Renner 1996, S. 14-19) belegt diese Einschätzung. Aus heutiger Sicht wäre weniges zu ergänzen. Dazu gehören: Kelly 1953; Morris 1997; Sapir 1942; Stewart 1988. Die vorliegenden Porträts von Navajo-Persönlichkeiten (Crapanzano 1969, 1972;

Kluckhohn 1960; Newcomb 1964) verwenden kaum selbstbiographisches Material. Dies gilt vor allem für Newcomb.
Fazit: Systematische biographieforscherische Arbeiten existieren bisher nicht.

b) Arbeitsgrundlagen
Von den genannten 15 Navajo-Persönlichkeiten (14 Bedoni-Atene, 1 Tso) liegen insgesamt 335 engzeilige Seiten an selbstbiographischen Texten vor = *Basismaterial.*
Der ethnopädagogische Ansatz auf biographischer Grundlage und das darin verwendete analytische Instrument "Deutungsmusteransatz" (vgl. Antrag, S. 4; Publikationsliste, Nr. 3, S. 212) verlangt zwei Schritte:

- Das Basismaterial auf deutungsmusterrelevante Aussagen bzw. Schlüsselformulierungen durcharbeiten und markieren = *Destruieren der Texte.*
- Markierte Aussagen herauslösen und in tabellarischen Übersichten so ordnen, daß sie nach Definitionen des Selbst (S), der Lebenswelt (L), des Allgemeinen (A) unterschieden sind = *Rekonstruktion der Texte.*

Die so entstandenen Übersichten werden als "mental sets " bezeichnet, deren Beziehungsgefüge als materialisierte subjektive Theorien verstanden wird.
Konkret: 335 Seiten selbstbiographischer Texte von 15 Personen sind nach diesem Verfahren in 57 Seiten an "mental sets" gebündelt. Umfang des Basismaterials und Erzählweise resultieren in speziellen Konturen der "mental sets".
Zwölf "mentals sets" enthalten ausschließlich die englischen Originalformulierungen der Autobiographen. Die Texte der Informanten Ben Atene sr., Lilly Atene und Tom Bennett sind simultane Übesetzungen aus dem Navajo durch Vergil Bedoni.
Die nachfolgenden Analysen und Interpretationen beziehen sich auf die Schlüsselformulierungen in den "mental sets" und auf ihre Kontexte im Basismaterial. Abkürzungen der Namen der Informanten verweisen darauf: Ang, Av, Ben, Irv, Joe, Lil, Lul, Mon, Phil, Ros, Tom, Ton, Van, Verg, Vern, Vinc. Bereits veröffentlichte "mentals sets" von Vergil und Joe sind darin einbezogen (vgl. Renner 1996).
Beispiel: (Vern, S: 14) bedeutet Vernon Bedonis Selbstdeutung Nr.14. Entsprechend zitiert sind die Kategorien Lebenswelt (L: ...) und Allgemeinheit (A: ...).

Individuum und Familie in der Navajo-Gesellschaft

Kluckhohn (1946) hat in einer als klassisch geltenden Studie neun Prämissen formuliert, von denen aus Leben und Denken der Navajos verstanden werden kann. Prämisse Nr. 4 lautet: "Respektiere die Integrität des Individuums" (vgl. S. 228-230). Der Autor meint, Navajo-Persönlichkeiten einschließlich der Kinder, hätten jenseits eines romantischen Individualismus in vielerlei Hinsicht größere Autonomie und Möglichkeiten wirklicher Spontaneität als Mitglieder der weißen Gesellschaft. Individualität sei tief in der Navajokultur verwurzelt, kommentiert Crapanzano (vgl. 1969, S. 7). Andererseits sei Autonomie eingebunden in relativ stringente Erwartungen der Bedürfnisse der familiären Organisationseinheit. "Neben engen und absolut essentiellen Familienbindungen

bleiben die Navajos ein außerordentlich individualistisches Volk" (Downs 1964, S. 69). Dennoch bezeichne der Gegensatz Individualität/Autonomie versus familiäre Solidarität/Gruppenerwartungen kein Spannungsverhältnis, sondern er sei Quelle von beträchtlicher Flexibilität, meint Witherspoon (vgl. 1983, S. 533).
Der strukturelle Rahmen, innerhalb dessen individuelle und familiäre Ansprüche miteinander verknüpft werden müssen, ist die matrilineare Organisation der Verwandtschaft in Clans. Die Individuen sind zweifach in dieses System eingebunden, und zwar in die dominierende mütterliche Linie (born in) und die väterliche Linie (born for). Die Familien gruppieren sich um eine älteste weibliche Persönlichkeit (head mother). Entsprechend ist die praktizierte Wohnsitzregelung, Töchter wohnen mit ihren Ehemännern in der Nähe ihrer Mutter, Söhne mit ihren Ehefrauen im Bereich ihrer Schwiegermutter. Aber letztlich haben Navajos das Recht, dort zu wohnen, wo ihre Mutter lebt. Scheidung, Tod oder andere kritische Ereignisse können diese Strukturen erheblich beeinflussen.
In welcher Weise spiegelt sich dieser Hintergrund in den Selbstdarstellungen der Probanden dieser Untersuchung?

Heutiger Mittelpunkt des Bedoni-Atene-Familienverbandes ist Lilly Atene, Mutter zweier Abstammungslinien durch Scheidung und Wiederheirat. Aus der ersten Linie, der Verbindung mit Lamar Bedoni, sind die Söhne Vincent, Vergil, Vinton, Vernon hervorgegangen, aus der zweiten mit Ben Atene sr. die Söhne Phil, Albert, Joe, Marcus, Larry, Ben jr., Avery. Ungewöhnlich daran ist sicher, daß sich unter elf Söhnen keine Tochter befindet. Die mütterliche Clan-Linie in dieser familiären Verzweigung endet deshalb mit Lilly Atene. Sie gibt ihren Söhnen zwar das Merkmal "born in Bithanii" mit, aber deren Nachkommen gehören mit ihren eigenen Kindern in die Abstammungslinien ihrer Ehefrauen. Im engeren traditionellen Sinne hat Lilly Atene demnach keine Enkel, für die sie nach Navajo-Konvention erzieherische Verantwortung trägt. Beispiel: Lula Bedoni, Vincents Ehefrau und Schwiegertochter von Lilly, gefragt nach der traditionellen Erziehung ihrer Kinder Monty und Vanessa, meint, da die Großeltern, d.h. ihre eigenen Eltern, schon früh verstorben seien, fehlten den Kindern die traditionellen Lebenslehren (vgl. Lul, L: 31, 32). Deshalb könnten sie ihre Lebensrichtung auch selbst bestimmen. Mit Ehemann (und Kindern) zu dessen mütterlicher Linie zurückgekehrt, bekennt Lula, ihrer eigenen generationellen Bindungen verlustig, "Vincents Großmutter Kitty Holyday-Atene habe ihr die Mutter ersetzt " (Lul, L: 13), aber ihren Kindern offensichtlich nicht die mütterlichen Großeltern.
Nach dem Urteil aller, die sie gekannt haben, muß head mother Kitty Atene eine außerordentliche Persönlichkeit gewesen sein. "Nach dem Mutter (1993 im Alter von 98 Jahren) verstorben war, mußten wir alleine zurechtkommen, ohne jemand zu haben, zu dem wir aufschauen konnten", klagt Tochter Lilly Atene (Lil, S: 2, 18), obwohl sie selbst bereits fast siebzig Jahre alt ist. Die herausragende Bedeutung für Familie und Clan bestätigen alle, die mit ihr zu tun hatten. Toney Lee Atene, für den Kitty Atene die Großmutter väterlicherseits gewesen ist, bringt es auf den Punkt, "Großmutter hatte etwas

an sich, von dem sich alle Enkel angezogen fühlten. Ich denke, es war die Art, wie sie mit uns sprach" (Ton, L: 71). Die anderen Enkel tragen zu dieser Einschätzung ihre spezifischen Erfahrungen bei. Vincent und Vergil betonen ihr umfassendes Wissen und die Intensität ihrer traditionellen Lehren (Vinc, L: 8, 24; Verg, in Renner 1996, S. 320, Nr. 11); Vernon weiß, daß sich zumeist die Großmutter um ihn gekümmert hat (Vern, S: 4, 15); Phil, der älteste der Atene-Linie, erinnert sich, wie sie immer versucht habe, die Familie auf traditionellem Kurs zu halten (Phil, L: 26); Joe betont die große Lebenserfahrung und das traditionelle Wissen der Großmutter (Renner 1996, S. 325, Nr. 7). Daß Kitty Atene in traditioneller Hinsicht als Kapazität anerkannt war, belegt auch ihre Beraterfunktion bei einer wissenschaftlichen Publikation über die Utah-Navajos (vgl. Benally 1982, S. vi). Sie erfüllt sowohl in den Innen- als auch in den Außenperspektiven alle Merkmale einer "head mother". Lilly Atene, ihre Tochter, kann schon wegen ihrer ausschließlich männlichen Nachkommenschaft diese Rolle nicht ausfüllen.

Großmutter Kitty Atene hat bis wenige Jahre vor ihrem Tod Verantwortung für den gesamten Familienverband getragen. Dazu gehörten, neben den Nachkommen von Lilly Atene, auch die Linien ihrer anderen vier Töchter, in kritischen Situationen auch die ihrer Söhne. Die Trennung Lillys von ihrem ersten Ehemann Lamar Bedoni, der sich mit der älteren Schwester seiner Frau verbindet (vgl. Vinc, L: 21), und Lillys Heirat mit Ben Atene haben zu erheblichen Belastungen geführt. Es bleibt unklar, von wem Trennung und neue Bindungen ausgegangen sind. Die Bedoni-Söhne nehmen die Veränderungen sehr unterschiedlich wahr. Vincent, der Älteste, spricht von Konflikten wegen des Unterhalts und von seiner selbst gewählten Flucht in eine Boarding School nach Brigham City/Utah (Vinc, L: 10, 22, 27). Vergils Anmerkungen zur Trennung sind widersprüchlich und harmonisierend zugleich: Sein Vater habe die Mutter und vier Kinder verlassen, doch an anderer Stelle "meine Mutter hat einen anderen Mann getroffen, der ihr besser gefiel " (Renner 1996, S. 63, 253). Für die Kinder sei das unproblematisch gewesen, denn der leibliche Vater habe ja in der Nähe gelebt und sei mit einer Schwester der Mutter verheiratet gewesen. Man habe es als Erweiterung der Familie erlebt (a.a.O., S. 253). Vernon, der jüngste Bedoni-Sohn, erlebt die Neuorientierung der Mutter als massiven Betreuungsverlust, wobei nur auf die Großmutter Verlaß gewesen sei: "Ich wußte immer, wo meine Großmutter war, auch mein Großvater, aber ich wußte nie, wo Mutter war oder mein Stiefvater und schon gar nicht, wo mein leiblicher Vater sich aufhielt" (vgl. Vern, S: 15). Unbestritten bleibt, die Bedoni-Brüder sind in der frühen Kindheit vor allem bei den Großeltern (Kitty und Jack Atene) aufgewachsen und mit ihnen Cousin Toney Lee Atene. Gefragt, wieso er nie bei den Eltern seiner Mutter gelebt habe, antwortet er: "Der Grund, weswegen wir nicht bei ihnen leben wollten, sie waren ziemlich alkoholabhängig" (Ton, L: 70).

Die matrilineare Clan-Großfamilie, orientiert an den Großeltern, vor allem an der Großmutter, wie wir sie hier kennenlernen, fungiert als Auffangbecken vieler Schwierigkeiten und kann viele, wenn auch nicht alle Belastungen ausgleichen. Scheidung, Tod, Alkohol sind Ursachen, die häufig miteinander verknüpft sind. Das Scheitern ehelicher Verbindungen scheint die beteiligten Männer zumeist kaum zu belasten, weil die Frauen mit ihren

Kindern in die mütterliche Familie zurückkehren können. Erfahrungen damit haben Vernon, den zwei Frauen mit Töchtern verlassen haben; Phil, dessen Söhne mit der Mutter bei deren Familie leben; Toney, der in zweiter Ehe den mitgebrachten Sohn akzeptiert, während die Tochter aus erster Heirat bei ihrer mütterlichen Familie heranwächst. Typischerweise gehen von diesen Schwierigkeiten der männlichen Nachkommen kaum Belastungen für den Bedoni-Atene-Familienverband aus. Daß es sich nicht um Ausnahmen handelt, zeigt die biographische Literatur. Ein wesentlicher Teil von Individualismus und "Unabhängigkeit " für eigene Entscheidungen auf männlicher Seite dürfte auf diesen Aspekt der familiären Flexibilität zurückzuführen sein. Gibt es jedoch Ausfälle im mütterlich-verwandtschaftlichen Betreuungsnetz des Clans, ist das Scheitern des Nachwuchses vorprogrammiert.
Die Flexibilität des Navajo-Familiensystems gegenüber individuellen Entscheidungen ihrer Mitglieder hat in den Selbstdarstellungen weitere Belege. Obwohl Lilly Atene als "very traditional" gilt, die ein Großteil ihres Lebens bei Zeremonien verbringt, bezeugt Vergil ihren Willen, allen ihren Kindern eine Schulerziehung zukommen zu lassen (Renner 1996, S. 320), wohl wissend, daß damit die Risiken einer kulturellen Fremdorientierung verbunden sind. Und die dadurch provozierte Suche nach Lebenssinn wird von allen ihren interviewten Kindern deutlich artikuliert. Dennoch werden im allgemeinen indivuduelle Entscheidungen akzeptiert, selbst wenn sich jemand z.B. auf die vielen amerikanischen Sekten einläßt. Vincent und Toney liefern Beispiele für das Erproben und Zurückkehren. Individuelle Sinnorientierungen gestehen die Informanten auch ihren Kindern zu, wobei die Navajo-Tradition eine Alternative ist, die man sich weiterzugeben bemüht. Es dominiert die Meinung, letztlich müßten die Kinder selbst über ihren Weg entscheiden (vgl. Lul, Ros, Verg, Vinc, S: 56, 58).
Fazit: Die hier untersuchte Familiengruppierung hat sich im Laufe der Entwicklung der interviewten Personen vielfältig verändert. Die Durchsetzung der Schulpflicht und die damit verbundene Brechung der Kontinuität traditioneller Einflußnahme, der Christianisierungsdruck, die Änderung der ökonomischen Strukturen stellten bisherige Lebensorientierungen zur Disposition. Dies resultierte in der Destabilisierung des traditionellen Familiensystems und in der Verlagerung seiner Funktionen auf Einzelpersönlichkeiten. Aufgrund der Clanstruktur wurden die Frauen in Schlüsselpositionen durch diese Veränderungen noch stärker in die Pflicht genommen. Konkret: Scheidung und Wiederheirat von Lilly Atene begründeten eine neue Verzweigung. Clanmutter Kitty Atene, zuständig für die gesamte Nachkommenschaft ihrer vier Töchter, hat zunächst Betreuungs- und Erziehungslücken in der Bedoni-Atene-Linie noch ausgleichen können. Doch mit zunehmendem Alter war sie damit überfordert, zudem sich ihr Mann, Großvater Jack Atene, in den späten Jahren offenbar noch von ihr trennte (Vinc.).

d) Deutungsmuster "Believing in Ceremonies" auf dem Prüfstand

In der ersten Forschungsphase wurde für die beiden Söhne Vergil und Joe aus dem Bedoni-Atene-Familienverband das Deutungsmuster "Believing in Ceremonies" heraus-

gearbeitet, und zwar in je einer offensiv-operativen sowie einer deskriptiv-indirekten Variante (Renner 1996, S. 328-331; 1997, S. 220-222). An "Zeremonien glauben bzw. auf sie vertrauen" erhält seine Substanz aus einem vorbildhaften Wirkungsgefüge der traditionellen Welt, personifiziert vor allem in den Großeltern mütterlicherseits.
In welcher Weise spiegeln die jetzt vorliegenden Selbstdarstellungen, im Sinne von Lern- und Bildungsgeschichten, diesen Hintergrund?

Grundcharakteristik der einzelnen Persönlichkeiten:
Lilly Atene: "Zeremonien sind mein wichtiges Thema, und ich glaube selbst daran, und so habe ich meine Kinder erzogen (...) Aber ich selbst glaube sehr daran ... deshalb helfen sie mir auch (...) und ich werde auch in Zukunft immer daran glauben" (Lil, S: 10, 21). Eigene Forschungserfahrungen (Teilnahme 1994 an einer Enemyway- und 1998 an einer Beautyway-Zeremonie für Lilly Atene) bestätigen diese Selbstdefinitionen. Die *Navajo-Epiphanie* 1996 in Black Mesa ist für Lilly Atene Realität.
Ben Atene sr.: Phil, Joe, Avery und Angela bescheinigen dem Vater/Stiefvater zeremonielle Kompetenz. Vernon bezweifelt sie. Sohn Joe und die Stiefsöhne Vergil und Vincent charakterisieren ihn als fast fertigen Medizinmann, dem nur noch das Medizinbündel fehle. Er selbst: "Ich weiß sehr viel über die Beautyway-Zeremonie (...) nur wenige kleine Elemente fehlen mir noch ... aber bald werde ich es können, und hoffentlich wird es mir gelingen, die Zeremonie gut zu leiten" (Ben, S: 20). Ben Atene sr. ist demnach noch nicht Inhaber eines Medizinbündels. Insoweit ist er kein traditioneller Medizinmann. Seine Heilaktivitäten gehören zur Peyote-Religion, für die es keine spezielle Ordination gibt. Ben Atene sr. schließlich sieht die Schwierigkeiten der jungen Navajo-Generationen als Resultat ihrer Mißachtung der Traditionen.
Vincent Bedoni: Er habe die Lehren der Großeltern aufgenommen und versuche ihnen zu folgen (Vinc, S: 3, 10, 31; L: 24), definiert er sich selbst. Gleichzeitig orientiere er sich an der Peyote-Religion. Ein Peyote-Heiler habe ihm von einem Rückenleiden befreit, eine Schlüsselerfahrung für ihn, ein kritisches Ereignis. Im Peyote-Kontext möchte er selbst Medizinmann, Roadman sein. "Wir halten an beidem fest, daß ich weiter meine Tradition achte und (Peyote-)Goodway-Segnung anwende" (Vinc, S: 63).
Als ältester Sohn beider Linien hat Vincent, zusammen mit Vergil, die Clan-Großfamilie der mütterlichen Linie erlebt, als sie noch intakt gewesen ist. Seine Erfahrungen und Bewertungen ähneln deshalb denen seines Bruders: Verehrung beider Großeltern; intensive Aufnahme traditionellen Wissens bei ihnen; Begleitung des Großvaters zu Zeremonien, hinter ihm im Sattel reitend. Hinzu kommt der Versuch des leiblichen Vaters, der ein Crystal Gazer gewesen ist, ein Diagnostiker, ihm sein Wissen zu übergeben, doch er schreckt davor zurück, "es sei zu mächtig gewesen" (Vinc, S: 40).
Vernon Bedoni: "Ich bin nicht so, wie ich eigentlich bin " (S: 65) charakterisiert er sich selbst. Er meint damit: zweimaliges Scheitern seiner Ehe, alkoholische Exzesse, ruheloses und zielloses Umherziehen. Vernons Selbstanalyse umfaßt dabei zwei Merkmale: Verlassensein während der Kindheit (S: 23), als jüngster der Bedoni-Linie gewissermaßen zwischen den Ehen seiner Mutter; Verlust des Großvaters, der als einziger etwas von ihm

erwartet habe, "only he made me an offer", nämlich die Schule zu beenden und dann Medizinmann zu werden. Diese Option glaubt er für sich noch offen. Gravierende Erfahrung ist die siebenjährige Trennung von seiner Familie. Zwischen dem 10. und 17. Lebensjahr lebte er, ohne Kontakt mit Zuhause, bei einer mormonischen Pflegefamilie in Blanding.

Toney Lee Atene: "Ich habe mich geändert (...) fühle mich sehr gut, sagen zu können, daß ich wieder zur Tradition zurückgekehrt bin" (Ton, S: 55, 56). Charakteristisch für ihn ist jahrelanges Suchen nach religiöser Orientierung: fünf christliche Varianten und Peyote. Heute sieht er sich als Rückkehrer zur Tradition. Seine Tätigkeit als Tour Guide und Fragen von Touristen nach seiner Kultur hätten ihn zur Selbstbesinnung gebracht (vgl. S: 16, 42, 117). Aufgewachsen unter den Bedoni-Brüdern, hat Toney die Lehren seiner traditionellen väterlichen Großeltern internalisiert. Während er sich an den Großvater als sehr streng erinnert (L: 24, 33, 68, 74, 76), aber auch an wichtige Lehren, von ihm, bedeute ihm die Großmutter besonders viel: "einige ihrer Lehren hafteten in unseren Köpfen " (vgl. L: 61). In der Folge seiner traditionellen Selbstfindung wundert er sich, wieviel er wirklich noch davon behalten habe (vgl. S: 125).

Phil Atene: Er sieht sich als jemand, der neutral in der Mitte zwischen Tradition und weißer Welt stehe (Phil, S: 42), was bedeute, daß er manches glaube und manches nicht (S: 36). Ursache für seine Haltung sieht er in der Erfahrung, daß er während einer Zeremonie für Halbbruder Vincent selbst krank geworden ist: "Das sei wie ein Recylingsystem, einer werde geheilt, womit die Krankheit auf einen anderen überspringe" (vgl. L: 16). Diese Erfahrung, ein kritisches Ereignis, begründet Phils Skepsis gegenüber den traditionellen Heilzeremonien.Und wenn die traditionellen Eltern ihn als Ältesten der Atene-Linie immer wieder drängten, an Zeremonien teilzunehmen, verweigere er das mit der Bemerkung, es mache ihn nur krank, was sie für sehr unangebracht hielten (vgl. S: 29). Nach eigener Einschätzung hätten ihm die Eltern schon immer besonders große Freiheiten zugestanden, er hätte immer tun können, was er gewollt habe (vgl. S: 23). Phils zentrales Lebensthema ist seine Karriere als ehemaliger Rodeoreiter (vgl. S: 8, 9, 11, 12, 20, 21, 22, 25, 44, 45, 47, 48, 49, 50, 51, 52, 56). Maismehl, das er immer wieder von Vater und Onkel erhalte, verwende er hin und wieder zum Morgengebet. Gefragt nach seiner Meinung über die Navajo-Epiphanie 1996, antwortet Phil, er glaube, daß es so gewesen sei (S: 43).

Avery Atene: Im Mittelpunkt seiner Selbstdefinitionen steht das Ziel, selbst Medizinmann zu werden wie der Vater, und er praktiziere bereits mit ihm (vgl. Av, S: 11, 12). Es handelt sich hier jedoch um das Peyote-Konzept. Peyote habe für ihn hohe Bedeutung, weil ihm damit von einer schweren Erkrankung während der Kindheit geholfen worden sei (S: 4), eine Erfahrung im Sinne eines kritischen Ereignisses. Eine Konsequenz seiner Haltung zu Peyote ist in den Peyote-Liedern zu sehen, die er selbst kreiert. Beleg ist eine für den Interviewer eigens besungene Kassette.

Lula Bedoni: "Sie glaube sowohl an die Navajo-Traditionen als auch an Peyote" (Lul, S: 37), kommentiert Lula ihr eigenes Selbstverständnis. Hintergrund ist ihre Herkunft aus einer Familie, in der der Vater ein vielbeschäftigter Medizinmann und die Mutter eine Medizinfrau gewesen sind (vgl. Lul, S: 3; Vinc, L: 56). Aus traditionellen Lebenslehren leitet Lula eine spezielle Einstellung ab: Sie sei dazu erzogen worden, den Älteren und überhaupt anderen Leuten zu helfen (S: 14, 15). Deshalb mache ihr die Arbeit auch Freude, sie bevorzuge vor allem das Teppichweben. Mit dieser Einstellung fügt sich Lula nach dem Tode der eigenen Eltern nahtlos in das Familiensystem ihres Mannes ein. Sie wird zur wichtigen Helferin für dessen Großmutter Kitty Atene.

Rosita Bedoni: Bevor sie ihren Ehemann Vergil getroffen habe, habe sie wenig über Traditionen gewußt. Seit der Schwiegervater, Lamar Bedoni, ihrem Ältesten mit seinem Crystal geholfen habe, gesund zu werden, glaube sie in gewisser Weise auch daran (vgl. Ros, S: 13, 37). Hintergrund für ihre Distanz zur Tradition: langjährige Aufenthalte bei mormonischen Pflegefamilien "herumgestoßen werden"; Alkoholprobleme der Eltern und Geschwister und deren Konversion zum Christentum. Für die eigenen Kinder zieht Rosita daraus die Lehre, ihnen solle es nicht so ergehen (S: 33). Rositas (und Vergils) Kindern fehlt deshalb der traditionelle Einfluß der mütterlichen Seite. Nur die väterliche Linie oder auch die Eltern selbst können hier kompensieren.

Angela Atene: "Sie sei nicht wirklich gut in Navajo" (Ang, S: 6), sagt Angela und bewertet damit ihre Situation. Mütterlicherseits Shoshone aus Nevada hat sie ihre Kindheit zwischen dort und der Navajo-Reservation verbracht. Gegen die Traditionsorientierung ihres Mannes Avery hat sie keine Einwände und sieht darin auch für ihren jetzt einjährigen Sohn eine Möglichkeit (S: 22, 23). Ihre eigenen Eltern seien, im Gegensatz zu den Schwiegereltern nicht traditionell. Ein Hauptproblem ist ihr die ökonomische Zukunft ihrer kleinen Familie, die momentan ohne Möglichkeit und Mittel sei.

Monty Bedoni: "Für ihn sei es etwas Besonderes, Indianer zu sein", definiert der 20jährige sein Selbstverständnis (vgl. Mon, S: 5). Er bedauert die Navajostudenten im College in Blanding, die keine Ahnung von Sprache und Tradition hätten, sie schämten sich deswegen (L: 7). Peyote zählt er zur Tradition (L: 13, 14). Navajo-Tradition im engeren Sinne verbindet er mit einer ökonomisch spartanischen Lebensweise.

Vanessa Bedoni: Auf die Frage, was die Navajo-Traditionen für sie bedeuteten, antwortet sie zweimal, "sie denke, diese seien für sie bedeutungsvoll" (vgl. Van, S: 12, 13). In der Schule beschäftige sie sich mit Navajo-Themen, auch mit dem Schreiben der Navajo-Sprache. Das habe seine Basis in der Grundschule (S: 3, 4, L: 9,). Vanessa möchte Verwaltungsangestellte in der Stadt werden, mit Computern umgehen.

Tom Bennett: Er versteht sich als Bindeglied zu den historisch bedeutsamen Anführern der Navajos. Hoskinini Begay kannte er noch persönlich. Eine Navajo-Lebenslehre gelte für alle, schlechte Taten wirkten auf den Täter zurück. Als Vater Rositas und Schwiegervater Vergils wäre er traditioneller Partner der Kinder seiner Tochter. Er verstarb im Frühjahr 1998, seine Lebensgeschichte mußte deshalb Fragment bleiben.

Fazit: Die Variationsbreite im individuellen Zugriff auf die vorgefundenen gegenläufigen Lebensorientierungen ist erstaunlich, ohne daß jemand völlig aus dem Kontext des Deutungsmusters "Believing in Ceremonies" herausfällt. Die Unterschiede können aber nicht allein als Resultat des typischen Navajo-Indivdualismus verstanden werden. Die spezifische selbstbiographische Verarbeitung verweist auch darauf, wie alle Betroffenen eine je andere Lebenswelt vorfinden und wahrnehmen. Man spricht hier von dem Tatbestand der "nicht geteilten Umwelt". Danach sind Konstellationen der Lebenswelt und Beziehungsgefüge für jedes Individuum jeweils besondere.

3.3 Konstellationen kultureller Kontinuität

a) Der Bedoni-Atene Familienverband zeigt, wie Betreuungs- und Erziehungsverpflichtungen der Großelterngeneration einer traditionellen Gesellschaft durch äußere und innere Änderungen der lebensweltlichen Bedingungen gebrochen werden können. Während die beiden ältesten Bedoni-Brüder Vincent und Vergil sowie Cousin Toney Lee auf ein relativ ungestörtes Mitleben der kulturellen Tradition zurückblicken können, gerät Vernon, der Jüngste, in Verwerfungen, die durch Scheidung der Eltern entstehen und zur völligen Isolierung geraten: "Ich vergaß mein kulturelles Erbe und lebte in der Anglo-Welt (...) lebte auf der anderen Seite der Welt" (Vern, S: 44, 47).
Den Söhnen der Atene-Linie fehlt nicht die Intensität früher traditioneller Erfahrungen, aber sie fehlt ihnen in der spartanisch-asketischen Version. Sie kennen Motorisierung, Elektrizität, neue Ernährung. " Meine Atene-Brüder ... sie hatten eine Lebensweise (...) wirklich ganz anders ", kommentiert Vincent (L: 16). Aber ihre Eltern Lilly und Ben Atene bleiben vollkommen der Tradition verhaftet, wenn auch kombiniert mit der Peyote-Variante.
Ein Bild zwischen intensiver, gebrochener und eher lockerer Erfahrung mit der Navajo-Tradition vermitteln die angeheirateten weiblichen Mitglieder (Lula, Rosita, Angela) im Familienverband.
Alle hier vorgestellten Selbstbilder enthalten eine je eigene Be- und Verarbeitung gegenläufiger schulischer Erfahrungen und finden zu jeweils eigenen persönlichen Mustern, die sich nahezu ausnahmslos in ein Spektrum "Believing in Ceremonies" einordnen lassen. Aber alle beruhen auf individuellen Präferenzen und Selbstdefinitionen. Kulturelle Kontinuität zeigt sich vor diesem Hintergrund letztlich als Ergebnis individuellen Zugriffs auf die Gesamtkonstellation der Bedingungen. Doch sie braucht dazu gelebte Kultur.

b) Um die Ermöglichung kultureller Kontinuität im Kontext schulischer Erziehung geht es bei verschiedenen Navajo-Reformschulen [vgl. Antrag S. 10 (8)]. Rough Rock Community School, 1966 begründet von Robert A. Roessel jr., gilt als die alternative und innovative Modellschule der Reservation. Untersuchung und Diskussion dieses Reformkonzeptes, insbesondere ein Interview mit Roessel selbst (Publikationsliste, Nr. 4, 5), zeigen die bilinguale und bikulturelle Ausrichtung der Schule. Im Mittelpunkt steht eine entsprechende curriculare und personale Ausstattung. *Eine eigene qualitative Evaluation dieser alternativen Schule steht noch aus,* insbesondere die Beantwortung der Frage, ob eine solche Schule nicht nur Schülern mit traditionellem Hintergrund, sondern auch solchen mit gebrochener kultureller Erfahrungen eine entsprechende Selbstfindung ermöglicht.

c) Der 31jährige Medizinmann Irvin, in zeremoniellem Kontakt zur Bedoni-Atene-Familie stehend, verkörpert wegen seiner relativen Jugend die heutige Generation der Traditionalisten und den Status der Navajotraditionen in besonderer Weise. Er ist Inhaber zweier traditioneller Ordinationen in Gestalt von Medizinbündeln (jish), zum einen Spezialist für die komplexeste und umfangreichste, neun Tage und Nächte dauernde Yeibichei-Zeremonie (Nightway bzw. Night Chant) sowie für "Blessingway", die Basiszeremonie. Außerdem ist er dabei, sich für weitere zeremonielle Komplexe zu qualifizieren. Bisher hat er etwa 40 Zeremonien in der gesamten Reservation durchgeführt. Qualifikation und Daten seines Werdeganges sind wissenschaftlich dokumentiert und damit nicht nur intern, sondern auch extern anerkannt (Faris 1990, S. 98/99). Um Bedeutung und Kontinuität des traditionellen zeremoniellen Komplexes differenziert zu beurteilen, *wäre es wichtig, durch weitere Interviews mit ihm die durchgeführten Zeremonien nach Ort, Zeit, Heilproblemen, Wirkungen zu dokumentieren und eine Art Gedächtniskarte zu erarbeiten.*

4. Zusammenfassung

Diese ethnopädagogische Navajo-Familienstudie auf selbstbiographischer Grundlage spiegelt modellartig die *Macht der Verhältnisse* zwischen Gegenläufigkeit und Wechselwirkung, d.h.,

- an fremdkulturellen (modernen) Einflüssen dominieren der Druck durch die Instabilität der Ressourcen (Ernährungsmöglichkeiten) und der Anpassungsdruck durch fremde Sinnsysteme (American Way of Life in Schule, Berufsausbildung und -tätigkeit, Christentum, Sekten);
- an eigenkulturellen Einflüssen dominieren die traditionelle Orientierung des Navajo Trail of Beauty und die synkretistische Peyote-Religion sowie das Spannungsverhältnis zwischen Navajo-Individualität und -Verwandtschaftssystem (niemand darf einem anderen seinen Willen aufzwingen, auch einzelne der Gruppe nicht und umgekehrt), verknüpft mit einer charakteristischen Neigung zu pragmatischer Flexibilität.

Die Navajokultur ist im Kern eine attraktive religiös-zeremonielle Strategie zur Herstellung individueller und auch gruppenbezogener Harmonie. Sie ähnelt in vieler Hinsicht psychoanalytischen Konzeptionen (Sandner 1994). Ob sie auch zukünftig unter dem Druck fremdkultureller Einflüsse als spezielles kulturelles Sinnkonzept Bestand haben wird, hängt davon ab, wie die jetzigen Generationen der Eltern und Kinder bzw. Enkel diese traditionelle Sinnorientierung aufnehmen und mit modernen Erfahrungen verknüpfen können.

In den subjektiven Theorien der Mitglieder dieser Familie sind Wahrnehmen und Denken durch die familiär vermittelte Navajokultur und -religion geprägt. Kulturspezifische Erfahrungen haben darin eine handlungsleitende Option, obwohl sie jeweils unterschiedlich wahrgenommen, aufgenommen und verarbeitet worden sind im Sinne einer 'nichtgeteilten-Umwelt'. Diese Option fügt sich im Deutungs- und Denkmuster "Believing in ceremonies" zusammen. Fünf typische, aber in sich variantenreiche Verarbeitungsweisen lassen sich erkennen:

- eine traditionalistische: Lilly, Ben sr.(Eltern u. Großeltern); Vincent, Vergil, Lula, Avery (Söhne, Eltern, Schwiegertochter); Joe (Sohn); Tom (Großvater),
- eine revitalisierende: Toney, Vernon (Neffe, Sohn u. Eltern),
- eine zweifelnde: Phil (Sohn u. Vater),
- eine distanziert-offene: Rosita, Angela (Schwiegertöchter u. Mütter),
- eine suchende: Monty, Vanessa (Enkel).

Es ist unübersehbar, daß nicht die kulturspezifischen familiären Erfahrungen in Kindheit und Jugend an sich bedeutungsvoll sind; sie sind es nur in ihrer Verknüpfung mit Zuwendung, Geborgenheit und Verläßlichkeit der Bezugspersonen. Werden diese anthropologischen Grundbedürfnisse befriedigt, dann hat die Navajokultur eine Chance als Sinnorientierung.

Das Navajo-Familiensystem (matrilineare Clanstruktur), seine Flexibilität bei Betreuungsbedarf bewährt sich oder versagt mit den Betreuungsqualitäten der Schlüsselpersonen. Im Krisenfall belastet es in der Regel die Frauen zugunsten der Männer.

Die Individuen dieser Navajo-Familie sind nicht nur Opfer ihrer Verhältnisse, sondern immer auch Handelnde. Aber ihre Versuche, gegenläufige Einflüsse zu synchronisieren sind hochsensibel, weil sie von der affektiven Verarbeitung ihrer zwischenmenschlichen Beziehungen getragen werden.

Fazit: Entgegen üblicher Auffassungen wird überdeutlich: Auch die Weitergabe von Kultur, von Tradition überhaupt, ist in hohem Maße abhängig von der Qualität der zwischenmenschlichen Beziehungen, unter denen sie vermittelt wird. Der fremdkulturelle Einfluß in unseren Beispielen verlagert diese Qualität immer mehr auf Einzelpersonen, weil der familiäre Gruppeneinfluß gebrochen ist. Über Brüche und Distanzen hinweg dürfte die Qualität früher Erfahrungen auch für Möglichkeiten späterer kultureller Rückkehr und Wiederbelebung bedeutsam sein.

Literatur

Aberle, David F.: Peyote Religion Among the Navajo. In Ortiz, Alonso: Handbook of North American Indians, Volume 10, Washington: Smithonian Institution 1983, S. 558-569

Benally, Clyde: Dinéji Nákéé' Nááhane´ – A Utah Navajo History. Monticello: San Juan School District 1982

Crapanzano, Vincent: The Fifth World of Enoch Maloney. Portrait of a Navaho. New York: Random House 1969; bzw.: The Fifth World of Foster Bennett. Portrait of a Navaho. New York: The Vilkin Press 1972

Downs, James F.: Animal Husbandry in Navajo Society and Culture. Berkeley, Los Angeles: University of California Press 1964

Faris, James: The Nightway. A History and a History of Documentation of a Navajo Ceremonial. Albuquerque: University of New Mexico Press 1990

Kelly, Charles: Chief Hoskinini. As told to Ch. K., In Utah Historical Quarterly 21, July 1953, S. 219-226

Kluckhohn, Clyde: A Navaho Politician. In Casagrande, Joseph B., ed., In the Company of Man, Twenty Portraits of Anthropological Informants, New York 1960, S. 440-465

König, René: Indianer wohin? Alternativen in Arizona. Opladen: Westdeutscher Verlag 1973

Kreppner, Kurt: Sozialisation in der Familie. In Hurrelmann, Klaus/Ulich, Dieter, Neues Handbuch der Sozialisationsforschung, Weinheim: Beltz, [4]1991, S. 321-334

Lamphere, Louise: The Long-Term Study among the Navajo. In Foster, George M. Et al., eds: Long-Term Field Research in Social Anthropology. New York: Academic Press 1979, S. 19-44

Morris, Irvin: From the Glittering World. A Navajo Story. Norman, London: University of Oklahoma Press 1997

Newcomb, Franc Johnson: Hosteen Klah. Navaho Medicine Man and Sand Painter. Norman, London: University of Oklahoma Press 1964, 1989

Renner, Erich: Die Suche nach Harmonie: Navajo-Versionen. Weinheim: Deutscher Studien Verlag 1996

Renner, Erich: Kinderwelten – Zur ethnographischen Dimension von Kindheit. In Köhnlein, Walter u.a., Hrsg., Kinder auf dem Wege zum Verstehen der Welt, Forschungen zur Didaktik des Sachunterrichts, 1, Bad Heilbrunn: Klinkhardt 1997a, S. 180-199

Renner, Erich: Navajo Trail of Beauty versus American Way of Life: Probleme individueller Modernisierung in einer traditionellen Kultur. In Behnken, Imbke/Schulze, Theodor, Hrsg., Tatort: Biographie, Spuren – Zugänge – Orte – Ereignisse, Opladen: Leske + Budrich 1997b, S. 209-224

Renner, Erich: Rough Rock Community School – eine indianische Reformschule. Interview mit Dr. Robert A. Roessel jr., Gründer und derzeitiger Direktor. In derselbe u.a., Hrsg., Kindsein in der Schule, Interdisziplinäre Annäherungen, Weinheim: Deutscher Studien Verlag 1999, S. 232-247

Renner, Erich: Schulische Versionen traditioneller Kultur am Beispiel der Navajos. In derselbe u.a., Hrsg., Kindsein in der Schule, Interdisziplinäre Annäherungen, Weinheim: Deutscher Studien Verlag 1999, S. 217-231

Renner, Erich: Western-Filme als Identifikation für das Spiel indianischer Kinder: autobiographische Beispiele. In derselbe u.a., Hrsg., Spiele der Kinder, Interdisziplinäre Annäherungen, Weinheim: Deutscher Studien Verlag 1997, S. 225-236

Renner, Erich: Heilige Berge und fünffingrige Erdbewohner. Ausgearbeitete Forschungstagebücher. 124 S. (Manuskript)

Sandner, Donald: So möge mich das Böse in Scharen verlassen. Eine psychologische Studie über Navajo-Heilrituale. Solothurn, Düsseldorf: Walter 1994

Sapir, Edward ed.: Navaho Texts. With Supplemantary Texts by Harry Hojer. Iowa City: Linguistic Society of America, University of Iowa 1942, Reprint AMS Press New York 1975

Stewart, Greyeyes: Before Blessingway. An Autobiographical Fragment. In Diné Be'iina', A Journal of Navajo Life, Winter 1988, Volume 1, Number 2, S. 22-33

Witherspoon, Gary: Navajo Social Organisation. In Ortiz, Alfonso, ed., Handbook of North American Indians, Volume 10: Southwest, Washington: Smithonian Institution 1983, S. 524-535

Traditionelle Sozialisationsbedingungen und -wirkungen der Navajo-Kultur als Bezugsebenen familiärer Kontexte

Ein Forschungsdesign

1. Thema

Heutige Bedeutung und Kontinuität der traditionellen Kultur und des zeremoniellen Komplexes bei den Navajo-Indianern; repräsentiert in Person, Aktivitäten und Tätigkeitsfeld des Medizinmannes Irvin Tso, mit 31 Jahren der jüngeren Generation angehörend, sowie in aktuellem Status und Wirkungen der alternativen Rough Rock Community School.

2. Zusammenfassung

a) Im Mittelpunkt steht die wissenschaftlich fundierte Annahme, daß praktizierte Zeremonien das zentrale spezifische Sozialisationsfeld der Navajokultur darstellen, von dem aus traditionsorientiertes Wahrnehmen und Denken sowohl der erwachsenen als auch der nachwachsenden Generationen geprägt werden. Aktivitäten und Tätigkeitsfeld des zeitgenössischen Medizinmannes Irvin Tso sind ein Spiegelbild dieses kulturellen Erfahrungshintergrundes insbesondere deshalb, weil sein Aktionsradius große Teile der Reservation umfaßt. Durch die Erarbeitung einer oder mehrerer *Gedächtniskarten,* in der die etwa 40 von Tso durchgeführten Zeremonien (Blessingway und Nightway) topographische Fixpunkte bilden, soll aus seiner Perspektive die damit generierte kulturspezifische Vernetzung rekonstruiert werden. Verknüpft mit den Geschichten dieser zeremoniellen Ereignisse entsteht ein Stück Wirkungsgeschichte aktueller Navajokultur. Reflexionszentrum dieser Wirkungsgeschichte ist die bereits in wichtigen Aspekten einer ersten Version vorliegende, aber noch zu komplettierende Lern- und Bildungsgeschichte (Lebensgeschichte) Irvin Tsos.

b) Rough Rock Community School (RRCS) gilt als wichtigste Reformschule sowohl für die Navajos als auch für indianische Erziehung überhaupt. Ihre bilinguale und bikulturelle Ausrichtung soll kulturelle Kontinuität mit moderner Schulausbildung verknüpfen. Traditionelle Kontexte werden in allen Bereichen von RRCS hergestellt. Darüber hinaus hat RRCS zehn Jahre lang ein Medizinmann-Trainingsprogramm etabliert, das jetzt wieder aufleben soll. Vor dem Hintergrund bisheriger Analysen und eines Interviews mit dem Gründer und derzeitigen Direktor von Rough Rock, Robert Roessel jr., sollen Hospitationen im bikulturellen Unterricht und in verschiedenen Organisationsbereichen und darüber hinaus vor allem Interviews mit Schülern die schulischen Wirkungen sowie Interviews mit Lehrenden deren Einstellung dokumentieren.

3. Stand der Forschung, eigene Vorarbeiten

3.1 Stand der Forschung

(1) Zum Zeremonialwesen und der Bedeutung der Medizinmänner

Das Zeremonialwesen als konstitutiver Hintergrund der Navajokultur und -tradition steht und fällt mit der Ausbildung des Nachwuchses an Medizinmännern. In der Vergangenheit wurde der Nachwuchs in der Regel aus dem Kreis von Verwandten und Bekannten rekrutiert, häufig auch verbunden mit der Aussicht, ein Medizinbündel (jish) zu erben. Für manche Schüler wurde am Ende ihrer Ausbildungszeit auch eigens ein Medizinbündel geschaffen. Andererseits haben Erblasser darauf geachtet, daß die Empfänger der jish bereits zu den Wissenden gezählt haben. Durch die Übergabe wurden Erben oft auch zu weiterem Lernen veranlaßt oder begannen im Anschluß, die damit verknüpften Zeremonien zu lernen. Bis zur Ordination als Medizinmann und zur Arbeit mit dem Bündel bedurfte es dann eines formellen, von Medizinmännern abgenommenen Abschlusses. Obwohl dieses Ausbildungssystem noch immer funktioniert, erschweren der Mangel an Ressourcen und die Notwendigkeit von Lohnarbeit es möglichen Kandidaten immer mehr, sich auf Jahre dauernde, komplexe Lernprozesse einzulassen.
Frisbie (1987) hat in einer umfangreichen und differenzierten Arbeit über Navajo-Medizinbündel und deren Erwerb, Weitergabe und Verfügung in Vergangenheit und Gegenwart gearbeitet. In diesem Zusammenhang hat sie das School Training Program for Medicine Men and Women in Rough Rock als Pionierprojekt und vieldiskutiertes Modell vorgestellt (1987, S. 259-268). Interessanterweise sind diese Aktivitäten in Rough Rock als Navajo Mental Health Project ausgewiesen (vgl. Roessel 1977, S. 53-55), als Projekt, in dem durch Erhaltung und Stärkung der zeremoniellen Grundlagen zur geistig-seelischen Gesundheit der Navajos beigetragen werden soll. In dieser Konstellation wird die pädagogische Dimension der Zeremonien konkret. Als "Ratgeber und Priester, Psychiater und Historiker" charakterisiert Gorman die Navajo-Medizinmänner (vgl. Frisbie, S. 270). Auch die enge Verbindung von offizieller Funktion und traditioneller Aufgabe in der Person des langjährigen Leiters des Medizinmann-Programmes in Rough Rock, John Dick, zeitweise auch Vorsitzender des School Board, des Schulverwaltungsrates, mit siebenjähriger erfolgreicher Erfahrung als Medizinmann (vgl. Johnson 1977, S. 192/193), verdeutlicht den pädagogischen Handlungsrahmen.
Lebensgeschichtliche Dokumente über den Werdegang von Navajo-Medizinmännern (Zeremonialspezialisten, Herbalisten, Diagnostiker) gibt es nur wenige. Statistische Daten im Zusammenhang mit der Nightway-Zeremonie sind veröffentlicht (Faris 1990). Außerdem existiert eine Registratur über praktizierende Zeremonialisten (vgl. Frisbie 1987, S. 271), wobei allerdings die Peyotisten mitgezählt werden.
Die **Selbstbiographie eines Diagnostikers, "Gregorio, the hand-trembler"** (Leighton/ Leighton 1947), haben die Autoren im Rahmen des Harvard-Navajo-Projektes initiiert. Sie analysieren den Text als psychobiologische Persönlichkeitsstudie unter dem Stichwort

Handzittern. Der Erzähler beschreibt Handzittern als etwas, was unwillkürlich über ihn kam, ohne daß er Einfluß darauf hatte (vgl.1947, S. 53/54). Von 16 Hand-Tremblers in der Ramah-Region seien acht mit Gregorio verwandt, berichten die Leightons (vgl. S. 54, F. 16). Dies kann als Hinweis auf gewisse psychische Dispositionen für diese Fähigkeiten in der Familie verstanden werden. Die Lebensgeschichte enthält keine Hinweise oder Reflexionen auf die weitere Entwicklung dieser Fähigkeit. Es scheint, als habe Gregorio die damit verbundenen Fähigkeiten "einfach" angenommen und angewendet. Also erzählt er Beispiele, wie er als Diagnostiker gearbeitet hat (vgl. S. 54, 55/56, 56/57, 57, 57/58) und berichtet von eigenen Beobachtungen bei anderen Diagnostikern. Auch für die Initiatioren-Analytiker bleiben viele Fragen offen (vgl. S. 162/163). Im Vergleich mit der Selbstbiographie des Hopis Don Talayesva (Simmons 1942) sei der Gregorio-Text weitgehend unbeeinflußt, meint Brumble (1990, S. 98-117). Der Mangel an reflexiven Kontexten weise möglicherweise auf einen archaischen Persönlichkeitstyp hin. Bei der **Publikation über Hosteen Klah** (Newcomb 1964), vor allem Spezialist für die 9 Tage/ Nächte dauernde Nightway-Zeremonie (Yeibichei), handelt es sich eigentlich um eine Familiengeschichte, deren dritter Teil sich mit der Biographie Klahs selbst befaßt. Das Material basiert auf Erzählungen Klahs, denen die Verfasserin während langer Gespräche vor dem Kamin ihres Trading Post zugehört hat. Daß sie sich keine Notizen dabei macht, kritisiert nicht nur der Erzähler, sie selbst bedauert es auch (vgl. 1964, S. xxii). Den Werdegang des Medizinmannes Hosteen Klah beschreibt Newcomb dann in Etappen: den Anfang durch den Einfluß seines Apache-Onkels und das Studium des Haile Chant sowie anderer seltener Zeremonien, schließlich als Schüler der Yeibichei-Zeremonie bei verschiedenen berühmten Lehrern. Klah hat sein Wissen durch gezielte Aufnahme verschiedener Versionen von Yeibichei weiterentwickelt. 26 Jahre später, mit profunden Kenntnissen über die Zeremonie hat Klah erstmals als leitender Sänger Yeibichei durchgeführt (vgl. S. 112). An dieser "Graduation Ceremony" hat auch die Autorin teilgenommen (S. 133). Hosteen Klah gilt als einer der Medizinmänner, die aufgrund ihres umfangreichen Zeremonialwissens über Yeibichei zur wissenschaftlichen Dokumentierung beigetragen haben (vgl. Faris 1990, S. 171-233).
Frisbie und Allister ([2]1980) haben die Autobiographie des **Blessingway-Medizinmannes Frank Mitchell** aufgezeichnet und publiziert. Detailliert schildert Mitchell seinen Werdegang als Blessingway-Spezialist. Nachdem er bei seinem Schwiegervater lange Jahre Schüler gewesen ist, hat dieser ihm kurz vor seinem Tod vor Zeugen das Medizinbündel vermacht (vgl. S. 192-209, 196). Blessingway gilt als Basis-Zeremonie im religiösen System der Navajos. Mitchell beschreibt u.a. eindrucksvoll, wie diese Zeremonie nach viermaliger Anwendung bei anderen dann für den Medizinmann selbst durchgeführt werden muß, zur Erneuerung des Bündels und der Persönlichkeit des Ausführenden (vgl. S. 227/228). Frank Mitchell entwickelt sich schließlich zu einem der kompetentesten Fachleute für Blessingway. Der Navajo-Forscher Father Berard Haile hat neben zwei weiteren auch Mitchells Version des Textes aufgezeichnet, übersetzt und in die wichtigste wissenschaftliche Dokumentation über Blessingway aufgenommen (vgl. Wyman 1970, S. 343-492).

In einer **Geschichte und einer Geschichte der Dokumentation der Nightway- bzw. Yeibichei-Zeremonie** (Faris 1990) sind die eruierbaren Lebensdaten von 76 historisch bekannt gewordenen Medizinmännern (vgl. S. 82-91) aufgelistet, von 18 zeitgenössischen (vgl. S. 96-99), unter ihnen auch mein Informant Irvin Tso und dessen Lehrer, sowie von 66 historischen und zeitgenössischen Lehrlingen und Gesellen (vgl. S. 92-94). Bei den zeitgenössischen Yeibichei-Spezialisten ist keiner, der nicht noch andere Zeremonien beherrscht oder dabei ist, weitere zu lernen. Bei den verstorbenen mögen die Lücken einfach mangelnde Informationen ausdrücken.
Die Statistik über zeitgenössische Nightway-Medizinmänner weist neben Clanzugehörigkeit, Wohnort, Geburtsdatum auch die Lehrjahre, das Jahr der ersten selbständigen und die damals aktuelle Zahl der Durchführungen, die Lehrer und deren Clanabstammung, die Verwandtschaft mit den Lehrlingen, die Herkunft des Medizinbündels, die Beherrschung anderer Zeremonien aus. Ein Kurzkommentar bewertet besondere Bedingungen und Aktivitäten. Interessanterweise differieren die Lehrjahre zwischen vier, fünf, sechs, sieben, acht, zwölf, fünfzehn und zwanzig Jahren. Das mag teilweise mit der Notwendigkeit zu tun haben, einer Lohnarbeit nachzugehen. Genau ein Drittel dieser Sänger ist nach 1930 geboren, die anderen sind älter. Drei Kommentare enthalten Hinweise auf Lehrtätigkeit in Schulen, zwei davon in Rough Rock, einer im Diné College (Navajo Community College) in Tsaile (vgl. S. 97). Bemerkenswert ist die Tatsache, daß außer in Rough Rock auch in anderen Bildungseinrichtungen den Medizinmännern eine pädagogische Aufgabe zukommt. Aus Rough Rock gibt es dazu auch Bildbelege, z.B. wie ein Medizinmann Schülern im Internat traditionelle Geschichten erzählt (vgl. Roessel 1979, S. 54).

(2) Zur Entwicklung eines neuen Schulsystems

Über die Entwicklung des **Navajo-Schulsystems** existiert umfangreiche Literatur (Emerson 1983; König ²1983; Lindig 1994; Robert Roessel 1977, 1979; Ruth Roessel 1971; Schierle 1992; Thompson 1975). Aber erst seit Gründung der Rough Rock Demonstration School (Rough Rock Community School) im Jahr 1966 als erster Kontraktschule stehen nicht nur bilinguale sondern auch bikulturelle Curricula im Blickpunkt. Der Begriff Kontraktschule bezieht sich auf Verträge von Kommunen mit dem Bureau of Indian Affairs in Washington über die eigenständige Einrichtung von Schulen. Zwischenzeitlich gibt es 27 Schulen in der Reservation, die nach dem Muster von Rough Rock entwickelt worden sind. Bilinguale und bikulturelle Ausrichtung sind dabei nominell zwar unumstritten, zur Verifizierung von Bikulturalität bedarf es aber besonderer Maßnahmen und besonderen Engagements, was zumeist unterschätzt und deshalb unterlassen wird. Unter den deutschsprachigen Publikationen über das Navajo-Schulsystem hat bisher vor allem König (vgl. ²1983, S. 114/115) diesen komplexen Zusammenhang diskutiert und gewürdigt.

3.2 *Eigene Vorarbeiten/Arbeitsbericht*

(1) Forschungserfahrungen mit und über Medizinmänner(n)

Durch den zeremoniellen Kontakt des Nightway-Medizinmannes Irvin Tso mit der Navajo-Familie meines vorangegangenen DFG-Projektes (vgl. Abschlußbericht, S. 11) ist es mir gelungen, diesen erst 31jährigen Zeremonialspezialisten zu interviewen. Es handelt sich um den bei Faris (1990) dokumentierten jüngsten Nightway-Sänger, geboren 1968 (vgl. S. 98/99), der bereits mit acht Jahren bei seinem Onkel mütterlicherseits in die Lehre gegangen ist: "Der jüngste Nightway Medizinmann in Tabelle 9 hatte immerzu Schwierigkeiten mit den Schulbehörden in Arizona, weil er wegen seiner Lehr- und Assistentenzeit bei den Nightway-Zeremonien im Winter den Unterricht versäumt hat. Petitionen um die Anerkennung von Leistungen für Soziale Studien oder Mathematik oder Literatur wegen entsprechender Inhalte des Nightway, damit er das High School Diplom erlangen konnte, stießen permanent auf taube Ohren" (1991, S. 107, Nr. 13). Bemerkenswert daran ist, die Antragsteller sehen in den komplexen Inhalten des Nightway dem Schulcurriculum äquivalente Bildungsinhalte. Der Betroffene hat, wie er mir selbst erzählt, niemals diesen Abschluß erreicht "... I have never graduated from high school ..." (Irv, S. 7). Jahre später hat man Irvin Tso dennoch zum Universitätsstudium in Logan/Utah zugelassen. Der Professor, der dies unaufgefordert ermöglichte, kommentiert die Zulassung zum Studium so:
"Was du (als Medizinmann) weißt und gelernt hast, das ist so viel wert wie der Besuch eines College, so gut als hättest du ein Diplom" (Irv, S. 9). "Zum ersten Mal hörte ich von einem Professor, das traditionelle Wissen eines Medizinmannes sei dasselbe wie zur Schule zu gehen" (vgl. Tso, S. 51). Irvin Tso hat daraufhin an der Universität zwei Jahre lang Anthropologie, Bildende Kunst und Landschaftsarchitektur belegt.
Der Kontakt mit ihm kam erst in den letzten Tagen meines Forschungsaufenthaltes im Herbst 1998 zufällig zustande, dennoch resultierten aus unserer Zusammenarbeit sieben Stunden Tonbandaufnahmen. Belegstellen aus diesem Material basieren auf Irvin Tsos deutungsmusterrelevanten Aussagen, rekonstruiert in einem "mental set" (vgl. Abschlußbericht, S. 5). Diese und andere Verweise auf die "mental sets" der Familienstudie sind weiter vorne und nachfolgend mit Namenskürzel und jeweiliger Kolumne gekennzeichnet, z.B. Irv, S oder L oder A. Verweise auf das Textmaterial haben Kennzeichnungen mit Namenskürzel und Seitenzahlen.
Im Vergleich zur genannten Dokumentation hat Irvin Tso zwischenzeitlich seine Blessingwaystudien mit der Übernahme eines Medizinbündels abgeschlossen, so daß er eine zweifache Ordination innehat. Im Kontext der Interviews erklärt Irvin Tso, er sei jetzt dabei, auch Enemyway zu lernen (Irv, S: 100), eine besonders populäre mehrtägige Zeremonie.
Vorgaben zur Erarbeitung einer Aktionskarte und damit zur Wirkungsgeschichte von Irvin Tsos Zeremonial-Oeuvre enthält das Interviewmaterial: "Für Leute von der gesamten Reservation habe ich gesungen, seit ich fünfzehn Jahre alt war, z.B. drüben in Window

Rock oder Kayenta oder Shiprock. Es werden, zähle ich nach, gosh, wahrscheinlich mehr als 40 Zeremonien sein. Das heißt, sie verteilen sich zwischen Tuba City, in der Westagentur bis hinaus nach Crown Point (im Osten), bis nach Lupton (im Süden) und wieder hinauf über Kayenta, Monument Valley und Oljato. Man kommt überall herum, verstehst du? Nachdem man als Medizinmann bekannt ist, kommen die Leute von überall her zu dir" (vgl. Irv, S: 93). Mit diesen Angaben entwirft Tso spontan bereits eine Grobskizze wichtiger Orte der Reservation, die immerhin knapp 70.000 km² (etwa die Größe Bayerns) umfaßt. An anderer Stelle erzählt er auf Nachfrage ausführlich sowohl von seiner ersten eigenverantwortlich durchgeführten Nightway- Zeremonie in Oljato (Irv, S. 15-17), nahe Monument Valley als auch später von seiner ersten Blessingway-Zeremonie in Black Mesa (Irv, S. 18), östlich von Tuba City. Die mit diesen Ereignissen verknüpften Geschichten Irvin Tsos enthalten viele Details über Anlässe, Personen und Beziehungsgefüge, Begleitumstände, Zwischenfälle, besondere Situationen und Erfahrungen, so daß sie sich zu "dichten Beschreibungen", zu Innenansichten von Bedeutung und Wirkungen gelebter aktueller Navajokultur fügen.
In meiner bisherigen Arbeit mit Navajo-Informanten spielen Zeremonien, wie sie auch von Medizinmännern des eigenen Familienverbandes praktiziert worden sind, eine Schlüsselrolle (Renner 1996, 1997a,b; DFG-Abschlußbericht, S. 8-11). Mittelpunkt der Erfahrungen und Erinnerungen der Bedoni-Brüder Vincent, Vergil, Vernon und ihres Cousins Toney ist Jack Atene, Medizinmann und Großvater mütterlicherseits, mit intensiven Bemühungen, seine Enkel streng im traditionellen Geiste zu erziehen (vgl. Vinc, S:10; Vern, S: 31, 56, 61, L: 50; Verg, in Renner 1996, S. 317; Ton, S: 24, L: 24, 25, 33, 68). Der leibliche Vater der Bedoni-Brüder, Lamar B., als Crystal Gazer und Hand-Trembler ein Diagnostiker, wird in dieser Funktion nur von Vincent genannt: "... mein später Vater ... war ein Medizinmann und Crystal Gazer ... und Handzitterer ..." (Vinc, L: 19, 46). Und er erzählt ausführlich von Aktivitäten des Vaters als Diagnostiker und Heiler und von dessen Versuch, ihm selbst diese Fähigkeiten weiterzugeben. Doch Vincent lehnt ab, fürchtet sich vor den damit verbundenen, schwer zu kalkulierenden Kräften, wie er aus heutiger Sicht kommentiert (vgl. Vinc, L: 41, 42; S: 43). Seine Tante Jessie habe die Zeremonialgegenstände und das Crystal Gazing vom Vater gelernt, er und Vergil zusammen hätten die Tante bestärkt, damit zu arbeiten (Vinc, L: 43, 44). Darüber hinaus erwähnt Rosita, Vergils Frau, als einzige die Heilkompetenz des Schwiegervaters. Als der dreijährige KC sich am Kopf eine schwere Quetschung zugezogen hat, kommt Lamar Bedoni extra 350 Meilen weit nach Salt Lake City und heilt mit seinem Crystal den Enkel (vgl. Ros, L: 32). Vergil, der Touristik-Unternehmer unter den Bedoni-Brüdern, antwortet auf Nachfrage über aktuelle zeremonielle Aktivitäten und Kontakte zu Medizinmännern: "Wir haben für uns einige Zermonien durchführen lassen (...) wir müssen etwas unternehmen, was gut für uns ist, für meine Familie, meine Angestellten, meine Autos, meine Pferde, für alle meine Verwandten. Es sind einige dafür abgehalten worden, seit ich dir das letzte Interview (1993) gegeben habe.
Durch diese Zeremonien sollen gute Geister mit uns sein und die bösen ausgetrieben werden, die bösen Einflüsse. Auch weil ich weiß, viele Leute in Monument Valley

wünschen, unser Unternehmen solle fehlschlagen, sie wünschen unserer Firma den Niedergang, daß ihr irgendwas passiert. Meistens schlechte Leute mit schlechten Gedanken versuchen so etwas. (...) Um das zu verhindern, heuere ich einen Medizinmann an, damit er all diese schlechten Einflüsse wegnimmt, daß alle in Frieden miteinander sind, daß alle Eifersucht beseitigt wird. Ich suche mir deshalb einen Medizinmann, der nicht aus der Nähe ist, der niemand hier kennt" (Verg, S: 1,2,3, 4, 6). Irvin Tso, der ausführende Medizinmann dieser Zeremonien für Vergil, gibt detaillierte Auskunft auf meine Frage, welcher Art diese Zeremonien gewesen sei: "Die Zermonie für Vergil gehört zu denen, die man Schutzgebet (protection prayer) nennt. Solche Gebete bringt man zur Anwendung, wenn man beispielsweise mental aus dem Gleichgewicht gerät, oder jemand in der Familie, etwa in der Art, wie man über Änderungen (bestimmter Lebensumstände) redet, wie man darüber denkt und dabei handelt. Und viele Leute, selbst Angehörige der eigenen Familie, Brüder und Schwestern, zeigen, daß sie deshalb durcheinander sind, und ich denke, es macht sie schwierig. An einem bestimmten Punkt geraten sie außer sich, verhalten sich unangemessen, reden und denken auch so. Also, Schutzgebete sollen hauptsächlich Personen oder eine Familie davor schützen.
Außerdem habe ich für Vergil eine kleinere Sache gemacht, die man, glaube ich, englisch smudging (Rauchzeremonie) nennt. Man nimmt dazu eine Mischung verschiedener Tabake, zündet ein Feuer an, bis die Kohlen ausgeglüht sind, dann muß man Tabak drauflegen. Dies bringt man zu den Pferden hin, auf eine Seite, damit der Rauch über die Pferde hinzieht. Und dann muß man Pferdelieder singen. (...) Damit sie gute Pferde sind, daß jeder, der sie reitet, sich an ihnen erfreut. Denn sie werden für Reittouren verwendet. Deshalb wollte Vergil diese Zeremonie. (...) Er weiß, die Pferde sind wichtig für sein Unternehmen. Also, was ich für Vergil gemacht habe, war keine zwei- oder drei-Tage-Zermonie, sondern nur ein sehr kurzer Typ von Zeremonien" (vgl. Irv, S. 64). In dieser Erläuterung Irvins klingen die Verwerfungslinien an, die quer zwischen den Bedoni-Atene-Brüder verlaufen. Ursache dafür ist das im Vergleich zu allen anderen Brüdern sehr erfolgreiche Touristik-Unternehmen Vergils. Vincent, der älteste von allen, hat mir gegenüber den Erfolg seines Bruders so kommentiert: Vergil sei schon immer "quick-minded" gewesen. Unabhängig davon wird deutlich, wie hier traditionelles Wahrnehmen und Denken in modernen Kontexten existiert und wie Problemen mit traditionellen Methoden begegnet wird.

(2) Zur Entwicklung von Reformschulen

Das Problem bikultureller Schulen, die vor dem Hintergrund der allgemeinen Entwicklung als Reformschulen im eigentlichen Sinne gelten müssen, habe ich in verschiedenen Publikationen diskutiert (Renner 1999, S. 217-231; 1999, S. 232-247; 2000 in Druck). In einem ersten Beitrag habe ich versucht herauszuarbeiten, wie im Rahmen der historischen Betrachtung der Schulentwicklung in der Navajo-Reservation die Gegenläufigkeit der Kulturkonzepte (vgl. S. 222-224) komplexe Anforderungen an eine Reformschule stellt, wenn sie Navajo-Schülern traditionsorientierte Identifikationsmöglichkeiten bieten möchte. In diesem Zusammenhang habe ich curriculare Versuche vorgestellt, die Prinzipien der Rough Rock Community School (Rough Rock. Demonstration School) herausgearbeitet und schuleigene Evaluationsversuche dazu in Beziehung gesetzt (vgl. S. 229). Im zweiten Beitrag ist ein Interview publiziert und kommentiert (vgl. 1999, S. 232-247), in dem ich während meines dritten Forschungsaufenthalts im Herbst 1998 die Gelegenheit wahrgenommen habe, den Direktor von Rough Rock vor allem hinsichtlich der ursprünglichen bikulturellen Prinzipien zu interviewen (vgl. Erstantrag vom 14.08.1996: 3.1 [8], S. 10). Zu meinem Erstaunen traf ich dort den Gründer dieser Schule, Dr. Robert Roessel jr., nach dreißig Jahren erneut als leitenden Direktor. Das Interview illustriert die außerordentlichen Schwierigkeiten, Bikulturalität nicht nur gegenüber Kritikern, sondern auch bei vielen Wohlmeinenden wirklich inhaltlich adäquat um- und durchzusetzen. Sein erneutes Engagement als Direktor sieht Roessel mit dem Auftrag verbunden, Rough Rock "in bilingualer und bikultureller Hinsicht wieder führend zu machen" (vgl. S. 234). Im dritten Beitrag (Renner 2000 in Druck) wird das Problem gegenläufiger Bildungsprogramme und der Versuch, diese curricular zu integrieren, erneut aufgegriffen und anhand von verschiedenen Lehrbüchern und -materialien diskutiert. Im Zusammenhang mit den Anforderungen, die derartige Materialien an die bikulturelle Qualifikation und die Mentalität der Lehrenden stellen, werden Schwierigkeiten des Rough Rock-Konzeptes aus heutiger Sicht (Roessel) herausgearbeitet: In einer bikulturellen Schule muß auch die traditionelle Kultur gelebt werden, soll sie für Schüler bedeutungsvoll bleiben oder werden.

4. Ziele und Arbeitsprogramm

4.1 Ziele

(1.) Vorhaben zur Erarbeitung des zeremoniellen Hintergrundes

(1.1) Rekonstruktive gedächtnismäßige Kartographierung der von Irvin Tso durchgeführten Zeremonien, unterschieden nach Typ, Ort, Zeit, z.B. in je einer Version für Nightway, für Blessingway, für kürzere Zeremonien.
(1.2) Tonbandaufnahmen der erlebten Kontexte zu den einzelnen Zeremonien als Geschichten.
(1.3) Tonbandaufnahmen zur Komplettierung von Irvin Tsos Lebensgeschichte.
(1.4) Festhalten der Forschungskontexte in Tagebüchern.
(1.5) Transkription (und Übersetzung) des Tonbandmaterials.
(1.6) Darstellung, Analyse und Interpretation der Gedächtniskarten und der zugehörigen Texte im Sinne eines vernetzten kulturellen Wirkungsgefüges.
(1.7) Die Lebensgeschichte des Medizinmannes Irvin Tso im Sinne des narrativen Verfahrens komplettieren und als modellartige Lern- und Bildungsgeschichte zwischen Tradition und Moderne darstellen, kommentieren, publizieren.

In der Navajo-Forschung fehlt bisher die Darstellung eines selbstkommentierten Medizinmann-Oeuvres.

(2.) Vorhaben zu evaluativen Einblicken in Rough Rock Community School auf qualitativer Basis

(2.1) Weiterführende Interviews mit Robert Roessel.
(2.2) Interviews mit Ruth Roessel, Navajo-Ehefrau von Robert R., die für die programmatische Arbeit in Rough Rock und im Diné College eine Schlüsselstellung einnimmt.
(2.3) Interviews mit Schülern *aus traditionellem und nicht-traditionellem Elternhaus* in Rough Rock über die Wirkung von Bikulturalität.
(2.4) Interviews mit Lehrenden in Rough Rock.
(2.5) Hospitationen im Unterricht, insbesondere im Hinblick auf traditionelle Inhalte und die Verwendung bikultureller Lehrmaterialien.
(2.6) Evaluierung traditioneller Kontexte in der Schulorganisation, in den Internaten, in verschiedenen Programmen wie Elternarbeit, Medizinmannausbildung usw.

(3.) Vorhaben zur eventuellen Ergänzung der Familienstudie
Tonbandaufnahmen mit den "feindlichen" Brüdern Albert, Marcus, Larry Atene sowie mit Jessie Bedoni, der Diagnostikerin.

4.2 Arbeitsprogramm

Zu den beiden Hauptakteuren dieses weiterführenden Forschungsvorhabens, dem Medizinmann Irvin Tso und dem Exekutiv-Direktor von Rough Rock, Dr. Robert Roessel jr., bestehen, wie weiter vorne erläutert, sehr gute Verbindungen.
Irvin Tso hat sein Interesse an weiterer Zusammenarbeit mehrfach bestätigt, insbesondere durch den gemeinsamen Entwurf eines thematischen Planes für seine Lebensgeschichte (plan for a book) am 6.10.98, der aufgrund der Kurzfristigkeit unserer Bekanntschaft noch nicht abgearbeitet sein kann. Abends vor meinem Abflug ab Albuquerque, am 11.10.98, hat er mich dort nochmals im Hotel besucht und mit mir gearbeitet. Ende Dezember habe ich mit ihm telefoniert, um ihn, wie mit der DFG abgesprochen, nach Deutschland zu holen. Dieser Besuch konnte wegen der damaligen Unvereinbarkeit seiner und meiner Termine nicht realisiert werden. Das vorliegende Interviewmaterial enthält viele Ansatzpunkte für die geplante kartographische und inhaltliche Rekonstruktion seines Medizinmann-Oeuvre (vgl. weiter vorne, S. 6). Dazu gehören auch spezielle, die zeremoniellen Kontexte betreffenden Interviewfragen, z.B. "Nach der Zeremonie, gleich welcher, hält man dann Kontakt zu den Leuten, um herauszubekommen, ob man ihnen geholfen hat?"(vgl. Irv, S. 18).

Nach Deutschland zurückgekehrt, habe ich Robert Roessel verabredungsgemäß die Transkription unseres gemeinsamen Interviews nach Rough Rock gesandt. Eine ehemalige Studentin, Michaela Traubel, die über die Reformschule Rock Point Community School in ihrer Wissenschaftlichen Hausarbeit für das Lehramtsexamen gearbeitet hat, überbrachte während eines Urlaubs in USA Roessel die Publikation "Kindsein in der Schule" persönlich. Darin sind die beiden weiter vorne zuerst genannten Artikel über Rough Rock publiziert.

Ebenfalls in den letzten Tagen meines Forschungsaufenthaltes im Herbst 1998 habe ich mit einer Schlüsselpersönlichkeit unter den sogenannten "feindlichen" Brüdern, mit Vernon Bedoni, eine interessante Selbstbiographie erarbeitet. Diese positiven Erfahrungen mit ihm könnten weitere Kontakte mit den anderen, mit Albert, Larry, Marcus, ermöglichen.

Literatur

Emerson, Gloria J.: Navajo Education. In: Handbook of North American Indians, Vol. 10: Southwest, ed. By Alfonso Ortiz, Washington: Smithonian Institution 1983, S. 659-671

Faris, James A.: The Nightway. A History and a History of Documentation of a Navajo Ceremonial. Albuquerque: University of New Mexico Press 1990

Frisbie, Charlotte J.: Navajo Medicine Bundles or Jish: Acquisition, Transmission, and Disposition in the Past and Present. Albuquerque: University of New Mexico Press 1987

Frisbie, Charlotte J./McAllester, David P.: Navajo Blessingway Singer. The Autobiography of Frank Mitchell 1881-1967. Tucson: University of Arizona Press [2]1980

Johnson, Broderick H. (ed.): Stories of Traditional Navajo Life and Culture by Twentytwo Navajo Men and Woman. Tsaile: Navajo Community College Press 1977

König, René: Navajo Report. Von der Kolonie zur Nation. Berlin: Reimer [2]1983

Leighton, Alexander H./Leighton, Dorothea: Gregorio, the Hand-Trembler. A Psychobiological Personality Study of a Navaho Indian. Paperss of the Peabody Museum of American Archaeology and Ethnology, Harvard University, Vol. XL-No. 1, Cambridge, Mass. 1949

Lindig, Wolfgang: Die 'moderne' Navajo Welt. In: derselbe, Indianische Realität, München: dtv 1994, S. 252-268

Neuwcomb, Franc Johnson: Hosteen Klah. Navaho Medicine Man and Sand Painter. Norman, London: University of Oklahoma Press 1989 (1964)

Renner, Erich: Moderne gegen Tradition bei den Navajos. In: Renner, Erich, Studien zur Ethnopädagogik, Weinheim: Deutscher Studien Verlag (Frühjahr 2000)

Renner, Erich: Navajo-Familienstudie (DFG-Abschlußbericht). Manuskript, Jan. 2000

Renner, Erich: Navajo-Familienstudie (Interviewmaterial und "mental sets"). Manuskripte

Renner, Erich: Rough Rock Community School – eine indianische Reformschule. Interview mit Dr. Robert A. Roessel jr., Gründer und derzeitiger Direktor. In: Renner, Erich u.a., (Hrsg.), Kindsein in der Schule, Weinheim: Deutscher Studien Verlag 1999, S. 232-247

Renner, Erich: Schulische Versionen traditioneller Kultur am Beispiel der Navajos. In: Renner, Erich u.a. (Hrsg.), Kindsein in der Schule, Weinheim: Deutscher Studien Verlag 1999, S. 217-231

Roessel, Robert A. jr.: Navajo Education in Progress: The Rough Rock Demonstration School. Chinle: Navajo Curriculum Center 1977

Roessel, Robert A. jr.: Navajo Education, 1946-1978. Ist Progress and ist Problems. Rough Rock: Navajo Center (of) Curriculum Rough Rock Demonstration School 1979

Roessel, Ruth (ed.): Navajo Studies. Tsaile: Navajo Community College 1971

Schierle, Sonja: Alternative Perspektiven in der Schulerziehung von US-amerikanischen Indianern und australischen Aborigines. In: Müller, Klaus E./Treml, Alfred K. (Hrsg.), Ethnopädagogik, Berlin: Reimer 1992, S. 179-199

Thompson, Hildegard: The Navajo's Long Walk for Education. Tsaile: Navajo Community College Press 1974

Die Legende vom Schmelztiegel USA[1]

1. Denkmodelle für die Beurteilung kultureller Kontinuität

Die USA als Einwandererland und Vielvölkerstaat wurde bis heute häufig und immer wieder als Beispiel für das Verschmelzen der Rassen und Kulturen, eben als Schmelztiegel angesehen. Daneben hat sich mindestens seit dem Aufbegehren der Schwarzen die Konzeption des Suchens nach den eigenen Wurzeln etabliert. Schmelztiegel bzw. Suche nach den Wurzeln können daher als eine Art populäre Denkmodelle betrachtet werden, mit denen man auf die Frage nach dem Zusammenleben der Völker und Kulturen reagiert. Relativ unabhängig davon wurden im wissenschaftlichen Bereich die Modelle Akkulturation und Ethnizität entworfen und diskutiert.

1.1 Das populäre Modell "Schmelztiegel" (melting pot)

Folgt man der Vorstellung vom melting pot, dann wären die USA das staatliche Areal, innerhalb dessen Grenzen sich die Legierung der Rassen und Kulturen zwangsläufig vollzieht, wobei das Basismetall, auf das die Verschmelzung bezogen ist, in den Abkömmlingen der europäischen Zivilisation zu sehen ist. Und wirklich findet man in Texten von Reiseschriftstellern genau diese Vorstellung gewissermaßen authentisch beobachtet und für die Allgemeinheit kolportiert. In einer Publikation von Gezork aus dem Jahr 1949 kann man lesen:
"Dann fahren wir nach den Einwanderervierteln hinüber. Und hier wird mir erst, mehr noch als im Hafen, die besondere Bedeutung dieser Riesenstadt klar: New York ist das Einfalltor für Amerika, es ist der Schmelztiegel vieler Rassen und Völker. Hier sind sie angekommen, die Überzähligen Europas, und hier, in den Einwanderervierteln fanden sie ihre erste Heimat in der Neuen Welt. Natürlich zog es jeden zu den Volksgenossen, die schon seit längerer Zeit hier waren, die seine Sprache redeten und ihm beim Einleben in diesem Lande helfen konnten. So entstanden die Griechen-, die Italiener-, die Juden- und die Armenierviertel New Yorks; fast jedes Volk hat hier seinen eigenen Stadtteil. Hier sieht man aber auch den einschneidenden Unterschied zwischen den Generationen, besonders der Frauen. Die Mütter ganz so, wie du sie in Neapel oder Lodz oder Bukarest triffst: fett, schlampig, mit unordentlichem Haar, in Nachtjacke und ausgetretenen Filzpantoffeln; die Töchter schon ganz Amerikanerinnen, gertenschlank im modernen Kleid,

---

[1] Erstmals publiziert in:
Renner, Erich: Von ‹wilden› Kindern. Studien zur Grundlegung pädagogischen Denkens. Weinheim: Deutscher Studien Verlag 1997, 99-127

in Seidenstrümpfen und Stöckelschuhen. Man muß es dem amerikanischen Volk lassen, daß es viel tut, um diesen Einwanderern den Weg zu ebnen."

Die hier transportierten Vorurteile sind an sich schon schlimm genug, denn es handelt sich auch noch um einen Ausschnitt, der in einem Leseheft für die Schule steht, beim genauen Hinsehen stimmt aber nicht einmal das naturwissenschaftliche Bild des chemischen Verfahrens. Beim Legieren von Metallen soll durch fremde Beimischungen das Grundmetall verbessert werden. In der melting pot-Theorie aber wird genau umgekehrt gedacht, denn die Einwanderer sollen ja durch Amerikanisierung aufgewertet werden.

Aus dem Jahr 1937 stammt eine interessante Definition über Amerikanerinnen des vielgelesenen Reiseschriftstellers A. E. Johann:

"Unter Amerikanerinnen sollten stets nur diejenigen Frauen und Mädchen verstanden werden, die weder selbst wissen noch erkennen lassen (es sei denn an ihren Namen), aus welchem europäischen Lande ihre Vorfahren nach den Vereinigten Staaten ausgewandert sind, die also mit guten Gewissen diese junge amerikanische Erde - sie ist noch immer jung, verglichen mit den alten Sorgen und Zöpfen Europas - ihre einzige geistige und seelische Heimat nennen."

In dieser Bewertung des Autors Johann werden ausschließlich Nachkommen europäischer Einwanderer als mögliche Amerikanerinnen in Betracht gezogen, womit faktisch andere Abstammungen ausgeschlossen sind. In dieser Art von Beweisführung ergibt sich ein deutlicher Zusammenhang zum erstgenannten Beispiel.

Ein letztes Beispiel, wiederum von Johann, aber aus dem Jahre 1955, darin gibt er, auf seine eigene Frage, ob "Menschen einzuschmelzen seien", u.a. diese Antwort:

"Wie dem auch sei: ich bleibe dabei, daß diese amerikanische Einschmelzung im allgemeinen nicht sehr tief unter die Haut reicht, daß sie zwar das Äußere, aber weniger die menschliche Substanz umzuprägen verstand, aus welcher <der Amerikaner> gebildet ist. ... Mir ist es stets so vorgekommen, als ob hier weniger eine geheimnisvolle Einschmelzungskraft der amerikanischen Erde wirksam sei - zweifellos ist etwas davon vorhanden -, sondern vielmehr der Wille und der Entschluß des einzelnen, eben <Amerikaner> zu werden, <amerikanisch> zu leben, zu denken, zu fühlen. Erst dieser Wille verleiht den Menschen Amerikas Einheitlichkeit, ja ihre gewisse Uniformität, die dann wieder rückwirkend wie ein Zwang aufzutreten vermag: als der vielberufene, beinahe schon berüchtigte <American Way of Life>." Man merkt an dieser Passage deutlich, daß ihr Autor im Vergleich zu 1937 eine Entwicklung durchgemacht hat. Einerseits behauptet er weiterhin eine prägende Kraft der amerikanischen Erde, ohne dies zu präzisieren, andererseits aber stellt er das Bewußtsein des Individuums, sein Selbstverständnis als entscheidend in den Mittelpunkt. Schließlich kritisiert er das mit dem American Way of Life verknüpfte Amerikanersein als uniform und oberflächlich.

1.2 Das populäre Modell "Suche nach den Wurzeln" (roots)

Der schwarze amerikanische Autor Alex Haley hat mit seinem Buch "Roots" (1976, deutsch 1977: "Wurzeln") die Suche nach kultureller Identität nicht nur in den USA,

sondern weltweit ins Bewußtsein der Öffentlichkeit gebracht. Er hat damit ein menschliches Bedürfnis nach Selbstvergewisserung literarisch, aber dennoch authentisch auf den Punkt gebracht. Haley beschreibt darin die Wirkung einer Erfahrung, in der seine scheinbar wurzellose Existenz als schwarzer Amerikaner plötzlich eine unverwechselbare Dignität erhält. In Gambia findet er das Dorf seiner Vorfahren und einen Griot, einen fahrenden Sänger und Historiker, der die Geschichte seiner Vorfahren genauso erzählt, wie Haley sie von seiner Großmutter kennt: "Ich saß da wie versteinert. Mein Blut schien zu erstarren. Dieser Mann, der sein Leben in diesem westafrikanischen Dorf verbracht hatte, konnte um keinen Preis der Welt wissen, daß er gerade eben das wiederholt hatte, was mir während meiner Jugendzeit auf der Veranda meiner Großmutter in Henning, Tennessee, so vertraut geworden war ..." (S. 733/734).
Dieser literarischen Thematisierung des Zusammenlebens der Rassen und Kulturen waren in den USA jahrzehntelange Auseinandersetzungen um soziale und politische Gleichberechtigung verschiedener Minoritäten vorausgegangen, erinnert sei an Black Power und die Bewegung Black is Beautiful, an Red Power und die Belagerung von Wounded Knee im Pine Ridge Reservat 1973 in South Dakota.

1.3 Das wissenschaftliche Modell "Akkulturation"

Die anthropologischen Wissenschaften in den USA beschäftigen sich seit Jahrzehnten mit dem Phänomen der kulturellen Kontinuität, das vor allem unter dem Begriff Akkulturation (acculturation) firmiert. Konkurrierende, bestimmte Richtungen anzeigende oder sich teilweise ergänzende oder umfassende wissenschaftliche Ansätze sind mit den Begriffen "culture change" (Kulturwandel), Assimilation, Amerikanisierung, Modernisierung verbunden (Gleason 1980).
Die besondere Bedeutung der Akkulturationsforschung in den USA seit den 20er Jahren manifestiert sich in den wiederholten Versuchen, das Forschungsfeld abzustecken, die Vielfalt der Forschungsarbeiten zu systematisieren sowie theoretische und methodische Grundlinien zu entwerfen. In diesem Zusammenhang ist das "Memorandum zur Erforschung der Akkulturation" von Redfield/Linton/Herskovits (1936) zu nennen sowie der Konzeptualisierungsversuch von Broom/Siegel/Vogt/Watson (1954). In einem systematisierenden Überblick hat Keesing (1953) den Versuch unternommen, bis dahin vorliegende Forschungsarbeiten verfügbar zu machen. Er verzeichnet dabei nicht weniger als rund 8.500 Titel, deren Schwerpunkt im 20. Jahrhundert liegt.
Für den deutschen Sprachraum hat Rudolph (1973) eine wichtige Systematisierung versucht, indem er Kulturwandel als den Gesamtvorgang und Akkulturation als die dabei ablaufenden Prozesse und auftretenden Phänomene definiert.

1.4 Das wissenschaftliche Modell "Ethnizität"

Obwohl das relativ junge Konzept Ethnizität als Gegenmodell zur Akkulturation verstanden werden kann, haben beide einen unaufhebbaren Zusammenhang. Insgesamt steht

Ethnizität jedoch für alle Formen der Beibehaltung und Kontinuität der kulturellen Differenziertheit. Im Hinblick auf die Native Americans formuliert der amerikanische Anthropologe Sol Tax (1960) die These, man könne bei ihnen nicht von Akkulturation sprechen, "... acculturation is not occuring in North America".
In diesem Kontext meint er, die äußeren Anpassungsprozesse seien mit der Änderung der ökonomischen Bedingungen längst vollzogen, was aber den Wandel der kulturellen Werte, "inner meanings", d.h. die kulturspezifischen Wahrnehmungs- und Denkweisen, nicht habe erfassen können.
In der vergleichenden Auswertung von Akkulturationsstudien über Mexikaner, Juden, Japaner, Italiener, Norweger, Chinesen, Iren, Franko-Kanadier, Armenier, Griechen, Polen, Russen kommt Spiro (1955) zu dem Ergebnis, "äußere Akkulturation könne nicht als verläßlicher Hinweis für den Wandel der Persönlichkeit gelten". Vor allem Einstellungen, Werte, Emotionen scheinen danach resistent gegen Akkulturation zu sein.
Wenn man aus diesem Blickwinkel Ethnizität definiert, dann kann man darunter die Konstellation kulturspezifischer Denk-, Wahrnehmungs- und Handlungsmuster verstehen, wie sie von Individuen praktiziert werden, die einer Kulturgruppe angehören. "Mit dem Betonen von Denken, Wahrnehmen, Handeln als dem eigentlich Kulturellen ist eine Linie verfolgt, bei der es auf das individuelle Bewußtsein von Personen ankommt, die einer Kulturgruppe angehören" (Renner 1986, 1993, S. 38).
Daraus folgt, daß bei der Definition des kulturellen Status von Personen (und) Gruppen der individuelle Bewußtseinsstand im Mittelpunkt steht. Am individuellen Bewußtseinsstand kann ersichtlich werden, zu welchen konkreten Konstellationen kulturelle Konfrontationen geführt haben bzw. ob sich eine akkulturative Entwicklung vollzogen hat. An dieser Stelle erhält die Biographieforschung eine wichtige Aufgabe.

2. Der aktuelle Stand der Forschung (aus der Sicht von Modernisierung)

Die Modernisierungsforschung hat, soweit länderübergreifende Ansätze in Betracht gezogen werden, eine aus soziologischer Sicht arbeitende emprisch-quantitative Ausrichtung mit universalistischem Anspruch (Lerner 1958; Inkeles/Smith 1974). Während Lerner "Empathie" als die Schlüsseleigenschaft ansieht, von der aus Modernität erklärt werden kann, arbeiten Inkeles/Smith mit einem eigens entwickelten standardisierten Interviewkonzept, dem OM-Score (overall measure of modernity), von dem aus die Entwicklung "moderner" Persönlichkeiten erklärt werden soll. In diesem Zusammenhang wird allgemein erwartet, daß das Ausmaß an schulischer Erziehung wesentlich für die Entwicklung moderner Persönlichkeiten verantwortlich ist, und zwar relativ unabhängig von der frühen Orientierung.
Wolfgang Edelstein (1984) untersucht am Beispiel Islands den Zusammenhang von Kindheit und Gesellschaft als Übergang von bäuerlich-subsistenzorientierten Lebenszusammenhängen in modern-urban-industrialisierte sowie die Rolle der Schule in diesem Kontext, d.h. insgesamt den "Gegensatz zwischen traditionaler und moderner Welt des

Kindes" (1984, S. 413; vgl. auch Boesch 1981). Mit der Unterscheidung von "implizitem Lernen" im traditionellen Kontext und "explizitem Lernen" im modernen Lebenszusammenhang hat Edelstein m.E. bildungstheoretisch grundlegende Kategorien herausgearbeitet, ohne die Modernisierungsprozesse nicht verstanden werden können.
Hans Bosse arbeitet mit einem "ethno-hermeneutischen" Ansatz an der Untersuchung von Modernisierungskrisen. Er will damit zeigen, daß universalistische Forschungskonzepte den zentralen Modernisierungproblemen nicht gerecht werden können, weil sie die Bedeutung selbstbestimmter Bildungsprozesse bei der Bewältigung von Krisen ignorieren. Er spricht dabei von einer "Pluralität von Entwicklungspfaden ..., denen Subjekte mit ihren Lebensentwürfen folgen, auch wenn sie ähnlichen, uniformen Einflüssen <moderner> Institutionen ausgesetzt sind" (S. 380).
Bosse diskutiert sein Konzept unter Berücksichtigung psychoanalytischer Untersuchungen von Parin/Morgenthaler und meint am Beispiel der Agni von der Elfenbeinküste, sie hätten "die Fähigkeit, statt Verdrängungen von Triebwünschen (im Kontext der ökonomischen Bedingungen) Umbesetzungen vorzunehmen" (S. 396), die er als selbstbestimmte Bildungsprozesse interpretiert. Bosse ist der Auffassung, daß die Ethno-Hermeneutik zeigen kann, wie Subjekte "ihren lebensgeschichtlichen Entwurf auch in die sogenannten modernen Institutionen einbringen und durchsetzen" (S. 384).
In Mario Erdheims eigenständigem psychoanalytischem Ansatz werden Zweifel angemeldet hinsichtlich der Bedeutung der frühkindlichen Erfahrungen für das spätere kulturelle Selbstverständnis, er diskutiert die These, "daß es nicht die Schicksale der frühen Kindheit, sondern diejenigen der Adoleszenz sind, die die Einstellung des Individuums zur Kultur bestimmen" (1982, S. 39). Unterschiede sieht er hinsichtlich der Herkunftsgesellschaften, die er mit Lévi-Strauss als "kalte" bzw. "heiße" Kulturen bezeichnet. Während in kalten Kulturen die Inhaber der kulturellen Macht die Entwicklungsrichtung über Initiation im eigenen Sinn festlegen, bleibt für die Adoleszenten in heißen Kulturen die Entwicklungsrichtung unbesetzt. Erdheim findet jedoch bei Schülern eine Übereinstimmung der "Einstellung zur Geschichte des eigenen Lebens" mit der "Einstellung zur Geschichte der Kultur" (S. 358).

Der Amerikaner Paul Riesman, auf dem Wege zu einer soziokulturellen Theorie der Persönlichkeit, diskutiert anhand seiner Beobachtungen bei den Fulbe/Riimaaybe in Westafrika die Konzepte und Ergebnisse der Kultur- und Persönlichkeitsschule und bezweifelt insbesondere die bei ihnen im Mittelpunkt stehende Dominanz frühkindlicher Prägung bei der Herausbildung der Persönlichkeit. Seine Forschungsergebnisse legen nahe, daß bestimmte Persönlichkeitsmerkmale vor allem davon abhängen, "wie die Menschen sich innerhalb ihres sozialen Kontextes wahrnehmen, welche Faktoren diese Selbsterfahrungen beeinflussen und wie die Auswahl und die Ausführung von Handlungen aus dem kulturellen Repertoire diesen Sinn für das Selbst ausdrückt" (1993, S. 173). Das heißt nicht, daß Kindheitserfahrungen bedeutungslos sind für das Erwachsensein, sondern daß sie ihre Relevanz erst durch den Ausdruck des Selbstverständnisses in späteren Entwicklungsphasen erhalten.

Obwohl Ethnopädagogik sich als eine Disziplin versteht, in der "ganz generell die Gesamtheit der Untersuchungen (gemeint sind), die sich weitläufig mit Ethnologie und Pädagogik befassen" (Müller/Treml 1992), mangelt es dort an einer Aufarbeitung der Kultur- und Persönlichkeitsforschung ebenso wie an einer Wahrnehmung der Anthropology-and Education-Bewegung (vgl. dazu Renner 1995). Außerdem fehlt in der bisher entwickelten Programmatik der Ethnopädagogik eine Formulierung der Modernitätsproblematik ebenso wie eine explizite Wahrnehmung biographischer Forschungsansätze (vgl. Müller/Treml, Hrsg., 1992: insbesondere Erny/Rothe, S. 109ff.).

3. Eigener Forschungsansatz

Mein eigener ethnopädagogischer Ansatz auf biographischer Grundlage befaßt sich mit Konstellationen, wie sie von Individuen angetroffen werden, deren Kindheitserfahrungen auf eine traditionelle Lebenswelt zurückgehen, die aber während der sekundären Sozialisation vor allem mit der nach westlichem Vorbild organisierten Schule konfrontiert sind. Die angenommene Gegenläufigkeit der primären und sekundären Sozialisation kann als pädagogische Modellsituation verstanden werden, für die Entwicklungsprozesse typisch sind, die als Modernisierung und/oder Akkulturation diskutiert werden. Der ethnopädagogische Ansatz auf biographischer Grundlage versteht Modernisierung im Kern als pädagogisch-anthropologische Grundsatzfrage nach der Bedeutung des Kindseins für das Erwachsensein, für deren Beantwortung sich empirisch-qualitative Forschungskonzepte als notwendig erwiesen haben. Bei Selbstbiographien, autobiographischen Texten handelt es sich um genuine Bildungs- und Lerngeschichten, in denen Individuen das Werden und die Entwicklung ihrer eigenen Person konstituieren. Bei der Rekonstruktion des eigenen Lebens explizieren sie dessen Sinn, wie sie es zeitlebens immer schon getan haben, wenn auch zumeist eher intuitiv. Als Erwachsene geben sie narrative Hinweise darauf, wie sie als Kinder und Jugendliche die Bedingungen ihrer Lebenwelt und die Vielzahl kultureller Einflüsse aufgegriffen haben und welche Bedeutung sie heute für sie selbst haben. Auf diese Weise entsteht ein Spannungsbogen, der die frühkindlichen Erfahrungen bis hin zur augenblicklichen Befindlichkeit umfaßt und einen Zusammenhang entwirft, der als Theorie der eigenen Entwicklung verstanden werden kann. Je zeitlich umfassender selbstbiographische Äußerungen sind, je länger die Zeitspanne ist, die in ihnen rekonstruiert wird, desto deutlicher profilieren sie sich als subjektive Theorien, deren Realitätsbezug immer wieder zu leisten, d.h., als Option zu verstehen ist. Anhand des Deutungsmusteransatzes läßt sich die Charakteristik solcher subjektiven Selbstbilder in idealtypischen Versionen herausarbeiten, so daß die darin gegebenen Konfigurationen gegenläufiger Sozialisationprozesse erkennbar und verstehbar werden (vgl. Renner 1986, S. 32-37). Insgesamt handelt es sich dabei um die Analyse der in den Texten selbstbiographisch vorgenommenen Beziehungsanalysen.

Die vor diesem Hintergrund gewonnenen Forschungserfahrungen erlauben die Annahme, daß die Entstehung kultureller Selbstbilder auf komplexen Hintergründen basiert. Im

Mittelpunkt derselben stehen vorbildhafte, vor allem personal besetzte Lern- und Wirkungsgefüge in großer Variationsbreite, gefolgt von familiären Lebensthemen (Geschichten als Erziehungsmittel), Lerninhalten, Umerziehungszwängen, kulturellen Zwängen, kritischen Ereignissen (Renner 1986, S. 198-205; Renner 1995; Renner 1996; Renner 1997). Insgesamt bleibt offen, welche Einflüsse in welchen Entwicklungsphasen wirkungsrelevant sind. Es kommt vielmehr auf die Struktur ihrer Verpflechtung mit anderen Wirkungsfaktoren an, die sowohl frühen als auch späteren Entwicklungsphasen zugehören können, und auf die Art und Weise ihrer Aufnahme und Verarbeitung durch die Betroffenen.

Nachfolgend möchte ich kulturelle Selbstbilder von Individuen aus drei verschiedenen indianischen Kulturen als Beispiele präsentieren. Es handelt sich dabei zufällig um Repräsentanten der drei größten indianischen Nationen, um zwei Navajos, die Halbbrüder Vergil Bedoni, geb. 1953, und Joe Atene, geb. 1970; um die Cherokee-Frau Wilma Mankiller, geb. 1945; um den Sioux-Lakota Russell Means, geb. 1939. Das selbstbiographische Navajo-Material stammt aus meinen eigenen Forschungen in den Jahren 1992-94 und wurde Anfang des Jahres im Deutschen Studien Verlag veröffentlicht (Renner 1996). Die beiden anderen, sowohl der Cherokee- und als auch der Sioux-Lakota-Text, sind als Autobiographien publiziert, der erstere davon ist auch in Deutsch erschienen. Anhand des Deutungsmusteransatzes habe ich sogenannte "mental sets" erarbeitet, in denen die Deutungen, d.h. die Schlüsselformulierungen der Informanten in überblickartigen Rastern zusammengestellt sind. Sie sind als erstes Interpretationsergebnis zu verstehen. Die zweite Phase der Interpretation begründet und kommentiert die in den "mental sets" rekonstruierten Beziehungsgefüge.

Dieser Analyse- und Interpretationsweg soll herausarbeiten, wie die genannten Individuen die Gegenläufigkeit ihrer Erfahrungen zwischen traditioneller und moderner Welt wahrnehmen, wie sie sie gedanklich verarbeiten und welche (Handlungs-)Konsequenzen sie daraus ziehen. Bei der Auswahl werden schwerpunktmäßig drei Entwicklungsphasen berücksichtigt: der familiär-traditionelle Bereich, der schulische Bereich, der Bereich der nachschulischen Karriere (Renner 1997).

4. Beispiele aus der Biographieforschung

4.1 Navajo (Renner 1996)

Meine beiden Navajo-Informanten Vergil Bedoni und Joe Atene stammen aus einem traditionell lebenden Familienverband in Monument Valley an der Südgrenze des US-Bundesstaates Utah zu Arizona hin. Die gemeinsame Mutter der beiden, Lilly Atene, war mit dem verstorbenen Lamar Bedoni verheiratet, mit dem sie vier Söhne hatte, Vergil ist einer davon. Danach ist sie mit Ben Atene verheiratet. Aus dieser Ehe stammen sieben weitere Söhne, von denen Joe einer ist. Sowohl Lamar Bedoni als auch Lilly und Ben Atene haben keine Schule besucht und sprachen bzw. sprechen kein Englisch. Sowohl

die Bedoni- als auch die Atene-Linie des Familienverbandes hat viele Medizinmänner hervorgebracht, z.B. den Großvater mütterlicherseits und den jetzigen Familienvater Ben Atene, dessen Übernahme eines medicine bundle, das für bestimmte Zeremonie altraditionen relevant ist, in Kürze bevorsteht. Außerdem ist Vergils älterer Bruder Vincent dabei, sich allmählich in die Medizinmanntradition einzuarbeiten (S. 116).
Dennoch haben alle Söhne der Bedoni- und Atene-Linie eine abgeschlossene High School-Ausbildung, was für indianische Familien in den USA durchaus nicht selbstverständlich ist. Vergil Bedoni, der ältere der beiden Halbbrüder, hat zwei Semester das Haskell Junior College, Kansas, und ein Semester lang das Fort Lewis College in Cortez, Colorado, besucht. Aber dann hat er versucht, sich in verschiedenen Berufen zu etablieren: als Rodeo-Reiter, als Silberschmied, als Kontrolleur eines Versorgungsbetriebs der Reservation, als Schulbusfahrer, als Fahrer eines Tour-Unternehmens in Monument Valley. Schließlich konnte er ein eigenes Tour-Unternehmen gründen, weil seine Frau Rosita aus einer der sieben Familien stammt, die traditionell in Monument Valley beheimatet sind. Auf diese Weise ist er bis heute Klein-Unternehmer in Touristik-Angelegenheiten in Monument Valley.
Joe Atene war, als ich ihn kennenlernte, Student des Navajo Community College (NCC) in Tsaile, Arizona, und arbeitete aushilfsweise in den Ferien bei seinem Halbbruder Vergil als Fahrer in Monument Valley. Weil das NCC nur eine zweijährige Ausbildung offeriert, die nicht zum Universitätsstudium qualifiziert, hat Joe nach dem Abschluß zunächst zu Hause gearbeitet, als Fahrer und später als Fremdenführer im Horse Riding Camp seiner leiblichen Brüder. Neuerdings versucht er seine College-Ausbildung zu komplettieren, um eine Möglichkeit zum Jura-Studium zu haben.
Vergils kulturelles Selbstbild manifestiert sich in dem Bekenntnis, er werde immer ein Indianer sein und niemals seine Kultur gegen eine andere tauschen, sich auch niemals einer anderen beugen (S. 318). Immer dann, wenn man Vergil in offiziellen Papieren nach seinem Bekenntnis fragt, antwortet er: "traditional person" (S. 317). Dieses Selbstverständnis leitet er vor allem aus intensiven Beziehungen zu seinen Großeltern mütterlicherseits ab, bei denen er einen Großteil seiner Kindheit und Jugend verbracht hat. Sie sind Mittelpunkt und Identifikationspotential seines Lebens schlechthin, denn er werde niemals ihre Lehren vergessen (S. 317). Bis in seine aktuellen Träume seien sie ihm gegenwärtig, begleitet von dem Bewußtsein, daß sie sich wechselseitig sehr gemocht haben (S. 316). Über Großvater Jack Atene läuft bei der matrilinearen Organisation der Navajo die Verbindung zum bedeutenden Navajo-Anführer Hoskinini. Vergil ist besonders stolz darauf, ein Ururenkel von ihm zu sein. Die Lehren und das Wissen des Medizinmann-Großvaters als orales Erzählgut verbinden ihn über Hoskinini mit den Traditionen der ersten Hälfte des 19. Jahrhunderts. Eine ähnliche Bedeutung für Vergil hat die Großmutter, Laughing Woman, die 1993 im Alter von 98 Jahren gestorben ist. Auch sie war und ist für ihn eine bedeutende Quelle der Navajotraditionen und traditionellen Wissens (S. 320). Aus diesem personalen Beziehungsgefüge leitet Vergil sein Selbstverständnis, seine Lebensmaximen und sein Erziehungskonzept für die eigenen Kinder ab. Seine Aussage, er vertraue auf Zeremonien, nähme immer wieder an solchen teil und

lasse immer wieder welche für sich selbst durchführen, habe ich bei eigenen Forschungsreisen bestätigt gefunden. Das heißt, sein kulturelles Selbstverständnis hat in dieser Weise auch eine Handlungsentsprechung.
Die Stringenz dieser traditionellen Argumentierung und Lebensorientierung spart aber nicht aus, daß Vergil über Anfechtungen wie den Alkohol spricht, die ihm im Verlaufe seiner Entwicklung zu schaffen gemacht haben. Seine pointierte Stellungnahme dazu lautet: "I am safe to say I am alcohol-free" (S. 318, 109-113).
Insgesamt haben Vergils Selbstdefinitionen einen ausgeprägt offensiv-operativen Charakter, Merkmale, die ihn für sich und andere sprechen lassen. Im Zusammenhang mit den von den Großeltern überkommenen Lebenslehren weiß Vergil, daß jeder Rat, den andere von ihm erbitten, sich nur daraus ableiten kann: " Whatever advice I can give to other people, it will be from what I have learned from my grandfather and grandmother" (S. 317). Nichtsdestoweniger bewahrt sich Vergil eine gewisse Offenheit gegenüber zukünftigen Entwicklungen, insbesondere soweit die eigenen Kinder davon betroffen sein könnten (S. 318).

Joes kulturelles Selbstbild gründet im gleichen traditionellen Familienverband. Da er jedoch 17 Jahre jünger als sein Halbbruder Vergil ist, fehlen ihm ähnlich intensive Erfahrungen mit den Großeltern mütterlicherseits, denn der Großvater ist bereits gestorben und die Großmutter in einem Alter, in dem sie zwangsläufig weniger für ihre Enkel da sein konnte. Dennoch erfährt auch Joe, daß in der Navajokultur die Enkel enger mit der Großelterngeneration zusammenleben (S. 325). Die Verkörperung der Traditionen ist für Joe vor allem mit der Person der Mutter und dem seit langem an seiner Medizinmann-Ausbildung arbeitenden Vater Ben Atene verbunden. Joe weiß vor allem, daß seine gesamte Familie traditionell aufgewachsen ist und an traditionelle Zeremonien glaubt, teilweise auch an Peyote-Zeremonien, einer panindianischen Religionsgemeinschaft. " ... that's were they get their help from" (S. 325). Und auch er selbst bekennt, er halte das Navajo-Konzept der Harmonie für wahr (S. 324). Beim Vergleich moderner Erziehung mit traditioneller ist Joe davon überzeugt, als Navajo müsse man zuallererst die Traditionen kennen (S. 327).
Die Schulerfahrungen sind für Joe vor allem mit seinen Brüdern verbunden, die sich vor ihm bereits durch ihre sportlichen Leistungen beliebt gemacht haben und an deren guten Ruf er deshalb anknüpfen konnte. Und er ist stolz, daß alle Brüder den High School-Abschluß geschafft haben. Deutlich unterscheidet Joe traditionell-implizites Lernen beim Praktizieren von Zeremonien vom Lernen in der Schule. Auffällig in Joes Selbstbiographie ist die weitgehende Abwesenheit von Ich-Formulierungen. Dadurch erhalten seine Berichte einen eher indirekten und auch statischen Charakter (Brumble 1990). Insgesamt hat sein kulturelles Selbstverständnis eine deutlich traditionelle Verankerung. Doch aufgrund seines Entwicklungsstandes bleibt offen, wohin ihn seine Traditionen und seine noch nicht abgeschlossene schulisch-berufliche Laufbahn noch führen werden.
Fazit: Die kulturellen Selbstbilder bzw. kulturellen Selbstverständnisse der beiden Navajos Vergil B. und Joe A. lassen sich in einem Deutungsmuster "Believing in ceremonies"

(An Zeremonien glauben, auf Zeremonien vertrauen) zusammenfassen. Innerhalb dieses Konzeptes müssen sie jedoch als zwei Varianten angesehen werden, eine eher offensiv-operative und eine eher deskriptiv-indirekte. Wichtig für ihr Verständnis ist die Zugehörigkeit zu verschiedenen Lebensphasen. "Vergils kulturelles Selbstkonzept spiegelt seine im Feuer vielfältiger Modernisierungsversuchungen gehärteten Erfahrungen, so daß er sich gegen akkulturative Einflüsse abgrenzt, ohne diese für sich völlig ausschließen zu können. Joes kulturelles Selbstverständnis hat diese 'Bewährungsprobe' noch vor sich" (S. 329).

4.2 *Cherokee (Mankiller/Wallis 1994)*

Wilma Mankiller wird als Tochter des Vollblut-Cherokee Charley Mankiller und einer Weißen niederländisch-irischer Herkunft im Cherokee-Gebiet in Oklahoma geboren. Die Großmutter mütterlicherseits lehnt die Heirat strikt ab (S. 38). Die Kindheit bis zum 11. Lebensjahr verbringt Wilma in dieser Region. Trotz des weißen Einflusses überwiegt in der Familie das Cherokee-Element, denn die Mutter läßt sich ganz auf die indianische Seite ein, so daß sie zuweilen vergißt, daß sie eine Weiße ist (S. 36). Dennoch wachsen die Kinder der Familie zwangsläufig in erster Linie mit Englisch als Muttersprache auf, obwohl sie Cherokee verstehen, aber eben nicht so fließend sprechen können (S. 67, 73). Im Zusammenhang mit der Termination-Politik der US-Regierung wird auch Familie Mankiller mit ihren neun Kindern im Jahr 1956 nach San Francisco umgesiedelt. Für die 11jährige Wilma ist diese Entscheidung ihrer Eltern schon damals falsch (S. 113, 149). Durch die Umsiedlung werden die ärmlichen Lebensumstände nicht verbessert, im Gegenteil, nach verschiedenen Stationen in Stadtteilen wie Potrero Hill, Daly City kommt die Familie schließlich nach Hunter's Point, wo sie sich aus Kostengründen niederlassen muß, dem Zentrum der Armut und Kriminalität. Hinzu kommt die Erfahrung permanenter ethnischer Intoleranz, mit der Wilma sich als Angehörige einer anderen Kultur bestätigt fühlt (S. 149, 117). Diese Fremdheit wird kompensiert, als Indianer verschiedener Herkunftskulturen in San Francisco ein indianisches Zentrum gründen, in dem sich Wilmas Vater engagiert (S. 118, 154, 171).
Wilma fühlt sich in der Schule nicht wohl, so daß sie als 12-, 13jährige Schülerin immer wieder zu Hause ausreißt und zu ihrer in der Nähe lebenden weißen Großmutter flüchtet. Diese hat einen positiven Einfluß auf ihre Selbstakzeptanz, so daß sie zu den Eltern zurückkehrt und nach dem High School-Abschluß als Sekretärin arbeitet.
Im Jahr 1963 heiratet Wilma den Sohn eines Arztes italo-ecuadorianischer Herkunft. Mit ihm hat sie zwei Töchter. Als sie merkt, daß ihre Heirat ein Fehler ist, bildet sie sich weiter und beginnt, sich bei den Bürgerrechtsbewegungen der 60er Jahre zu engagieren. Die für Wilma entscheidende Wende in ihrer Entwicklung datiert mit der Besetzung der Gefängnisinsel Alcatraz durch indianische Aktivisten, unter denen sich vier ihrer Brüder und Schwestern befinden, im November 1969 (S. 231, 267, 268). Schließlich trennt sie sich 1974 endgültig von ihrem Mann und nimmt ihren Mädchennamen Mankiller wieder

an (S. 294). 1977 kehrt sie nach Oklahoma zurück und arbeitet in der Stammesverwaltung der Cherokee, 1983 wird sie Stellvertreterin des obersten Häuptlings, 1985 dessen Nachfolger als erste Frau überhaupt, 1991 wählt man sie wieder.

Zwischenzeitlich hat Wilma Mankiller den Vollblut-Cherokee Charlie Soap geheiratet. Ihre Töchter aus erster Ehe leben ebenfalls in Oklahoma und haben Cherokee-Männer geheiratet. Wilma Mankillers kulturelles Selbstbild fokussiert in ihrer Aussage, sie sei vor allem anderen eine Cherokee-Frau (S. 42, 294). Die dominanten Merkmale ihrer Kindheitserinnerungen begründen durchaus diese Sichtweise, trotz der weißen Mutter. Sie habe sich damals immer als Indianerin erlebt, so daß sie durch die seltene Gegenwart von Nicht-Indianern verlegen gemacht wurde (S. 72). Insbesondere in der Gesellschaft ihrer Cherokee-Verwandtschaft hat sie sich wohlgefühlt (S. 73), bei den erzählten Geschichten verschiedener Tanten der väterlichen Seite, teilweise aus der Großelterngeneration (S. 74-77). Aber auch die traditionellen Geschichten des Vaters bedeuteten den Kindern damals viel (S. 72). Und ebenso das Bewußtsein, daß ihre Lebenssituation, Indianerin und arm zu sein, niemals als Ausrede für irgend etwas gelten könne, führt sie auf ihren Vater zurück (S. 166). Hartnäckigkeit in der Verfolgung ihrer Ziele leitet sie daraus ab.

Die Umsiedlung der Familie erlebt Wilma in Identifikation mit der Vertreibung der Cherokee im Jahr 1839 aus ihrem Stammland in North Carolina und Tennessee als eigenen "Weg der Tränen" (S. 102). In Kalifornien gehört sie mit ihrer Familie zur indianischen Minderheit, d.h., auch hier spielt in der Konfrontation mit der Majorität ihre Mischblütigkeit keinerlei Rolle (S. 117, 149). Gerade auch die Schule hält diese Erfahrung für sie bereit (S. 117). Das neu gegründete Indianische Zentrum in San Francisco bekommt daher für alle Familienmitglieder eine wichtige Orientierungsfunktion, insbesondere auch weil Vater Charley Mankiller sich dort engagiert (S. 154, 166, 171).

Die Ehe mit dem Ecuadorianer Hugo Olaya stellt in der Entwicklung von Wilmas kulturellem Selbstbild einen deutlichen Bruch dar, obwohl ihr offenbar schon bald die Unvereinbarkeit ihrer Bedürfnisse bewußt wird (S. 215). Diese zwiespältige Situation überwindet sie durch die Aufnahme eines College-Studiums (S. 224) und ihr Interesse an den Bürgerrechtsbewegungen der 60er Jahre. Kontakte mit vielen, später sehr bekannten Aktivisten bestärken sie in dieser Richtung.

Den entscheidenden Impuls sieht sie jedoch für sich selbst in der Besetzung von Alcatraz, den sie als Weg zurück zu unseren Wurzeln (S. 269) bezeichnet. In der Folge findet sie Erfüllung durch ihre Arbeit im indianischen Jugendzentrum und durch die Unterstützung der kalifornischen Pit-River-Indianer gegen mächtige Energiekonzerne (S. 282, 283). Sie lernt dabei die Aktivisten, die weisen Alten, die Heiler, die Geschichtenerzähler ... ausnahmslos (als ihre) besten Lehrer kennen (S. 285). Mit der Trennung von Hugo Olaya, der Rückkehr nach Oklahoma und der Arbeit in der Cherokee-Stammesverwaltung greift Wilma Mankiller bewußt ihre Kindheitserfahrungen wieder auf. Und bald schon folgen ihr auch die meisten ihrer Geschwister (S. 298). In der Annahme ihres Mädchennamens Mankiller ist für Wilma die Rückkehr zu ihrem Cherokee-Erbe auch öffentlich dokumentiert (S. 294).

In allen Aktivitäten und Selbsdefinitionen der Folgezeit dominiert eine traditionelle Orientierung. Beispiel dafür ist die häufige Teilnahme an den Tänzen der Cherokee-Geheimbünde (S. 237, 296), aber auch die Heirat mit einem Vollblut-Cherokee, einem Traditionalisten und panindianischen Aktivisten, gehört in diesen Kontext (S. 324, 325). Bei ihrer Begegnung mit der Geschichte der Cherokee und ihrer fast einhundertfünfzigjährigen Trennung berichtet sie mit großer Befriedigung von den Zeremonien der Wiedervereinigung mit den östlichen Cherokee in North Carolina im Jahr 1984, an der sie als Stellvertreterin des obersten Häuptlings teilnimmt (S. 84-86). Schließlich leitet Wilma Mankiller ihre Überzeugung, daß die Wertesysteme der indigenen Völker denen der westlichen Gesellschaft bei weitem überlegen (seien), aus diesen intensiven Erfahrungen mit dem Cherokee-Erbe ab (S. 292).
Fazit: Das kulturelle Selbstverständnis der Cherokee-Führerin Wilma Mankiller steht für eine traditionelle Orientierung, die sich trotz vieler Widerstände herausgebildet hat, trotz gegenläufiger Sozialisationswirkungen, wie sie durch die der weißen Rasse zugehörenden Mutter vorhanden sind, trotz der politischen Assimilationsversuche, wie sie die Umsiedlung darstellt, und trotz des permanenten Assimilationsdruckes durch den American Way of Life. Diese Traditionsorientierung gründet nicht auf der Erfahrung eines intensiven Zeremoniallebens in der frühen Kindheit, aber doch auf der Erfahrung einer kulturellen Gruppenzugehörigkeit im verwandtschaftlichen Kontext des Vaters und auch auf der Erfahrung indianischer Gemeinsamkeit im Indian Center von San Francisco. Dennoch zeigt sich Wilmas Entscheidung für die Cherokee-Kultur und ihr Bekenntnis dazu als individueller Entwicklungsprozeß, gewissermaßen auf den richtigen Weg gebracht durch kritische Ereignisse wie die kulturfremde Heirat und insbesondere die Alcatraz-Besetzung. Wilmas Entwicklung scheint aber auch Beispiel dafür, wie die Barrieren, die das weiße Amerika dem Indianersein entgegensetzt, das Gegenteil bewirken, nämlich die Problematisierung des American Way of Life und die Revitalisierung der Traditionen als alternative Lebensperspektive.

4.3 Sioux-Lakota (Means/Wolf 1995)

Russell Means wird 1939 im Pine Ridge Reservat in South Dakota geboren. Seine Mutter ist eine Yankton Lakota, sein Vater entstammt einer mischblütigen Familie mit Crow-, Oglala- und irischen Wurzeln. Die frühen Jahre verbringt er gemäß dem Muster der matrilinearen Organisation der Lakota zumeist bei den Großeltern mütterlicherseits, insbesondere unter dem Einfluß des traditionalistischen Großvaters John Feather. Seine Eltern haben die für Indianerkinder typische boarding school-Erziehung durchleiden müssen, die Mutter eine nach strengem Episkopal-Muster, der Vater wurde Hunderte von Meilen weit weggebracht, herausgerissen aus seiner Familie. Die Mutter praktiziert die selbst erfahrene harte Disziplinierung dann bei ihren Kindern. In diesem Zusammenhang hat sie offensichtlich Lakota nicht als Muttersprache an ihre Kinder weitergegeben, was sich aus Russell Means Aussage ableiten läßt, er spreche Lakota nicht flüssig (S. 429).

Und der Vater hat zeitlebens Probleme, mit dem Alkohol umzugehen. Um der Not des Reservationslebens zu entgehen, siedeln die Eltern mit ihren Kindern in den Großraum Oakland um. Die Schulzeit in dieser Region ist für Russell durch ständige Kämpfe charakterisiert. Die Gründe dafür sind nicht nur in seinem Indianersein zu suchen, sondern auch in einer rebellischen Grundhaltung und allgemeinen Frustrationen (S. 49).

Er wird Mitglied einer bandenähnlichen Vereinigung, schwänzt die Schule, trinkt Alkohol, nimmt Drogen und handelt auch damit. Soweit er die Schule besucht, wird er zum Alptraum besonders der schwachen Lehrer, aber er findet auch welche, von denen er mit Hochachtung spricht. Aus Verzweiflung schickt ihn die Mutter zum Bruder des Vaters in die Winnebago Reservation. Aber auch das hilft nicht. Zurückgekehrt, vermehren sich die Probleme, Russell beteiligt sich an Einbrüchen in drug stores, und sein Drogenkonsum weitet sich aus.

Schließlich ändert er seine Einstellung durch den väterlichen Einfluß, und eine besonders beliebte Lehrerin bringt ihn zur Aufnahme eines College-Studiums, um Geschichtslehrer zu werden. Daran knüpft sich sein Interesse, die Wahrheit über die kalifornischen Indianer herauszufinden, nachdem er erfährt, sie hätten keine Geschichte. Doch auch dieser Weg ist nicht von Dauer, es kommt zu Rückfällen.

Als zu Beginn der 60er Jahre der Großraum San Francisco zu einem Sammelpunkt für Indianer aus den gesamten USA wird, die sich selbst organisieren, findet Russell darin eine eigene Orientierungslinie. In der Folgezeit wird er Mitbegründer des Cleveland American Indian Center und arbeitet dort mit. Er bildet sich weiter, heiratet eine Sioux-Indianerin. Aber dennoch bleibt sein Leben unstet und von Alkohol beeinflußt.

Schließlich wird Russell Means Mitglied des American Indian Movement (AIM), der kämpferischen Indianerbewegung Ende der 60er Jahre, die sich bald als Advokat aller Indianer versteht. Es kommt zur Organisation vieler widerständiger Aktivitäten gegen die offizielle Indianerpolitik, deren Höhepunkt die Belagerung von Wounded Knee, South Dakota, im Jahre 1973 bildet. Russell Means ist nicht nur dabei die führende Persönlichkeit, er wird auch zu einem der anerkannten Führer des AIM. Damit avanciert er zu einem der bekanntesten Indianer der USA, wird mehrfach angeklagt, verurteilt, sitzt ein Jahr im Gefängnis und überlebt mehrere Mordanschläge.

Russell Means war viermal mit Indianerinnen verheiratet, nach Twila, einer Sioux, folgten die Hopi-Frau Betty sowie die Navajo-Frauen Peggy und Gloria.

In Nicaragua nimmt er an den Kämpfen der Miskito-Indianer teil. Als talentierter Redner wird er weltweit zu Vortragsreisen eingeladen. In den letzten Jahren ist er als Schauspieler bekannt geworden, z.B. in der Rolle des Chingachgook in dem Film "Der letzte Mohikaner" von Michael Mann.

Russell Means' kulturelles Selbstbild zentriert sich in einer zweigliedrigen Selbstdeutung, er hoffe, daß man sich an ihn als einen unerschrockenen indianischen Kämpfer erinnern werde, dessen Einsatz nicht nur für die Indianer Bedeutung habe (S. 535). Beispielhaft könne sein Leben aber für alle sein, die den Lehren des Lakota-Propheten Black Elk folgen wollten (S. 543).

In der ersten Formulierung verknüpft er aber nicht nur die physischen Auseinanderset-

zungen seiner Kinder- und Jugendzeit (... I grew up fighting [S. 35], und S. 25, 49, 53), auch seine inneren Kämpfe um und gegen Drogen und Alkohol sind damit gemeint (I felt empty, hollow, used up ... [S. 55], ... and decided that I wasn't that serious about getting high [S. 62], <Peggy> was a woman who had faith in my word <to quit drinking> [370] und S. 49, 55, 66, 128, 131, 134, 179, 181, 215, 436). In diesen Zusammenhang gehört auch seine Suche nach Anerkennung, Selbstachtung und einem sinnvollen Leben (It made me mad ... to watch movie Indians getting slaughtered ... [S. 35], I tested every teacher, and easily dominated those who were wimps [S. 46], <Miss Fridlander> was nourishing my self-esteem ... [S. 61], I was so antiauthority ... [S. 64], <filling out applications> ... I always wrote in big letters AMERICAN INDIAN SIOUX [S. 83], wth that decision <to enter AIM> my whole existence suddenly came into focus [S. 153] und S. 36, 37, 38, 67, 73, 150, 161, 212, 415).
Russell Means ist dann der erste der AIM-Führer, der auch nach außen seine Identität demonstriert, denn er trägt als erster die traditionelle Zopf-Frisur (S. 155). Schließlich sind die Kämpfe für die Rechte der indianischen Minderheiten in diesem Deutungskontext so etwas wie eine logische Handlungskonsequenz (I wanted to find the truth about Californian Indians ... [S. 63], <AIM> would be advocates for any Indian man or woman, any Indian family, any Indian community, or any Indian Nation [S. 175]. We tried to make the Trail of Broken Treaties an All-Indian Project [S. 226] und S. 165, 220, 275, 367, 536, 541).
Der zweite Teil der Selbstdefinition gipfelt in der Formulierung, er sehe sein Leben als eine Folge von Erfahrungen, die dazu bestimmt gewesen seien, ihn auf einen traditionell-spirituellen Weg zu führen (S. 356). Und diese Bestimmung gehe nach seiner Meinung auf das Große Geheimnis zurück. Stationen dieser Bestimmung lassen sich aus den Deutungen herausfiltern. Sie beginnen mit den Lehren des traditionalistischen Großvaters John Feather (<he> was teaching me the Indian way of thinking, ... [S. 13] und S. 127). Sie erhalten eine gewisse Kontinuität durch die mehrphasige traditionelle Namengebung (... that each person receives four names. [S. 13]), wobei der erste Wanbli Ohitika (Tapferer Adler) von der Mutter kommt, der zweite Cio (Prärievogel) im Jahr 1965 von der Schwester der Mutter (S. 120), der dritte im Juli 1972 während einer Zeremonie in Porcupine, South Dakota, von Traditionalisten verliehen wird: Oyate Wacinyapi (Der für die Leute arbeitet) (S. 221). Eine andere Linie der Hinführung auf den traditionellen Weg kann man in seinen Erfahrungen mit anderen indianischen Kulturen sehen. Ihre Wertschätzung sieht er als einen tiefwirkenden Einfluß auf sein Leben (S. 67). Er formuliert ihn im Zusammenhang seiner Begegnungen mit den Hopi in Arizona (S. 109, 124), mit den Crow in Montana, einst Erbfeinde der Sioux (S. 147) und mit den Navajo in Arizona (S. 541). Er wehrt sich aber gegen die Tendenz der Folklorisierung bei den sogenannten Powwows. Charakteristisch für diese Tanzfeste sei die Übernahme des Liedgutes der Büffeljägerkultur, in der die Sioux eine zentrale Stellung einnehmen (S. 69), aber diese Übernahme sei gleichbedeutend mit Niedergang, eben Folklorisierung. Die Teilnehmer seien zumeist Teilzeit- und Möchtegern-Indianer (S. 117, 509, 539). Powwow sei der bequem-faule Weg, Indianer zu sein (S. 538). Die traditionellen Lieder

sieht Means als Zentrum der Lakotakultur, auch deshalb, weil sie alle Lebensbereiche abdeckten (S. 69).
Ein wichtiges Vorbild für seinen traditionell-spirituellen Weg und insbesondere für die Teilnahme am Sonnentanz, der zentralen Lakota-Zeremonie, sieht er in dem Lakota-Medizinmann Pete Catches (S. 146, 297). 1971 nimmt Russell Means erstmals als Tänzer und Opferer daran teil (S. 186). 1973, als der offizielle Sonnentanz abgesagt wird, beteiligt er sich an einem privaten unter Leitung des Medizinmannes Leonard Crow Dog (S. 296). Im September 1976 opfert er wieder bei einer Sonnentanzzeremonie (S. 364). Im Sommer 1982, im Zusammenhang mit einem Sonnentanz in den heiligen Bergen der Black Hills, sagt Russell Means, er habe bereits an mehr als einem Dutzend teilgenommen (S. 429).
Ein anderes Zentrum der Lakotakultur ist die Visionssuche (crying for a vision). Dazu gehört eine viertägige absolute Fastenzeit in totaler Einsamkeit. Die dabei erfahrenen Visionen dienen der traditionellen Lebensorientierung. Russell Means praktiziert die Visionssuche erstmals 1978, ein weiteres Mal im Jahr 1980 (S. 376ff., S. 405ff.).
Einen Höhepunkt seines traditionellen Selbstverständnisses kann man in einer Zeremonie sehen, in der Russell Means von sieben traditionellen Häuptlingen mit drei weiteren Lakota zeremoniell als traditioneller Anführer bestätigt wird. Daß er darüber hinaus auch zum traditionellen Vorbild für die nachwachsende Generation geworden ist, sieht man zumindest daran, daß Scott Means, einer seiner Söhne, zu den eifrigen Sonnentänzern und Opferern zählt (Foto von 1994), der seinem Vater auch bei der Vorbereitung für die erste Visionssuche hilft (S. 376).
Fazit: Russell Means ist, abgesehen von seiner frühen Kindheit, eigentlich ein Stadtindianer, dessen Entwicklung sich außerhalb eines kontinuierlichen traditionellen Milieus vollzieht. Die Mutter, obwohl Vollblut-Lakota, ist eine strenge Anhängerin der Episkopal-Kirche, und dem Vater, obgleich ihn Russell als einzigen Indianer unter den sonst assimilierten Means-Brüdern bezeichnet (S. 128), fehlt eine traditionelle Bindung. Aus der Kenntnis seiner Autobiographie muß man Russell Means dennoch als einen Traditionalisten ansehen. Die darin rekonstruierte und auch praktisch gelebte traditionelle Identität ist jedoch das Resultat eines lebenslangen Suchens und Kämpfens. Sie wäre aber nicht denkbar ohne gewisse personale Beziehungen, die auf beiden Seiten des zur Diskussion stehenden kulturellen Spektrums plaziert sind. Dazu gehören der Großvater John Feather, der ihm gewisse Lakota-Essentials vermittelt, die weiße Lehrerin Miss Fridlander, die an seine Fähigkeiten glaubt, und der Medizinmann Pete Catches, der ein traditionell-vorbildhaftes Leben führt. Die indianische Bürgerrechtsbewegung und insbesondere das American Indian Movement bilden dann die Aktionsfelder, in denen er seine Erfahrungen verarbeiten und leben kann. Das Leitmotiv des AIM sei es gewesen, das ihn wie ein Blitz getroffen habe ("... nailed me down" [S. 150].) und die entscheidende Wende in seinem Leben gewesen sei. Dieses Leitmotiv stammt von Joseph, dem bedeutenden Nez Percé-Anführer. Es lautet: Let me be a free man, free to travel, free to stop, free to work, free to work where I choose, free to choose my own teachers, free to follow the religion of my fathers, free to talk, think, act of myself – and I will obey every law

or submit to the penalty (S. 150). Neo-Traditionalist scheint ein Muster zu sein, mit dem sich Russell Means' kulturelles Selbstbild angemessen beschreiben läßt.

5. Zusammenfassung

In den herausgearbeiteten kulturellen Selbstverständnissen aus drei verschiedenen indianischen Kulturen wird meines Erachtens ein interessantes Spektrum an traditioneller Orientierung und an kultureller Kontinuität präsent. Die beiden Navajo-Selbstbilder scheinen Beispiele dafür zu sein, wie trotz eines intakten traditionellen Umfeldes das Bewahren der Traditionen nur über permanente subjektive Selbstvergewisserung möglich ist. Die Beispiele Cherokee und Sioux-Lakota können als Versionen der Wiedergewinnung von kulturellen Traditionen verstanden werden, vielleicht auch als subjektive Revitalisierung, die jedoch ebenfalls ohne ein Minimum an kulturellen Kontexten nicht entwicklungs- und lebensfähig wären. Und gerade diese beiden Individuen sind aufgrund ihrer gemischten Abstammung den Anfechtungen des American Way of Life besonders stark ausgesetzt gewesen.
Fazit: Unabhängig von den vorgestellten Variationen können alle hier diskutierten Selbstzeugnisse als Belege für die These gelten, daß Wahrnehmen, Denken und Handeln das eigentlich Kulturelle ausmachen.
Das populäre Denkmodell Schmelztiegel ist, wie es sich eingangs bereits angedeutet hat, nicht nur als allgemeines Erklärungsmuster unhaltbar, es ist in allen möglichen Bezügen ein zutiefst inhumanes Bild, weil es die Fähigkeiten und Möglichkeiten des Menschen unterschlägt, auch gegen scheinbar unüberwindbare Widerstände, eine eigene kulturelle Option wahrzunehmen.
Das Problem des Zusammenlebens der Rassen und Kulturen ist nicht nur und nicht vor allem das der Gleichheit im sozialen und politischen Sinn, sondern das Problem ist das des Rechtes auf Ungleichheit, d.h. im kulturellen Sinn das Recht auf Anderssein (Renner 1988, S. 20).

Literatur

Primärliteratur

Mankiller, Wilma/Wallis, Michael: Weg der Tränen. Die Geschichte der Cherokee, erzählt von ihrem ersten weiblichen Häuptling. München: Droemer Knaur 1994

Means, Russell/Wolf, Marvin J.: Where White Man Fear to Tread. The Autobiography of Russell Means. New York: St. Martin's Press 1995

Renner, Erich: Die Suche nach Harmonie: Navajo-Versionen. Weinheim: Deutscher Studien Verlag 1996

Sekundärliteratur

Bosse, Hans: Zur Ethno-Hermeneutik von Modernisierungskrisen und selbst bestimmten Bildungsprozessen. In: Th. Schöfthaler/D. Goldschmidt, Hrsg., Soziale Struktur und Vernunft. Frankfurt/M.: Suhrkamp Taschenbuch Wissenschaft 165, S. 379-402

Broom, Leonhard/Siegel, Bernard/Vogt, Evon Z./Watson, James B.: Acculturation. An Explanatory Formulation. In: American Anthropologist, Vol. 56, 1954, S. 973-1000

Brumble, David H.: American Indian Autobiography. Berkeley: University of California Press 1990

Champagne, Duane: Native America. Porträt of the Peoples. Detroit: Visible Ink Press 1994

Edelstein, Wolfgang: Entwicklung, kulturelle Zwänge und die Problematik des Fortschritts. In: Th. Schöfthaler/D. Goldschmidt, Hrsg., Soziale Struktur und Vernunft, Jean Piagets Modell entwickelten Denkens in der Diskussion kulturvergleichender Forschung. Frankfurt/M.: Suhrkamp Taschenbuch Wissenschaft 365, 1984, S. 403-438

Erdheim, Mario: Die gesellschaftliche Produktion von Unbewußtheit. Eine Einführung in den ethnopsychoanalytischen Prozeß. Frankfurt/M.: Suhrkamp 1982

Erny, Pierre/Rothe, Friedrich Karl: Ethnopädagogik – Systematische Annäherung. In: K. E. Müller/A. K. Treml, Hrsg., Ethnopädagogik. Berlin: Reimer 1992, S. 101-112

Gezork, Herbert: New York, Schmelztiegel der Völker. In: In der neuen Welt, Hirschgraben-Lesereihe, Reihe II: Erdkunde, 13. Bändchen. Frankfurt/M.: 1966, S. 10-13

Gleason, Philipp: American Identity and Americanization. In: St. Thernstorm, ed., Harvard Encyclopedia of American Ethnic Groups. Cambridge, Mass.: Harvard University Press 1980, S. 31-58

Haley, Alex: Wurzeln. (Roots). Frankfurt/M.: Fischer 1977

Inkeles, Alex/Smith, David H.: Becoming modern. Individual Change in Six Devoloping Countries. London: Heineman 1974

Johann, A. E.: Große Weltreise mit A. E. J. Gütersloh: Bertelsmann 1955

Johann, A. E.: Pelzjäger, Prärien und Präsidenten. Berlin: Ullstein 1937

Keesing, Felix M.: Culture Change. An Analysis and Bibliography of Anthropological Sources to 1952. Stanford: Stanford University Press 1953

Redfield, Robert/Linton, Ralph/Herskovits, Melville J.: Memorandum for the study of acculturation. In: American Anthropologist, Vol. 38, 1936, S. 149-152

Renner, Erich: Das Problem der kulturellen Kontinuität von Minoritäten aus der Sicht von Individuen. In: M. Dabag/K. Platt, Hrsg., Identität in der Fremde. Bochum: Brockmeyer 1983, S. 33-57

Renner, Erich: Changing Woman's Enkel: Führt der Pfad der Schönheit in die Zukunft? In: derselbe, Hrsg., Kinderwelten, pädagogische, ethnologische und literaturwissenschaftliche Annäherungen. Weinheim: Deutscher Studien Verlag 1995, S. 184-201

Renner, Erich: Probleme individueller Modernisierung. Autobiographische Beispiele aus der Ethnopädagogik. In: Imbke Behnken/Theodor Schulze, Hrsg., Tatort: Biographie, Spuren – Zugänge – Orte – Ereignisse. Opladen: Leske + Budrich 1997

Renner, Erich: Sozialisation in zwei Kulturen. Analyse autobiographischer Texte. Frankfurt/M.: Campus 1986

Riesman, Paul: Stimm Freud in Afrika? Über das Verhältnis von Erziehung und Person. In: M.- J. van de Loo/M. Reinhart, Hrsg., Kinder, Ethnologische Forschungen in fünf Kontinenten. München: Trickster 1993, S. 157-183

Rudolph, Wolfgang: "Akkulturation" und "Akkulturationsforschung". In: W. Rudolph, Ethnologie – Standortbestimmung einer Wissenschaft. Tübingen: E. Huth 1973, S. 50-69

Spiro, Melford E.: The Acculturation of American Ethnic Groups. In: American Anthropologist, Vol. 57, 1955, S. 1240-1252

Kindheit

Kinderwelten – zur ethnographischen Dimension von Kindheit[1]

1. Ausgangspositionen

Der eigenständige Beitrag der Grundschulpädagogik zu dem, was heute interdiszplinär unter Kindheitsforschung firmiert, sollte sein Profil in der Vorstellung gewinnen, daß Kindheit/Kindsein als Zeit "erhöhter Lernbereitschaft" zu sehen ist, eine Zeit, in der sich grundlegende Lern- und Bildungsprozesse vollziehen. Ergebnisse der Kindheitsforschung konstituieren vor diesem Hintergrund nicht nur die erziehungswissenschaftliche Grundlegung der Grundschulpädagogik, sondern ergeben auch einen Bezugsrahmen für gegenstandsbezogene, d.h. unterrichtliche Aufgabenfelder mit den Kernfächern Deutsch, Sachunterricht, Mathematik (Renner 1990; 1995, S. 52, 53). Kinderwelten oder auch Kinderleben/Kindsein in anderen Kulturen sind in diesem Kontext als mögliche und notwendige Konkretisierungen von Kindheitsforschung zu verstehen. Zweierlei Perspektiven lassen sich daraus ableiten, der Anspruch, wenig oder 'un'-bekannte "Wege für das Verstehen der Welt" zu untersuchen und damit unser Verständnis vom kindlichen Menschsein zu erweitern und in Konsequenz daraus, solche Kinderwelten als modellähnliche Bezugsgrößen für eine interkulturelle Begründung des Sachunterrichts heranzuziehen.

2. Forschungslinien

Mary Ellen Goodman hat in ihrer Studie "Die Kultur der Kindheit" (^{2}1973) versucht, Trugschlüsse amerikanischer Pädagogik und Kindererziehung anhand interkulturellen Materials aufzudecken. Sie meint damit vor allem zwei Trugschlüsse: der eine setze voraus, es gäbe universelle altersspezifische Verhaltensweisen in der kindlichen Entwicklung, der andere zeige sich als Unterschätzung des Kindes in seiner Fähigkeit, soziale Zusammenhänge wahrzunehmen und auf sie zu reagieren. Zur Diskussion ihrer Problemstellung verwendet sie Forschungsberichte und Selbstzeugnisse über Erziehung und Entwicklung aus Kulturen sehr unterschiedlicher Komplexität quer durch alle Kontinente. Ihre Analysen ergeben interessante Hinweise darauf, welche Konturen die kindliche Sicht auf ihre eigenen Lebensverhältnisse hat, z.B.: Kinder im Alter zwischen sechs und dreizehn Jahren nehmen die Konfigurierung des Eltern-Kind-Verhältnisses wahr und strukturieren ihre eigenen Erwartungen entsprechend (S. 62); Kinder (der gleichen Altersgruppie-

---

[1] Erstmals publiziert in:
Köhnlein, Walter/Marquardt-Mau, Brunhilde/Schreier, Helmut (Hrsg.): Kinder auf dem Wege zum Verstehen der Welt, Forschungen zur Didaktik des Sachunterrichts, 1, Bad Heilbrunn: Klinkhardt 1997a, S. 180-199

rung) haben generell eine Neigung, genau und kritisch zu beobachten. Ihre Urteile über sich und andere sind im Kontext der eigenen, der beobachteten Lebenswelt angesiedelt (S. 94).

Elisabeth Grohs hat in einer ethnopädagogisch-vergleichenden Untersuchung (1992), in der sie Studien über die Bambuti/Zaire, Kung-San/Botswana, Inuit/Kanada; Iatmul/Neuguinea, Alor/Indonesien, Tallensi/Ghana, Hausa/Nigeria diskutiert, auf die eigenständige Rolle der Kinder im Sozialisationsprozeß hingewiesen. Danach werden die komplexen erzieherischen und sozialisatorischen Einflüsse in den verschiedenen kulturellen Milieus von den Kindern "unterschiedlich aufgegriffen". Dies funktioniere nur deshalb, weil es zumeist keine starren Muster der Internalisierung gäbe. Grohs sieht vor allem in den Spielgruppen und ihren Aktivitäten ein Feld der Erprobung familiär-kultureller Vorgaben.

Marie-José van de Loo und Margarete Reinhart haben in den Beiträgen ihres Sammelbandes "Kinder, Ethnologische Forschungen in fünf Kontinenten" (1993), "Kindheit als eine eigene Lebenswelt" (S. 10) ins Gespräch gebracht. Sie wollen die Verschiedenheit und Unvergleichbarkeit von Kindheiten belegen und Argumente dafür liefern, daß Kindsein kein prototypisches Erwachsensein bedeuten könne. Damit dokumentieren die Beiträge ein verändertes Verständnis von Kindheit und zeigen dies vor allem in ihren Forschungsansätzen.

Kinder als Subjekte ethnologischer Forschungsfragen finden sich in den Arbeiten von Ingrid Kummels bei den Raramuri (Tarahumara) in Nordmexiko, von Florence Weiss bei den Iatmul auf Neuguinea, von Unni Wikan in den Armenvierteln Kairos, von Charlotte Hardman bei den Schulkindern von St. Barnabas/Oxford. Jean Lydall und Edith Turner praktizieren Feldforschung in Begleitung und unter Einbezug ihrer eigenen Kinder bei den Hamar, Äthiopien bzw. den Ndembu, Sambia.

Der Sammelband "Kinderwelten. Pädagogische, ethnologische und literaturwissenschaftliche Annäherungen" (Renner 1995), versteht sich ausdrücklich als Weiterführung der Kindheitsdiskussion im Sinne der These "children as social actors", wie sie durch die oben vorgestellten Publikationen umrissen worden ist. Die darin vorgelegten Beiträge verfolgen ganz bewußt eine interdisziplinäre Linie. Die kinderliterarischen und autobiographisch ausgerichteten Arbeiten (Richter, Ulrich, Seidenfaden) kreisen um das Problem des Spielraums kindlicher Selbstverfügung. Die Anwendung ethnographischer Forschungskonzepte in den Beiträgen von Pasquale/Behnken/ Zinnecker, Kirchhöfer, Schneider zeigt, wie eine stärkere Berücksichtigung der Kinder als Subjekte ihrer eigenen Kindheit notwendig und möglich ist. Ergebnisse ethnologischer bzw. ethnopädagogischer Forschungen (Kubik, Lydall, Rauter, Renner, Weiss) belegen die außerordentliche Varianz an Situationen des Aufwachsens.

Nachfolgend sollen zwei kontrastive kulturelle Modelle des Aufwachsens vorgestellt werden, und zwar das Beispiel der Navajo im Südwesten der USA und das der Fulbe im heutigen Mali. Grundlage dafür sind authentische Erfahrungen aus diesen Lebenswelten. Authentisch heißt, es wird vor allem selbstbiographisches Material verwendet, das von Angehörigen der genannten Kulturen stammt, von ihnen erzählt und/oder aufgeschrieben worden ist. Kinderwelten des Aufwachsens sollen so die Sicht von Betroffenen spiegeln. *Selbstbiographische Texte werden in diesem Zusammenhang als Lern- und Bildungsgeschichten angesehen, in denen die Autoren authentische, d.h. erlebte und mitgeteilte Erfahrungen im Hinblick auf ihre eigene Identität, auf ihr Selbstverständnis verarbeiten.* Sie entwerfen damit subjektive Theorien ihrer eigenen Entwicklung, die den Charakter von Optionen haben. Der ethnopädagogische Ansatz auf biographischer Grundlage ist ein Instrument zur Rekonstruktion solcher Selbstthematisierungen (vgl. dazu Renner 1996b; Renner 1997).

3. Aufwachsen als Navajo – die gesungene Harmonie des Leben

3.1 Hoskininis Ururenkel

Große Teile der heutigen Navajo-Reservation waren bis ins 20. Jahrhundert von weißen Einflüssen nahezu unberührt. Dies gilt in besonderer Weise für den so genannten Paiute-Strip, ein Gebiet nördlich der Black Mesa bis zum San Juan River, also Teile des nördlichen Arizona und des südlichen Utah mit Monument Valley als Zentrum. Der legendäre Hoskinini war in diesem Areal der bedeutendste Navajoführer. Der Deportation der Navajos im Jahr 1864 konnte er sich durch Rückzug in das unwegsame Canyongebiet um Navajo Mountain entziehen. Sein Sohn Hoskinini-Begay erinnert sich an diese Zeit, als er selbst fünf Jahre alt gewesen ist, als eine Zeit großer Entbehrungen (Kelly 1953). Durch die Weitsicht des Vaters, der die von Kit Carson nicht getöteten Herdentiere zusammentreiben und Futter- und Nahrungsreserven anlegen ließ, konnte die anfängliche Notsituation im Rückzugsgebiet überstanden und schließlich ins Positive gewendet werden. Nach sechs Jahren der selbst gewählten Isolation und nach der Rückkehr der deportierten Navajos ins angestammte Land konnte dann die Hoskinini-Gruppe mit ihrem zwischenzeitlich deutlich gewachsenen Herdenbestand für die ausgehungerten Stammesgenossen eine große Hilfe sein. Jahre der Prosperität folgten für die Navajos, Jahre der traditionellen Intensivierung und Restaurierung des Lebens.
Erst nach der Jahrhundertwende, im Jahr 1906 gründete James Wetherill in diesem Gebiet den Handelsposten Oljeto gegen den anfänglichen Widerstand Hoskininis und seiner Navajos (Gillmore/Wetherill 1934). Knapp 20 Jahre später, 1925, folgte ihm Harry Goulding mit der Gründung des Trading Post "Goulding's". Auch gegen seine Niederlassung gab es Widerstände von seiten der Navajos. Nach zweijähriger Existenz des Handelspostens als Zeltlager drängten die Hoskinini-Navajos auf Abzug. Goulding weigerte sich, und die Indianer hatten keine Möglichkeit, ihn loszuwerden. Aber erst 1938 gelang es Goulding, das Areal käuflich zu erwerben, denn es gehörte zu dem Gebiet, das sich der Staat Utah für kommunale Zwecke vorbehalten hat (Moon, S. 29, 36). Meine beiden Gewährsleute für traditionelles Aufwachsen unter den Navajos, Vergil Bedoni (geb. 1953) und sein Halbbruder Joe Atene (geb. 1970), sind direkte Nachkommen Hoskininis. Er war ihr Ururgroßvater. In Vergils rhetorisch wiederholender, typischer Navajo-Version:

"Der Vater meines Großvaters hieß Hoskinini-Begay, das heißt Hoskininis Sohn, dessen Vater Hoskinini, der große Häuptling des Monument Valley im 19. Jahrhundert gewesen ist. (...) Ich bin stolz, Teil der Familie zu sein, deren Urgroßvater Hoskinini gewesen war, (...) Ich habe (die Geschichten über Hoskinini) von meinem Großvater gelernt, dessen Großvater wiederum der große Hoskinini war" (Renner 1996a, S. 75, 76).

3.2 Die gesungene Harmonisierung des Alltags

Authentische Erfahrungen mit dem alltäglichen Leben der Navajos, die von den 20er Jahren bis Anfang der 60er Jahre unseres Jahrhunderts reichen, liefert uns die Biographie des Monument Valley-Händlers Harry Goulding. Neben dessen selbstbiographischen Texten umfaßt diese Publikation Äußerungen und Kommentare seiner Frau Mike und ihres Bruders Maurice (Moon 1992). Sie entwerfen insgesamt ein sehr positives Bild der Navajos, in dem das non-zeremoniale Singen ein interessantes Charakteristikum bildet. "In jenen Jahren hörte man sie schon von weitem zum Trading Post kommen, die ganze Ebene entlang, wenn sie mit Gespannen oder zu Pferd unterwegs waren. (...) Es gibt hier bis heute im ganzen Valley keinen Navajo, der nicht singen kann. (...) Und sie sangen ihre besonderen Lieder, daß sie von den Klippen hinter dem Trading Post widerhallten. Besonders morgens war das sehr eindrucksvoll" (Moon, S. 44, eigene Übersetzung; vgl. auch andere Beispiele S. 73, 158, 168). Und Harry Goulding erinnert sich sogar an einen besonders schönen Chant, so daß er ihn in englischer Version wiedergibt (vgl. S. 45). Sein Schwager Maurice kommentiert die eigenen Erfahrungen mit dem Singen der Navajos so: "Sie sind ein glückliches Volk, hätte man sie nur so gelassen. Jeden Morgen bei Tagesanbruch konnte man sie auf ihren Pferden durch den Canyon kommen hören – und alles nur mit Gesang. Aber damit ist es aus. Muß man nicht das Singen aufgeben bei einer Regierung, die einem ständig zusetzt? (Die Navajos) hatten das perfekte Leben, bis die Weißen sie darin störten" (Moon, S. 65, eigene Übersetzung).
Ganz offenbar verfügt auch der durchschnittliche Navajo über ein bestimmtes Song-Repertoire, wie es Vogt/Albert in der "Harvard-Comparative Study of Values" konstatieren: "Die Männer gewinnen einen Großteil ihrer Lebensfreude beim Singen sowohl in ritualisierten als auch alltäglichen Situationen" (1966, S. 278). Für den 1948 geborenen Tom Tsosie verschmelzen non-zeremoniale Erfahrungen des Singens mit zeremoniellen, wie er in einem selbstbiographischen Interview bekennt: "Mein Großvater hat oft gesungen, deshalb wollte er, daß ich mit ihm singe. Und immer, wenn man ihn zu einer Zeremonie gerufen hat, habe ich ihn begleitet und so einiges von unserer Religion gelernt. Großvater sang den Spirit Way, deshalb habe ich viele Lieder von ihm gelernt" (Moon, S. 189). Vergil Bedonis Erinnerungen an das Leben mit den Großeltern mütterlicherseits sind geprägt von intensiven Erfahrungen mit deren Songrepertoire: "Wenn ich mit meinem Großvater Schafe hüten war, sang er Lieder, und die Texte bedeuteten etwas. Manchmal sang er von der Vergangenheit, wie man damals anders lebte, aber die Zeiten waren sehr hart. Also sang er Lieder über die Taten der Leute. Viele waren traurig, und er dachte

damit an die guten Zeiten zurück, die vergangen waren. Großvater brachte mir viel bei. Er lehrte mich, ein Pferd zu reiten und auch, wie man ein Pferd gefügsam macht. Er sang ein Navajo-Lied, das er das Pferdelied nannte. Wenn man dieses Lied singen konnte, war es leichter, ein Pferd zu zähmen, und es half, das ganze Leben über Pferde zu besitzen. Wenn man dieses Pferdelied singen konnte, half es einem bei vielen Dingen, die mit Pferden zu tun hatten. Mit den Schafen war es genauso. Großmutter hatte meistens die Aufgabe, auf die Schafe aufzupassen. Wir hatten etwa 400 bis 500 Schafe, und sie kannte das Lied der Schafe, deshalb besaß sie so viele Schafe ..." (Renner 1996a, S. 71). An anderer Stelle erzählt auch Vergil, wie ihn der Großvater zu den Zeremonien mitgenommen hat. Wenn sie dann beide zusammen auf dem Pferd viele Meilen miteinander geritten sind, hat er ihm Lieder beigebracht: "Zuerst begann er mit ganz einfachen Liedern, die vielleicht nur eine Strophe hatten, nach und nach kamen dann auch die längeren Lieder an die Reihe. Ich lernte ziemlich schnell, was die Lieder bedeuteten, jedes Lied handelte vom Leben oder der Geschichte unseres Volkes, und obwohl man auch einfach Lieder erfinden konnte, so waren diese Lieder doch heilig und voller Bedeutung. Die meisten Lieder habe ich wieder vergessen, weil ich sie nicht oft genug wiederholt habe, aber immer wenn ich sie bei einer Zeremonie wieder höre, bringt das viele Erinnerungen zurück. Trotzdem ist es nie dasselbe, weil mein Großvater die Lieder auf eine bestimmte Art sang, die nur ich verstehen konnte" (Renner 1996a, S. 65/66).

Die Schwitzhütte stellt ein anderes Erlebnisfeld dar, in dem alltägliches non-zeremonielles und zeremonielles Singen eng aufeinander bezogen sind, weil dafür keine Ritualspezialisten gebraucht werden. Jeder Navajo kann eine Schwitzhütte bauen, um sich rituell zu reinigen, sofern er die dafür notwendigen Vorschriften beachtet. Sowohl Vergil als auch Joe erzählen aus ihren Kindertagen ausführlich über Erfahrungen mit und in der sweat lodge (Renner 1996a, S. 121-123, 191). Beide machen aber deutlich, daß bestimmte Lieder gesungen werden müssen, die zur Reinigungszeremonie gehören, d.h., es muß jemand oder mehrere müssen dabei sein, die diese Lieder kennen. In der Schwitzhütte "finden währenddessen viele Zeremonien statt, viele heilige Lieder und Gebete werden gesungen und gesprochen, aber die Männer machen auch Witze, erzählen Geschichten aus ihrem Leben, manchmal lustig, manchmal traurig ..." (Renner 1996a, S. 122). Vergil stellt, ausgehend von seinen Kindheitserfahrungen, für sich einen aktuellen Bezug her: "Bis heute gehe ich regelmäßig in die Schwitzhütte, um mich und meine Gedanken zu reinigen, immer wenn ich ein Problem habe, kann ich dort meine Gedanken ordnen und komme gestärkt wieder heraus. Ich kann dann das angehen, was meine Seele oder meinen Kopf beschäftigt. Nach einem Besuch in der Schwitzhütte fühlt man sich sehr aktiv und energiegeladen, hat einen klaren Kopf, kann alle Probleme angehen" (Renner 1996a, S. 123).

Lucky's Erinnerungen an die Spiele seiner frühen Kindheit zu Anfang unseres Jahrhunderts zeigen, wie die Alltäglichkeiten der Erwachsenen die Kinder zur Nachahmung veranlassen. Also imitiert er mit anderen Kindern die miterlebte Pubertätszeremonie (kinaaldá), die sein Großvater geleitet hat. Und Lucky berichtet, wie er selbst dann die Leitung der imitativen kindlichen Zeremonie übernommen hat, wie er zu singen anfängt

und die Spielkameraden ihn begleiten, ohne daß sie wissen, was es mit dem Singen auf sich hat (vgl. dazu Renner 1995, Anmerkung 5, S. 197). Die allerersten Erinnerungen des Blessingway-Singer Frank Mitchell haben mit Zeremonien in seiner Familie zu tun. Man ermahnte die Kinder, nicht einzuschlafen. Als es Frank doch passierte, wurde er vom Großvater ziemlich rigoros wieder zur Besinnung gebracht (1978, S. 29).
Der Klassiker unter den selbstbiographischen Dokumenten von Navajos, die von Walter Dyk aufgenommene zweibändige Lebensgeschichte von Son of Old Man Hat bzw. Left Handed (1947, [2]1967; 1980), enthält eine Fülle von Erfahrungen, in denen das Singen als Konzept der Harmonisierung des alltäglichen Lebens praktiziert wird. Diese Erfahrungen reichen vom Beobachten des Vaters, der Lieder bei einfachen Heilhandlungen singt (S. 32/33), der den Owl Song zelebriert, um die Schafe vor der Witterung zu schützen (S. 67), bis zur systematischen Unterweisung im Alter von etwa 10 Jahren durch einen Verwandten, bei der es um ein Repertoire von Liedern geht, mit denen die materielle Wohlfahrt gesichert werden soll (S. 75-81). Als Jugendlicher muß Left Handed dann eine zweite komplexe systematische Lernphase absolvieren, die das ursprünglich gelernte Repertoire vervollständigt (S. 256-258; vgl. dazu Renner 1995, S. 189; Anmerkung 3, S. 196/197).

3.3 Die zeremonielle Harmonisierung des Lebens

In den zitierten Kindheitserinnerungen wurde die Verflechtung des Alltäglichen mit dem Zeremonialleben bereits angedeutet. Die Lieder der Großeltern haben den Enkeln, gewollt und ungewollt, die zeremoniale Sinnstruktur der Navajotradition permanent vor Augen geführt, d.h., die Enkel haben sie implizit gelernt, im Mitsingen, im Begleiten der Älteren zu den Zeremonien, im Dabeisein und Erleben der Zeremonien. Insbesondere internalisiert der Nachwuchs bei den Zeremonien deren multifunktionale Konzeption. Zeremonien werden immer für einzelne Patienten veranstaltet, denn sie "zielen auf die Wiederherstellung eines ausgewogenen Verhältnisses zur Schöpfung für eine konkrete Person und leisten damit einen Beitrag zur allgemeinen "Harmonisierung des Lebens" (Renner 1995, S. 190), aber andere können, sollen sich beteiligen. Die Ausrichtung insgesamt hat außerdem eine kollektive, eine öffentliche Seite, somit geht es auch um eine Harmonisierung der kollektiven Situation. Und Kinder sind, über ihre Teilnahme mit Eltern und Großeltern hinaus, bei wichtigen Zeremonien einbezogen. Bei der Yeibichai-Zeremonie (Night Chant) in Shiprock, N. M., an der ich im Herbst 1993 mit meinem Sohn Andreas teilgenommen habe, waren Kinder mit Erwachsenen zusammen nicht nur Nebenpatienten, sondern wurden an verschiedenen Tagen mit Erwachsenen in die Zeremonie initiiert: "Gegen 21.00 Uhr haben sich am Hogan-Eingang Knaben, Männer und Frauen verschiedenen Alters zur Initiationsfeier versammelt. An der Westseite sitzt der Zeremonialleiter mit seinen Assistenten im Kreis. Die Initianden sitzen im Halbkreis zwischen Ofen und Hogantür. Zwei Yei-Tänzer sind im Raum. Während die Gruppe der Medizinmänner rhythmisch zu singen anfängt, von Kürbisrassel und Trommel des Leiters und eines

Assistenten geführt, arbeiten die Yei-Tänzer mit den Initianden. Sie benutzen zwei Yuccarippen, die sie kreuzweise auf den nackten Rücken und die Brust auflegen. Dabei stoßen sie wolfsähnliche Heultöne aus. Dann müssen die Initianden Maismehl aus einem Beutel nehmen und dieses den Yeis auf Mund und Kopf tupfen, dann sich selbst. Schließlich dürfen die Initianden durch eine Yei-Maske hindurchsehen. Beendet wird das Ritual durch Einreiben von Körper und Beinen mit einer Art Weihrauch" (Tagebuchauszug vom 30.09.1993; vgl. Renner 1996a, S. 32; vgl. auch Kluckhohn/Leighton 1946, S. 145/146).
Vergil Bedonis Kenntnisse bestimmter Zeremonien sind so detailliert, wie sie nur durch eigenes Erleben entstehen können. Er erzählt in vielen Einzelheiten vom Night Chant (Yeibichai), vom Squaw Dance (Enemy Way), vom Fire Dance, von der Girl's Puberty Ceremony (Kinaaldá) und kommt zu der Bewertung, daß die Navajos ihre Heilungszeremonien als sehr bedeutsam ansehen und deshalb die Medizinmänner hochschätzen. Und er bringt diese Erfahrung für sich auf den Punkt. Zuerst schildert er ausführlich seine "erste Zeremonie", dann fährt er fort: "Seit dieser ersten Bekanntschaft mit der Zeremonie meines Großvaters glaube ich an unsere Zeremonien und nehme oft an ihnen teil, und ich lasse auch für mich regelmäßig Zeremonien abhalten" (vgl. Renner 1996a, S. 52-53; 53).
Vergils Halbbruder Joe Atene bezeichnet seine gesamte Familie als traditionell erzogen. Seine Brüder, insgesamt 10 an der Zahl, seien traditionell orientiert, sie glaubten an traditionelle Zeremonien, aus ihnen bezögen sie Halt und Hilfe. Die Wirklichkeit dieser Traditionsorientierung erfahre ich während meines Aufenthalts im Herbst 1994, als ich zur Teilnahme an einer Enemy-Way-Zeremonie für Vergils und Joes Mutter eingeladen werde. Dabei lerne ich verschiedene Familienmitglieder kennen, u.a. Joes Vater, der als aussichtsreicher Medizinmann-Aspirant gilt, und erlebe die von Joe beschworene Relevanz traditionellen Lebens (Tagebuch vom 16.09.94, in Renner 1996a, S. 42-47).
Eine Sammlung von 22 autobiographischen Texten, unter Federführung des Navajo Community College in Tsaile, Arizona, entstanden, enthält vielfältige Erfahrungen mit der Zeremonialstruktur der Navajos, der zeremoniellen Harmonisierung des Navajolebens (Johnson 1977). Die Erzähler, zwischen 1882 und 1920 geboren, repräsentieren Navajo-Generationen, zu deren Selbstverständnis die Internalisierung des traditionellen Wissens gehört. Der als Illustrator des traditionellen Lebens bekanntgewordene Hoke Denetsosie formuliert diese Erfahrung so: "Man erwartete von jedem, daß er das Grundwissen der Navajokultur, Sozialstruktur, religiöse Konzeption und Rituale kannte und lernte. Durch Legenden, Mythen und Lieder brachte man es den Kindern bei" (S. 78). Als "never-ending-old-time-lectures" erinnert Buck Austin, einer der anderen Autoren, diese Erfahrung (S. 136). Die Navajofrau Ashie Tsosie bringt eine aktuelle Perspektive ins Gespräch: "Unsere Kinder müssen beides kennen, ihre indianische Kultur und die Anglokultur. Wenn wir beides beachten, können wir sicher sagen, unsere Kinder werden die Weisheit der Navajo mit ihren eigenen Kindern teilen" (S. 117). Von Lilly Atene, seiner Mutter, weiß Vergil Bedoni, daß sie, trotz ausdrücklichen Traditionsbewußtseins, sehr interessiert darin gewesen ist, "daß wir alle eine Ausbildung bekämen, die Art der Weißen kennenlernen ..." (Renner 1996a, S. 55).

3.4 Die gesungene Harmonisierung des Lebens - eine schulische Version

In den vierziger Jahren gab es ein gewisses Umdenken in der schulischen Ausbildung der Navajokinder, man wollte insbesondere den bilingualen Unterricht forcieren. In diesem Kontext entstand das als "Little Herder"- Serie bekanntgewordene jahreszeitlich gegliederte, vierbändige Lehrmaterial mit Geschichten über das Alltagsleben eines Navajomädchens, womit die Relevanz der Navajokultur offizielle Anerkennung erfährt. Autorin der Lehrbücher war Ann Nolan Clark, Illustrator der oben zitierte Hoke Denetsosie (vgl. dazu Johnson, S. 97). In dreien dieser Bände kommt dem vokalen Grundmuster der Navajokultur eine zentrale Bedeutung zu.

In Band 1, "Little Herder in Autumn", erzählt das Mädchen von der Arbeit ihres Vaters als Silberschmied: "Today - my father sang - as he worked - at making a bracelet - for my arm. His song - flowed into the silver circle - making it a circle of song." Dazu gehört die Navajoversion, hier nur exemplarisch von den Zeilen "His song... an wiedergegeben: "Bighiin nizhóní yeé - shílátsíní shaah sitáago - nahalingo béénáshniih dooleet" (S. 39). Auch zur alltäglichen Arbeit der Mutter werden musikalische Bezüge hergestellt, z.B. beim Spinnen der Wolle (Under her fingers - it twists the wool - into straight beauty - like a trail of pollen - like a trail of song.); oder beim Weben (When my mother sits - on her sheepskin - weaving a blanket, on her loom - I think - it is like a song.) [vgl. 1940, S. 56, 71].

In Band 2, "Little Herder in Winter", erzählt die Titelfigur u.a. von den alltäglichen Erschwernissen des Winters und wie der Vater mit Liedern das Leben zu erleichtern versucht: "Quickly - my father sings - a funny song - to make laughter come - to my mother - and me" (1942, S. 43). Hauptthema dieses Bandes ist dann der Besuch einer Zeremonie, eines "Sing" (S. 69-88). Schon während der Fahrt mit dem Gespann dorthin erzählt das Mädchen von den Liedern seines Vaters (S. 72-74), von den rituellen Gesängen während der Zeremonie (S. 81-88) sowie den darauf folgenden sozialen Aktivitäten.

Band 4, "Little Herder in Summer", bringt wiederum eine Vielzahl alltäglicher Aktivitäten des Navajolebens, die von Liedern begleitet oder mit ihnen in Verbindung gebracht werden, z.B. das morgendliche Gebet (1942, S. 51), das Hüten der Schafe und das Bewahren der Besitztümer im allgemeinen (S. 68, 91/92, 94): "A song - a song - I am singing a song - to my sheep" (S. 94). Dabei wird auch deutlich, daß diese Lieder nicht immer überliefert sein müssen, sondern daß eigentlich jeder selbst welche machen kann. Das Mädchen erzählt, wie es für seine Besitztümer ein Lied macht, um die Schafe dami nach Hause zu begleiten: "I made a song about them - to sing the sheep home" (S. 97). Der Band schließt damit, wie der Vater mit dem heiligen "Star Song" seine Tochter in den Schlaf singt: "Softly my father sings - the Star Song - to the stars and me. (...) It is night. - Happiness comes to me. - I sleep" (Happiness ... in Navajo: T'áá 'attsonì shá yá át'ééh. - 'Ashhosh.) [S. 116/117].

3.5 *Diskussion: Das Verstehen der Welt als Navajo*

In welcher Weise das Singen im traditionellen Stil zum Habitus heutiger Navajos gehören kann, haben meine beiden Gewährsleute Vergil Bedoni und Joe Atene spontan in verschiedenen Situationen demonstriert. Während seines Aufenthaltes in unserer Familie in Deutschland wurden wir zusammen von Freunden eingeladen. Nach einem üppigen Abendessen, kurz vor dem Abschied erklärt Vergil, er wolle sich mit einem Navajolied bedanken. Es ist ein einfaches, aber dennoch eindrucksvolles Lied. Ich bitte unsere Gastgeber, nicht nach dem Wortlaut zu fragen.

Joe, den wir als guide bei einer Monument Valley Tour kennenlernen, zeigt uns die Sehenswürdigkeiten, zieht sich zurück in seinen Pickup und singt leise vor sich hin. An Tonfall und Wortlaut kann man hören, daß es keine moderne Musik ist. Als Joe dann vier Wochen bei uns zu Hause lebt, nimmt er mich unaufgefordert mit in sein Zimmer, legt mir eine seiner zahlreichen Kassetten in den Walkman und läßt mich traditionelle Navajolieder hören.

Das Standardwerk über die Navajos von Kluckhohn/Leighton (1946) enthält deutliche Hinweise auf die vokale Dimension des alltäglichen Lebens: "Jede Familie besitzt eine Anzahl von 'good luck songs', von denen man Schutz der Familienmitglieder und der Besitztümer, Hilfe bei der Vermehrung der Ernte sowie Sicherheit und Vergrößerung der Herden erwartet" (S. 142). Auch für das Reisen gibt es viele Lieder, bei Trockenperioden, während der Wachstumsperioden der Feldfrüchte, beim Reinigen in der Schwitzhütte werden Lieder gesungen (vgl. S. 142-144). Die Bedeutung des Zeremoniallebens für den durchschnittlichen Navajo wird in dieser Untersuchung sehr hoch angesetzt: "Alle erwachsenen Männer und einige Frauen sind in der Lage, an zeremoniellen Sandbildern mitzuarbeiten und aktiv am Singen der Zermonien teilzunehmen. ... Aus dem Ramah-Gebiet ist belegt, daß die erwachsenen Männer 1/4 bis 1/3 ihrer aktiven Zeit bei Zeremonien verbringen, bei den Frauen ist es 1/6 bis 1/5" (S.160).

Gladys Reichard, Expertin für die Navajoreligion, schätzt die Vokalität der Navajos ähnlich hoch ein: "Für Navajos sind Lieder etwas Unabdingbares, sie sind Interpretation, Hoffnung, Schutz und Trost, (...) ein Mittel, um Frustration in Stärke zu verwandeln" (1950, S. 291).

Ein zweites Standardwerk von Leighton/Kluckhohn über die Navajos ([2]1948) konzentriert sich auf die Entwicklung vom Kind zum Erwachsenen. Die Autoren, der Kultur- und Persönlichkeitsschule verpflichtet, sammeln Material in drei Regionen der Navajo-Reservation: Rainbow Area, Shiprock Area, Ramah Area. Sie arbeiten mit selbstbiographischen Texten, untersuchen ihre Probanden mit einer ganzen Reihe von Tests und exemplifizieren Navajo-Entwicklungsverläufe anhand von 16 Fallstudien. Das Auffallendste bei den untersuchten 16 Kindern sei die große Variabilität ihrer Persönlichkeiten, auf denen der kulturtypische Überbau an Verhaltensweisen, Vorlieben und Zielen beruhe (S. 225, 226). Dieser Überbau, das zentrale kulturelle Bindeelement der Navajokultur dürfte in ihrer ausgeprägten Vokalität zu suchen sein. Als Navajo die Welt im traditionellen Sinne zu verstehen bedeutet, vokal-ästhetische Erfahrungen aufzunehmen und zu internalisieren und diese in die Harmonisierung des eigenen Lebens zu investieren. Wer sich darauf einläßt, wandelt auf dem Navajo Trail of Beauty. Das kulturelle Selbstverständnis meines Gewährsmannes Vergil Bedoni dürfte ein Beispiel dafür sein.

4. Aufwachsen als Fulbe – Altersgruppen als Schule des Gemeinschaftslebens

4.1 Seßhafte und nomadisierende Fulbe

Bei den Fulbe handelt es sich um eine Ethnie, deren Verzweigungen in Westafrika, in der Sahelzone sowie in den Staaten Mali, Niger, Nigeria, Kamerun wohnhaft sind. Traditionellerweise sind die Fulbe Großviehzüchter, haben sich aber im Laufe des 19. Jahrhunderts im Kontext eines von ihnen begründeten islamischen Reiches und in enger Verbindung mit anderen Ethnien teilweise niedergelassen. Heute unterscheidet man sie eben nach nomadisierenden, rotohrige Fulbe genannt, und seßhaften ackerbau- und handeltreibenden Teilgruppen. Aber alle Teilgruppen stehen in der islamischen Tradition, die auf jene Staatengründung im Nigergebiet sowie auf den Mekkapilger El Hadji Omar zurückgeht, während ihre Nachbarvölker wie etwa die Bambara in religiöser Hinsicht den afrikanischen Ursprüngen treu geblieben sind. Trotzdem leben beide Ethnien eng miteinander zusammen, sind teilweise symbiotische Bindungen miteinander eingegangen. Interessant ist in diesem Kontext, wie seßhafte islamische Fulbe mit ihrer eigenen afrikanischen Tradition und der ihrer Nachbarn umgehen.
Der Fulbe-Gelehrte, Schriftsteller und Weise Amadou Hampâté Bâ (1993) ist für uns der Gewährsmann für Lebensverhältnisse islamischer Fulbe und traditioneller Bambara in der Stadt Bandiagara, heute in Mali gelegen. Bâ schildert in seinem autobiographischen Werk "Jäger des Wortes" seine Kindheit in diesem Teil Westafrikas (1991, dt. 1993).

4.2 Spielen, Lernen – Teilnehmen, Lernen

Da die Spielkameraden vor allem dem Volk der Bambara angehören, wird der kleine Amkoullel, so der Kindername Bâs, schon in einem sehr frühen Alter in die Bambaragemeinschaft der Kinder durch ein bestimmtes Ritual initiiert. Dadurch kann er den Zeremonien der heiligen Maske des Komo gemeinsam mit seinen Freunden beiwohnen: "Da wir nun einmal im Bambaramilieu lebten, war es unerläßlich, dort Mitglied zu werden, denn andernfalls wäre es nicht möglich gewesen, unsere Kameraden in Bougouni (Stadtviertel) zu besuchen, da sie alle solchen Vereinigungen angehörten, und wir wären gezwungen gewesen, jedes Mal im Haus eingeschlossen zu bleiben, wenn die heilige Maske des Komo ihre Abgeschiedenheit verließ und anläßlich von Festen oder Zeremonien durch die Straßen lief. Für die kleinen Muslime war es reine Formsache dazuzugehören. Man lehrte uns die Geheimnisse des Rituals, die Erkennungszeichen und ein paar kleine Geschichten, aber kaum mehr" (S. 157). "Für (Vater) bedeutete meine Verbin-

dung zu den kindlichen Initiationen der Bambara eine zusätzliche Gelegenheit, mir Wissen anzueignen" (S. 158; vgl. dazu Zahan 1969; Leiris 1985, S. 93-100).
Kurz darauf, im Alter von sieben Jahren, wird Amkoullel im Beisein seiner Eltern aus seiner frühen Kindheit entlassen, genannt "Tod der frühen Kindheit" und durch einen Koranlehrer mit einer kleinen Zeremonie zum Schüler bestimmt und erhält die erste Lektion: "... (ich war) tief beeindruckt von den feierlichen Begleitumständen meiner ersten Lektion" (S. 161). Täglich besucht er nun die Koranschule. Doch die Gleichzeitigkeit der Einflüsse beider kultureller Traditionen bleibt erhalten. Im Gehöft seiner Eltern finden jeden Abend Zusammenkünfte statt, bei denen die bedeutendsten Erzähler, Dichter, Musiker, Traditionalisten der Fulbe und Bambara zusammentreffen. Wenn bedeutende Feste stattfanden, kommen Bambara-Maskentänzer hinzu. "Schon in meiner frühen Kindheit hatte ich viele historische Erzählungen vernommen, die sowohl meiner Familiengeschichte väterlicherseits wie auch mütterlicherseits verknüpft waren, und ich kannte die Erzählungen und Geschichtchen, die man an die Kinder weitergab. Aber da entdeckte ich nun die wunderbare Welt der Mythen und großen phantastischen Geschichten, deren initiatorischer Sinn sich mir erst später offenbaren würde, den Rausch der großen Epen, die von den Taten der Helden unserer Geschichte berichteten, und den Zauber der großen Darbietungen von Musik und Dichtung, wo alle miteinander in Stegreifdichtung wetteiferten. (...) Alles, was ich abends im Hof meiner Eltern hörte, gab ich am Tag darauf an meine kleinen Spielkameraden weiter, und so verdiente ich mir die ersten Sporen als Erzähler ..." (S. 165, 166).

4.3 Schule des Gemeinschaftslebens

Zur traditionellen Fulbe-Sozialstruktur gehört ein System von Altersklassen, Waaldé genannt. Die ersten Waaldés werden bereits im Kindesalter gegründet. Ihre Gründung beruht auf der Initiative einzelner Kinder, die unter ihren Kameraden anerkannt sind. Mit elf ausgewählten Kameraden im Alter von 10 bis 12 Jahren beginnt Amkoullel, seine erste Altersklasse zu organisieren. Um offizielle Anerkennung zu erreichen, braucht er dazu Schirmherrschaft und Schutz einer Waaldé von Älteren. Er wählt dazu die seines älteren Bruders. Außerdem bedarf es der Wahl eines Ältesten, eines Vaters (mawdo) aus einer Altersklasse der Erwachsenen, der gleichzeitig Repräsentant, Ehrenpräsident, Verteidiger gegenüber der Bevölkerung sein muß.
Die Struktur der Waaldé ist "hierarchisch aufgebaut und ein Abbild der Gesellschaft des Dorfes" (S. 203). Dabei sind verschiedene Ämter zu vergeben: ein Oberhaupt (amiru), ein Stellvertreter (diokko), ein Richter (kadi), Kommissare für Disziplin (mutassibi) und Sprecher (griots). Nachdem Amkoullel als Vorsitzender gewählt ist, gibt man sich eine Geschäftsordnung, in der strenge Verfahrensregeln festgelegt sind, nach der auch Strafen verhängt werden können. Vollversammlungen sind in der Trockenzeit wöchentlich, in der Regenzeit monatlich. Amkoullel erzählt, wie nach der ordentlichen Konstituierung

die jüngeren Kinder aus der Waaldé seines Bruders in die seine überwechseln, so daß nach einiger Zeit, nach erfolgreicher Auseinandersetzung mit anderen Waaldés, die seine aus bis zu 70 Jungen aller ethnischen und sozialen Schichten Bandiagaras besteht. Sein Kommentar zur Funktion solcher Vereinigungen: "Manche westlichen Leser werden sich vielleicht wundern, daß Jungen im Durchschnittsalter von zehn bis zwölf Jahren so regelmäßig Versammlungen abzuhalten und eine solche Sprache zu führen imstande waren. Das kommt daher, daß alles, was wir unternahmen, darauf abzielte, das Verhalten der Erwachsenen nachzuahmen, und *daß vom zartesten Alter an der Boden, der uns nährte, das Wort war*. Es fand keine Zusammenkunft, kein Palaver, keine Gerichtssitzung statt - mit Ausnahme von Kriegsversammlungen oder Zusammenkünften der Geheimgesellschaften - ohne unsere Anwesenheit, unter der Bedingung, daß wir uns ruhig verhielten und schwiegen. Die Sprache war damals blumig, üppig, mit beziehungsreichen Bildern beladen, und die Kinder, die weder Ohren noch Zungen in der Tasche trugen, hatten keine Mühe, sie wiederzugeben ... (...) Das Leben der Kinder in den Altersklassen stellte tatsächlich eine echte Schule des Gemeinschaftslebens und der Verantwortlichkeiten dar, unter dem unauffälligen, aber wachsamen Blick der Älteren, die die Schirmherrschaft innehatten" (S. 206).
Die Tradierung kulturellen Wissens in den Gruppierungen, in denen Amkoullel aktiv ist bzw. in denen er teilnehmender Beobachter ist, vermittelt neben dem Wissen auch die Erfahrung einer spezifisch afrikanischen Oralität, einer anthropologisch-ästhetischen Dimension afrikanischer Herkunft. In seiner Formulierung lautet sie: "Die Schrift ist eine Sache und das Wissen eine andere. Die Schrift ist die Fotografie des Wissens, aber nicht das Wissen selbst. Das Wissen ist das Licht, das sich im Menschen befindet. Es ist das Erbe von allem, was die Vorfahren erkennen konnten und uns im Keim übermittelt haben, ganz so wie der Affenbrotbaum, der im Samenkorn in all seiner Mächtigkeit enthalten ist" (S. 212). Von Bâ stammt auch die Aussage, daß mit jedem Greis, der in Afrika stirbt, eine ganze Bibliothek verloren geht.
Zur Fulbetradition gehört auch, daß sich eine Waaldé um die Partnerschaft mit einer etwa gleichaltrigen Vereinigung der Mädchen bemüht. Dabei muß üblicherweise mit anderen Vereinigungen um die Gunst der Mädchen konkurriert werden. Amkoullels Schilderung der Werbung und Aktivitäten um eine Mädchen-Waaldé ist ein Dokument der Gleichberechtigung zwischen den Geschlechtern. Als Amkoullel von seiner Waaldé beauftragt wird, zusammen mit dem Ehrenpräsidenten, die Ehrenpräsidentin einer angesehenen Mädchenvereinigung aufzusuchen, um ihr einen entsprechenden Antrag zu unterbreiten, antwortet diese: "Ich persönlich habe der Waaldé von Amkoullel nichts abzuschlagen. (...) Ich bin eine Freundin und Altersgefährtin von Kadidja (seiner Mutter), Amkoullel ist mein Sohn. Aber ich verhehle dir nicht, daß die Waaldé von Maîrama Jeîdani sehr begehrt ist. Sie hat schon drei Anträge erhalten. Eurer ist der vierte. Die Sitte will, wie du weißt, daß die Mädchen selbst ihre Entscheidung treffen; ich darf sie nicht beeinflussen. Aber wenn sie mich um Rat fragen sollten, dann weiß ich, wen ich empfehlen werde: die Waaldé von Amkoullel, das ist selbstverständlich" (S. 225).
Im Alter von 14 Jahren lebt Amkoullel mit seiner Familie in der Militärstadt Kati. Um

Kontakt mit anderen Kindern zu bekommen, bemüht er sich um die Aufnahme in eine Vereinigung unbeschnittener Bambara, die aber zunächst scheitert. Schließlich gründet er mit anderen Bambara und der Unterstützung seiner Eltern auch hier eine eigene Waaldé. Etwas später wird er dann auch in die ursprünglich angestrebte Waaldé aufgenommen (vgl. dazu Leiris 1985, S. 93/94).

4.4 Rituelle Gemeinschaften und Bindungen

Im Zusammenhang mit der Schilderung der Beschneidung seines älteren Bruders vergleicht Bâ verschiedene Traditionslinien des Mannbarkeitsritus. Danach haben die islamisierten Fulbe die unter Muslimen übliche Beschneidungszeit der Jungen vom siebten Tage nach der Geburt auf das Alter zwischen sieben und vierzehn Jahren verschoben, während die "Busch-Fulbe" Mut als aktiven Beweis der Mannbarkeit voraussetzen, z.B. beim Schutz der Herden gegen Raubtiere, was ein höheres Alter notwendig macht.
Den Bambara, mit denen die Fulbe in Bandiagara eng zusammenleben "gilt 21 Jahre als ideales Alter" (S. 235). In der Praxis werden die Bambara häufig früher beschnitten, um dadurch Beschimpfungen als "Unbeschnittener" (bilakoro) zu vermeiden. *Aber das Ansinnen Amkoullels, gleichzeitig mit seinem älteren Bruder beschnitten zu werden, lehnt der Rat des väterlichen Clans ab, weil die kameradschaftlich-brüderlichen Verpflichtungen, die sich aus gemeinsamer Beschneidung ableiten, der Altershierarchie der beiden Brüder zuwiderlaufe, Gehorsam und Pflicht des Jüngeren zur Hilfe gegenüber dem Älteren unmöglich mache* (S. 235/236).
Zu den Verpflichtungen, die sich aus gemeinsamer Beschneidung ableiten, gehört lebenslange Kameradschaft, ja Bruderschaft mit der Pflicht zu wechselseitiger Hilfe. Damit verbunden ist das Recht der sogenannten Scherzverwandtschaft, joking relationship (dendiraku), nach der man sich auch in der Öffentlichkeit "auf den Arm nehmen darf" sowie eine gewisse Galanterie gegenüber den Ehefrauen der Mitbeschnittenen zeigen darf.
Jahre später, Amkoullel ist bereits 15 Jahre alt und durch Schulaufenthalte außerhalb Bandiagaras immer noch nicht beschnitten, will der Vater die Zeremonie um ein weiteres Jahr verschieben, um ein der vornehmen Abstammung aus zwei bedeutenden Clans gemäßes Ritual zu feiern. Aus Furcht, während dieses weiteren Jahres als "bilakoro" zum Gespött seiner Altersgenossen zu werden, läßt er sich mit Hilfe einer Verwandten im Krankenhaus der Stadt Bamako beschneiden. Er erreicht damit, noch vor seinen Kameraden "kamalenkoro", Erwachsener im traditionellen Sinne zu sein und darf die entsprechende Mütze tragen (S. 371-374). Seine Familie nimmt ihm diese Eigenmächtigkeit letztlich nicht übel, sondern hat Verständnis.

4.5 *Diskussion: Das Verstehen der Welt als Fulbe*

Paul Riesman hat in langjähriger Feldarbeit bei den Fulbe die Entwicklung ihrer Grundpersönlichkeit zu erforschen versucht. Dabei vergleicht er die Fulbe mit ihren ehemaligen Sklaven, den Riimaaybe, mit denen sie in enger Symbiose leben. Würde, Zurückhaltung, Selbstkontrolle, Vornehmheit der Fulbe stehen danach in starkem Kontrast zu Emotionalität, Ausgelassenheit, Spontaneität der Riimaaybe, obwohl die Erziehungspraktiken beider Gruppen weitgehend übereinstimmen, so daß sich Kindheit in beiden Gruppen gleicht (S. 170). Nach Riesman sind für die Entwicklung bestimmter Grundpersönlichkeiten nicht die in der Eltern-Kind-Interaktion gemachten Erfahrungen der frühen Entwicklung prägend, sondern erst das Bewußtsein, einer bestimmten Gruppe zuzugehören, begründet die eine oder andere Entwicklungsrichtung. Danach ist das kulturspezifische Selbstverständnis einer Person Ergebnis der "Wahrnehmung davon, wie jemand mit der übrigen Welt in Verbindung steht - mit der eigenen Verwandtschaft, mit der eigenen Gesellschaft, mit anderen Gesellschaften und der Natur" (S. 177).
Diese Einschätzung entspricht den von Amadou Hampâté Bâ thematisierten Erfahrungen seiner Kindheit. Das außerfamiliäre Altersklassensystem auf der Grundlage individueller Initiativen führt die afrikanischen Traditionen der Bambara und der Fulbe zusammen, läßt aber konkurrenzfrei das Maskenbundwesen und den Islam nebeneinander bestehen. Es erlaubt sowohl den Bambara- als auch den Fulbekindern eine kulturelle Selbstorientierung. Amkoullels Identität hat außerdem den Hintergrund einer familiären Altershierarchie nach islamischem Muster sowie eine traditionelle Clan-Hierarchie der Fulbe. Das kulturelle Bindemittel, das die unterschiedlichen Traditionen zur Wirkung kommen läßt, ist in der ausgeprägten Oralität zu sehen. Die orale Ästhetik des alltäglichen und zeremoniellen Lebens gibt dem kulturellen Selbstverständnis der Fulbe ihre spezifische Kontur.

5. Zusammenfassung und vergleichende Aspekte

5.1 *Lebensweltliche Atmosphären des Aufwachsens: Vokalität und Oralität*

Beide Lebenswelten, die der Navajos und die der Fulbe, repräsentieren für die Heranwachsenden spezifische Versionen von Geborgenheit, eine vokal-gestimmte bzw. eine oral-gestimmte. Diese kulturellen Grundgestimmtheiten haben den Charakter anthropologisch-pädagogischer Atmosphären. Ihre strukturellen Merkmale sind eine allseitige Durchdringung aller Lebensbereiche, ihre ständige lebenspraktische Bedeutung und vor allem eine vielseitige Beteiligung der Generationen. Die in solchen Atmosphären wachsenden Erfahrungen beruhen für Kinder und Jugendliche nicht nur auf ihrer teilnehmenden Beobachtung und imitativem Nachleben, sondern sie gründen auf einer Art dialogischem Prinzip. Erwachsene Bezugspersonen stehen mit ihrer Lebensweise für diese Erfahrungen, die Heranwachsenden erleben sie im funktionalen Sinn als Vorbilder. Auf

dieser Grundlage können sich dialogische Beziehungen entwickeln, von denen aus für die Heranwachsenden Wege zum Verstehen der Welt eröffnet werden. Auch als Varianten lebensweltlicher Atmosphären haben die Navajo- und die Fulbe-Tradition gewisse Gemeinsamkeiten. Ein Navajokind, das erlebt, wie seine Bezugspersonen ihr alltägliches Leben, ihre Aktivitäten permanent vokal begleiten, dürfte sich in seiner natürlichen emotionalen Gestimmtheit besonders angesprochen fühlen. Wenn diese Vokalität sich dann als Lebensprinzip herausstellt, das auch die sozialen und religiösen Aktivitäten bestimmt, ergibt sich eine besonders prägsame sozialisatorische Dichte.
Für ein Fulbekind ist das Zusammenschließen in altersähnlichen Gruppierungen bereits eine frühe Lebenserfahrung. Dazu gehört die Wahrnehmung, daß diese Gruppierungen im Kontext der Fulbe-Lebenswelt gewollt sind, und daß sie, obwohl sie als eine Art eigenständiger Kinderkultur erscheinen mögen, dennoch ständig im Blickfeld der Erwachsenen bleiben. Besonders einflußreich ist in diesem Kontext das kulturspezifische kommunikative Grundverhältnis, d.h., die von den Erwachsenen praktizierte vielseitige Oralität hat eine vorbildhafte Funktion für die Altersvereinigungen des Nachwuchses, sie ist deren sozialisatorisches Bindeelement.

5.2 *Vergleichende Aspekte*

Der Blick auf fremdkulturelle Welten des Aufwachsens provoziert nicht nur implizit einen Vergleich mit den eigenen Verhältnissen. Läßt man sich explizit darauf ein und versucht eine kulturelle Grundhaltung der abendländisch-westlichen Kultur auf etwa der gleichen Ebene zu bestimmen, wie sie mit der Vokalität der Navajo und der Oralität der Fulbe herausgearbeitet wurde, dann dürfte in Rationalität/Modernität wohl eine entsprechende Kategorie zu sehen sein. Wir verbinden damit die Vorstellung einer rational begründeten Denk- und Lebensweise, von der aus eine individuelle Sinngebung des Lebens möglich sein soll. Im Kontext des Aufwachsens zeigen sich diese Vorgaben vor allem in Tendenzen zu einer möglichst frühen Kognitivierung kindlicher Lebenswelten, wie sie beispielsweise im Zusammenhang mit der Proklamierung einer allgemeinen und prinzipiellen Wissenschaftsorientierung während der Schulreformansätze Ende der 60er/Anfang der 70er Jahre öffentlich geworden sind. Das diese Versuche in ihren verabsolutierenden Varianten als Fehlschläge betrachtet werden können und deshalb wieder zurückgenommen wurden, hat die prinzipielle Orientierung an Rationalität und Kognitivierung nicht aufheben können. Immerhin hat sich in der Folge ein stärkeres Bewußtsein für die sozial-emotionale Seite von Entwicklung und Lernen durchgesetzt. Noch nicht angemessen wahrgenommen scheint die Notwendigkeit, daß die sozial-emotionale Seite der Entwicklung und des Lernens lebensweltliche Kontexte in Familie und Schule braucht, die positiv personal besetzt sind. Jean Piaget, der ja häufig zu einseitig als Protagonist einer kognitivistischen Betrachtung der kindlichen Entwicklung gilt, formuliert, daß "... die intellektuelle Verarbeitung unserer Erfahrung der Welt beständig von der affektiven Verarbeitung der zwischenmenschlichen Beziehungen getragen werden" (nach Malson

1981, S. 62). Die vokal bzw. oral gestimmten lebensweltlichen Atmosphären des Aufwachsens bei Navajo und Fulbe können uns Beispiele einer sozial-emotionalen Einbettung der Entwicklung insgesamt und damit auch ihrer kognitiven Seite sein.

Literatur

Bâ, Amadou Hampâté: Jäger des Wortes. Eine Kindheit in Westafrika. Wuppertal: Hammer 1993

Bâ, Amadou Hampâté: Wangrins seltsames Schicksal. Frankfurt/M.: Lembeck 1986

Clark, Ann: Little Herder in Autumn. 1940; Little Herder in Winter. 1942; Little Herder in Spring. 1940; Little Herder in Summer. 1942. A Publication of the Education Division, US Office of Indian Affairs. Phoenix, Arizona

Goodman, Mary Ellen: The Culture of Childhood. Child's-Eye Views of Society and Culture. Columbia University - Teachers College Press 1970

Frisbie, Charlotte J./McAllester, David P. (eds.): Navajo Blessingway Singer. The Autobiographie of Frank Mitchell 1881-1967: Tucson: The University of Arizona Press 1978

Gillmor, Francis/Wetherill, Louisa Wade: Trader of the Navajo. Albuquerque: University of New Mexico Press 1934, 1952

Grohs, Elisabeth: Frühkindliche Sozialisation in traditionellen Gesellschaften. In: Müller, Klaus E./Treml, Alfred K. (Hrsg.): Ethnopädagogik. Sozialisation und Erziehung in traditionellen Gesellschaften. Berlin: Reimer 1992, S. 31-60

Hoskaninini-Begay: Chief Hoskanini as told to Charles Kelly. In: Utah Historical Quarterly 21, July 1953, S. 219-226

Johnson, Broderick H. (ed.): Stories of Traditionel Navajo Life and Culture by Twenty-two Navajo Men and Women. Tsaile, Arizona: Navajo Community College Press 1977

Kluckhohn, Clyde/Leighton, Dorothea: The Navaho. Cambridge, Mass.: Harvard University Press 1946

Leighton, Dorothea/Kluckhohn, Clyde: Children of the People. The Navaho Individual and his Development. Cambridge, Mass.: Harvard University Press ²1948

Leiris, Michel: Phantom Afrika. Tagebuch einer Expedition von Dakar nach Djibouti 1931-1933. Erster Teil. Frankfurt/M.: Suhrkamp 1985, stw 576

Loo, Marie-José van de/Reinhard, Margarete (Hrsg.): Kinder. Ethnologische Forschungen in fünf Kontinenten. München: Trickster 1993

Malson, Lucien u.a.: Die wilden Kinder. Frankfurt/M.: Suhrkamp 1981

Moon, Samuel: Tall Sheep. Harry Goulding - Monument Valley Trader. Norman, London: University of Oklahoma Press 1992

Reichard, Gladys A.: Navaho Religion. A Study of Symbolism. Princeton: University Press 1977

Renner, Erich: Die Suche nach Harmonie: Navajo-Versionen. Weinheim: Deutscher Studien Verlag 1996a

Renner, Erich: Changing Woman's Enkel: Führt der Pfad der Schönheit in die Zukunft. In: derselbe (Hrsg.): Kinderwelten. Pädagogische, ethnologische, literaturwissenschaftliche Annäherungen. Weinheim: Deutscher Studien Verlag 1995, S. 184-201

Renner, Erich: Heimweh nach den Renen. Problem des Kulturwandels und individueller Modernisierung bei den Samen (Lappen). In: Rist, Thomas (Hrsg.): Sprache, Sprachen, Kulturen - Entdecken, Erforschen, Lernen, Lehren. Thematische Festschrift zum 65. Geburtstag von Heribert Rück, Landauer Universitätsschriften, Landau: Knecht Verlag 1996b, S. 511-532

Renner, Erich (Hrsg.): Kinderwelten. Pädagogische, ethnologische, literaturwissenschaftliche Annäherungen. Weinheim: Deutscher Studien Verlag 1995

Renner, Erich: Konturen der Grundschulpädagogik als Wissenschaftsdisziplin. In: Uniprisma, Zeitschrift der Universität Koblenz-Landau, Heft 1/1990, S. 57-60

Renner, Erich: Navajo Trail of Beauty versus American Way of Life: Probleme individueller Modernisierung in einer traditionellen Kultur. In: Behnken, Imbke/Schulze, Theodor (Hrsg.): Tatort: Biographie. Spuren - Zugänge - Orte - Ereignisse. Opladen: Leske + Budrich (1997)

Renner, Erich: Sozialisation in zwei Kulturen. Analyse autobiographischer Texte. Frankfurt/M., New York: Campus 1986

Renner, Erich: Versuch einer integrativen Grundschullehrerausbildung. In: Grundschule 10/1995, S. 52-55

Riesman, Paul: Stimmt Freud in Afrika? Über das Verhältnis von Erziehung und Person. In: Loo, José-Marie van de/Reinhart, Margarete (Hrsg.): Kinderwelten, a.a.O., S. 156-183

Vogt, Evon Z./Albert, Ethel M. (eds.): People of Rimrock. A Study of Values in five Cultures.
Cambridge, M.: Harvard University Press 1966

Zahan, Dominique: Die Initiation in das n'domo. In: Popp, Volker (Hrsg.): Initiation. Frankfurt/M.: Suhrkamp 1969, S. 85-95

Lernprozesse und Lernumwelten in fremden Kulturen:
Im Fremden das Eigene entdecken
Ein Seminarprogramm

1. Problembeschreibung

Was es heißt, am Fremden oder im Fremden das Eigene zu entdecken, möchte ich zunächst an einem alltäglichen Beispiel erläutern. Es geht darin gar nicht um Kulturelles, sondern eigentlich nur darum, wie man etwas über sich selbst erfahren kann, wenn man plötzlich mit fremden Erfahrungen konfrontiert wird.
Dazu eine kleine Geschichte:
"Eine Familie, Mutter, Vater und der etwa 11jährige Sohn, fährt am Sonntag im Auto spazieren. Der Vater am Steuer, die Mutter sitzt vorne rechts. Das Söhnlein hat sich auf dem Rücksitz in der Mitte plaziert und beugt sich zwischen den Vordersitzen leicht nach vorne, damit es sich am Gespräch beteiligen kann. Der Verkehr auf der Bundesstraße ist nicht sehr stark, nur einzelne Fahrzeuge sind unterwegs. Etwa 70 bis 80 Meter vor unserer Familie fährt ein anderer Wagen. Au, das Auto da vor uns kommt aus der Hansestadt Hamburg, sagt der Vater, und liest das Nummernschild HH - KL 318. Nach einer kurzen Pause, sagt der Junge vom Rücksitz: 'Papa, sag nur, du kannst das Nummernschild da vorne lesen?' Worauf der Vater antwortet: 'Sag nur, du kannst das Nummernschild nicht lesen?' 'Nein, das kann ich nicht', kommt die Antwort. Daraufhin beschleunigt der Vater sein Auto und fährt näher heran. Doch auch nach Halbierung der Distanz kann sein Sohn das Schild noch immer nicht lesen. Es gelingt ihm erst, als beide Fahrzeuge wegen einer Ampel dicht hintereinander halten müssen. Eine Untersuchung beim Augenarzt am nächsten Tag belegt, der Junge braucht eine Brille der Stärke 3.5 Dioptrien. Die Eltern machen sich Vorwürfe. Aber sie selbst sind beide keine Brillenträger und haben deshalb eine solche Sehschwäche bei ihrem Sohn nicht erwartet."

Was lehrt uns diese Geschichte in Bezug auf unser Thema? Für die Wahrnehmung der Welt ist jeder einzelne zunächst ganz auf sich selbst verwiesen. Wie die Welt aussieht, aus welcher Distanz man sie scharf oder unscharf wahrnehmen kann, war für diesen Jungen selbstverständlich und völlig unproblematisch. Für ihn hatte alles so seine Richtigkeit, wie er es sehen konnte. Einen Vergleichsmaßstab brauchte er auch scheinbar nicht. Erst der Kontrast zu den Erfahrungen der Eltern öffnete allen Beteiligten die Augen – im Sinne des Wortes. Es stellte sich heraus, die optische Wahrnehmung der Welt ist relativ. Sie hängt von der eigenen Sehstärke bzw. -schwäche ab. Ob es sich aber um eine Schwäche oder Stärke handelt, erfährt der einzelne nur im Vergleich zu anderen. Dieses Beispiel, indem es um die Qualität der vererbten Sinnesausstattung geht, verweist jedoch über sich selbst hinaus. Es gilt nicht nur für reine Sinneswahrnehmungen, sondern für die Wahrnehmung der Welt im allgemeinen. Wie jemand die Welt sieht, d.h., welche

Meinung er von ihr hat, welche Einstellung er zu ihr hat, hängt in hohem Maße von seinen Bezugsgrößen, von seinen Bezugspersonen ab, d.h. von den Orientierungen, die ihm seine Lebenswelt direkt und undirekt vermittelt. Nach meiner Erfahrung sind die indirekten häufig wirksamer als die direkten. Verhaltensweisen und Einstellungen, die spontan vorgelebt und mitgelebt werden, prägen häufig stärker als solche, die absichtlich und gezielt vermittelt werden.

Wichtig und richtig ist sicher, zunächst gilt die Selbstverständlichkeit der alltäglichen Erfahrungen, wie sie z.B. Kinder in ihren Familien aufnehmen. Um aber ihre und Welt überhaupt wirklich zu verstehen, brauchen nicht nur Kinder, sondern auch Erwachsene Orientierungen, die über ihre Selbstverwiesenheit hinausgehen. Und es geht nicht einfach um Übernahme der fremden Perspektiven, sondern um Erweiterung der eigenen. Aber Vorsicht, fremde Sichtweisen können auch unangemessen sein, falsch oder richtig.

Eine zweite Geschichte:

Bei meinen Biographieforschungen unter nordamerikanischen Indianern im vergangenen Jahr hat mir einer meiner Gesprächspartner, der 42jährige Toney Lee Atene, eine Geschichte erzählt, in der es um einen unangemessenen Vergleich geht. Toney hatte noch in deutlicher Erinnerung, wie man den Navajo-Kindern in der Schule immer wieder klar gemacht habe, alles, was sie zu Hause in ihren Familien über Kultur und Geschichte gelernt hätten, sei nicht wahr, insbesondere die Navajo-Schöpfungsgeschichte. Und sie sei deshalb nicht wahr, weil sie nirgends aufgeschrieben sei. Toney weiß auch noch genau, mit welchen Worten ein Lehrer ihn aufgefordert hat, einen Beweis zu nennen. "Wo, zeige mir einen Beweis, wo die Geschichten belegt sind, die man euch erzählt hat!" Er habe darauf antworten müssen, er habe keinen Beweis. Worauf der Lehrer ein Buch vorgezeigt und gesagt habe: "Hier ist der Beweis, daß die Navajos zu den athabaskisch sprechenden Stämmen gehören, die aus Asien hierher gekommen sind." Toney kommentiert diese Erinnerung mit den Worten: Er glaube, daß in dieser Vorgehensweise die Ursache liege, daß viele junge Navajos sich damals von der eignen Tradition und Kultur abgewandt hätten. Denn man habe sie irregeführt und, wie er meine, Gehirnwäsche betrieben (vgl. Ton, S: 71; L: 35 in Renner).

Mit dem Stichwort Irreführung und Gehirnwäsche trifft Toney den Sachverhalt genau. Die mit solchen Vergleichen unerfahrenen Navajo-Schüler können nicht übersehen, daß der Lehrer die Navajo-Schöpfungsgeschichte mit linguistischen Forschungen und historischen Theorien vergleicht, anstatt mit der Schöpfungsgeschichte der Heiligen Schrift. Möglicherweise hätte er sich dann selbst eingestehen müssen, daß die traditionelle Vorstellung der Navajos vom Aufstieg der Lebewesen aus einer ersten bis in die fünfte Welt evolutionärem, d.h. naturwissenschaftlichem Denken durchaus näher liegt als die Erschaffung der Welt aus einer Hand, wie sie der biblische Mythos präsentiert. Aber um das vorhandene kulturelle Selbstverständnis auszumerzen, war wohl jedes Mittel recht, gar nicht auszudenken, wenn ein solcher Lehrer selbst auch noch glaubt, was er den Kindern da vorsetzt. Wenn man dann noch berücksichtigt, daß Toneys Erinnerung ein Schlaglicht auf die Situation der sechziger Jahren wirft, dann wird deutlich, daß sich der forcierte Anpassungsdruck für die Kinder der Ureinwohner in den Schulen nicht auf das

19. Jahrhundert oder die erste Hälfte des 20. Jahrhunderts beschränkt, sondern bis in die aktuelle Zeit wirksam ist.

2. Universelle Bedürfnisstruktur des Kindes als Motor und Antrieb des Wissenwollens

Die bisher dargestellten Beispiele illustrieren die Notwendigkeit eines positiv aufklärenden Beistandes für Kinder durch alle Bezugspersonen, insbesondere in Familie und Schule. Kinder sind auf verantwortungsvolle Begleitung und Teilnahme an den Erfahrungen der Erwachsenen angewiesen. Auf der anderen Seite ignoriert oder unterschätzt unser Wissen von der kindlichen Entwicklung häufig den Tatbestand eines natürlichen, eines angeborenen Interesses der Kinder an der Welt. Rudolf Engelhardt (1971) hat diesen Sachverhalt für das Grundschulalter thesenartig so formuliert: "Es ist nicht notwendig, beim Grundschulkind Neugierverhalten als Ausdruck des Wissen-Wollens aufzubauen, sondern alles zu unterlassen, was seinem Abbau dient." Dieses Plädoyer betont das natürliche Interesse der Kinder an der Welt und die Notwendigkeit, dieses Neugierverhalten nicht durch Verschulung systematisch abzubauen.
In der Pädagogischen Anthropologie, der Wissenschaft vom Menschen aus pädagogischer Sicht, sind natürliche, angeborene Bedürfnisstrukturen, von denen die kindliche, d.h. die menschliche Entwicklung ausgeht, unumstritten. Es sind folgende Bedürfnisse: das Bedürfnis nach Geborgenheit, Zuwendung, Verläßlichkeit; nach neuen Erfahrungen; nach Urheberschaft und Freiheit; nach Selbstverantwortung und Mitverantwortung, nach ästhetischer Wahrnehmung, nach spontanem Ausdruck innerer Befindlichkeit (Skiera 1986). Und Kinder im Grundschulalter sind Experten ihrer Lebenswelt, Experten ihrer lebensweltlich-familiären Bedingungen. Das bedeutet auch, sie sind in der Regel nicht einfach nur als "Opfer" des Zusammenspiels familiärer Bedingungen und angeborener Erwartungen und Bedürfnisse zu sehen. Sondern sie gestalten durch ihre eigenen Lebensäußerungen, ihren Willen, ihr Potential an Unverfügbarkeit und ihre tiefe Erlebnisfähigkeit ihre Lebenswelten mit. Die sprachlichen Erfahrungen und Reaktionen auf neue Erfahrungen sind häufig ein Spiegelbild kindliches Expertentums.
Die hier nur umrissene, universell gültige Bedürfnisstruktur des Kindes, insbesondere sein Bedürfnis nach neuen Erfahrungen kann auch über das Verstehen alternativer Lebenssituationen im Sinne von "Aufklärung gelebten Lebens" (Maurer 1978) befriedigt werden und zur Entwicklung von Mehrperspektivität beitragen.
Wenn man das spezielle Expertentum der Kinder in ihren Lebenszusammenhängen als humane Substanz anerkennt, dann ergibt sich unter dem Blickwinkel einer "Aufklärung gelebten Lebens" die Aufgabe, zur Erweiterung dieser Lebenserfahrungen beizutragen, Horizonte zu öffnen und das Verstehen anderer Zusammenhänge zu begründen. *Zu verstehen, wie die Welt außerhalb des eigenen Lebens sein kann, wäre das Ziel, das sich damit verbindet.* Was könnte dieser Hintergrund für die Arbeit in der Schule bedeuten?

- Die Ausdifferenzierung vorhandener Erfahrungen der Schüler verlangt eine Gegenüberstellung mit anderen Beispielen lebensweltlicher Bedingungen.
- Je kontrastreicher diese sind, desto spannungsreicher und fruchtbarer können Gespräche sein, die dadurch initiiert werden.
- Intensives gesprächsorientiertes Einlassen auf authentische fremde Erfahrungen könnte Verstehensprozesse begründen und zur Identitätsbildung beitragen.

3. Lernprozesse und Lernumwelten

Vorbemerkung: Bei den ausgewählten Beispielen handelt es sich um Auszüge aus Autobiographien, in denen Menschen aus fremden Kulturen im Rahmen ihrer Lebensgeschichte rückblickend auch ausführlich über ihre Kindheit erzählen (vgl. Renner /Seidenfaden 1997, 1998). Bei der Analyse solcher Textauszüge müssen einige Gesichtspunkte beachtet werden:
- Welche Einzelheiten teilen sie mit, d.h. wie genau sind die Erinnerungen?
- Welche ursprüngliche und welche aktuelle Bedeutung haben die erzählten Erinnerungen, d.h., was bedeuteten sie damals und was bedeuten sie für den Erzähler heute?
- Welche Bedeutung hat der verwendete erzählerische Stil?
- Das Markieren zweier Textebenen hilft bei der Analyse: zum einen mitgeteilte Fakten und Ereignisse, zum anderen Bewertungen, also Deutungen oder Definitionen.

4. Beispiele

- Jésus Sánchez aus Mexiko: Lernen durch Erfahrungen (Renner/Seidenfaden, Bd. 2, 1998, S. 227)

Mein Vater war kein liebevoller oder gar zärtlicher Mann. Wie die meisten Familienväter war er natürlich sehr sparsam. *Er merkte nicht einmal genau, wenn ich etwas nötig brauchte,* aber wofür sollte man in der Provinz auch Geld ausgeben. Es gab keine Theater, Kinos, Fußballspiele, es gab überhaupt nichts. Jetzt ist das Leben dort viel abwechslungsreicher, aber damals war das noch anders. Wir bekamen sonntags nur ein paar Centavos, die wir ausgeben durften. Die Leute sind eben überall verschieden, und nicht alle Väter verwöhnen ihre Kinder. *Mein Vater dachte, es bekommt einem Kind schlecht, wenn man sich zuviel mit ihm abgibt.* Das glaube ich auch. Verwöhnte Kinder können sich nicht entwickeln und stark und unabhängig werden. Sie haben immer Angst.
Kommentar: Dieses kurze Textstück enthält gewissermaßen in geballter Ladung die Erinnerung an eine Kindheit, die geprägt ist vom Mangel an emotionaler Zuwendung. Aber es wird darüber keine Klage geführt wird. Im Gegenteil, das entsprechende Verhalten des Vaters wird gerechtfertigt, ja, sogar als erzieherische Konzeption gedeutet. Aus dieser nachträglichen Bewertung leitet der Erzähler dann seine eigene Einstellung ab.

Er tradiert auf diese Weise das erzieherische Verhalten seines Vaters in die übernächste Generation, weil er es zur eigenen Maxime erhebt: "Das glaube ich auch!" So entsteht eine erzieherische Tradition mit negativen Vorzeichen. Die ebenfalls publizierten autobiographischen Darstellungen seiner vier Kinder, zweier Söhne und zweier Töchter, belegen detailreich, daß Jésus Sánchez diese Erziehungsmaxime auch praktiziert. Sie belegen ebenso eindrucksvoll, welch außerordentliches Bedürfnis an emotionaler Zuwendung sie selber haben, wie sie ihnen vorenthalten wird und wie sie, trotz eigener Frustration, unfähig scheinen, solche Zuwendungen eigenen Kindern zukommen zu lassen. Der Textausschnitt ist einerseits ein Beispiel für implizites Lernen oder auch Lernen durch Erfahrung. Er ist außerdem ein Modell, das zeigt, wie bestimmte Kindheitserfahrungen durch ihre aktuelle Deutung zu einer konkreten Option für alltägliches Handeln werden können.

- *Don aus Arizona: Lernen im sozialen Beziehungsnetz (Renner/Seidenfaden, Bd. 2, 1998, S. 169/170)*

Ich hatte nun auch gelernt, die Leute herauszufinden, denen ich mein Vertrauen schenken konnte. Meine leibliche Mutter stand immer noch an der Spitze dieser Reihe. Sie war mein bester Freund. Immer tätig, war sie doch stets bereit, allen zu helfen, die sie darum angingen. *Mein Vater* war ebenfalls mein guter Freund und lehrte mich allerlei Handfertigkeiten. Ich hatte ihn gern, abgesehen von den wenigen Gelegenheiten, bei denen er mich strafte. Er arbeitete fleißig auf seinen Feldern und bei seiner Herde und war einer der besten Weber in Oraibi. Die Kleider, die er webte, verhandelte er gegen Eßwaren und Bekleidung für seine Familie. *Mein Großvater,* der bei uns im Hause wohnte, mochte mich am liebsten und verwandte die meiste Zeit darauf, mich zu unterweisen. Ich wußte, daß ich mich auf ihn verlassen konnte. *Naquima und Schwester Tuvamainim* waren meine guten Kameraden, aber Bruder Namosteva war nicht gerade mein Freund.
Außerhalb unseres Haushaltes war wohl *Masenimka* für mich am wichtigsten, meine Muhme und Gevatterin, die mir den Namen gegeben hatte. Sie behielt mich oft bei sich im Hause, wurde aber leicht unwirsch und war manchmal ungerecht gegen mich. Trotzdem mochte ich gern bei ihr sein, weil sie mich mit Eßwaren aus Weizenmehl fütterte. Ihre Familie war reich; sie besaß Truthühner, und ihrem Mann gehörte der erste Wagen mit Gespann in Oraibi. Oft ging ich mit ihrem kleinen Sohn Harry Kopi Unkraut hacken. Gelegentlich schlief ich auch einmal in Masenimkas Haus, aber wenn sie ihre üble Laune an mir auszulassen begann, ging ich nach Hause. Manchmal kam sie sogar und schalt mit meiner Mutter und meinem Vater herum. Aber sie geizte nicht mit ihren Lebensmitteln; hatte sie etwas Gutes zu essen, so kam sie regelmäßig und holte mich dazu. Meine ganze Knabenzeit hindurch war sie meine Freundin und immer auf meiner Seite, wenn mich jemand neckte. Sie war auch ein einflußreiches Mitglied der geheimen Bünde – der Marau, Lakon und Ooqol. Auf *meinen Doktorvater*, den alten blinden Tuvenga, konnte ich auch immer zählen. Wir waren gleichsam Genossen und halfen einander Tag

für Tag. Ich führte ihn umher, diente ihm als Auge, und er unterwies und beriet mich. Er war bei den Zeremonien ein einflußreicher Mann und gehörte dem Wowochim-, dem Feuer- und dem Schlangenbunde an. Ich erwartete von ihm, daß er mich eines Tages in die Bünde einführen würde. *Solemana, die Nichte des alten Tuvenga,* wohnte in der Nähe und war immer sehr nett und freundlich zu mir.
Meine Mutter hatte *drei Oheime*, die in Oraibi hohe Achtung genossen - Talashungnewa, Kayayeptewa und Talasquaptewa. Ihr *Klangroßoheim Muute* war der Älteste unseres Sonnenklans und ein sehr angesehener Mann. Diese vier Männer nahmen großen Anteil an mir und neckten mich nie. Man hielt mich dazu an, genau auf ihre Worte zu achten. *Meines Vaters Bruder Kalnimptewa* hatte ebenso acht auf mich und hieß mich, auch ihn Vater zu nennen, genau wie meinen leiblichen Vater. Auch gab es da *einen alten Mann mit Namen Bechangwa* – "die Erscheinung der aufgehenden Sonne" – der kam oft zu uns ins Haus. Mein Großvater Homikniva zog große saftige Pfirsiche, die auch ein Zahnloser noch essen konnte. Daher kam dieser alte Mann des Morgens, sich seine Pfirsiche zu holen und Pfirsichsteine zum Pflanzen zu sammeln. Er ging dann mit seinem Stock an mir vorüber und sagte: "Guten Morgen, Glück zu, mein Vater!" Nun gefiel es mir gar nicht, Vater (ina'a) genannt zu werden, und ich zeigte mich offen gekränkt. Eines Tages sagte meine Mutter zu mir: "Behandle deinen Sohn doch nicht so schlecht, Chuka! Er hat einen Vater gehabt, der zu unserem Sonnenklan gehörte. Sein Vater war dein Urgroßoheim; dadurch bin ich seine Muhme und bist du sein Vater. Versuch's doch einmal und sei etwas freundlicher zu deinem Sohn!" Nach einer Weile gewöhnte ich mich wirklich daran, daß er mich Vater nannte.
Kommentar: Die vielfältigen Beziehungen des Jungen namens Don umfassen sowohl blutsmäßige als auch klassifikatorisch-kulturelle Verwandtschaftsbeziehungen. Sie ergeben insgesamt ein optimales, verbindliches Netz an sozialer Sicherheit. Ein wichtiger Unterschied zu Beziehungsgefügen in Gesellschaften wie der unseren liegt in der Verteilung erzieherischer Aufgaben und Funktionen auf viele Personen. Zur Mutter bestehen enge emotionale Bindungen, der Vater ist zuständig für die Unterweisung in den alltäglichen Arbeiten: Ackerbau und Weberei; der Großvater mütterlicherseits für die Weitergabe traditionellen Wissens. Die Patin beteiligt sich am Unterhalt, ist emotionale Stütze und Bindeglied zu bestimmten Geheimbünden. Der einflußreiche sogenannte Doktorvater ist Begleiter und Vorbereiter Dons für die spätere Initiation in mindestens drei Geheimbünde, also in religiös und gesellschaftlich bedeutende Organisationen. Vier klanverwandte Onkel sind ebenfalls für traditionelles Wissen und traditionelle Lehre verantwortlich. Die weiter oben erwähnten ursprünglichen Bedürfnisse werden in einem solchen dichten Beziehungsgeflecht vielfältig angesprochen, entwickelt und geformt. Es zeigt sich hier als komplexes Gefüge von funktionaler und intentionaler Betreuung.
Bei Unterrichtsversuchen mit diesem Text kam es zu interessanten Vergleichen der Grundschüler mit ihrer eigenen Situation:
"Bei Alexandra sind es nur sechs, bei Don sind es dreizehn Personen."
"Er hat mehrere Leute, die er gern hat."
"Don hat praktisch sechs Väter."

"Bei Don machen die alten Leute das, was bei uns die Lehrer machen."
"Don lebt in einem Dorf und immer sind alle ganz nahe beieinander."

- Amkoullel aus Mali/Afrika: Lernen in Altersgruppen (Renner/Seidenfaden, Bd.1, 1997, S. 169/170)

Die Gründung meiner ersten Altersklasse
Unser Museum, einzig in seiner Art, war zum Treffpunkt zahlreicher Jungen aus dem Viertel geworden. Um sie im Schwimmen, im Pflücken, im Plündern von Gemüsegärten zu trainieren, mit ihnen Fußmärsche zu veranstalten, Tänze im Mondschein und Sitzungen, auf denen Geschichten erzählt wurden, scharten Daouda und ich schließlich eine kleine Gruppe um uns, die fest entschlossen war, uns überallhin zu folgen, manchmal auch gegen den Willen ihrer Eltern. *Der Augenblick war gekommen, um unsere eigene Altersklasse oder waaldé zu gründen.* Zu Beginn waren wir *elf Gründungsmitglieder*, und hier sind ihre Namen und Spitznamen, die wir freundschaftlicher und schelmischer Absicht unter uns benutzten: Daouda Maïga, genannt Kinel - die kleine Nase, Mamadou Diallo, genannt Gorel - das kleine Kerlchen, Seydou Sow, genannt Kellel - die kleine Ohrfeige, Amadou Sy, genannt Dioddal - der schlecht anfängt, Afo Dianou, genannt N'Goïré - die Peniseichel, Hammel, genannt Bagabouss - langer Lulatsch, Oumar Goumal, genannt Nattungal - der Faule, Madani Maki, genannt Gorbel - das Eselchen, Mouctar Kaou, genannt Polongal - der große Nagel, Bori Hamman, genannt TiawTiaw - der Störer; und schließlich Amadou Hampâté, genannt Amkoullel - der kleine Koullel. *Meine Kameraden beschlossen, mich zum Vorsitzenden zu wählen.* Daran war nichts Überraschendes, denn alle Mitglieder meiner Familie sind oder waren Vorsitzende von Vereinigungen. Mein Vater Hampâté hatte gegen 1870, nach seiner Rehabilitierung durch den König Tidjani Tall, die erste *waaldé* junger Fulbe in Bandiagara gegründet; meine Mutter Kadidja Pâté, ihr älterer Bruder Amadou Pâté, ihr jüngerer Bruder Hammadoun Pâté, ihre jüngere Schwester Sirandou Pâté und sogar Beydari, unser Vormund, waren alle Vorsitzende ihrer jeweiligen Altersklassen, was ihnen zu der Zeit eine recht große Macht verlieh.
Einstweilen mußte unsere *Waaldé* anerkannt werden, und es war erforderlich, *ihrer Existenz einen offiziellen Charakter* geben. Der erste Schritt bestand darin, mit einer älteren Vereinigung in Beziehung zu treten. Denn es war in der Tat üblich, daß *jede jüngere Altersklasse unter der Schirmherrschaft einer älteren stand,* die ihr gegenüber die Rolle einer Ratgeberin spielte und im Krisenfall die einer Beschützerin. Unsere Wahl fiel ganz selbstverständlich auf die Vereinigung meines großen Bruders Hammadoun. Wir mußten auch *einen Ältesten, einen 'Vater' wählen*, der unser *mawdo* sein sollte, eine Art Ehrenpräsident, der immer aus einer Vereinigung von Erwachsenen ausgesucht wird und traditionellerweise die Rolle eines Ratgebers und öffentlichen Repräsentanten spielt, sowie im Falle von Schwierigkeiten mit der Bevölkerung die Verteidigung der Vereinigung übernimmt. Wir erwählten Ali Gomni aus der Kaste der Schuster; einen Freund

Hammadoun Pâtés, meines Onkels mütterlicherseits, und Mitglied seiner Vereinigung. Moïré Koumba, die Mutter von Daouda Maïga, ging zu ihm und überbrachte ihm unsere Bitte. Nach dem üblichen Zögern nahm er an und setzte das Datum unserer ersten feierlichen Zusammenkunft fest, in deren Verlauf wir *unsere Führer wählen und die Geschäftsordnung unserer Waaldé festsetzen sollten.*

Jede Vereinigung war nämlich hierarchisch aufgebaut und ein Abbild der Gesellschaft des Dorfes oder des Gemeinwesens.

Außer dem *mawdo*, dem Ältesten und Ehrenpräsidenten, der die Vereinigung nach außen vertrat, mußte sie ein *amîru - Oberhaupt*, einen oder mehrere *Stellvertreter oder diokko*, einen *alkaali - Richter oder Kadi*, einen oder mehrere *Kommissare für die Disziplin* oder öffentliche Ankläger - *mutassibi* haben und schließlich einen oder *mehrere Griots*, die die Stellung von Abgesandten oder Wortführern einnahmen.

Am festgesetzten Tag, als wir alle im Hof versammelt waren, ergriff Ali Gomni das Wort: "In erster Linie", sagte er, "müssen wir unserer Waaldé einen Vorstand und Führer geben sowie einen Namen, um sie aus der Anonymität zu holen. Wen wollt ihr als Vorsitzenden benennen?" "Unser Vorsitzender wird auf ganz natürliche Weise bestellt", antworteten die Gefährten, "es ist Amkoullel. Bei der Hälfte der Vereinigungen von Bandiagara steht ein Mitglied seiner Familie an der Spitze. Wenn er sich als würdig erweist, werden wir ihm folgen und für ihn kämpfen. Aber wenn er sich wie ein Idiot verhält, peitschen wir ihn aus, bis er Blut pisst, und keiner wird uns dazu bringen, aus Angst zu furzen!"

Ich wurde also zum Vorsitzenden gewählt, und die Waaldé erhielt *den Namen "Waaldé von Amkoullel"*. Mit dem Ausruf, den die Erwachsenen bei ihren großen Versammlungen zu benutzen pflegen, stimmten alle zu: *Allähu townu d na!* - Gott erhöhe die Gemeinschaft!"

Die Versammlung wurde ohne Zwischenfall fortgesetzt, abgesehen davon, daß ein Teil der Mitglieder sich der Ernennung von Daouda Maïga zum Kadi widersetzte. Diese aufsässigen Kameraden hätten lieber einen Diallo, einen Cissé, einen Sow oder einen Dicko, die alle von vornehmerer Herkunft waren, als Kadi gesehen. Ali Gomni, unser *mawdo*, Ältester, der Daoudas Meister im Schuhmacherhandwerk war, übernahm seine Verteidigung. Er machte geltend, daß der alte Modibo Koumba, der Lehrer von Daoudas Mutter, der als sein Großvater angesehen wurde, selbst Kadi der mächtigen Vereinigung gewesen war, die Amadou Ali Thiarn, der Vater von Tidjani Thiam, in den ersten Jahren des Königreichs von Bandiagara, bevor er Chef der Provinz Luta wurde, gegründet hatte. Zu ihrer Zeit hatte diese sich der Waaldé von Noumoussa Dioubaïrou widersetzt, einem der Generäle des Königs; sie vereinigte in ihren Reihen alle tapferen und edlen Söhne des Tukulorkönigreichs von Bandiagara.

Da ich Vorsitzender war, gab meine Meinung den Ausschlag. Ich konnte keinen sozialen Unterschied zwischen Daouda und mir sehen und gab ihm meine Stimme. Er wurde also als Kadi gewählt, trotz des Gejammer eben jener Kameraden, die in Wirklichkeit selbst gern seinen Rang eingenommen oder notfalls lieber eine der Ihren als Kadi gesehen hätten. Mamadou Diallo, genannt Mamadou Gorel - "das kleine Kerlchen" wurde zum zweiten Vorsitzenden gewählt. Madani Maki und Mouctar Kaou, Söhne von Griots, wurden zu Griots unserer Vereinigung ernannt. Ihre Aufgabe bestand darin, Zusammenkünfte einzuberufen und Beiträge einzutreiben, von denen sie selbst befreit waren. Sie würden Nachrichten übermitteln und bevollmächtigte Botschafter zwischen unserer Waaldé und den anderen Vereinigungen in der Stadt sein. Sie würden, kurz gesagt, die Rolle von Wortführern und Vermittlern spielen, genauso wie die erwachsenen Griots in der damaligen afrikanischen Gesellschaft. Alle anderen Mitglieder unserer Waaldé, deren Väter Griots waren, hatten die Verpflichtung, ihnen gegebenenfalls bei ihrer Aufgabe zu helfen.

Bori Hamman wurde unser *mutassibi*, das heißt unser Schnüffler und öffentlicher Ankläger. Der *mutassibi* war in allen Vereinigungen der bestgehaßte Mensch. Als eine Art Detektiv und Sittenkommissar oblag es ihm, bei allen Gelegenheiten auf die Einhaltung der Regeln zu achten und jede Verfehlung gegen Disziplin und Anstand anzuprangern. Afo Dianou, von der Stellung seiner Familie her *dimadjo* - Haussklave, wurde zum zweiten *mutassibi* und Assistenten Bori Hammans ernannt.

Nachdem der Rat eingesetzt war, arbeiteten wir unsere Geschäftsordnung aus, die denen anderer Altersklassen ziemlich glich. Zuwiderhandlungen wurden in erster Instanz vom Kadi verurteilt; der Angeklagte konnte beim Vorsitzenden Einspruch einlegen und dann, in einem dritten Schritt, bei der Generalversammlung unter Vorsitz des Ältesten. Die vorgesehenen Strafen waren abgestuft. Bei den leichtesten Zuwiderhandlungen bestanden sie darin, daß man Strafen in Form von Kaurimuscheln oder Kolanüssen zahlen mußte, daß man völlig angezogen ins Moor geworfen oder mit Kalebassen voll Wasser geduscht wurde. Bei sehr schweren Delikten konnte die Strafe ein bis zu zehn Peitschenhiebe betragen - beziehungsweise zeitweisen oder endgültigen Ausschluß.

Die Sitzungen fanden unter Leitung des Vorsitzenden statt, dem der zweite Vorsitzende oder der Kadi zur Seite standen. *Vollversammlungen wurden in der trockenen Jahreszeit wöchentlich und in der Regenzeit, genannt 'Überwintern', monatlich abgehalten.* Auf Beschluß des Vorsitzenden und von den Griots kundgemacht, konnten auch außerplanmäßige Zusammenkünfte einberufen werden.

Unsere Waaldé hatte sich ordnungsgemäß konstituiert und konnte mit der Arbeit beginnen. Alle jüngeren Mitglieder aus der Waaldé meines älteren Bruders Hammadoun verstärkten nun die unsere, da sie besser ihrem Alter entsprach. Im Laufe der Zeit gewann sie ziemliche Bedeutung. Später, gegen 1912, wenn wir eine gegnerische Vereinigung aus einem anderen Viertel geschluckt haben werden, sollte sie sogar bis zu siebzig aus allen ethnischen und sozialen Schichten Bandiagaras stammende Jungen umfassen.

Manche westlichen Leser werden sich vielleicht darüber wundern, daß Jungen im Durchschnittsalter von zehn bis zwölf Jahren so regelmäßig Versammlungen abzuhalten und eine solche Sprache zu führen imstande waren. Das kommt daher, daß alles, was wir unternahmen, darauf abzielte, das Verhalten der Erwachsenen nachzuahmen, und daß vom zartesten Alter an der Boden, der uns nährte, das Wort war. Es fand keine Zusammenkunft, kein Palaver, keine Gerichtssitzung statt - mit Ausnahme von Kriegsversammlungen oder Zusammenkünften der Geheimgesellschaften - ohne unsere Anwesenheit, unter der Bedingung, daß wir uns ruhig verhielten und schwiegen. Die Sprache von

damals war blumig, üppig, mit beziehungsreichen Bildern beladen, und die Kinder, die weder Ohren noch Zunge in der Tasche trugen, hatten keine Mühe, sie wiederzugeben; soweit ich konnte, habe ich eher versucht, ihre Reden zu vereinfachen, um den Leser nicht allzusehr zu verwirren. Auch die Vorschriften waren der Welt der Erwachsenen entliehen. *Das Leben der Kinder in den Altersklassen stellte tatsächlich eine echte Schule des Gemeinschaftslebens und der Verantwortlichkeiten dar, unter dem unauffälligen, aber wachsamen Blick der Älteren, die die Schirmherrschaft innehatten.*
Kommentar: Die Erinnerungen an die Gründung seiner ersten Altersklasse haben für Amadou Hâmpaté Bâ einen aktuellen Zusammenhang, nämlich die Mitgliedschaft und Zugehörigkeit zu einer spezifischen Altersklasse als Erwachsener. Die aktuelle heutige und die damalige stehen in einem Entwicklungszusammenhang zueinander. Die Altersklassen der erwachsenen Männer und der Frauen gehen aus denen der Kinder und Jugendlichen hervor. Sie bilden schließlich den strukturellen Hintergrund des gesellschaftlichen und politischen Lebens unter den Fulbe und sind Grundlage der vorhandenen Hierarchien. Bâs Kindheitserinnerungen zeigen, wie die Waaldés der Heranwachsenden miteinander konkurrieren, aber die hierarchischen Strukturen der Erwachsenengesellschaft sind auch in den frühen Phasen nicht ohne Einfluß auf die Zusammensetzung der Kindergesellschaften, wie der größere Textzusammenhang verdeutlicht.
Altersmäßig organisierte Kindergesellschaften, im übrigen für Jungen und Mädchen, obwohl die Fulbe Mohammedaner sind, antizipieren das Leben der Erwachsenen in allen wichtigen Aspekten. Sie sind tatsächlich, wie der Erzähler sagt, eine echte Schule des Gemeinschaftslebens.

- *Russell Means aus Süd-Dakota: Motivation und Lernen in dialogischer Beziehung (Renner/Seidenfaden, Bd. 2, 1998, S. 133/134)*

Großvater und Enkel
Von Grandpa John lernte ich, daß traditonellerweise jede Person vier Namen erhält. Der erste kommt bei Geburt, der zweite während der Kindheit, den dritten erhält man beim Erwachsenwerden, den vierten als Älterer. Die Namengebung erfolgt jeweils zu Beginn der entsprechenden Periode, so daß den Betroffenen Gelegenheit gegeben ist, die Bedeutung ihrer Namen zu erfüllen. *Mit fünf oder sechs Jahren begreift ein Kind dieses Konzept, und jedermann, von den Älteren bis zu den kleinen Kindern, versucht, seinen Namen zu erfüllen.* Auf die gleiche Weise ist unser ganzes Volk bemüht, seinem Namen gerecht zu werden.
Obgleich mein weißer Name Russell ist, hat mir meine Mutter auch den Namen Wanbli Ohitika gegeben oder Brave Eagle (Tapferer Adler). Das war ein guter Name, dem man nacheifern kann. *Grandpa John erzählte endlose Geschichten* von jungen Männern, die die Gelegenheit hatten, ihren Namen zu erfüllen. "Eines Tages", sagte er, "gab es da einen jungen Mann mit Namen Looks Twice (Der zweimal hinsieht) – tatsächlich war er eigentlich noch ein Junge – der sein Dorf verließ, um allein zu jagen. Er hoffte einiges

an Fleisch nach Hause zu bringen. Er wollte beweisen, daß er ein Mann sei. Und es war Frühling. Er ging ohne Bogen oder Lanze und hoffte, Rotwild mit seinem Messer zu töten." "Wie hat er das Wild getötet, Grandpa?" unterbrach ich ihn. "Das solltest du selbst herausfinden", sagte er. "Dadurch wirst du zum Mann."

Er fuhr fort mit der Geschichte. "Während Looks Twice von zu Hause weg war, regnete es stark. Als er dann sein Reh getötet und geschlachtet hatte, kehrte er zum Dorf zurück – mußte aber entdecken, daß der Fluß Hochwasser hatte. Das sanfte Bächlein, das er durchwatet hatte, war so hoch wie der Missouri angestiegen. Das furchtbar reißende Wasser führte Baumstämme mit sich. Es gab keine Möglichkeit, ans andere Ufer zu kommen."

Damit endete die Geschichte. Aber ich fragte: "Was meinst du damit, Grandpa? Wie kam er denn wieder nach Hause? Schaffte er es, das Fleisch nach Hause zu bringen? Ist er danach ein Mann geworden?" *"Du mußt es herausfinden", antwortete Grandpa*. Und das war sein letztes Wort zu der Geschichte, denn er erwähnte sie nie mehr.

Grandpa erzählte viele Geschichten dieser Art. Eine andere ging so: "Vor langer Zeit saßen die Menschen um ein Lagerfeuer. Dabei wurde ihnen das Geheimnis des Lebens offenbar, denn sie nahmen wahr, daß bei einer Frau ein Kind im Leibe heranwuchs. Als die Frau dann gebar, beobachteten sie auch, wie sie ihr Neugeborenes an ihrem Busen stillte. Und die Menschen schauten einander an." Ende der Geschichte!

Viel später in meinem Leben wurde mir klar, daß mir Grandpa die indianische Art zu denken beibrachte. Er lehrte mich, meine Vorstellungskraft zu gebrauchen, die Dinge selbst herauszufinden, nachzudenken und dann auszuwerten. Er regte meinen ungebildeten Verstand an, Fragen zu formulieren – und dann den Antworten nachzuspüren. Außerdem brachte er mir Geduld bei. *Es dauerte Jahre, bis ich die richtigen Fragen gefunden hatte, aber noch mehr Jahre, die Antworten zu finden.*

Grandpas Geschichte über die gebärende Frau verfolgte mich, bis ich erwachsen war. Heute weiß ich, daß er mir die Macht der Frauen zeigen wollte, daß er mich dazu brachte, respektvoll zu Frauen zu sein und Respekt für die notwendige Balance zwischen männlich und weiblich zu haben, ohne die Leben nicht denkbar ist.

Aber welchen Sinn hatte die Geschichte mit Looks Twice, der allein zum Jagen ging, um seine Männlichkeit zu beweisen? Da es im Frühling immer regnete, hätte er sich mit Älteren vorher beraten sollen. Dadurch hätte er erfahren können, was es bedeutet, einen Fluß zu überqueren, wenn man damit rechnen muß, daß er bei der Rückkehr Hochwasser führt. Doch in seiner Ungeduld, sich als Mann zu beweisen, handelte er wie ein Junge – eben ungestüm. Obwohl er Rehwild aufgespürt und getötet hatte, versagte er dabei, seinem Namen gerecht zu werden. Für mich liegt die eigentliche Lehre dieser Geschichte in dem Hinweis auf die Bedeutungslosigkeit des Menschen. Obwohl wir in der Lage sind, Tiere zu töten, gegen die Macht der Natur sind wir ein Nichts. Durch Grandpas Gabe habe ich diese Weisheiten so schätzen gelernt, wie ich sie allein nie hätte erfahren können.

Grandpa John brachte mir auch bei, mich in die Dinge einzufühlen, nach Weisheit statt nach bloßem Wissen zu suchen. Auf diese Weise wuchs während meiner Kindheit in mir die Liebe des Indianers zu unserer Großmutter, der Erde.

Kommentar: Diese Lerngeschichte ist in zweifacher Hinsicht dialogisch angelegt. Zum einen in der Erinnerung des Erzählers an seinen Großvater, der sich intensiv mit ihm befaßt hat, weil er ihn bei Spaziergängen in Gespräche verwickelte. Die Essenz dieser personalen Zuwendung liegt jedoch in der besonderen Art der Gespräche. Grandpa John erzählt Geschichten ohne Schluß und läßt seinen Enkel mit unbeantworteten Fragen zu diesen Geschichten zurück. Diese Erzählungen des Großvaters eröffnen einen Dialog, bei dem der Enkel als Dialogpartner ganz offensichtlich in einen Zustand der Verwirrung gebracht wird. Reaktionen und Antworten werden nicht unmittelbar erwartet, sondern der zukünftigen Entwicklung überantwortet. Wie man sieht, erinnert sich der autobiographische Erzähler genau aller Details und der Bedeutung, die dieser begonnene Dialog für ihn selbst gehabt hat und bis heute noch hat. Die Bedeutungshaltigkeit dieser Erinnerung und ihre motivierende Wirkung scheinen mir jedoch ohne intensive emotionale Bindungen zwischen Großvater und Enkel schwer vorstellbar.
Insgesamt enthält dieses Beispiel einen Hinweis auf personale Grundmuster, auf die Bedeutung personaler Aspekte bei Lernprozessen. Ich erinnere an das vielfach genannte Beispiel, daß Schüler u.U. ein ungeliebtes Fach hinnehmen, wenn ihnen die Lehrenden sympathisch sind und umgekehrt.

Literatur

Engelhardt, Rudolf: Fünf Thesen zur politischen Bildung in der Grundschule. In: Die Grundschule 4, 1971, S. 4-11

Maurer, Friedemann: Wider den visuellen Analphabetismus. In Halbfas, Hubert u.a. (Hrsg.), Umwelt und Erziehung. Stuttgart: Klett 1975, S. 40-54

Renner, Erich/Seidenfaden, Fritz (Hrsg.): Kindsein in fremden Kulturen. Band 1: Afrikanische Welt, asiatische Welt. Band 2: Nordamerikanische Welt, lateinamerikanische Welt, Welt europäischer Minderheiten. Weinheim: Deutscher Studien Verlag 1997, 1998

Renner, Erich: Navajo-Familienstudie. Interviewmaterial und "mental sets". Manuskripte.

Skiera, Ehrenhard: Die kindgerechte Schule als Ort bildender Begegnung mit der Welt – Versuch einer anthropologisch-pädagogischen Begründung. In ders. (Hrsg.), Schule ohne Klassen. Heinsberg: Dieck 1985, S. 13-67

Der asiatische Lerntyp

Ein Plädoyer für die Bedeutung biographischer Wissensbestände

Problembeschreibung

Ähnlich wie einst der Sputnik-Schock die USA hat die internationale, 45 Länder erfassende Vergleichsstudie TIMSS neuerdings vor allem die Deutschen aufgeschreckt. Mit großer Beunruhigung hat man das schlechte Abschneiden unserer Schüler in Mathematik und Naturwissenschaften registriert und insbesondere die Spitzenstellung der Schüler aus Südost- bzw. ostasiatischen Ländern. Ost-West-Leistungsvergleiche mit ähnlichen Ergebnissen sind indessen nicht ganz neu. Außerdem gibt es eine Reihe von Untersuchungen über das Lern- und Studierverhalten in China. Dort hat man bereits ein "Paradox des chinesischen Lerners" ausgemacht, weil Einprägen und häufiges Memorieren nach westlicher Auffassung eigentlich nicht zu erfolgreichem Lernen führen dürfte. Einprägen und Wiederholen sind nach unserer Vorstellung Feinde des Verstehens.

Die Kultusministerkonferenz (KMK) hat auf die niederschmetternden Ergebnisse mit der Initiierung regelmäßiger landesweiter Evaluation der Leistungen reagiert. Geblieben ist jedoch eine allgemeine Beunruhigung über mögliche Ursachen dieser offensichtlichen Unterlegenheit. In einer gerade veröffentlichten Studie fragen die Autoren denn auch, ob man in Asien anders lerne (Helmke/Schrader 1999). Mit einem Sampel von 451 deutschen und 457 vietnamesischen Studierenden aus Hanoi versuchen sie sich an der Lösung des Rätsels. Die Annahme, Vietnamesen könnten als Modell für Asiaten gelten, begründet man mit dem nicht weiter detaillierten Hinweis auf die gemeinsame konfuzianische Tradition.

Der in einem Fragebogen präzisierte Untersuchungsansatz umfaßt die Aspekte "aufgewendete Zeit", "Lernstrategien", "Studieninteresse", "Selbsteinschätzung der Leistung", "Handlungskontrolle und -planung". Die Autoren sind nicht nur erstaunt über das höhere Studieninteresse der vietnamesischen Studenten, sondern vor allem über die Tatsache, daß diese das Memorieren offensichtlich als Mittel für besseres Verstehen einsetzen und, daß Memorieren kulturell einen anderen Stellenwert hat. Am Ende bleibt den Untersuchern die ungelöste, als größte Herausforderung zukünftiger kulturvergleichender Lernforschung apostrophierte Frage, ob die "unterschiedliche Qualität des Lernverhaltens" (S. 99/100) denn kulturelle Wurzeln habe. In diesem Zusammenhang wiederholen sie ihr eigenes kulturell geprägtes Urteil, ihr Vorurteil über Merkmale qualitätvollen Lernens. Memorieren bzw. Wiederholen kann den Verstehensprozeß nur behindern, aber nicht befördern.

Erstaunlich bei dieser und anderen Untersuchungen, die sich mit der Problematik befassen, ist die Tatsache, daß niemand auf den Gedanken kommt, die Sicht der Betroffenen außerhalb von Forschungsdesigns und Fragebogen in Betracht zu ziehen, obwohl eine Fülle von autobiographischem Material vorliegt, in dem Lernen eine zentrale Rolle spielt.

Es herrscht offensichtlich eine gewisse Ignoranz gegenüber der Bedeutung autobiographischer Quellen.
Nachfolgend sollen einige Einblicke in Innenansichten asiatischen Lernens anhand von Ausschnitten aus persönlichen Dokumenten versucht werden.

Innenansichten

a) Struktur und Verlauf asiatischen Lernens
In ihrer 1936 in Deutschland erschienenen Autobiographie erinnert sich die Japanerin Etsu (Etsubo) Inagaki Sugimoto an Lernsituationen ihrer Kindheit und Jugend, denen, kennt man den gesamten Text, biographische Schlüsselfunktionen zukommen. Eine solche Lernszenerie, ein Szenario, dient hier, in inhaltliche Segmente zerlegt, als Reflexionsebene.
"Ich hatte Lehrbücher, die eigentlich nur für Knaben bestimmt waren; denn es war immerhin ungewöhnlich, daß ein Mädchen chinesische Klassiker studierte. Meine ersten Unterrichtsstunden befaßten sich mit den 'Vier Büchern des Konfuzius'. – Diese hießen: Dafigaku – 'Die große Erfahrung', welche lehrt, daß der weise Gebrauch des Wissens zur Tugend führt. Chuyo – 'Der unveränderliche Mittelpunkt', welcher von der Unveränderlichkeit des Weltgesetzes handelt; Rongo und Moshi, welche aus der Selbstbiographie, den Anekdoten und Aussprüchen des Konfuzius bestehen, die seine Schüler gesammelt haben. Ich war erst sechs Jahre alt und hatte natürlich nicht das geringste Verständnis für diese schwere Lektüre. Mein Kopf war von vielen Worten erfüllt, in denen große Gedanken verborgen waren. Aber mir sagten sie damals nichts. Manchmal sprang wohl in mir etwas Neugier auf, wenn ich einen Gedanken halb begriffen hatte; dann bat ich den Lehrer um Aufklärung. Seine ewig gleichbleibende Antwort lautete: 'Nachdenken wird den Sinn aus den Worten schälen', oder 'Hundertmal lesen enthüllt den Sinn'. Einmal sagte er zu mir: 'Du bist zu jung, um die tiefsinnigen Bücher des Konfuzius zu verstehen'.
Das letztere war unzweifelhaft richtig, aber dennoch liebte ich meine Aufgaben. In diesen für mich noch inhaltslosen Worten lag ein rhythmischer Tonfall, der wie Musik klang, und ich lernte schnell Seite auf Seite, bis ich alle wichtigen Stellen der vier Bücher vollkommen innehatte und sie hersagen konnte, wie ein Kind das sinnlose Geklingel eines Auszählspiels. Dennoch war der Fleiß dieser Stunden nicht vergeudet. In den Jahren, die seitdem verflossen sind, erkannte ich nach und nach die goldenen Wahrheiten dieses großartigen alten Philosophen; und oft, wenn mir eine Stelle, deren ich mich gut erinnerte, durch den Kopf ging, blitzte ihr Sinn wie ein überraschender Sonnenstrahl vor mir auf" (Renner/Seidenfaden, Band 1, 1997, S. 311/312).
Mit Überraschung stellt man fest, daß hier ein sechsjähriges Mädchen die philosophischen Bücher des gelehrten Konfuzius auswendig lernen muß, die es in weiten Passagen aufgrund seines Alters noch nicht verstehen kann. Obwohl die Erwachsenen (Großmutter, Mutter, Vater), die das veranlassen, und der Lehrer, der die Aufgabe übernimmt, das natürlich auch wissen, wird der Unterricht mit großem Ernst und großer Gewissenhaftig-

keit organisiert und durchgeführt. Wie muß man eine solche Zumutung verstehen? Wollen hier übermotivierte Erwachsene ihren Sprößling möglichst früh in Hochform trimmen lassen? Oder wirkt dahinter die über Jahrhunderte gewachsene kulturelle Erfahrung, die intensives Lernen in Gestalt von Einprägen und häufigem Memorieren in früher Kindheit und Jugend für unerläßlich hält?
Andere autobiographische Quellen aus dem ostasiatischen Kulturraum enthalten ähnliche Erinnerungen wie die Etsubos. Zwei koreanische Beispiele: im ersten vermitteln der sogenannte Dichteronkel und die Großmutter im Privatunterricht klassische Literatur und konfuzianische Lehren, so daß der Neunjährige in der Schule bereits einen Vorsprung hat; im zweiten erhält der Sohn zunächst vom Vater kalligraphisch pointierten schriftsprachlichen Unterricht und lernt später in einer privat organisierten Schule die klassische Literatur, wodurch er als Elfjähriger die Klassiker gleich bändeweis auswendig kann (vgl. Renner/Seidenfaden, Band 1, 1997, S. 343/344, 351/352, 366/367). Erinnerungen chinesischer Autoren enthalten ebenfalls viele Einzelheiten über das Einprägen und Memorieren von Texten, ohne daß es dabei um die Sinnfrage geht, "ich verstand nicht, was ich las ..." (Renner/ Seidenfaden 1997, S. 255; Lie 1976, S. 48, 80). Und nicht zuletzt, die tibetische Erziehung steht in der gleichen Tradition. Man verlangt von Jungen und Mädchen intensive Schreib- und Leseübungen (vgl. Renner/Seidenfaden 1997, S. 232, 243). Folgt man diesen Selbstzeugnissen, dann gehört zum systematischen Lernen im gesamten ostasiatischen Kulturraum ganz selbstverständlich das Einprägen, das ständige Memorieren und lautes öffentliches Repetieren klassischer Texte. In der Schule geschieht das vor allen und mit allen Schülern. Die Autoren der Selbstzeugnisse werden deshalb schon in Kinderjahren zu Rezeptionsexperten philosophischer, historischer und schöngeistiger Literatur. Zweifellos ist damit ein außerordentliches Training des Gedächtnisses verbunden. Das Lernen der Schriftzeichen steht in engem Zusammenhang mit dem Erinnern und Wiederholen von Texten und ist ein weiteres Übungsfeld, innerhalb dessen an der Festigung des Gelernten gearbeitet wird. Und, der Bild-Wort-Charakter der verschiedenen ostasiatischen Alphabete fordert in besonderer Weise die Erinnerungsfähigkeit der Lernenden. Eine Untersuchung über Kindheit während der Zeit der Kulturrevolution durch eine Delegation der Yale-Universität (Kessen 1976), also eine Fremdperspektive, dokumentiert, wie die traditionelle chinesische Unterrichtsmethode des Vorsprechens und des eindringlichen Wiederholens, des Drills, wie es heißt, auch unter veränderten politischen Bedingungen ungebrochen erhalten geblieben ist (vgl. S. 212-218). Die Kulturrevolution hat wohl die Inhalte verändert, aber nicht die jahrhundertealte Lerntradition. Nicht die Frage nach dem Sinn des Lernstoffs steht an erster Stelle, sondern das Problem des intensiven Einprägens, des Auswendiglernens, wie am Beispiel des Sprachunterrichts und der Schriftzeichen erläutert wird (Kessen, S. 104, 217).
Etsubos "priesterlicher" Lehrer gibt in seiner Reaktion auf ungeduldige Fragen seiner Schülerin gleichzeitig Hinweise, mit denen sich die Zweifel der Europäer an asiatischen Lernmethoden beschäftigen sollten: "Nachdenken wird den Sinn aus den Worten schälen" oder "Hundertmal lesen enthüllt den Sinn". Das Priestertum des Lehrers hat, wie der Kontext erläutert, seine grundlegende Ausrichtung in der konfuzianischen Sittenlehre.

Zwei Elemente daraus verbinden sich mit wichtigen Aspekten dieses Teils der Lernszenerie und der Argumentation des Lehrers. Mit dem Lehrsatz "Bei der Erziehung eines Kindes hängt alles vom Anfang ab" (Schulte 1916, S. 4) läßt sich das Ansinnen frühen Lernens schwieriger Texte begründen. Die Aufforderung "Versichere dich der Richtigkeit deiner Urteile durch reifliches und langes Nachdenken" (Schulte 1916, S. 1) kommentiert durchaus auch die Ausrichtung des Lernens auf intensives Beschäftigen mit dem Wissen. Die Antworten des Lehrers im Detail implizieren "klassische" Einsichten über Verlauf und Verknüpfung von Lernprozeß und Wissenserwerb, nämlich Nachdenken und Wiederholen. Ist die erste Aktivität, ist das Nachdenken zunächst nicht erfolgreich, bleibt das "zuverlässige" Instrument des Memorierens und Wiederholens, weil es mit "hundertmal" ein sicher ernst gemeintes, relativ "unendliches" Konzept darstellt. Vermutlich verbirgt sich dahinter auch die für uns sicher nicht abwegige Erfahrung, intensives gedächtnismäßiges Hinwenden, Verweilen, Versenken in eine Sache, könne grundlegende Einstellungen mit sich bringen.
Bedenkenswert ist wohl auch die Überlegung, daß Memorieren als eine Form des Erprobens und Anwendens angesehen werden muß, von dem aus gespeichertes Wissen eigendynamische Kräfte entwickeln kann. Zu fragen wäre auch, ob sich hinter der ostasiatischen Version des Lernens nicht die anthropologische Erfahrung verbirgt, daß zu frühe, zu schnelle verständnisorientierte Strukturierung des Wissens, etwa seine Fragmentierung unter schlüsselqualifikatorischen Aspekten, notwendige kontextuelle Verankerungen vernichtet. Die kulturvergleichende Betrachtung des Problems jedenfalls befördert den Eindruck einer außerhalb europäisch-psychologisierender Sichtweise universell anderen Erfahrung. Das Memorieren ist nicht nur ein Kennzeichen islamischer Lerntradition, wenn es die Religion und klassische Literatur angeht (Renner/Seidenfaden, Band 1, 1997, S. 42-45, 63/64; Abu Zaid 1999), Zuhören, Einprägen, intensives Repetieren ist das traditionelle, weltweit praktizierte Lernverfahren, mit dem das kulturelle Wissen seit Jahrtausenden weitergegeben wird und das zu spezifischen, auf Oralität basierenden Qualifikationen führt (vgl. Radin 1955).
Aus der schwarzafrikanischen Tradition stammt ein Gedanke, der auf immanente Bedeutungen und Wirkungen der traditionellen Art des Wissenserwerbes und des damit erreichen Wissensstandes hinweist. Der Fulbe-Gelehrte Tierno Bokar vergleicht das Wissen, Oralität und Schriftlichkeit als gleichrangige Strategien des Wissenerwerbs ansehend, mit dem Samenkorn des Affenbrotbaumes, weil es als Keim seine gesamte Mächtigkeit enthalte (vgl. Bâ 1993, S. 212). Nach dieser Konzeption enthält memorierend erworbenes Wissen selbstverständlich eigendynamische Kräfte, die im Prinzip alle Verstehens- und Deutungsmöglichkeiten beinhalten. Gegen "fünf Irrtümer der Schulreformer" wendet sich ein Artikel von Weinert (1999). Als Irrtum 3 diskutiert er die Erwartung, man könne anstelle "des mühsamen Wissenserwerbs ... Schlüsselqualifikationen, Medienkompetenzen und Lernstrategien" vermitteln. "Entscheidend (seien) vielmehr die Kenntnisse, die ein Schüler in dem betreffenden Wissensgebiet angesammelt und geistig 'verfügbar' (halte)" (vgl. S. 30, 31). Vor diesem Hintergrund, unter besonderer Berücksichtigung des Attributs 'mühsam', stellt sich die Frage, ob das intensive Lernen und Memorieren

notwendiger Wissensbestände bei asiatischen Lernern vielleicht doch eine nicht ganz unangemessene Voraussetzung des Verstehens sein könnte?

b) Kontextuelle Aspekte asiatischen Lernens

Die Erinnerungen Etsubos enthalten aber auch selbst Hinweise auf die Eigendynamik ihres mehr oder weniger mechanisch eingeprägten Wissens. Die dem Text immanente Rhythmik und der damit verknüpfte Tonfall seien für sie attraktive Elemente gewesen, die das Lernen erleichtert haben, sagt die Erzählerin. Aber auch die Ästhetik der äußeren Umstände spielt eine einprägsame Rolle, wie eine weitere Passage belegt.

"Dann beeindruckte auch die Umgebung mein kindliches Gemüt außerordentlich. Am Unterrichtstage wurde das Zimmer mit besonderer Sorgfalt fertiggemacht, stets wenn ich eintrat begrüßte mich unabänderlich derselbe Anblick. Ich könnte jetzt die Augen schließen, und alles stünde vor mir, als ob ich es erst vor einer Stunde gesehen hätte. *Das Zimmer war groß und von der Gartenveranda durch eine Anzahl Schiebetüren aus Papier getrennt, über die schmale Holzleisten liefen. Die schwarzgeränderte, Strohmatten hatten mit der Zeit eine Cremefarbe angenommen, aber sie waren makellos sauber. Bücher und Pult befanden sich dort, und in der geweihten Nische hing ein Rollbild des Konfuzius. Von einem kleinen Gestell aus Teakholz kräuselte sich Weihrauch in die Höhe" (vgl. a.a.O., S. 311).*

Der immense Aufwand bei der Organisation des Lernens frappiert den Leser. Nichts bei der Einrichtung der Lernstube, eigentlich des Studierzimmers, bleibt dem Zufall überlassen. Alles ist mit großer Liebe und Sorgfalt vorbereitet, ausgerichtet an der buddhistisch-konfuzianischen Tradition, von der aus sich auch die Lerninhalte legitimieren. Details und Arrangement der Lernumgebung hinterlassen bei der Schülerin einen bildhaften, offenbar unauslöschlichen Eindruck.

Die Auswahl des Hauslehrers aufgrund seiner Qualifikation wird vom Vater sehr verantwortungsvoll betrieben. Aber auch der Lehrer selbst verhält sich entsprechend. Für die zeitliche Organisation seines Unterrichts beachtet er astronomisch-philosophische Konstellationen. Und, seine äußere Aufmachung, seine Kleidung und seine Haltung entsprechen seinem Auftrag, die Lehren des weisen Konfuzius einer sechsjährigen Schülerin zu vermitteln. Die äußeren Bedingungen können dafür nicht optimal genug sein. Insgesamt erhält dadurch das Lernen eine feierlich-rituelle Note. Die ehrfürchtige Einstellung der Schülerin zu ihrem Lehrer korrespondiert mit diesen Bedingungen und prägt Lernhaltung, Arbeitsweise und Resultate.

"Mein Lehrer kam stets an den Tagen des Monats, deren Datum eine Drei oder eine Sieben aufwies. Das geschah in Übereinstimmung mit unserer Mondkalender-Rechnung, nach der die Tage in Gruppen zu zehn eingeteilt werden, anstatt, wie nach dem Sonnenkalender, in Gruppen von sieben Tagen. Meine Unterrichtsstunden machten mir große Freude. Die stattliche Erscheinung meines Lehrers, sein feierliches Auftreten, der strenge Gehorsam, der von mir gefordert wurde, appellierten an meinen dramatischen Instinkt. Auf einer Seite saß mein Lehrer; seine fließenden, grauen Gewänder lagen in geraden, würdevollen Linien um seine gekreuzten Knie, er trug ein Band von Goldbrokat über

der Schulter und einen Rosenkranz aus geschliffenen Kristallen an der linken Hand. Sein Gesicht war stets bleich, und die tiefen, ernsten Augen sahen unter seiner Priestermütze wie Brunnen aus weichem Samt aus. Er war der sanfteste und heiligste Mann, den ich jemals gesehen habe. (...)
Mein priesterlicher Lehrer unterrichtete nach diesen Büchern mit derselben Ehrfurcht, mit der er seine Religion lehrte. Während meiner Unterrichtsstunden war er, seinem bescheidenen Wunsche entgegen, genötigt, auf dem dicken, seidenen Kissen zu sitzen, das der Diener ihm brachte, denn Kissen ersetzen bei uns die Stühle; andererseits war ihm die Stellung eines Lehrers zu verehrungswürdig, als daß er sich gestattet hätte, auf gleicher Höhe mit seiner Schülerin zu sitzen. Während der ganzen zwei Unterrichtsstunden rührte er sich nicht um den kleinsten Bruchteil eines Zolles, nur seine Hände und seine Lippen bewegten sich. In der gleichen korrekten und bewegungslosen Haltung saß ich vor ihm.
Einmal bewegte ich mich mitten im Thema. Aus irgendeinem Grunde war ich unruhig, mein Oberkörper schwankte leicht, und meine gekreuzten Knie glitten eine Kleinigkeit aus der gehörigen Winkelstellung heraus. Ein leiser Schimmer der Überraschung überflog das Gesicht meines Lehrers. Dann schloß er sehr ruhig sein Buch und sagte sanft, aber mit strenger Miene: 'Kleines Fräulein, es ist augenscheinlich, daß deine geistige Verfassung heute für das Studium nichts taugt. Du solltest dich auf dein Zimmer zurückziehen, und dich innerlich sammeln.' Mein kleines Herz stand vor Scham fast still. Ich konnte nichts tun, so fassungslos war ich. Demütig neigte ich mich vor dem Bilde des Konfuzius, dann vor meinem Lehrer und schritt ehrfurchtsvoll rückwärts aus dem Zimmer. Langsam ging ich zu meinem Vater, um diesem, wie immer am Schluß der Unterrichtsstunden, zu berichten.
Vater war überrascht, da die Zeit noch nicht um war, und seine absichtslose Bemerkung: 'Wie schnell du deine Arbeit gemacht hast', klang mir wie ein Armesünderglöckchen. Die Erinnerung an jenen Augenblick brennt mir noch heute in der "Seele".
Der Verzicht der Priester und Lehrer auf jede Bequemlichkeit beim Studium ließ bei den einfachen Leuten den Glauben entstehen, daß leibliche Entbehrungen die unerläßlichen Vorbedingungen für geistige Erkenntnisse seien. Aus diesem Grunde wurde mein Unterricht so gelegt, daß die schwierigsten Aufgaben und die längsten Unterrichtsstunden während der dreißig Tage der Wintermitte gegeben wurden, die nach dem Kalender die kältesten des ganzen Jahres waren. Der neunte Tag wurde als der allerkälteste angesehen, und deshalb wurde von uns erwartet, daß wir an diesem Tage besonders ernst an unser Studium gingen" (Renner/Seidenfaden, Band 1, 1997, S. 311/312).
Insgesamt ist dieses Textstück ein eindrucksvolles Dokument für die Wertschätzung des Lernens im ostasiatischen Kulturraum. Sie beruht auf übereinstimmenden Vorstellungen von Familie und Lehrer über Ziele, Inhalte, Methoden und notwendige Lernumgebungen. Im Vordergrund steht auf Seiten der Erzählerin nicht in erster Linie die Erinnerung an die Mühsal des Auswendiglernens, des Stillsitzens bei fast asketischen Anforderungen, sondern an die bis zum aktuellen Heute immer wieder aufblitzenden Wahrheiten aus dem damals ohne grundlegendes Verständnis verinnerlichten Lernstoff.

Die Schülerin betrachtet Lernen nicht als Bestrafung, sondern als etwas Selbstverständliches, dem eine zeremonielle Würde auch dann innewohnt, wenn die inhaltliche Seite zunächst zurücktritt.

Einige Thesen, abgeleitet aus Erfahrungen mit Innenansichten

- Die asiatische Version des Lernens durch intensives Einprägen und Memorieren scheint mit Qualitäten verknüpft zu sein, die man im westlichen Kulturkreis bisher falsch eingeschätzt, ja diskriminiert hat. Derartiges Lernen wurde bisher als geistloses Pauken abqualifiziert, das Verstehen verhindert, aber auf keinen Fall fördert.

- Selbstzeugnisse aus diesem Kulturraum dokumentieren eine allgemein positive Einstellung zum Lernen, die man als Quelle einer allgemeinen Lernmotivation verstehen kann.

- Selbstzeugnisse aus diesem Kulturraum dokumentieren vielfältige Kontexte asiatischen Lernens wie Ritualisierung des Lernvorgangs, eine meditative Einstellung und habituelle Sorgfalt der Ausführung.

- Diesen Qualitäten des asiatischen Lernens kann man offensichtlich mit einem quantitativ orientierten Forschungsinstrumentarium nicht beikommen. Hier scheinen eher experimentelle Ansätze und biographische Methoden angebracht zu sein.

Literatur

Abu Zaid, Nasr Hamid: Ein Leben mit dem Islam. Freiburg: Herder 1999

Bâ, Amadou Hampâté: Jäger des Wortes. Eine Kindheit in Westafrika. Wuppertal: Hammer 1993

Helmke, Andreas/Krapp, Andreas: Lernt man in Asien anders? Empirische Untersuchungen zum studentischen Lernverhalten in Deutschland und Vietnam. In Zeitschrift für Pädagogik, Jg. 45, Heft 1, 1999, S. 81-102

Kessen, William (Hrsg.): Kindheit in China. München: Hanser 1976

Lie, Chow Ching: Die Sänfte der Tränen. Berlin: Ullstein 1976

Radin, Paul: Gott und Mensch in der primitiven Welt. Zürich: Rhein-Verlag 1953

Renner, Erich/Seidenfaden, Fritz: Kindsein in fremden Kulturen. Selbstzeugnisse. Band 1: Afrikanische Welt, asiatische Welt. Band 2: Nordamerikanische Welt, lateinamerikanische Welt, pazifische Welt, Welt europäischer Minderheiten. Weinheim: Deutscher Studien Verlag 1997, 1998

Schulte, Wilhelm Die Gedankenwelt des Orients. Lebenweisheit und Weltanschauung der Dichter und Denker des Nahen und Fernen Ostens. Berlin: Verlag der Haude & Speyerschen Buchhandlung 1916

Weinert, Franz E.: Die fünf Irrtümer der Schulreformer. In Psychologie heute. Juli, 1999, S. 28-33

Generation

Generation in Stammesgesellschaften[1]

Vorbemerkung

Mit dem Begriff "Stammesgesellschaften" muß man vorsichtig umgehen, denn es handelt sich dabei um eine Konstruktion, die in unserem Sprachgebrauch so etwas wie geschlossene, von oben nach unten straff durchstrukturierte ethnische Einheiten suggeriert, die es als universelles Konzept aber nicht gibt. Bei der Begegnung mit fremden Kulturen haben sich Europäer immer wieder von solchen Vorstellungen leiten und in ihre Beurteilung anderer Kulturen einfließen lassen. Viel häufiger finden sich Gesellungsformen, die man etwa als Konförderation bezeichnen könnte, deren Teileinheiten autonom sind und nur temporär gemeinsam handeln, obwohl sie kulturell eine Einheit sind. Evans-Pritchard hat am Beispiel der ostafrikanischen Nuer dafür den Begriff "segmentäre Gesellschaften " geprägt. In der Ethnologie verwendet man gerne den neutraleren Begriff "Ethnie" oder "ethnische Gruppe".

1. Problematisierung

1.1 "Generation" als Deutungsmuster

Das Thema "Generation" signalisiert einen aktuellen Trend in den Sozialwissenschaften. So stand auch die Jahrestagung der Deutschen Gesellschaft für Soziologie im vergangenen September unter der Thematik "Generationenbeziehungen und Generationenverhältnisse". Überblickt man das dort angekündigte Programm, dann wird deutlich, wie die Themen der Vorträge zweierlei Varianten des Verständnisses von Generation beinhalten, und zwar eine Variante, in der Generation die Alters- und Erfahrungsdifferenz in Familien beschreibt (Kinder, Eltern, Großeltern) und eine andere, in der es um das unterschiedliche "Relationsgefüge" von Generationen geht, dessen Differenzen in "unterschiedlicher Erfahrungsaufschichtung" begründet sind. Nach Sackmann (1992) handelt es sich bei diesen Varianten um wissenschaftliche Deutungsmuster der Soziologie.
Der gleiche Autor differenziert in seinem Grundsatzartikel zwei weitere Verständnisebenen des Generationsbegriffes, und zwar eine historische und eine alltagsweltliche. Auf der historischen Ebene sieht er eine "Bedeutungsverschiebung" zwischen den

[1] Eine stark gekürzte Version ist erstmals publiziert in:
Liebau, Eckart/Wulf, Christoph (Hrsg.): Generation. Versuche über eine pädagogisch-anthropologische Grundbedingung. Weinheim: Deutscher Studien Verlag 1996, S. 105-121

Begriffen "Geschlecht" und "Generation" und meint, mit der Jugendbewegung habe sich diese Verschiebung durchgesetzt, begonnen habe die Verdrängung aber bereits im 18. Jahrhundert. Er folgert in diesem Kontext, daß sich darin Prozesse der Enttraditionalisierung spiegelten. Die alltagsweltliche Bedeutung des Generationsbegriffes ist danach auf Unterscheidung innerhalb von Familien beschränkt, wobei sich darin unterschiedliche Erfahrungen konturierten, d.h. sie dienten vor allem der "Wahrnehmung von Differenzen in der Familie" (S. 205).
Unter Berücksichtigung verschiedener Perspektiven der Erziehungswissenschaft hat wohl zuletzt Herrmann (1987) "das Konzept der <Generation>" diskutiert. Darin formuliert er in der Folge der Auswertung einer Arbeit von Fogt über "Politische Generationen" Konsequenzen für unsere Disziplin. Für die empirisch-pädagogische Jugendforschung gehe es um die Rekonstruktion jenes "generationsformierenden Mechanismus, der zu Generationseinheiten von Jugendkulturen und -bewegungen führt (ebenda, S. 374); bei der pädagogischen Forschung und Theoriebildung müßte sich das Interesse stärker auf den Anteil der sozialisierenden Agenturen bei der "Formierung unterschiedlicher, aber synchroner Generations-Einheiten" (ebenda, S. 374) mit erziehungs- und bildungssoziologischen Konsequenzen richten; im politisch-pädagogischen Feld müsse die relative Wirkungslosigkeit früher intentionaler Erziehungsprozesse und die Bedeutung der Prägungsphase in der Zeitspanne zwischen dem 16./17. und 25. Lebensjahr berücksichtigt werden.
Dem Diskussionstrend "Generation" folgen aber nicht nur Soziologie und Erziehungswissenschaft, sondern auch die aktuelle Presse. "Die Zeit" hat in ihrer Ausgabe Nr. 42 vom 13. Oktober 1995 eine Artikelserie begonnen, deren erster Beitrag sich mit dem "Wandel des Alterns in einer jugendfixierten Zeit" (Wolfgang Pauser) befaßt. Einige Schlüsselsätze daraus möchte ich vorstellen:
(1) "Jung ist man kollektiv, alt wird man individuell" (S. 97).
(2) "Als symbolisches Bild für die ständige Bereitschaft zum Neuanfang hat sich Jugend vom biologischen Prozeß losgelöst und ist zu einer in jedem Alter verfügbaren Ausdrucksform des verabsolutierten Gegenwartsbezugs geworden" (S. 98).
(3) "Sinnerzeugung obliegt jedem einzelnen. Seit Sinn nicht mehr vorgegeben ist, wird er zum Produkt" (S. 98).
Wenn ich es richtig sehe, postuliert dieser Artikel im Hinblick auf gesellschaftliche Orientierung so etwas wie das Verschwinden der Generationen, sobald das Jugendalter überschritten ist, stattdessen überformt der Habitus der Jugendlichkeit eine generationelle Sinnorientierung.

1.2 Biologische Generationenfolge und Kultur

Eisenstadt (1956) hat in seiner bekannten Arbeit von "Generation zu Generation" Altersgruppen und Sozialstruktur aus rollentheoretischer Sicht interkulturell diskutiert. Seine Hypothesen in diesem Zusammenhang lauten:

(1) Gesellschaften sind dann in altersheterogenen Gruppierungen organisiert, wenn das Merkmal Alter die Rollenzuordnung bestimmt, was voraussetzt, daß die gesellschaftlichen Werte und die Bedeutung des Alters harmonisieren. Es handelt sich dabei um familistische Systeme mit partikularistischer Tendenz.

2) In Gesellschaften, in denen die Familie oder Verwandtschaft den sozialen Status (die Rollenzuweisung) der nachwachsenden Generation nicht gewährleisten kann, entstehen eher altershomogene Gruppierungen. Es dominiert eine universalistische Tendenz.

Das Spektrum der verglichenen Kulturen bei Eisenstadt ist breit, es umfaßt afrikanische, amerikanische, asiatische Beispiele; er verarbeitet aber auch Beispiele aus der europäischen Geschichte.

Ohne daß Eisenstadts rollentheoretische Perspektive hier im Detail referiert werden kann, ergibt sich alles in allem ein Bild der von ihm einbezogenen Ethnien (Stammesgesellschaften), in dem das Generationenverhältnis zumeist durch Altersklassen- oder Bundsysteme kulturspezifisch gestaltet und überformt ist. Konflikte zwischen Generationen zeigen sich deshalb häufig als institutionalisierte Konflikte zwischen verschiedenen Verlaufsphasen des entsprechenden Systems. Streck (1987) meint allerdings, der Antrieb zur kulturellen Gestaltung des Alters liege nicht so sehr in der institutionalisierten Kanalisierung der Konflikte, sondern in der "Idee des kollektiven Altern und des gemeinsamen Durchschreiten der Altersstufen" (S. 17). Bei meiner Betrachtung des Konzeptes Generation, in der anhand von ethnologischem Material pädagogisch argumentiert wird, möchte ich mich konzentrieren auf einige konkrete Varianten natürlicher Altersstufen und der Art ihrer kulturellen Überformung. In der Ethnologie wird in diesem Zusammenhang häufig das Begriffspaar "benachbarte Generation" und "alternierende Generation" benutzt, wobei im ersten Fall das Verhältnis häufiger gespannt, im, zweiten Fall häufiger warm und herzlich erwartet wird. Kulturelle Überformung kann sich auch auf die Art und Weise beziehen, wie die horizontale Gliederung der natürlichen Generationen mit kulturspezifischen, z.T. vertikalen, Klassifikationssystemen (Verwandtschaftsordnung, Altersklassen, Bundsystemen) verknüpft ist.

Im Vergleich zur Diskussion des Generationenkonzeptes in Soziologie und Erziehungswissenschaft hat es aber die Ethnologie mit Ethnien zu tun, für die zwei Charakteristika gelten, zum einen ist die natürliche Generationenfolge häufig kulturspezifisch überformt, zum anderen wird in diesen Gesellschaften Erfahrungsdifferenz/Sinnorientierung eindeutig von der Altersdifferenz abgeleitet. Deshalb stellt sich hier die Aufgabe einer Tradierung dieser kulturell erworbenen Erfahrungen. Der pädagogisch-anthropologische Blick richtet sich aus diesem Grund vor allem:

a) auf die Art der kulturellen Überformung und die Bedeutung der natürlichen Generationen dabei,

b) auf die Beteiligung der natürlichen Generationen und ihrer kulturellen Überformungen an Lösungen, zur Garantie und Bewahrung der kulturellen Kontinuität.

Auf einer Skala möglicher Varianten möchte ich zunächst zwei kulturelle Beispiele skizzieren, die so etwas wie extreme Gegenpole bilden, und zwar die Buschmannskultur auf der einen Seite und das Gada-System der Galla-Stämme in Äthiopien am anderen Ende. Am Beispiel der Fulbe soll dann gezeigt werden, wie heterogene Traditionslinien islamischen bzw. afrikanischen Ursprungs mit der natürlichen Generationendifferenz umgehen. Das Beispiel der Navajos im Südwesten der USA soll illustrieren, welche kulturellen Funktionen mit der natürlichen Generationenfolge verknüpft sein können und welche Bedeutung das Verwandtschaftssystem dabei hat. Schließlich geht es am Beispiel der Massai in Kenia/Tansania um generationelle Hintergründe der Altersklassenzugehörigkeit. Und zuletzt: Ein Film-Dokument zeigt die Begegnung von Tradition und Moderne am Beispiel der Massai im Hinblick auf das Thema.

2. Natürliche und kulturell überformte Altersgruppierungen

2.1 Natürliche Altersgruppierung am Beispiel der !Kung San

Das Verbreitungsgebiet der !Kung San ist die Kalahari Wüste in Namibia sowie im Grenzgebiet zu Botswana. Mit ihrer Wirtschaftsweise verkörpern die !Kung eine typische Jäger- und Sammlerkultur mit "einfacher" Sozialstruktur. Diese wird bestimmt von Jagd und Sammeltätigkeit, bei der sich die Gruppe oder Horde in einem bestimmten weitläufigen Areal bewegt, das nach Shostak eine Ausdehnung von etwa 650 km^2 hat (1992, S. 288).

Die Sozialstruktur der !Kung basiert auf der natürlichen Altersgruppierung, d.h. der familiären Generationenfolge. Außerhalb der Familie gibt es keine sozialstrukturelle Gliederung. Der Übergang vom Status des Kindes zum Erwachsenen wird bei den Mädchen durch die Menarche, bei den Jungen durch die erste erfolgreiche Jagd auf ein Großtier markiert. Die Jungen sind dann bereits zwischen 15 und 18 Jahre alt. Ihr erster großer Jagderfolg ist mit bestimmten Riten verknüpft, um damit "Stärke und Erfolg des künftigen Jägers zu beschwören" (S. 63). Für die Mädchen werden bestimmte Zeremonien abgehalten.

Aber die Erwachsenenphase ist vielseitig und intensiv durch die Kindheitserfahrungen und -aktivitäten vorbereitet. Die !Kung-Frau Nisa berichtet, sie habe mit anderen Jungen und Mädchen in der Nähe des Dorfes ein kleines <Erwachsenendorf> errichtet und dort das Erwachsenenleben "gespielt" (vgl. S. 72). Das spielerische Einüben des Erwachsenenlebens umfaßt dabei sowohl die sexuelle Komponente als auch der Umgang mit dem Übernatürlichen, mit dem **Num**. Besonders eindrucksvoll schildert Nisa, wie ihre männlichen Spielgefährten versuchen, eine Verletzung durch einen Schildkrötenbiß zu heilen, indem sie sich wie die Erwachsenen in einen Trancezustand fallen lassen: "Die Jungen fielen in Trance und versuchten, die Krankheit und den Schmerz aus meiner Hand zu ziehen" (S. 59). Der Umgang mit dem **Num** durch Medizintrance ist für die !Kung-Kinder etwas Alltägliches. Nisa erlebt, wie der Vater ihre Krankheit durch Medizintrance heilt (S. 53/54), wie er Löwen vom Wasserloch durch Trance vertreibt (S. 60).

Die soziale Rangordnung der Erwachsenen orientiert sich an besonderen Fähigkeiten beim Jagen, Sammeln und Medizintrance-Tanz. Daß sich in diesem Kontext Selbstbewußtsein und auch Autorität entwickelt, zeigt die Äußerung des besonders erfolgreichen !Kung-Jägers Toma: "Von dem Tag meiner Geburt an war ich für Fleisch geboren" (Marschal/Thomas 1962, S. 168). Allerdings können daraus keine Statusunterschiede abgeleitet werden. Zwischen den Geschlechtern herrscht zwar Arbeitsteilung, aber ohne das daraus eine Rangordnung abgeleitet wird. Im sozialen Zusammenleben spielt jedoch das konkrete Lebensalter eine wichtige Rolle. Die !Kung kennen einen ehrenvollen Altersstatus, dabei wird dem Namen einer Person die Silbe "na" voran gesetzt. Davon betroffen sind in der Regel Personen im Alter von über 40 Jahren, dem produktivsten Alter im Buschmannsleben. Sechzigjährige ehrt man mit dem Titel "na na", 70jährige ehrt man mit der Vorsilbe "da". Darüber hinaus ist das Zusammenleben innerhalb der Verwandtschaft genau geregelt. Es variiert zwischen formalisiertem gegenüber dem Vater und den Schwiegereltern und freundlich-scherzpartnerschaftlichem Verhalten gegenüber den Großeltern (Eibl-Eibesfeldt 1976, S. 25).
Es existiert zwar eine Art vererbbares Recht der Nutzung von Wasserstellen in einem bestimmten Areal, aber der Eigentümer kann aus diesem Recht keine weiteren Führungsansprüche ableiten (Shostak 1992, S. 280). Entscheidungen werden von der Versammlung aller Erwachsenen getroffen, auch der Frauen.
Folgt man der von Marjorie Shostak aufgezeichneten Lebensgeschichte der !Kung-Frau "Nisa", dann könnte man das erzieherische Generationenverhältnis in den !Kung-Familien mit dem Terminus Verhandlungshaushalt charakterisieren, ein Merkmal familiärer Modernisierung in europäischen Gesellschaften, wie es Bois-Reymond (1995) in ihren vergleichenden Untersuchungen herausgearbeitet hat. Probleme des Zusammenlebens der Eltern und auch Erziehungsprobleme werden dabei offen zwischen den Ehepartnern und mit den Kindern ausgetragen. Als Nisa mit dem Verhalten ihrer Eltern einmal nicht einverstanden ist, begibt sie sich zur Großmutter, die im Nachbardorf lebt, und sie bleibt dort für längere Zeit. Das Zusammenleben der Familien und Gruppen ist einerseits sehr eng, leidet andererseits aber unter nahezu totaler Öffentlichkeit.
Weil der gesellschaftliche Sinn der Buschmannsgesellschaft in einer nicht problematisierten gelebten Tradition steht, sozusagen gesellschaftlich offen zutage liegt, folgen die natürlichen Generationen in jeweils spezifischer Weise dieser Zielrichtung. Die Kindergeneration rekonstruiert und antizipiert Sinn und Ziel des Lebens spielerisch bis zu einem Zeitpunkt, zu dem sie in die Erwachsenengeneration hineingewachsen ist. Wenn das Alter die aktive Teilnahme am Nahrungserwerb verhindert, engagiert sich die Großelterngeneration vor allem in der Tradierung des Wissens und in der Beschwörung des Num beim Medizintrance-Tanz.

2.2 *Das Gada-System: Sozialordnung der Galla in Äthiopien*

Die Galla Äthiopiens gehören zu den Viehzüchtervölkern Ostafrikas, deren generationelles Denken in der Entwicklung hochkomplexer Sozialordnungen aufgehoben ist.

Die Organisation von Altersklassen spielt dabei eine wichtige Rolle.
"Die zentrale Idee des Gada-Systems bildet eine starre Zahlenordnung, die einen Versuch darstellt, das Leben der Gemeinschaft und des einzelnen in ein festes Schema zu pressen, das sich nicht unbedingt nach den natürlichen Gegebenheiten des menschlichen Seins richtet, sondern ohne Rücksicht auf die Wirklichkeit Geburt, Zeugungsfähigkeit, Heirat und sogar den symbolischen Tod regelt" (Haberland 1963, S. 170/171). Innerhalb dieses Systems werden Gruppen, Klassen und Ränge unterschieden. Die Söhne werden in die Gruppe der Väter hineingeboren, können aber ungeachtet ihres eigenen Alters erst 40 Jahre nach ihren Vätern und 80 nach ihren Großvätern aufgenommen werden. Innerhalb der ersten 40 Jahre durchlaufen sie ein fünfstufiges Klassensystem mit einem zeitlichen Abstand von acht Jahren. Die Übergänge von Klasse zu Masse werden mit Festen begangen. Die erste und zweite Stufe ist die von Kindern, die dritte die von Jünglingen, die vierte und fünfte die von Jungmännern. Vor der fünften Stufe soll kein Mann heiraten oder Kinder zeugen. Die sechste Stufe ist die sogenannte Gada-Klasse, deren Mitglieder die höchsten Führungsränge einnehmen.
Diese Ämter beruhen teilweise auf Wahl, teilweise auf Vererbung. In dieser achtjährigen Phase finden die für einen Galla wichtigsten Zeremonien statt. Die siebte, achte, neunte Klasse umfaßt Männer, die keine gesellschaftlichen und religiösen Verpflichtungen mehr haben, sondern sich nur ihren Familien und Herden widmen. In der zehnten Klasse wird der Austritt aus dem System vorbereitet. Das dazugehörende Fest ähnelt einer Totenfeier, nach der die Betroffenen gesellschaftlich tot sind - ohne Rechte und Eigentum (vgl. Haberland, S, 174). Die in der Tradition der Galla akzeptierten Rollenvarianten im Laufe des menschlichen Lebens werden innerhalb des Systems einer bestimmten Altersklasse zugeordnet, unabhängig davon, ob sie sich mit dem realen Alter in Einklang befinden.
Haberland erläutert an verschiedenen Beispielen die Verzerrungen, die eine solch starre Klassifizierung des Lebensverlaufes erzeugen kann. Hier eine verkürzte Variante: Ein Borana-Galla (ego) ist (idealerweise) beim Erreichen der fünften Klasse (dori) 32 Jahre alt und darf Kinder aufziehen. Der Wechsel der natürlichen Generationen im System erfolgt nach 40 Jahren, also acht Jahre später und wird durch das sogenannte Gara-Fest markiert. Aber alle innerhalb der nächsten acht Jahre geborenen Söhne von **ego** treten bei der Feier in die erste Stufe des Systems (daballe) ein, während gleichzeitig **egos** Vater, Großvater seiner Söhne, die Gada-Klasse verläßt und **ego** Platz macht. Die Söhne **egos,** angenommen sie seien zwischen sieben und zwei Jahre alt, kommen unabhängig von ihrem tatsächlichen Alter nach 32 Jahren ebenfalls in die fünfte Klasse und dürfen dann erst Kinder haben (vgl. S. 179).
Die mit diesem System verbundene Geburtenregelung hat nicht verhindern können, daß Kinder auch vorzeitig geboren wurden. Solche wurden manchmal ausgesetzt oder weggegeben. In verschiedenen Galla-Gruppen hat man Vorklassen erfunden, um die "Überhänge" unterzubringen. Das Zeugungsverhalten der nach 40 Jahren ausgeschiedenen Männer hat im Laufe der Geschichte die Systemregeln immer wieder

gebrochen, so daß man schließlich im Hinblick auf diese Gruppe eine Änderung eingeführt hat. Man repariert an dem eigentlich starren System, um es nicht völlig außer Kraft zu setzen durch "Verzögerung des Heiratsalters, Kindesaussetzung, Überspringen einer Generation" (Streck 1987, S. 18).
Weitere Strukturelemente der Komplexität der Galla-Sozialordnung sind die exogame Dual-Ordnung, die Klan-Verfassung und die sogenannte Hariya-Ordnung. Während die Merkmale der ersten beiden Strukturen sich innerhalb des Gada-Systems auf Heiratsverhalten und Machtpositionen auswirken, ist hariya eine echte Altersklassengruppierung, die alle während einer bestimmten Gada-Periode Geborenen als Kameradschaftsgruppen zusammenfaßt (vgl. S. 181ff.). Die Hohen Priester aber sind die geistigen Führer der Galla-Gesellschaft, bei den Borana sind es deren zwei, und zwar je einer für beide Stammeshälften, die in einer gewissen Rivaliät zueinander stehen. Sie leiten ihr Selbstverständnis aus göttlicher Herkunft ab.
Nach Haberland (1963) wissen die verschiedenen Galla-Völker nichts über den eigentlichen Sinn des Gada-Systems. Beim Nachfragen reagierte man zumeist mit unverbindlichen Antworten (vgl. S. 172). Er gibt aber zu, bei bestimmten Fragen eine merkwürdige Zurückhaltung gespürt zu haben. Aber Hinweise auf Geburtenregelung oder einen göttlichen Ursprung dürften wie bei den Borana-Galla auf zwei Varianten einer Mythe zurückgehen, die Haberland auch aufgeschrieben hat (vgl. S. 643/644). Die prinzipielle Gleichheit (und die gesellschaftliche Festlegung ihrer Aufgaben/Funktionen) der in der jeweiligen Klasse zusammengefaßten Personen verhindere den Mißbrauch von Macht in der Galla-Gesellschaft, meint Kaufmann in seiner Beurteilung des Gada-Systems (S. 262).

2.3 Islam und afrikanische Tradition: die Fulbe

Bei den Fulbe handelt es sich um eine Ethnie, deren Verzweigungen in Westafrika, in der Sahelzone sowie in den Staaten Niger und Nigeria wohnhaft sind. Traditionellerweise sind die Fulbe Großviehzüchter, haben sich aber im Laufe des 19. Jahrhunderts im Kontext eines von ihnen begründeten islamischen Reiches und in enger Verbindung mit anderen Ethnien teilweise niedergelassen. Heute unterscheidet man sie eben nach nomadisierenden (rotohrige Fulbe genannt) und seßhaften ackerbau- oder handeltreibenden Teilgruppen. Aber alle Teilgruppen stehen in der islamischen Tradition, die auf jene Staatengründung im Nigergebiet sowie auf den (Tukulor-)Mekkapilger El Hadji Omar zurückgeht, während ihre Nachbarvölker, mit denen sie zum Teil enge Verbindungen eingegangen sind, den afrikanischen Traditionen treu geblieben sind. Für unsere Problemstellung ist daran interessant, wie seßhafte islamische Fulbe mit ihrer eigenen afrikanischen Tradition und der ihrer Nachbarn umgehen. Die autobiographische Kindheitsdarstellung des Fulbe-Gelehrten und -Weisen Amadou Hampaté Bá (1993) ist ein authentischer Spiegel der Lebensverhältnisse islamischer Fulbe und traditioneller Bambara in Westafrika und insbesondere der Stadt Bandiagara, heute in

Mali gelegen. Da die Spielkameraden Bás vor allem Bambara sind, wird der kleine Bá schon in einem sehr frühen Alter in die Bambaragemeinschaft für Kinder anhand eines Ritus initiiert. Dadurch kann er den Zeremonien der heiligen Maske des Komo zusammen mit seinen Freunden beiwohnen (vgl. S. 157/158). Kurz darauf, im Alter von sieben Jahren, wird Bá im Beisein seiner Eltern aus seiner frühen Kindheit entlassen, genannt "Tod der frühen Kindheit" und durch einen Koranlehrer zum Schüler gemacht. Die Koranschule besucht er von nun an täglich. Doch die Parallelität der Einflüsse beider kultureller Traditionen bleibt erhalten, im Gehöft seiner Eltern finden jeden Abend Zusammenkünfte statt, bei denen die bedeutendsten Erzähler, Dichter, Musiker, Traditionalisten der Fulbe und Bambara zusammentreffen. Wenn bedeutende Feste waren, kommen Bambara-Maskentänzer hinzu.
Zur traditionellen Fulbe-Sozialstruktur gehört ein System von Altersklassen, Waaldé genannt. Die ersten Waaldés werden bereits im Kindesalter gegründet. Ihre Gründung beruht auf der Initiative einzelner Kinder, die unter ihren Kameraden anerkannt sind. Mit elf ausgewählten Kameraden im Alter von 10 bis 12 Jahren beginnt Bá seine erste Altersklasse zu gründen. Um offizielle Anerkennung zu erreichen, braucht er dazu Schirmherrschaft und Schutz einer älteren Waaldé. Er wählt dazu die seines älteren Bruders. Außerdem bedarf es der Wahl eines Ältesten, eines Vaters (mawdo) aus einer Altersklasse der Erwachsenen, der gleichzeitig Repräsentant und Verteidiger gegenüber der Bevölkerung sein muß. Die Struktur der Waaldé ist "hierarchisch aufgebaut und ein Abbild der Gesellschaft des Dorfes (S. 203). Folgende Ämter sind dabei zu vergeben, ein Oberhaupt (amiru), Stellvertreter (diokko), ein Richter (alkaali), Kommissare für Diszplin (mutassibi) und Sprecher (griots). Nachdem Bá als Vorsitzender gewählt ist, gibt man sich eine Geschäftsordnung, in der strenge Verfahrensregeln festgelegt sind, nach der auch Strafen verhängt werden können. Vollversammlungen sind in der Trockenzeit wöchentlich, in der Regenzeit monatlich. Bá erzählt, wie nach der ordentlichen Konstituierung die jüngeren Kinder aus der Waaldé seines Bruders in die seine überwechseln, so daß nach einiger Zeit in der erfolgreichen Auseinandersetzung mit anderen Waaldés die seine aus bis zu 70 Jungen aller ethnischen und sozialen Schichten Bandiagaras besteht (vgl. 202-206). Bás eigener Kommentar über die Funktion solcher Vereinigungen: "Das Leben der Kinder in den Altersklassen stellte tatsächlich eine echte Schule des Gemeinschaftslebens und der Verantwortlichkeiten dar, unter dem unauffälligen, aber wachsamen Blick der Älteren, die die Schirmherrschaft innehatten" (S. 206).
Zur Fulbetradition gehört auch, daß sich eine Waaldé um die Partnerschaft mit einer etwa gleichaltrigen Vereinigung junger Mädchen bemüht. Dabei muß man üblicherweise mit anderen Vereinigungen konkurrieren. Bás Schilderung der Aktivitäten seiner Waaldé ist ein Dokument der Gleichberechtigung zwischen den Geschlechtern (vgl. S. 222-229).
Im Alter von 14 Jahren lebt Bá mit seiner Familie in der Militärstadt Kati. Um Kontakt mit anderen Kindern zu bekommen, bemüht er sich um die Aufnahme in eine Vereinigung von unbeschnittenen Bambara, die aber zunächst scheitert. Schließlich

gründet er mit anderen Bambara und der Unterstützung seiner Eltern auch hier eine eigene Waaldé. Etwas später wird er dann auch in die Bambara-Vereinigung aufgenommen (vgl. S. 366-371).

Im Zusammenhang mit der Schilderung der Beschneidung seines älteren Bruders vergleicht Bá verschiedene Traditionslinien für den Mannbarkeitsritus. Danach haben die islamisierten Fulbe die unter Muslimen übliche Beschneidungszeit der Jungen vom siebten Tage nach der Geburt auf das Alter zwischen sieben und vierzehn Jahren verschoben, während die "Busch-Fulbe" Mut als aktiven Beweis der Mannbarkeit voraussetzen, z.B. im Kampf gegen Raubtiere zum Schutz der Rinderherden, was ein höheres Alter voraussetzt. Den Bambara, mit denen die Fulbe in Bandiagara eng zusammenleben "gilt 21 Jahre als das ideale Alter" (S. 235). In der Praxis werden auch die Bambara häufig früher beschnitten, um dadurch die Beschimpfung als "Unbeschnittener" (bilakoro) zu vermeiden. Aber das Ansinnen Bás gleichzeitig mit seinem älteren Bruder beschnitten zu werden, lehnt der Rat des väterlichen Clans ab, weil die kameradschaftlich-brüderlichen Verpflichtungen, die sich aus gemeinsamer Beschneidung ableiten, der Altershierarchie der beiden Brüder zuwiderlaufe, Gehorsam und Pflicht zur Hilfe des Jüngeren gegenüber dem Älteren unmöglich mache (S. 235/236). Zu den Verpflichtungen, die sich aus gemeinsamer Beschneidung ableiten, gehört lebenslange Kameradschaft, ja Bruderschaft mit der Pflicht zu wechselseitiger Hilfe.

Damit verbunden ist das Recht der sogenannten Scherzverwandtschaft (joking relationship, in Ful: dendiraku), nach der man sich auch in der Öffentlichkeit "auf den Arm nehmen darf, Galanterie gegenüber den Ehefrauen der Mitbeschnittenen zeigen kann (vgl. S. 245).

Jahre später, Bá ist bereits 15 Jahre alt und durch Schulaufenthalte außerhalb Bandiagaras immer noch nicht beschnitten, will der Vater die Zeremonie um ein weiteres Jahr verschieben, um ein der vornehmen Abstammung aus zwei bedeutenden Clans gemäßes Ritual zu feiern. Aus der Furcht während dieses weiteren Jahres als "bilakoro" zum Gespött seiner Altersgenossen zu werden, läßt sich Bá mit Hilfe einer Verwandten im Krankenhaus der Stadt Bamako beschneiden. Er erreicht damit sogar, daß er noch vor seinen Kameraden "kamalenkoro", Erwachsener im traditionellen Sinne wird und die entsprechende Mütze tragen darf (vgl. S. 371-374). In seiner Familie nimmt man ihm diese Eigenmächtigkeit letztlich nicht übel, sondern hat Verständnis. Die letzte große Initiation bei den Fulbe findet im Alter von 42 Jahren statt. Bá erhält sie im Jahr 1943 während einer Reise durch den Senegal bei einem der letzten großen Fulbe-Initiationslehrer.

Aus der Sicht der natürlichen Generationenfolge betrachtet, illustriert die Lebensgeschichte Bás, wie das Interesse der Erwachsenengeneration aller an seiner Entwicklung beteiligten Ethnien auf die Tradierung der kulturellen Erfahrungen ausgerichtet ist. Diese Erfahrungen gewinnen ihr Selbstverständnis nicht allein im jeweiligen kulturellen Wissen, sondern auch im Wissen um die Bedeutung einer spezifisch afrikanischen Oralität, wenn man will, eine anthropologische Dimension afrikanischer

Herkunft. In Bás Formulierung lautet sie: "Die Schrift ist eine Sache und das Wissen eine andere. Die Schrift ist die Fotografie des Wissens, aber nicht das Wissen selbst. Das Wissen ist ein Licht, das sich im Menschen selbst befindet, es ist das Erbe von allem, was die Vorfahren erkennen konnten und uns im Keim übermittelt haben, ganz so wie der Affenbrotbaum, der im Samenkorn in all seiner Mächtigkeit enthalten ist" (S. 212). Von Bá stammt auch die Aussage, daß mit jedem Greis, der in Afrika stirbt, eine ganze Bibliothek verloren geht.

In diesem Kontext widersprechen sich nach Bás Erfahrungen afrikanische und islamische Traditionen nicht, denn auch die Koranschule trainiert das Gedächtnis, Voraussetzung einer Qualität, wie Oralität sie darstellt (vgl. S. 159ff., 285). Bá nennt diesen Hintergrund "die Schule der Meister des Wortes". Mit dieser Vorgabe ist der Junge im übrigen auch optimal für Anforderungen in der Schule der Weißen präpariert.

Die kulturspezifischen generationellen Aspekte in diesem Lebenszusammenhang umfassen demnach: eine familiäre Altershierarchie mit islamischem Hintergrund, die sowohl zwischen den natürlichen Generationen als auch innerhalb jeder einzelnen gilt, ein außerfamiliäres relativ altersheterogenes Altersklassensystem auf der Grundlage individueller Initiativen, in dem die afrikanischen Traditionen der Bambara und der Fulbe zusammengeführt sind, die aber in ihren Zielrichtungen, dem Maskenbundwesen einerseits und dem Islam andererseits, konkurrenzfrei nebeneinander bestehen; eine Clan-Hierarchie der Fulbe, die zwischen der natürlichen Generationenfolge und den Altersklassen spezifische Zusammenhänge herstellt.

Riesman (1993) hat in langjähriger Feldarbeit bei den Busch-Fulbe, die Entwicklung ihrer Grundpersönlichkeit erforscht. Dabei vergleicht er die Fulbe mit ihren ehemaligen Sklaven, den Riimaaybe, mit denen sie in enger Symbiose leben. Würde, Zurückhaltung, Selbstkontrolle, Vornehmheit der Fulbe stehen danach in starkem Kontrast zu Emotionalität, Ausgelassenheit, Spontaneität der Riimaaybe, obwohl die Erziehungspraktiken beider Gruppen weitgehend übereinstimmen, so daß Kindheit sich in beiden Gruppen gleicht (S. 170). Nach Riesman sind für die Entwicklung bestimmter Grundpersönlichkeiten nicht die in der Interaktion zwischen den benachbarten Generationen gemachten Erfahrungen der frühen Entwicklung prägend, sondern erst das Bewußtsein, einer bestimmten Gruppe zuzugehören, begründet die eine oder andere Richtung. Danach ist das kulturspezifische Selbstverständnis einer Person Ergebnis der "Wahrnehmung davon, wie jemand mit der übrigen Welt in Verbindung steht – mit der eigenen Verwandtschaft, mit der eigenen Gesellschaft, mit anderen Gesellschaften und der Natur" (S. 177). Nimmt man diese Schlußfolgerungen zum Maßstab, dann resultiert die Differenziertheit funktionaler und intentionaler Begleitung der Entwicklung (mit intra- und intergenerationellen Altershierarchien, altersheterogenen Altersklassen, Clan-Hierarchien) das Ergebnis der Traditionsvermittlung, nämlich das spezifische kulturelle Selbstverständnis.

2.4 *Alternierende Generationen: die Navajos*

"I guess for us, we're a lot closer to our grandparents", vergleicht mein Gewährsmann Joe Atene, 21jähriger Navajo-Indianer aus dem südlichen Utah, seine eigene familiäre Situation mit der in Deutschland erfahrenen (Renner 1996, S. 325). Er charakterisiert damit ein Verhältnis zwischen den alternierenden Generationen seiner Kultur, das sich durch besonders intensive Zuwendung und der damit verbundenen Weitergabe der kulturellen Traditionen auszeichnet. Vergil Bedoni, 20 Jahre älterer Stiefbruder von Joe, mein zweiter Gewährsmann, formuliert für sich die Bedeutung seiner Großeltern mütterlicherseits: "And I still remember my grandfather talking to me, I still dream about my grandfather even today as he is very fond of me and I very fond of him, too. My grandmother still treats me as her young son, I was probably her favorite grandson of all the grandchildren that she has ... I will never forget the teachings that my grandmother and grandfather taught to me ..." und an anderer Stelle "Whatever advice I can give to other people it will be from what I have learned from my grandmother and grandfather" (S. 316/317). Der 1920 geborene Navajo Hoke Denetsosie charakterisiert das Umfeld traditioneller Kindheitserfahrungen als "never-ending old-time lectures" (Johnson 1977, S. 136).

Mein Gewährsmann Vergil Bedoni, 42 Jahre alt, beschreibt eine für ihn typische Erfahrung aus den Kindheitstagen. Mit dem Großvater mütterlicherseits ist er häufig unterwegs zu Zeremonien, die dieser als Medizinmann leitet. Dabei reitet der Enkel huckepack hinten auf dem Pferd des Großvaters: "... and we would go maybe ten or fifteen miles to one of the ceremonies that (grandfather) was conducting, and we spent maybe two or three days there just him performing the ceremonies. And that's how I got accquainted with some of the ceremonies that he did. And often he would ask me if I wanted to learn, and I would say yes, that I would be willing to become a medicine man. So as we were riding together, I behind his back behind the saddle riding double on a horse, he would teach me songs" (Renner 1996, S. 317).

In besonderer Verantwortung für diese permanente funktionale Erziehungssituation standen und stehen bei den matrilinear organisierten Navajos die Mitglieder des mütterlichen Clans, deren Generationenfolge als klassifikatorische Verwandte betrachtet werden. Dadurch werden alle zur Generation der Mutter gehörenden Frauen und Männer Mutter oder Vater genannt, entsprechend die Angehörigen der Großelterngeneration als Großmutter und Großvater, die Kinder bzw. Enkel als Schwestern und Brüder. Neben dem mütterlichen Clan, in den ein Navajo geboren wird, erhält er mit dem Clan des Vaters, für den er geboren wird, eine zweite verwandtschaftliche Bezugsgruppe. Die Männer dieses Clans sind je nach Alter für ego nominell Vater oder Cousin (S. 159-162).

Margaret Mead (1977) nennt Ethnien, in denen das Verhältnis der alternierenden Generationen besonders eng ist und mit der Weitergabe der Traditionen verknüpft, "postfigurativ" und unterscheidet sie von "konfigurativen", in denen die Kinder vor allem von Gleichaltrigen lernen und schließlich von "präfigurativen", in denen die

Differenz der Erfahrungen so groß ist, daß die Großeltern von den Enkeln lernen müssen (S. 73). Und sie kritisiert die Rolle der Großelterngenerationen in unseren Gesellschaften, deren Lebenserfahrungen und verläßliche Zuwendungen ins Abseits gestellt werden.

2.5 Generation und Altersklasse: die Massai

Die Massai in Kenia und Tansania gehören wie die Galla Äthiopiens zu den ostafrikanischen Viehzüchtervölkern und werden rassisch und sprachlich ebenso zu den Niloten gezählt. Das aus diesem Kulturkreis eine zweite Gruppe zur Diskussion gestellt wird, hat verschiedene Gründe. Der wichtigste liegt in der spezifischen Variante des Zusammenhangs von Generation und Altersklasse bei den Massai, verbunden mit besonders interessanter Quellenlage, ein anderer im Bekanntheitsgrad dieser Kultur und nicht zuletzt in der Möglichkeit, Konfliktlinien zwischen Massai-Tradition und Moderne anhand eines Filmes zu dokumentieren.
Die Sozialstruktur der Massai ist patrilinear organisiert, durch Blutsverwandtschaft und Altersklassensystem konturiert. Die Altersklasseneinteilung unterscheidet bei den Männern "Unbeschnittene, Beschnittene, Junge Krieger, Ältere Krieger, Jüngere Alte, Ältere Alte, Greise" (Melchart 1980, S. 156). Diese Stufung weist allen männlichen Mitgliedern des Massai-Volkes eine klar definierte gesellschaftliche Rolle zu, d.h. die natürliche Generationenfolge erhält durch die Altersklassen eine kulturelle Überformung, die je nach Betrachtungsweise entweder vierstufig ist oder aber sieben Altersphasen umfaßt. Die Übergänge von einer Stufe zur anderen werden jeweils durch Zeremonien (rites de passage) und Festlichkeiten markiert. Inkera nennt man die Phase der Kindheit und Jugend, in der das Leben der Erwachsenen spielerisches Vorbild ist, in der aber den älteren Jungen bereits Verantwortung für die Viehherden zukommt und die Mädchen bei der Hausarbeit helfen. Die für das Erreichen des Erwachsenenstatus alles entscheidende Phase wird durch die Beschneidung (emorata) markiert. Jemand, der an der traditionellen Beschneidung nicht teilgenommen hat, kann in den Augen eines Massai niemals den Status des Kindseins verlassen, ganz gleich wie alt er in Wirklichkeit ist. "Unbeschnittener" ist deshalb ein schlimmes Schimpfwort. Während einer Beschneidungsperiode werden die Jungen der Massai-Gruppe eines Gebietes in zwei Gruppierungen beschnitten, in der Regel zunächst die Älteren, dann die Jüngeren, aber die Eltern können über einen früheren oder späteren Zeitpunkt selbst entscheiden. Eine Beschneidungsperiode wird nach etwa vier Jahren durch den Medizinmann (Laibon) beendet. Eine neue kann erst nach 15 Jahren eröffnet werden (Saitoti 1981, S. 59). Nachdem die Massai-Jungen von der Beschneidung genesen sind und eine gewisse Vorbereitungszeit durchlaufen haben, bei der sie von ausgewählten Älteren betreut werden, treten sie in den Status des Jungkriegers ein, sie werden zu Moran, dem Kriegerideal an Tapferkeit und Schönheit. Als äußeres Zeichen werden die Haare nun nicht mehr geschnitten. Moran leben dann miteinander in einer Manyatta, einem

Gemeinschaftskral und werden nach einigen Jahren zum Vollkrieger. Dieser Status wurde traditionellerweise frühestens im Alter von 16, spätestens mit 35 Jahren verlassen. Während die Moran früher ihre Tapferkeit bei Krieg und Raubzügen unter Beweis stellen konnten, bleibt ihnen heute lediglich so etwas wie eine Polizeifunktion und vielleicht die Löwenjagd mit dem Speer (vgl. Hallet 1968, S. 137-165). Im Umgang mit den unbeschnittenen Mädchen haben sie in dieser Zeit alle Freiheiten. Die Kräfte, die in den Differenzen der benachbarten Generationen als Konfliktpotential vorhanden sind, werden in der Kriegerklasse traditionell gebunden und zur Verbesserung des gesellschaftlichen Status hin umorientiert, indem die Moran durch Raubzüge den Viehreichtum ihrer Familien erhöhen.

"Mädchen werden beim Erreichen der Pubertät oder kurz danach beschnitten. Im Unterschied zu den Knaben faßt man sie nicht in Altersklassen zusammen ... " (Saitoti 1981, S. 77). Nach der Beschneidung verlieren die Mädchen ihre Freizügigkeit.

Am Ende ihrer gemeinsamen Zeit als Krieger erhalten die Massai einen Namen als Altersgleiche, mit dem sie in den Status der Älteren (Ilpayiani) überwechseln. Unabhängig davon ist das tatsächliche Lebensalter. Die Eunoto-Zeremonie markiert den Übertritt in die Klasse der jungen Älteren. Jetzt können die Männer Familien gründen, und sie gehören zum Rat der Älteren wie alle Männer. Alle Entscheidungen für die Gruppe werden hier getroffen.

Die älteren Alten haben aber politisch ein größeres Gewicht. Die Greise bilden die letzte Altersklasse, tragen zwar keine politische Verantwortung mehr, behalten aber einen prominenten Platz in der Ratsversammlung. Stirbt ein Massai, dann muß sein ältester Bruder die Witwe zu seiner Familie hinzunehmen, er kann sie aber nur zu seiner Frau machen, wenn der Bruder der gleichen Altersklasse angehört hat wie er selbst (Melchart 1980, S. 126). Hat sie aber eigene Söhne, dann bleibt die Witwe häufig bei ihnen (Merker 1968, S. 203). Der jüngste Sohn hat gegenüber der Mutter eine besondere Fürsorgepflicht, denn er erbt ihren Viehbestand bei ihrem Tod (Saitoti 1981, S. 194). "A woman ist not alone in her old age. The youngest son looks after her until she dies" (Salvadori/Fedders 1973, S. 63). Insgesamt wird deutlich, wie die Altersklasseneinteilung bei den Massai die gesamte Lebensspanne umfaßt und gleichzeitig die Verhaltensweisen jedes Individuums in einzelnen Entwicklungsphasen festlegt. Die natürliche Generationenfolge erhält durch die Altersklasseneinteilung eine spezifische soziokulturelle Struktur, in der insbesondere die Erwachsenengeneration aus klar unterschiedenen, aufeinander folgenden Verlaufsphasen besteht, so daß darin die natürliche Eltern- und Großelterngeneration aufgehoben ist.

Der Massai Henry R. ole Kulet hat in einer, wie man annehmen kann, auf eigenen Erfahrungen basierenden Erzählung heutige Probleme des Erwachsenwerdens am Beispiel des Massai-Jungen Leshao eindringlich dargestellt (1972, dt. 1985). Leshaos Vater, Kerea ole Merresho, der zur Klasse der älteren Alten gehört, hat durch Unglücksfälle seine Rinderherde bis auf wenige Tiere verloren. Leshaos Mutter ist verstorben, die vier anderen Frauen haben den Vater verlassen. Außerdem haben Tiere verkauft werden müssen, um Schulgeld und Steuern zu bezahlen. Das Ansehen des

Vaters ist auf einen Tiefpunkt gesunken. Seine einzige Hoffnung, wieder zu Wohlstand zu kommen, ist Leshao. Erwartungen, die zunächst auf das Ende der achtjährigen Schulausbildung und einen Arbeitsplatz in der Stadt gerichtet waren, um mit dem Verdienst die Herde wieder aufzustocken, rücken in weite Ferne, denn der Schulabschluß verzögert sich immer wieder. Ohne Abschluß findet man jedoch keinen Arbeitsplatz. Außerdem hat Leshao das Beschneidungsalter längst erreicht, und er muß unter dieser Tatsache leiden, denn Jüngere als er gehören bereits zur Kriegerklasse und traktieren die Unbeschnittenen entsprechend, Leshaos Vater setzt nun auf den traditionellen Massai-Weg, wieder zu Wohlstand zu gelangen, sein Sohn muß durch Beschneidung Moran werden, zu deren Auftrag es gehört, durch Raubzüge die Herden ihrer Familie zu vergrößern. Vorläufig steht aber dagegen, daß der Vater nicht in der Lage ist, die mit der Beschneidung verbundenen Kosten zu tragen. Leshaos eigenes Interesse ist ganz auf die Schulausbildung gerichtet.
Bei seinem Schulfreund Mbulung, der aus einer wohlhabenden Familie kommt, ist es genau umgekehrt. Dessen Vater will zwar die Beschneidung für seinen Sohn, nicht aber sein jahrelanges Verbleiben als Moran in der Manyatta, sondern eine Karriere in der Stadt. Doch Mbulungs Sehnsucht ist auf ein Leben als Moran gerichtet. Leshao erwägt unter dem widersprüchlichen Druck seiner Verhältnisse, sich im Krankenhaus beschneiden zu lassen, was jedoch einer vollkommenen Schande in den Augen der Massai gleichkäme. Schließlich kann er durch Unterstützung des Onkels an der Beschneidung teilnehmen, genießt das Leben als Moran, aber vor der Ausführung eines Raubzuges flüchtet er aus der Manyatta in die Stadt und versucht Arbeit zu finden, scheitert jedoch völlig dabei. Leshao kehrt zu den Moran zurück, beteiligt sich an einem Raubzug, der aber in einem Desaster endet. Die Überfallenen sind gut vorbereitet, erhalten Hilfe durch die Polizei, viele Moran werden getötet. Leshaos rechtes Bein muß bis zum Knie amputiert werden. Leshaos Vater wünscht sich, sein Sohn wäre besser umgekommen.
Dieses literarische Beispiel illustriert die Wechselbeziehung zwischen traditioneller Sinnorientierung und sozialstruktureller Kontur, von der aus das generationelle Denken geprägt wird und verbindet sie mit Problemen der Modernisierung. Leshaos Vater ist durchaus bereit, eine Ausbildung und Erwerbstätigkeit seines Sohnes außerhalb der Massaikultur zu akzeptieren, wenn sich diese Tätigkeit nur in sichtbaren Zeichen des traditionellen Wohlstandes niederschlägt und das Ansehen seiner Patrilinie wieder herstellt oder gar erhöht. Das bedeutet, hier wird die kulturelle Sinnfrage nicht gestellt, die traditionelle Orientierung (altersklassenspezifische Dominanz, Kumulation von Vieh) steht nicht zur Disposition, im übrigen auch nicht bei Leshao. Es geht eigentlich nur um die Mittel, mit dem sie garantiert werden kann. Vater und Sohn haben, um es mit Bourdieu zu sagen, ohne "feine Unterschiede" sehr ähnliche Habitualisierungsprozesse durchlaufen, ihre Konflikte beziehen sich eigentlich nur auf deren interne Konditionen, nicht auf den Massai-Habitus selbst.

EXKURS

Konfliktlinien zwischen traditioneller Massai-Kultur und Modernisierung lassen sich auch in einem Film-Dokument und seiner Kommentierung ausmachen, das von dem Fernseh-Journalisten Hans-Josef Dreckmann und dem Kenianer Meja Mwangi stammt. Dieser Film wurde als 2. Teil einer Sendung unter dem Titel "2x Kenia" am 24.08.1981 erstmals, am 31.05.1983 zum zweiten Mal in der ARD ausgestrahlt:

1. Szene

Man sieht Mutter Ole Monka aus ihrem Gehöft (enkang) kommen, man sieht sie melkend bei der Rinderherde. Danach erscheinen zwei traditionell gekleidete Männer, die Brüder Ole Monka, die mit dem Vieh aus der Umzäunung hinaus zur Weide gehen.

Film-Kommentar

Die Schwierigkeit, sich den Veränderungen Kenias anzupassen, gibt es nicht nur für einzelne (...) sondern für ganze Gruppen, für den Stamm der Massai zum Beispiel. So war es schon immer, morgens um halb sechs bei Sonnenaufgang verläßt als erstes die Frau die Hütte, um die Kühe zu melken. Frau Ole Monka, seit dem Tod ihres Mannes Familienoberhaupt[2], lebt im Massailand, 60 km südlich von Nairobi. Eine halbe Stunde später, um sechs, treiben dann die Brüder Ole Monka die Rinder auf die Weiden. Die Familie besitzt 70 Rinder und 100 Ziegen. Aber von den Brüdern ziehen morgens nicht mehr alle mit der Herde aufs Land. Jeremia, der Jüngste, lebte als erster seiner Sippe in der Hauptstadt.

2. Szene

Man sieht ein kleines Reihenhaus von außen, danach im engen Wohnzimmer auf der Sitzgarnitur Jeremia Ole Monka, seine Frau und Kinder.

Film-Kommentar

Jeremia ist Sicherheitsoffizier am Flughafen von Nairobi. In der Nähe seines Arbeitsplatzes bewohnt er ein kleines Reihenhaus mit zwei Zimmern. Hier lebt er mit seiner Frau und drei Kindern. Er hat es zu bescheidenem Wohlstand gebracht.[3] Untereinander

---

[2] In der patrilinear orientierten traditionellen Massai-Kultur kann eine Frau nicht Familienoberhaupt sein. Beim Tode ihres Mannes wechselt die Witwe zu einem seiner Brüder. Wenn das nicht möglich ist, bleibt sie bei ihren Söhnen. Der jüngste Sohn muß sich traditionellerweise bis zu deren Tod der verwitweten Mutter annehmen (Salvadori/Fedders 1973, S. 62/63). Der jüngste Sohn Jeremia hat mit dieser Tradition, gewollt oder nicht, durch seine moderne Ausbildung und sein Leben in Nairobi längst gebrochen.

[3] Die Bewertung "bescheidener Wohlstand" für ein Zwei-Zimmer-Haus im Vergleich zu den Massai-Vorstellungen von Wohlstand/Reichtum im Kommentar erscheint recht problematisch. Einige Autoren halten die Massai wegen ihres Viehreichtums im Vergleich zu anderen Ethnien sogar für wohlhabend (Laube 1986, S. 127/128). Das Interview mit Jeremia hinterläßt einen ähnlich problematischen Eindruck. Dessen englische Antworten werden vom deutschen Kommentar des Reporters Dreckmann überlagert, aber es werden deutliche Diskrepanzen erkennbar. Der Befragte antwortet im Blick auf das Leben seiner Kinder auf dem Land, "they enjoy more or less", der übersetzende Kommentar heißt, Mann sind sie glücklich, zu Hause zu sein". Anzweifeln muß man vor diesem Hintergrund auch die Berufsbezeichnung für Jeremia, er sei Sicherheitsoffizier, vermutlich security officer, was aber Sicherheitsbeamter bedeutet.

spricht die Familie ausschließlich die Sprache der Massai. Mit seiner Familie lebt er in Nairobi, seine Mutter und die Brüder aber als Massai auf dem Lande.
Wo fühlt er sich zu Hause? Ich lebe in Nairobi, weil ich hier Arbeit habe. Zu Hause bin ich, wo meine Mutter und die Brüder sind. Dann träumt er also immer noch von einem Leben als Massai? Ja sicher, aber hier lebe ich natürlich bequemer als in unserer Hütte. Haben seine Kinder noch eine Vorstellung vom Leben als Massai? Aber sicher, meine Kinder sind nur während der Schulzeit in Nairobi. Sobald sie Ferien bekommen, gehen sie zurück aufs Land. Und dann führen sie das alte Leben? Ja, dann hüten sie die Rinder, hüten sie Ziegen.[4] Dann sind sie glücklich, zu Hause zu sein.

3. Szene

Man sieht offenbar die Hauptstraße in einer modernen Siedlung: zwei Massai-Männer mit traditionellem Umhang und Hirtenstab, eng umschlungen, Frauen und Männer auf der Straße und dem Bürgersteig. Dann sitzt Jeremia in einer kahlen Kneipe allein am Kopfende eines Tisches, ein anderer, vielleicht gleichaltriger Mann mit traditionell weiten Ohrlöchern sitzt in Distanz dazu. Wenige andere Männer sitzen entfernt. Alle trinken Cola. Man hört Jeremia reden.

Film-Kommentar

Zu Hause, das heißt für Jeremia aber nicht nur die Lehmhütte seiner Mutter, sondern auch die nahe gelegene Massai-Siedlung Kajiado. Hierher kommen die Massai der Region, um einzukaufen. Hierhin treibt es aber auch diejenigen, die ihre Herden verloren haben. In Kajiado wird viel getrunken. Es ist eine triste Siedlung.[5]
Jeremia hat sich seine Arbeit in Nairobi so eingeteilt, daß er drei Tage in der Woche zurück aufs Land kann. Und jedesmal geht er zuerst nach Kajiado, denn er glaubt, daß keiner die Massai so gut versteht wie er[6]; diejenigen, die unbeirrt an ihrem Leben festhalten, aber auch die, die in den Traditionen keinen Halt mehr finden und sich in den Alkohol flüchten. Er selbst, so sagt er, stände wohl irgendwo dazwischen.
So sitzt er denn in den kahlen Kneipen von Kajiado. Er trinkt mit den Leuten, hat für

---

[4] Schließlich steht die Unterstellung, man könne durch die Rückkehr auf das Land, das "alte Leben weiterführen" gegen jedes kulturelles Wissen von den Traditionen. Das alte Leben im Sinne von traditionell kann nur heißen, daß das Altersklassensystem funktioniert. Die dazu notwendigen Zeitverläufe stehen in harter Konkurrenz zu schulischer Sozialisation und moderner beruflicher Ausbildung.

[5] Die Bildfolgen der Massai-Siedlung Kajiado bringen keinen Beleg für die im Kommentar geäußerten Behauptungen: Trunksucht und Tristesse. Im Gegenteil, die beiden eng umschlungenen Männer, die nach ihrem Aussehen zu den jungen Älteren gehören, dokumentieren die Zusammengehörigkeit der gemeinsam Beschnittenen. Körperkontakt gehört traditionellerweise dazu (Salvadori/Fedders 1973, S. 99).

[6] In der Beurteilung der Umbruchsituation im Kontext fester Ansiedlungen behauptet der Kommentar, keiner verstehe die Massai so gut wie Jeremia. Es fehlt dazu jeder Beleg, es gibt keine Interview-Fragen dazu, auch nicht für das behauptete Dazwischenstehen Jeremias.

jeden einen Rat, und die Menschen hier suchen seinen Rat.[7] Für sie ist Jeremia immer noch einer von ihnen, auch wenn er, wie sie glauben, in Nairobi sein Glück gemacht hat. Die Leute hier hätten es gern, wenn Jeremia Chef dieser Region wäre, Sprecher der Massai, Vermittler zwischen ihnen und der Regierung. Das würde Jeremia auch gefallen.[8]

4. Szene

Man sieht Jeremia in moderner Kleidung, aber mit Hirtenstab und Wurfkeule, zu Fuß unterwegs auf dem Lande, dann bei der Rinderherde seiner Familie.

Film-Kommentar

Jeremia hat die traditionelle Kleidung der Massai ein für allemal abgelegt, auch an den drei Tagen in der Woche, die er auf dem Land verbringt. Aber den Hirtenstab und das Wurfholz nimmt er immer noch mit, wenn er seine Brüder und die Herde besucht. Ein Teil der Herde gehört immer noch ihm, und den respektvollen Umgang mit seinen Tieren hat er nicht verlernt. Offen zu sagen, wie er die Zukunft seines Volkes sieht, tut ihm weh! ?

Ja, die Zukunft meines Volkes - ich glaube, daß es höchste Zeit ist, daß die Massai ihre Kinder endlich in die Schulen schicken.[9] Wissen Sie, vor zwanzig oder dreißig Jahren noch, da lebten die Massai so stolz und frei und reich wie kein anders Volk in diesem Land. Aber dann kamen die Probleme. Ihre Umwelt wurde verändert. Es gab schlimme Dürreperioden, das Vieh starb und die Menschen standen vor dem nichts. Jetzt sollen die Massai zur Schule gehen und lernen wie andere Menschen zu leben.

---

7 Der Kommentar behauptet weiter, die Menschen in Kajiado suchten Jeremias Rat. Auch diese Aussage ist nicht belegt. Im Gegenteil, Jeremia als relativ junger Mann, traditionell wäre er wohl in der Altersklasse der Krieger, ist als Ratgeber für andere, vor allem für Ältere, undenkbar (Laube 1986, S. 132). Die in der Kneipe gezeigten Männer haben die äußeren Merkmale einer traditionellen Entwicklung, z.B. in den erweiterten Ohrläppchen (piercing), die beim Erreichen voller Verantwortung für die Herden bzw. vor der Beschneidung angebracht werden (Saitoti/Beckwith 1981, S. 73; Salvadori/Fedders 1973, S. 65). Bei Jeremia fehlen diese Merkmale. In diesem Zusammenhang gibt es zwei Möglichkeiten, entweder hat Jeremia die Beschneidung mitgemacht und dazu die Schullaufbahn unterbrochen, also fehlt ihm die Erfahrung als Moran, oder er ist nicht beschnitten, was ihn bei allen Traditionellen disqualifizieren würde.

8 Jeremia als Vermittler zwischen Regierung und Massai ist nicht nur aus den erwähnten Gründen undenkbar, sondern wegen der territorialen Organisation des Massai-Landes und der dafür zuständigen Ältestenräte (Laube 1986, S. 131/132, S. 55-59).

9 Die Formulierung "Offen zu sagen, wie er die Zukunft seines Volkes sieht, tut ihm weh!" ist im Filmkommentar dem Charakter nach eine wertende Aussage, die dem Protagonisten unterstellt wird, sich aber in Jeremias Antwort als Suggestivaussage des Reporters erweist. Der so Befragte reagiert entsprechend und meint, es sei höchste Zeit, daß die Massai sich niederlassen (settle), was der Kommentar jedoch übergeht.

Nur ihre Kultur, die sollten sie nicht vergessen.[10] Ob es denn in einem Staat wie Kenia überhaupt noch Platz gebe für eine Minderheit wie die Massai? Nein, ich fürchte, damit ist es vorbei. Wenn erst einmal viele Massai-Kinder in die Schule gehen, dann werden sie sich wohl zwangsläufig anpassen.

5. Szene

Man sieht Mutter Ole Monka in der Hütte sitzen, getrennt davon gegenüber die beiden älteren Brüder mit den traditionell ausgeweiteten Ohrläppchen und Ohrschmuck. Jeremia rechts an der Seite, ohne Ohrlöcher und -schmuck im Abstand von seiner Mutter. Die beiden älteren Söhne trinken schon Tee, als Jeremia von seiner Mutter eine Tasse bekommt. Die Mutter nimmt sich und trinkt zuletzt.

Film-Kommentar

Jeremia macht sich über die Zukunft der Massai keine Illusionen. Aber wenn er mit seinen Brüdern und seiner Mutter in der rauchigen Hütte sitzt und Tee trinkt, dann reden sie darüber, daß die Regenzeit bald vorüber sein wird und das man dann die Hütte verlassen muß. Dann wird die Familie Ole Monka wieder zu Nomaden, zieht mit den Rindern dorthin, wo es noch Gras gibt und Wasser – nach Süden bis zum Kilimandscharo.

Der einzige Wandel, den Jeremia bei seinen Brüdern erreichen konnte, ist der, daß sie ihre Tiere nicht mehr nur als Selbstzweck, als Statussymbol betrachten.[11] Zumindest hin und wieder werden heute Rinder oder Ziegen der Familie nach Nairobi verkauft. Die Mutter schweigt zu alldem.[12] Sie will nur eins, weiterleben so, wie sie immer gelebt hat. Sie achtet ihren jüngsten Sohn in der europäischen Kleidung, bewundert ihn auch, aber verstehen kann sie ihn nicht.

6. Szene

Abend im Massailand

Film-Kommentar

Die Herden werden heimgetrieben. Noch gibt es in Kenia etwa zweihunderttausend

---

[10] Die Schlußformulierung dieser Passage des Filmkommentars legt dann die Widersprüche völlig offen: die Massai sollten wie andere leben, aber ihre Kultur nicht vergessen. Bei der kulturellen Differenz der Lebensformen schließt das eine das andere aus. Es sei denn, das Nicht-Vergessen sei im historischen Sinne gemeint.

[11] Der kommentierenden Aussage, Jeremia hätte seine Brüder zum Verkauf von Rindern bewegt, fehlt jeder Realitätsbezug. Nicht Jeremia, sondern die Wirklichkeit des "modernen" kenianischen Staates hat seit langem dafür gesorgt, die Kopfsteuer existiert seit 1910, daß die Massai, wie andere Ethnien, nur über den Verkauf von Tieren ihre Steuern bezahlen können. Und in dieser Hinsicht sind sie durch ihre Herden in der Regel besser gestellt als andere Völker.

[12] In der Formulierung, die Mutter schweige zu allem, legt der Film-Autor abschließend sein Nicht-Wissen von der Massai-Kultur offen. In der patriorientierten Massai-Gesellschaft haben Frauen öffentlich kein Mitspracherecht. Entsprechend fehlt den Kommentaren über Achtung und Bewunderung der Mutter für ihren Jüngsten jede Grundlage, sie zeigen sich als spekulative Aussagen.

Massai. Das wir unsere Kultur verlieren, das hat ja nicht erst gestern begonnen und trifft auch nicht nur die Massai.

Fazit: Die szenischen Folgen dieses Dokumentarfilms verweisen auf Konfliktlinien zwischen traditioneller Massai-Kultur und Modernisierung. Gleichzeitig verhindert die kulturfremde Gestaltung des Drehbuches die Verdeutlichung der Brüche. Der Film -Kommentar schließlich verwischt die Diskrepanzen nahezu völlig, ja er manipuliert sie im Sinne der "Vorurteile" der Filmautoren. Deshalb ist der Informationswert des Filmes sehr gering. Für kritische Betrachter hinterläßt er nur Fragen, für unkritische vereinfacht er die kulturellen Differenzen in unzulässiger, ja verfälschender Weise. Ungeklärt bleibt die individuelle Entwicklung Jeremia Ole Monkas und damit die durch Modernisierung entstehenden tatsächlichen Konflikte mit seiner traditionsorientierten Familie. Legt man den Maßstab der Untersuchungen von Laube an, dann dürfte Jeremia Ole Monka aufgrund seiner modernen Ausbildung für Traditionalisten eher in einer sozialen Randposition sein, wenn nicht gar ein Außenseiter im Hinblick auf das Altersklassensystem (Laube 1986, S. 132).

3. Resümee

Diese Beispiele bestätigen die Annahme, daß die Problematisierung der Sinnorientierungen in der Regel nicht Teil der Tradition von sogenannten Stammesgesellschaften ist. Die unverfälschte Kontinuität überkommener Erfahrungen und ihre Weitergabe im sozialisierenden und erziehenden Kontext zwischen den Generationen und/oder ihren kulturellen Formen lassen über diese Exempel hinaus eine große Variationsbreite erwarten.

Die Merkmale der Tradierung, wie sie in den Beispielen vorliegen, lassen sich so beschreiben: Sie sind umfassend und intensiv. Sie sind durch die Wechselwirkung von Funktionaliät und Intentionalität charakterisiert im Sinne ernsthafter Beteiligung und Partizipation auf allen Ebenen und in allen Stufen. Übergangsregelungen betonen die natürliche Generationenfolge und/oder kulturellen Stufungen bzw. Klassen. Beschneidung und Initiation zählen zu den typischen Strukturen, von denen aus kulturelle Kontinuität gewährleistet wird.

In den Beispielen wird deutlich, daß keine generationellen oder außergenerationellen Relationsgefüge existieren, die nicht kulturell definiert sind. Es wird außerdem deutlich, daß der jeweilige kulturspezifische Habitus seine Ausprägungen nicht allein während der kindlichen Enkulturation erhält, sondern insbesondere im Kontext späterer Einflüsse, die über die benachbarten und/oder alternierenden Generationen und/oder kulturspezifischen Strukturen die kulturelle Identität und Selbstwahrnehmung bestimmen.

Literatur

Bá Amadou Hampaté: Jäger des Wortes. Eine Kindheit in Westafrika. Wuppertal: Hammer 1993
Baring, A./Litt, B.: Die Fulbe im Sudan. In: Das Bild der Völker, Brockhaus Völkerkunde, Band 2, Wiesbaden: Brockhaus 1974, S. 54-63
Baumann, Hermann (Hrsg.): Die Völker Afrikas und ihre traditionellen Kulturen. 2 Bände, Wiesbaden: Steiner 1979
Bois-Reymond, Manuela du: Alte Kindheit im Übergang zu neuer Kindheit. Umgangsformen zwischen Kindern und Erwachsenen im Wandel dreier Generationen. In: 1. Behnken/0. Jaumann (Hrsg.), Kindheit und Schule, München: Juventa 1995, S. 145-158
Eibl-Eibesfeldt, Irenäus: Menschenforschung auf neuen Wegen. Wien, München, Zürich: Molden 1976
Eisenstadt, S. N.: Von Generation zu Generation. Altersgruppen und Sozialstruktur. München: Juventa 1956
Elwert, G./Kohli, M./Müller, H. K. (Hrsg.): Im Lauf der Zeit. Ethnologische Studien zur gesellschaftlichen Konstruktion der Lebensalter. Saarbrücken 1990
Fedders, Andrew/Salvadori, Cynthia: Maasai. London: Collins 1973
Haberland, Eike: Galla Süd-Äthiopiens. Ergebnisse der Frobenius-Expedition 1950-52 und 1954-56, Band 11, Stuttgart: Kohlhammer 1963
Hallet, Jean-Pierre: Afrika Kitabu. Ein Bericht. Berlin, Darmstadt, Wien: Deutsche Buchgemeinschaft 1968, S. 137- 165: Mit dem Speer gegen den Löwen
Herrmann, Ulrich: Das Konzept "Generation". Ein Forschungs- und Erklärungsansatz für die Erziehungs- und Bildungssoziologie und die Historische Sozialisationsforschung. In: Neue Sammlung, 27, 1987, S. 364-377
Huntingford, G. W. B.: Die Masai in Kenia und Tansania. In: Das Bild der Völker - Brockhaus Völkerkunde, Band 2, Wiesbaden 1974, S. 108-115
Johnson, Broderick H., ed.,: Stories of Traditional Navajo Life and Culture. Tsaile/Arizona: Navajo Community College Press 1977
Kaufmann, Herbert: Afrikas Weg in die Gegenwart. Braunschweig: Westermann 1963
Kohli, Martin: Lebenslauf und Lebensalter als gesellschaftliche Konstruktion: Elemente zu einem Vergleich. In: J. Matther, Hrsg., Zwischen den Kulturen? Die Sozialwissenschaften vor dem Problem des Kulturvergleichs, Soziale Welt, Sonderband 8, Göttingen: Schwartz 1992, S. 283-303
Kulet, Henry R. ole: To become a man. Longman Kenya 1972; deutsch: Im Kreis der Krieger. Würzburg: Arena 1985
Laube, Raphael: Massai. Identität und sozialer Wandel bei den Massai. Basel: Coop. 1986
Liebau, Eckart: Gesellschaftlichkeit und Bildsamkeit des Menschen. Nachdenken über Routine, Geschmack und das Selbstverständliche. In: Neue Sammlung, 24, 1984, Heft 3, S. 245-261
Lindig, Wolfgang: Geheimbünde und Männerbünde der Prärie- und der Waldlandindianer Nordamerikas. Untersucht am Beispiel der Omaha und Irokesen. Wiesbaden: Steiner 1970
Mead, Margaret: Großeltern als Erzieher – didaktische Erfordernisse. In: Materialien zur politischen Bildung, Heft 1, 1977, S. 73-79
Melchart, Erwin: Moran. Die letzten Krieger der Massai. Wien, München: Jugend und Volk 1980
Merker, Moritz: Die Masai. Ethnographische Monographie eines ostafrikanischen Semitenvolkes. Berlin: Reimer 19 10; Johnson Reprint New York, London 1968
Marschall Thomas, Elizabeth: Meine Freunde die Buschmänner. Bei den Nomaden in der Kalahari. Frankfurt/M., Berlin: Ullstein 1962
Pauser, Wolfgang: Nicht mehr jung, noch nicht alt. In: Die Zeit Nr. 42, 13. Okt. 1995, S. 97/98
Renner, Erich: "Becoming modern" – Wechselwirkungen zwischen primärer und sekundärer Sozialisation. Landau: Aademie für Führungspädagogik 1994, WSB-Baustein 225

Renner, Erich: Die Suche nach Harmonie: Navajo-Versionen. Weinheim: Deutscher Studien Verlag 1996

Riesman, Paul: Stimmt Freud in Afrika? Über das Verhältnis von Erziehung und Person < bei den Fulbe/Riimaaybe> In: M.-J. van de Loo/M. Reinhart, Hrsg., Kinder, ethnologische Forschungen in fünf Kontinenten, München: Trickster 1993, S. 157-183

Sackmann, Reinhold: Das Deutungsmuster "Generation". In: M. Meuser/R. Sackmann, Hrsg., Analyse sozialer Deutungsmuster, Beiträge zur empirischen Wissenssoziologie, Pfaffenweiler: Centaurus-Verlagsgesellschaft 1992, S. 199-215

Ulrich, Ursula: Weisse Frau im Dornenkral. Radebeul: Neumann 1959

Saitoti, Tepilit ole/Beckwith, Carol: Die Massai. Köln: Dumont 1981

Salvadori, Cynthia/Fedders, Andrew: Maasai. London: Collins 1973

Shostak, Majorie: Nisa erzählt. Das Leben einer Nomadenfrau in Afrika. Reinbek: rororo 4978, 1982, 1992

Streck, Bernhard (Hrsg.): Wörterbuch der Ethnologie. Köln: DuMont 1987

Zwernemann, J.: Die Oberniger-Provinz. In H. Baumann, Band 2, a.a.O., S. 461-494

Film-Dokument

Mwangi, Meja/Dreckmann, Hans-Josef.- 2x Kenia. Afrikanische Porträts. WDR/ARD, 24.8.198 1; 31.5.1983

Schule

Schulische Versionen traditioneller Kultur am Beispiel der Navajos[1]

Problematisierung

Am 1. Juni 1868, also vor genau 130 Jahren, schlossen die Vereinigten Staaten und der Stamm der Navajos einen Vertrag, in dem es um die Beendigung aller Kriegshandlungen zwischen beiden Parteien, um die Repatriierung der Navajos in ihr angestammtes Land sowie um wirtschaftliche Hilfe in Form von Viehlieferungen geht. Artikel 6 dieses Vertrages bezieht sich außerdem auf das Problem der "Zivilisierung" der Indianer:
"Um die Zivilisierung der Indianer, die diesen Vertrag unterzeichnen, zu gewährleisten, wird die Notwendigkeit der Erziehung unterstrichen, insbesondere der Erziehung jener, die sich in den oben erwähnten Gebieten niederlassen, und sich deshalb verpflichten, ihre Kinder, männlich und weiblich, im Alter von sechs bis sechzehn Jahren zur Schule zu schicken; und hiermit ist es die Pflicht des Agenten (des Reservatsverwalters) zu überwachen, daß diese Abmachung strikt eingehalten wird; und die Vereinigten Staaten erklären, daß für je 30 Kinder des oben erwähnten Alters, die veranlaßt oder gezwungen werden können, die Schule zu besuchen, ein Gebäude bereitgestellt wird und ein Lehrer, der kompetent genug ist, die elementaren Züge einer englischen Erziehung zu vermitteln; der unter den erwähnten Indianern wohnen und seine Aufgaben als Lehrer gewissenhaft ausführen soll. Die Bestimmungen dieses Artikels gelten mindestens 10 Jahre" (Underhill 1953, S. 178; Übersetzung E. Renner).
Vorangegangen war diesem Vertrag eine Politik der verbrannten Erde gegen die Navajos und 1864 die Deportation aus ihrem Stammland im nordöstlichen Arizona und nordwestlichen New Mexico etwa 450 km südöstlich nach Fort Sumner oder Bosque Redondo am Ufer des Pecos River in New Mexico. General Carleton, der militärische Befehlshaber im Südwesten, hatte Fort Sumner nur zu diesem Zweck errichten lassen. Mit 9.022 Navajos Anfang 1865 hatte man dort auch etwa 1.000 Mescalero-Apachen aus dem Süden von New Mexico zusammengepfercht. Diese Einrichtung hatte den Charakter eines Konzentrationslagers, wie es amerikanische Historiker sehen. Durch Hunger, Krankheit, durch von der Armee nicht verhinderte Überfälle anderer Indianerstämme sind dort etwa 2.000 bis 3.000 Navajos umgekommen. 1868, nachdem die Zustände in Bosque Redondo unhaltbar geworden waren, konnten die Überlebenden aufgrund des genannten Vertrages zunächst in etwa 1/10 ihres angestammten Landes zurückkehren. Aber die Deportation, der sogenannte Long

[1] Erstmals publiziert in:
Renner, Erich/Riemann, Sabine/Schneider, Ilona K. (Hrsg.): Kindsein in der Schule. Interdisziplinäre Annäherungen. Weinheim: Deutscher Studien Verlag 1999, S. 217-231

Walk, ist für die Navajo bis heute *"die traumatische Erfahrung ihrer Geschichte"* geblieben (vgl. Renner 1996, S. 333).
Ruft man sich die Details von Artikel 6 des Vertrages nochmals in Erinnerung, dann ist eindeutig, es geht dort um die "Zivilisierung" der Indianer. Der damit verbundene Anspruch bedeutet nichts anderes als Assimilationspolitik, bei der die Erziehungs- oder auch Bildungsvorstellungen der angloamerikanischen Bundesregierung, eine elementare englische Erziehung, als Maxime festgelegt sind. Erklärtes Ziel ist es, den "wilden religiösen Aberglauben (der Navajos) auszurotten" (vgl. bei Roessel 1983, S. 515). Eine sinnvolle und sinngebende traditionelle Sozialisation und Erziehung gilt als nicht existent. Im zweiten Teil des Artikels ist außerdem die Abhängigkeit des Schulsystems der Navajo-Nation von Bundeszuschüssen festgeschrieben. Die Bundesregierung hat sich auf diese Weise in diesem Vertrag mit der Finanzierung auch einen Anspruch auf Definition der Bildungsziele gesichert.
Vor diesem Hintergrund möchte ich untersuchen, wie es heute um den assimilativen Anspruch bestellt ist und welche Chancen traditionelle Bildungsvorstellungen haben. Beim zweiten Aspekt geht es mir um die zumeist vergessene oder unterschätzte Frage, ob sich derartige Traditionen überhaupt didaktisieren lassen, d.h., ob sie sich curricular wirkungsvoll umsetzen und lehren lassen.
Dazu werde ich *zum ersten* einen historischen Abriß der offiziellen Erziehungs- und Schulpolitik für die amerikanischen Ureinwohner geben und die spezielle Entwicklung bei den Navajos herausarbeiten.
Zum zweiten werde ich Merkmale traditioneller und "moderner" Bildungsvorstellungen diskutieren und an Beispielen aus der Curriculumentwicklung festmachen. *Zum dritten* möchte ich die Kontraktschulen als Beispiel für Schulentwicklung durch die Navajos vorstellen. Mit diesen Fragestellungen werde ich ein Bezugsfeld aufarbeiten, das für mein von der DFG gefördertes biographisches Forschungsprojekt bei den Navajos besonders wichtig ist.

1. Die Schulentwicklung in der Navajo-Reservation

1.1 Zur Erziehungs- und Schulpolitik des Bureau of Indian Affairs (BIA)

Im Jahr 1824 wurde das Bureau of Indian Affairs als Abteilung des Kriegsministeriums eingerichtet. Im Ernennungsschreiben an den damaligen Leiter Col McKenney heißt es u.a.: *"Die Verwaltung der Gelder für die Zivilisierung der Indianer ist Ihnen ebenfalls anvertraut auf der Grundlage der vom Kriegsministerium vorgegebenen Regularien"* (Hodge 1960, Part 2, S. 107).
Als die amerikanische Bundesregierung 1849 das erste Innenministerium etablierte, wurde das BIA eine Abteilung desselben. Obwohl das formal einen Übergang von militärischer zu ziviler Kontrolle des BIA bedeutete, belegt der Kontext der Navajo-

Deportation und des Vertragsabschlusses weiterhin den engen Zusammenhang zwischen der Administration des Kriegs- und Innenministeriums. Insbesondere die Zielsetzung der Indianerpolitik hat sich durch die zivile Kontrolle nicht geändert. Im Kontext der geographischen und politischen Expansion sowie ihrer Konsolidierung in den Vereinigten Staaten im 19. Jahrhundert, man denke an die Angliederung von Texas 1845 und den Bürgerkrieg 1862-65 zwischen Nord und Süd, spielte die Indianerpolitik zwar eine wichtige Rolle, solange noch nicht alle indianischen Territorien fest im Griff des Bundes waren. Aber um eine einheitliche Erziehungspolitik im Sinne der vorgegebenen Zivilisierung konnte man sich damals staatlicherseits noch nicht kümmern. Mangels anderer staatlicher Möglichkeiten hat die Bundesregierung im 19. Jahrhundert dann gerne die Initiative eines gewissen Captain Pratt aufgegriffen, der ursprünglich als Leutnant Bewacher indianischer Kriegsgefangener in Florida gewesen ist. 1879 erhielt er vom Innenministerium den Auftrag, auf dem Gebiet ehemaliger Kasernen in Carlisle, Pennsylvania, eine Schule für indianische Schüler einzurichten. Mit 136 Schülern, die er in verschiedenen Reservaten "gesammelt" hatte, begann er den Unterricht. Im Jahr 1905 waren in Carlisle bereits 1.000 indianische Schüler nahezu aller Stämme eingeschrieben, u.a. auch der Navajos. Seine Erziehungsziele hat Pratt so formuliert: *"... Englisch lehren, eine Primärerziehung gewährleisten sowie Kenntnisse allgemeiner und praktischer Arbeiten und Mittel zur Selbsterhaltung unter Zivilisierten. Deshalb sollen Jungen in Werkstätten und Farmen Handwerk und Ackerbau lernen, Mädchen Kochen, Nähen, Waschen, Hausarbeit"* (Hodge 1960, Part 1, S. 207).

Ziel war außerdem, die Schüler möglichst lange in der Schule zu belassen und sie dann in weiße Familien oder Betriebe zu geben. Pratt praktizierte eine militärisch geprägte systematische Umerziehung. Sie basierte auf folgenden Merkmalen: Trennung von der Familie nach Raum und Zeit – 2.000 km und mehr über mehrere Jahre, willkürliche Änderung der Namen, Änderung des Aussehens, Muttersprachverbot, harte Disziplin und Strafen, angloamerikanische Lerninhalte (vgl. Renner 1986, S. 201-205). Luther Standing Bear, ein Sioux, der seit 1879 dabei war, hat in seiner Autobiographie *"Mein Volk die Sioux"* (1930) eine detaillierte, manchmal auch widersprüchliche Insiderperspektive geliefert. Aber das System der Umerziehung hat er deutlich angeprangert: *"Alles in uns revoltierte dagegen, und wir hatten sehr unter diesem Zwang zu leiden"* (nach Renner 1986, S. 140).

Das Konzept dieser Internatserziehung findet sich in den BIA-Boarding-Schools wieder, wie sie Ende des 19./Anfang des 20. Jahrhunderts in vielen Reservaten gegründet worden sind. Die erste BIA-Boarding-School der Navajo-Reservation wurde in Fort Defiance1880 begonnen und 1883 fertiggestellt, eine zweite folgte 1902 in Tuba City, dann 1903 in Shiprock, 1904 in Tohatchi, 1909 in Leupp und Crownpoint, 1910 in Chinle, 1913 in Toadlena, 1925 in Fort Wingate. Die Bedingungen an allen BIA-Boarding-Schools waren düster, wie der Meriam Report in seiner Evaluation bemerkt (vgl. Thompson 1975, S. 31ff., 35). Und auch das Merkmal der Trennung war auf der Navajo-Reservation unverändert gegeben. Die Kinder waren weiterhin auf lange Zeit von ihren Familien getrennt, nur wenige hatten wegen der Siedlungsweise der Navajos kurze Wege. Für Pferd oder Gespann waren auch Entfernungen von 20 Meilen und mehr unüberwindliche Hindernisse zur Verwirklichung permanenter Kontakte mit den Kindern. Bis in die 50er und 60er Jahre hat sich an dieser Situation kaum etwas geändert.

1.1 Erziehung durch Missionsschulen

Die Initiativen der christlichen Missionen für die Einrichtung von Schulen waren ebenfalls sehr willkommen. Hier muß man erinnern, daß es solche bereits seit der zweiten Hälfte des 16. Jahrhunderts durch die Jesuiten in Florida gegeben hat. Im 17. Jahrhundert folgten die Franziskaner bei den Apalachee, die Jesuiten im Gebiet der großen Seen usw. Jedenfalls, die Geschichte der Missionierung ist eine Geschichte auch schulischer Bekämpfung des Heidentums, also im Prinzip dasselbe, was man auf Regierungsseite unter Zivilisierung verstanden hat.
Ein erster Versuch einer Missionsschule bei den Navajos unter presbyterianischer Aufsicht scheiterte im Jahr 1869 wegen fehlender Schüler, also durch den Widerstand der Navajos. Im Jahr 1902 gründete man die römisch-katholische St. Michaels School, 1903 die Rehoboth Mission School der Reformierten Christen, 1906 die Ganado Mission School der Presbyterianer, 1912 die Navajo Methodist School in Farmington (vgl. Emerson 1983). 1960 existierten 20 Missionsschulen bei den Navajos mit 1.300 Schülern. Emerson meint, daß die Missionsschulen, obwohl sie relativ wenig Schüler hatten, großen Einfluß auf die Entwicklung der Navajos genommen haben, weil dort viele ihrer Führungspersönlichkeiten ausgebildet worden sind (1983, S. 664f.). Besonders massiv ist der Einfluß extrem wohlhabender Mormonen, die sich die "Heiligen der letzten Tage" nennen. Sie haben ein *Indian Placement Program* ausgerufen, das dazu dient, vor allem Navajo-Kinder neun Monate in Mormonenfamilien unterzubringen. Bekannt ist, daß die von Mormonen erzogenen Indianerkinder häufig unter schweren Identitätskrisen leiden und zu Fällen für den Psychiater werden (vgl. Biegert 1979, S. 30).

1.2 Public Schools

Die Entwicklung eines öffentlichen Schulwesens, also die Einrichtung von Public Schools, in der Navajo-Reservation begann erst in den 50er Jahren. Ursache dafür war einerseits, daß es sich bei der Navajo-Reservation um "non-taxable land" handelte und daß andererseits ein bestimmtes Gesetz des Staates Arizona, zu dem der weitaus größte Teil der Reservation gehört, eine solche Entwicklung bis 1954 verhinderte. Dieses Gesetz verlangte privaten Landbesitz als Bedingung für die Zuteilung von Bundesmitteln für öffentliche Schulen. Da Navajoland aber Eigentum des Stammes

ist, konnten die Bürokraten des BIA auf diese Weise ihre Macht über die Zuteilung von Mitteln ausspielen. Erst als dieses Arizona-Gesetz beseitigt war, hat sich eine Entwicklung zugunsten öffentlicher Schulen vollzogen. Das spiegeln die Schülerzahlen wider: *"1988 besuchten 41.394 Navajokinder 160 Public Schools. Ihnen standen 15.827 Schulpflichtige in 48 BIA-Schulen gegenüber"* (Lindig 1994, S. 256).
1973 hat dann die Arizona Legislative ein anderes Gesetz verabschiedet, das erneut zur Diskriminierung der Public Schools auf der Reservation führte: Wenn in einem Schuldistrikt die Ausgaben pro Schüler höher waren als der staatliche Durchschnitt, wurden Mittel nur nach dem staatlichen Durchschnitt zugeteilt. Waren die durchschnittlichen Kosten geringer als der staatliche Mittelwert, blieb die Zuteilung ebenfalls auf dem niedrigen Niveau (Roessel 1979, S. 157). Während also einerseits die Entwicklung der öffentlichen Schulen größere Eigenständigkeit der Navajos bedeutete, eine Befreiung aus der Kontrolle durch das BIA, geriet man in diskriminierende Zwänge staatlicher Gesetzgebung. Es zeigte sich, daß die finanzielle Ausstattung im BIA-System günstiger als die staatliche gewesen ist. Was aber im Vergleich zu deutschen Verhältnissen wirklich brisant ist, je höher die Ausgaben einer Schule für den Transport der Kinder, für Schulbauten und Lehrerwohnungen, desto weniger Mittel bleiben für die Beschäftigung gut ausgebildeter Lehrer und für den Unterricht selbst (vgl. Roessel 1979, S. 175).
Auch Versuche, amerikanische Großunternehmen auf der Reservation, die als goldener Distrikt (golden-plated) gilt, auf gerichtlichem Wege zu einem angemessenen Beitrag zu zwingen wie im Chinle-Distrikt, dem größten auf der Navajo-Reservation, sind gescheitert. Der verantwortliche Richter, der für die Großindustrie entschied, wird mit dem Satz zitiert: *"Mich kümmern keine armen Indianerkinder, mich kümmern aber die armen Steuerzahler"* (vgl. Roessel 1979, S. 176).
Vor diesem Hintergrund bleiben die Zielsetzungen der Public Schools, wie z.B. die bilinguale Erziehung, hinter den Notwendigkeiten zurück, denn sie stehen und fallen mit der Qualifikation der Lehrenden.

1.3 Alternative Schulen

Etwa die Hälfte der nordamerikanischen Indianerkinder lebt mit ihren Familien in großstädtischen Ballungsgebieten, wo sie als Minorität nur Splittergruppen darstellen, auf die das öffentliche Schulsystem kaum Rücksicht nimmt. Die Kinder haben hier wenig Chancen, eine eigene Identität auszubilden. Im Einzugsgebiet der Großstadt Tucson im südlichen Arizona z.B. müssen alle Papago- und Yaquikinder in öffentliche Schulen gehen. Die Berücksichtigung ihrer eigenen Muttersprache ist nach §20 der Arizona-Verfassung ausgeschlossen, denn dort ist Englisch als alleinige Sprache festgelegt. *"Der Entfaltung indianischer Zweisprachenprogramme werden dadurch von vornherein sehr enge Grenzen gesetzt"* (Schierle 1994, S. 329).
Um dieser Art von Assimilationsdruck entgegenzusteuern, haben verschiedene Stam-

mesorganisationen seit den 70er Jahren sogenannte Survival Schools gegründet. Ein Schwerpunkt solcher Schulen liegt im Gebiet der Großen Seen und in Kalifornien. Ende der 70er Jahre existierten 20 solcher Schulen, deren Finanzierung sehr uneinheitlich war (vgl. Biegert 1979, S. 91-94). Charakteristikum der Survival Schools ist die Entwicklung von Curricula auf der Grundlage der jeweiligen Stammestradition und das Lernen der eigenen Sprache. Diesen Initiativen hat man häufig den Vorwurf des "ethnischen Separatismus" und der "politischen Kaderschmiede für militante Aktivisten" gemacht (vgl. Schierle 1992, S. 185), was nachweislich nicht zutrifft.

In der Navajo-Reservation haben die Bemühungen um alternative Schulen erstmals in den 60er Jahren Gestalt angenommen. Man entwarf das Konzept der Kontraktschulen. Darunter versteht man den Abschluß eines Vertrages zwischen einer indianischen Schulgemeinde und dem BIA über die Entwicklung einer durch die Gemeinde in allen Bereichen verantworteten Schule, d.h., *"... das Bureau übergibt einem in der Gemeinde gewählten Schulverwaltungsrat (BOARD genannt) die finanziellen Mittel, eine solche Schule zu betreiben ..."* (Roessel 1979, S. 200).

Nach einem Fehlversuch mit der Lukachukai Demonstration School 1965 gründete man 1966 die Rough Rock Demonstration School. Aber: *"Die Methoden, mit denen das BIA seine Mittel für Kontraktschulen bewilligt, haben zur Folge, daß nur starke und furchtlose Gemeinden es wagen, sich auf eine derart ungewisse finanzielle Zukunft einzulassen"*, schrieb 1979 Robert A. Roessel jr., der erste Direktor von Rough Rock (vgl.1979, S. 200). Und – die Verträge, d.h. die finanzielle Ausstattung, müssen jedes Jahr neu verhandelt werden. Dennoch, heute gibt es in der Reservation bereits 16 solcher Kontraktschulen, und es werden immer mehr, wie mir im Frühjahr dieses Jahres eine Büroleiterin in Rough Rock versicherte.

Die Gründer wollten beweisen, daß selbständiges Konzipieren und Praktizieren von schulischer Erziehung durch eine indianische Schulgemeinde funktioniert. *"Der gewählte School Board ist den Eltern und Schülern unmittelbar verantwortlich mit voller Autorität, Personal einzustellen und zu entlassen, Entscheidungen über Prioritäten bei der Verwendung von Mitteln zu treffen und die Schule auf eine Weise zu organisieren, daß sie den Wünschen der Navajo-Gemeinde entspricht"* (Roessel 1979, S. 221). Die allgemeinen Ziele der Rough Rock Demonstration School sollen *"nicht nur den Erwerb von Fertigkeiten und Fähigkeiten im Bereich der üblichen Schulfächer"* verfolgen *"sowie das Lernen von Navajosprache und Kultur, sondern auch die Navajokinder und -jugendlichen unterstützen, in ihrem jetzigen Leben sich so zu entwickeln, daß sie in der Lage sind, in ihrem späteren Leben sich selbst und anderen zu helfen"*. Die Schule soll *"kein Ort der Lebensvorbereitung, sondern das Leben selbst sein"* (vgl. Roessel 1979, S. 221). Eine derartige Entwicklung der Schüler basiert auf der Vorstellung von "Navajo Emphasis", also Betonung der Navajokultur oder auch Schwerpunkt Navajokultur.

2. Aspekte der Curriculumentwicklung

2.1 Zur Gegenläufigkeit beider Kulturkonzepte

Im Report on BIA Education des Jahres 1988 unter dem Stichwort BIA Curriculum gesteht man ein, daß die Politik des BIA seit der 2. Hälfte des 19. Jahrhunderts auf komplette Assimilation der Ureinwohner ausgerichtet war. Und obwohl heute eine Politik des kulturellen Pluralismus und indianischer Selbstbestimmung akzeptiert sei, verwende man den weitaus größten Teil der Schulzeit auf Sprache, Geschichte, Kultur, Werte, Regierung und allgemeine Denktradition der "mainstream American society", also der europäisch-westlichen Kultur. Auf dem Gebiet indianischer Kultur und Werte hätten BIA-Schulen eigentlich versagt, "*have on the whole done a poor job*", wie es wörtlich heißt (vgl. S. 227). Dieses Statement impliziert Vorstellungen von einer Gegenläufigkeit beider kultureller Traditionen. Die Erwartung, beide Konzepte schulisch vermitteln zu wollen, bedarf einer Explikation ihrer Charakteristika, und zwar die der angloamerikanischen Kultur im Verhältnis zur Navajokultur.

Ich möchte in diesem Zusammenhang nochmals an die erste allindianische Schule des Captain Pratt in Carlisle erinnern. Dort ging es, verkürzt gesagt, um zweierlei, um die Vermittlung des Englischen und der Kulturtechniken und um praktische Ausbildung als Handwerker, Bauern, Hausfrauen und nicht zuletzt auch um die christliche Religion. Dieses assimilative Konzept hat sich in Varianten in den verschiedenen Schultypen über die Jahrhundertwende fortgesetzt und weiterentwickelt. Der BIA-Report des Jahres 1988 übernimmt dann die von der National Academy of Sciences der USA formulierten fünf Basisziele heutigen Unterrichts für BIA-Schulen, und zwar: die Stärkung der Lesefähigkeit (to strong reading skills), die Fähigkeit, effektiv zu schreiben (effectiv writing), Verstehen und Anwenden grundlegender Mathematik durch elementare Algebra (understand and apply basic mathematics), die Fähigkeit zu urteilen und Probleme zu lösen (ability to reason and solve problems), Stärkung der mündlichen Kommunikation (strength in oral communication) (vgl. S. 219-221). Hinzu kommen Fähigkeiten und Verhaltensweisen wie: sich sozial angemessen zu verhalten; die Meinung anderer zu respektieren; kritisch konstruktiv zu sein; Konflikte gelassen zu handhaben; sich an Gruppenentscheidungen zu beteiligen, positive Selbsteinschätzung zu haben, stolz auf Leistungen zu sein; Selbstdisziplin und Pünktlichkeit zu praktizieren; sich Ziele zu setzen und zu erreichen; ohne Aufsicht zu arbeiten, Verstehen der Notwendigkeit von Organisation, Aufsicht, Regeln, Politik, Verfahren (vgl. S. 224f.).

Diese vor allem an Notwendigkeiten einer "modernen" Berufs- und Lebenswelt orientierten schulischen Ziele verstehen sich als ein Konzept, das ganz auf Rationalität angelegt ist. Schulerziehung ist deshalb vor allem ein auf kognitive Lernprozesse ausgerichtetes Instrument zur Begründung einer rationalen Lebensweise. Das notwendige Wissen und formale Können wird auf explizite Weise von fremden Spezialisten vermittelt und kommt im wesentlichen ohne unmittelbare Erfahrung aus.

Charakteristikum beruflichen Vorankommens und individueller Sinngebung angloamerikanischen Lebens ist deshalb Rationalität durch explizites Lernen. Hintergrund und Bezugspunkt von Kultur und traditionellem Wissen der Navajos ist ihre Ursprungsgeschichte, the Navajo Creation Story: *Diné bahanè*. Diese Schöpfungsgeschichte ist als Geschichte des Aufstiegs ursprünglicher Lebewesen einer ersten Welt in die heutige fünfte Welt konzipiert. Das Erreichen der fünften Welt und die Erneuerung des Lebens mit der Entstehung der heutigen Navajos ereignen sich in einem Areal, das durch die vier heiligen Berge abgesteckt ist, den Blanca Peak im Osten (südliches Colorado), den Mount Taylor im Süden (westliches New Mexico), die San Francisco Mountains im Westen (westliches Arizona), den Hesperes Peak im Norden (westliches Colorado). Das traditionelle Weltbild der Navajos wird deshalb als geomantisch bezeichnet mit gewissen Parallelen zu dem der Tibeter (vgl. dazu Gold 1997). Obwohl es seit 1984 eine kodifizierte Fassung davon gibt, im übrigen auch eine deutsche Übersetzung, basiert *Diné bahanè* auf mündlicher Überlieferung. Das hochkomplexe Zeremonialsystem rekonstruiert diese Schöpfungsgeschichte in vokalen, bildnerisch-ästhetischen und tänzerisch-rhythmischen Versionen mit der Intention, für Individuen und Gemeinschaft *hózhó* zu erlangen. Dieser zentrale Begriff der Navajokultur bedeutet: *"alles in der Umgebung, die Umgebung als Ganzes ist schön, harmonisch, gut, gesegnet, angenehm, befriedigend"* (vgl. dazu Renner 1996, S. 337, 335, 48-52).
Die dominierende Strategie der Navajos zur Herstellung von *hózhó* ist in der Vokalität zu sehen, deshalb nennt man die Zeremonialspezialisten in Navajo auch *hataalii*, was soviel wie Sänger bedeutet. Die häufig gebrauchte Bezeichnung Medizinmann ist typisch europäisch, verweist aber in gewisser Weise auf den mit der Herstellung von Harmonie verbundenen Heilungsprozeß. Das Prinzip der Vokalität beschränkt sich jedoch nicht nur auf den Kontext der Zeremonien, sondern durchdringt die gesamte traditionell orientierte Lebenswelt.
"Für Navajos sind Lieder etwas Unabdingbares, sie sind Interpretation, Hoffnung, Schutz und Trost, [...] ein Mittel um Frustration in Stärke zu verwandeln", formuliert Gladys Reichard, eine Expertin für Navajoreligion. Jede Familie hat ihr eigenständiges Repertoire an sogenannten "good luck songs", um Schutz und Hilfe für alle Lebensbereiche zu garantieren, und jeder kann dieses Repertoire durch eigene Kreationen erweitern (vgl. dazu Renner 1997a, insbesondere S. 189/190.) Meine eigenen Forschungserfahrungen enthalten viele Belege für Vokalität und deren Bedeutung auch im alltäglichen Leben.
"Als Navajo die Welt im traditionellen Sinne zu verstehen bedeutet, (vor allem) vokal-ästhetische Erfahrungen aufzunehmen, zu internalisieren und diese in die Harmonisierung des eigenen Lebens zu investieren. Wer sich darauf einläßt, wandelt auf dem Pfad der Schönheit, dem Navajo Trail of Beauty" (Renner 1997a, S. 190). Die Aneignung traditionellen Wissens und der Vokalität vollzieht sich in intensiver und langwieriger teilnehmender Erfahrung mit vorbildhaften Bezugspersonen. Es handelt sich hierbei um eine implizit organisierte Lernkultur.
Indirektheit ist ein anderes traditionelles Merkmal, das sich vor allem im kommunikati-

ven Verhalten zeigt. Jemandem direkt in die Augen zu sehen und fest die Hand zu drücken wird als höchst unangemessen betrachtet. Beim Kaufverhalten hat der Soziologe René König in seiner Studie über die Navajo-Indianer Indirektheit als typisches Merkmal beobachtet (vgl. 1973, S. 216-220).

Charakteristikum traditioneller Sinngebung des Navajolebens ist das Erreichen von Harmonie, *von hózhó*, durch vokal orientiertes implizites Lernen.

Es stellt sich insbesondere die Frage, ob und wie eine curriculare Modellierung dieser Merkmale möglich ist.

2.2 *Beispiele aus der Currriculum-Entwicklung*

Ein lange Zeit zentrales Problem der Schulentwicklung für die amerikanischen Ureinwohner war der Ausschluß der Muttersprachen, wie ich am Beispiel der Carlisle Indian School bereits erwähnt habe. Und es hat Jahrzehnte gedauert, bis sich die Einsicht durchgesetzt hat, die Muttersprache der indianischen Kinder sei unabdingbarer Teil der Curricula. Erste Versuche mit bilingualen Konzepten für die Navajokinder begannen in den 30er Jahren, wurden in den 40ern aufgegeben und erst in den 60ern wiederbelebt (vgl. Thompson 1975, S. 159ff.).

Neben dem dreiphasigen Lehrbuch "Little Man´s family" für Pre-Primer, Primer und Reader (Enochs 1940) ist die sogenannte "Little Herder-Serie" das erste bilinguale Konzept mit durchgehender Thematik für Navajoschüler. Das vierbändige Werk in Englisch und Navajo hat eine jahreszeitliche Gliederung und handelt vom Alltagsleben eines Navajomädchens, am besten übersetzt als "kleine Schäferin". Autorin ist die mit der Navajokultur bestens vertraute Lehrerin Ann Nolan Clark, Illustrator der Navajokünstler Hoke Denetsotsie. Inhaltlich enthält das Werk eine Rekonstruktion traditionellen Navajolebens aus der Sicht dieses Mädchens: das Leben in der Familie, traditionelles Handwerk wie Weben und Silberschmieden, das Betreuen der Schafherden in der Natur, der Besuch einer Zeremonie, eines Sing.

In drei der vier Bände spielt die vokale Dimension des alltäglichen und des zeremoniellen Lebens eine wichtige Rolle. In ihrer sprachlichen Gestaltung haben die Texte durchaus poetische Qualität:

"In Band 1, <Little Herder in Autumn>, erzählt das Mädchen von der Arbeit ihres Vaters als Silberschmied: 'Today – my father sang – as he worked – at making bracelet – for my arm. His song – flowed into the silver circle – making it a circle of song ...' (S. 39).

In Band 2, <Little Herder in Winter>, erzählt die Titelfigur u.a. von den alltäglichen Erschwernissen des Winters und wie der Vater mit Liedern das Leben zu erleichtern versucht: 'Quickly – my father sings – a funny song – to make laughter come – to my mother – and me' (1940, S. 43). Haupthema dieses Bandes ist dann der Besuch einer Zeremonie, eines 'Sing' (S. 69-88). Schon während der Fahrt mit dem Gespann dorthin erzählt das Mädchen von den Liedern seines Vaters (S. 72-74), von den rituellen

Gesängen während der Zeremonie (S. 81-88) sowie den darauf folgenden sozialen Aktivitäten.
Band 4, <Little Herder in Summer>, bringt wiederum eine Vielzahl alltäglicher Aktivitäten des Navajolebens, die von Liedern begleitet oder mit ihnen in Verbindung gebracht werden, z.B. das morgendliche Gebet (1942, S. 51), das Hüten der Schafe und das Bewahren der Besitztümer im allgemeinen (S. 68, 91/92, 94): 'A song - a song - I am singing a song - to my sheep' (S. 94). Dabei wird auch deutlich, daß diese Lieder nicht immer überliefert sein müssen, sondern daß eigentlich jeder selbst welche machen kann. Das Mädchen erzählt, [wie es für die Schafe ein Lied macht, um sie] damit nach Hause zu begleiten: 'I made a song about them - to sing my sheep home' (S. 97). Der Band schließt damit, wie der Vater mit dem heiligen 'Star Song' seine Tochter in den Schlaf singt: 'Softly my father sings - the Star Song - to the stars and me. [...] It is night. - Happiness comes to me - I sleep' (S. 116/117)" (vgl. dazu Renner 1997a, S. 188/189).
Dieses Lehrbuchbeispiel scheint mir in vielerlei Hinsicht besonders gelungen zu sein. Darin wird sowohl ein realistisches Bild der damaligen Lebensverhältnisse gezeichnet, als auch eine kindliche Perspektive gezeigt. Die sprachliche Gestaltung vermittelt im Englischen außerdem einen Eindruck von der Poetik der Navajosprache und ihrer vokalen Ästhetik. Dieses bilinguale Schulbuch geht daher weit über eine kognitve Abhandlung von Sprachinhalten hinaus. Ob aber diese atmosphärische Seite der Lehrbuchserie unterrichtlich zur Wirkung gekommen ist oder kommen kann, hängt in hohem Maße vom Wissen der Lehrenden über diese Zusammenhänge ab und von den Kontexten, die sie in der Lage sind herzustellen. Im übrigen, einzelne Bände dieses Lehrbuchs, die in sich jahreszeitlich geschlossen sind, werden bis heute nachgedruckt. Man kann sie fast in jeder Buchhandlung des Südwestens kaufen.
Aus der 1972 gegründeten Kontraktschule Rock Point stammt ein Lehrbuch im Stil eines klassischen Realienbuches mit dem Titel: *"Surrounded by Holy Mountains"* (1982), in deutscher Übersetzung: *"Umgeben von heiligen Bergen"* (1984). Das Buch umfaßt eine ganzheitlich und dennoch mehrdimensional entworfene Geschichte des Navajolandes und seiner Menschen von den Ursprüngen bis zur Gegenwart. Es arbeitet dabei sowohl mit traditionellen als auch modernen Darstellungsformen: mit mündlichen Überlieferungen, heiligen Liedern, selbstbiographischen Texten, wissenschaftlich orientierten Abhandlungen aus vielen Wissensgebieten, mit Analysen, Tabellen, Skizzen. Es beginnt mit wichtigen Merkmalen der Schöpfungsgeschichte und den heiligen Bergen, beschreibt die charakteristischen Landschaften, präsentiert einen Blick aus dem Weltraum, zeigt die klassischen Spezialisierungen des Navajovolkes und ihre Verwurzelung mit Land, Landschaft, Tieren und Pflanzen, die Entwicklung der Nahrungserwerbsweisen, zeigt die Geschichte und Entwicklung der Bevölkerung. Und immer wieder werden Außenperspektiven eingebracht.
Im zweiten Teil wird die Landfrage diskutiert, die Ausbeutung der Bodenschätze, Erfahrungen von Menschen mit dem Leben zwischen Tradition und Moderne, Aspekte unterschiedlicher Lebensweisen werden argumentativ nebeneinander gestellt. Fertige Antworten werden vermieden. Das Schlußkapitel hat appellativen Charakter: Besinnt

euch auf das Land! Es endet mit einem Gebet an Shimá Nahasdzáán, an Mutter Erde, und dem Gedicht eines Schülers. Auch dieses Lehr- und Lesebuch ist ein Musterbeispiel verantwortlicher Curriculum-Entwicklung. Und – für uns etwas Unkonventionelles – der School Board hat das Buch in Auftrag gegeben, viele Ideen für die verschiedenen Kapitel stammen von Mitgliedern dieses Komitees, so daß eine Mischung aus traditionellem und neuzeitlichem Wissen entstand, das kritisch auf aktuelle Lebenszusammenhänge und Lebenskonzepte ausgerichtet ist. Ob der Geist, der dieses Realien- und Lesebuch atmet, in schulischer Vermittlung zur Wirkung kommen kann, hängt wie beim erstgenannten Beispiel von den Fähigkeiten der Lehrenden ab, die hier kodifizierte Verbindung von unmittelbarer und stellvertretender Erfahrung angemessen zu verstehen und mit weiterführenden Kontexten zu versehen.

3. Kontraktschulen als Bewahrer der Tradition?

3.1 Prinzipien der Rough Rock Demonstration School

Im Vorangegangenen habe ich mehrfach von Kontexten gesprochen, die notwendig seien, um traditionsorientierte Curriculum-Materialien überhaupt wirksam werden zu lassen. Die Rough Rock Demonstration School soll dafür als Beispiel dienen. Ich habe sie bereits mehrere Male besucht, um das dort entwickelte Unterrichtsmaterial und andere Publikationen über Navajo-Erziehung zu kaufen.
Welche Kontexte in diesem Schulkonzept schaffen eine Atmosphäre, von der man sagen kann, sie sei "das Leben selbst", auch im kulturell bewahrenden Sinne?
Der schon genannte Robert A. Roessel jr., erster Direktor in Rough Rock, hat zehn Bereiche genannt, in denen seine Schule neue Wege beschritten hat. Auf drei Bereiche möchte ich etwas genauer eingehen (vgl. 1977, S. 9-12):

1) Die Navajos des Schulbezirks sind direkt am Betreiben der Schule beteiligt.
2) Die Schule hält engen Kontakt zu den Familien und der Gemeinde, u.a. besuchen die Lehrer die Familien ihrer Schüler mehrmals im Jahr, um Programme zu erläutern und über die Kinder zu sprechen. Die Eltern werden angehalten, jederzeit die Schule zu besuchen. Die Eltern sind dann Gäste der Schule, werden versorgt, können in den dormitories bei ihren Kindern übernachten und werden transportiert.
3) Ein kulturelles Identifikationsprogramm macht die Navajokultur zu einem integralen Bestandteil des Schulprogramms. Die Schulsprache ist Navajo, Englisch ist Zweitsprache. Alle Kinder lernen Lesen und Schreiben in Navajo. Die Schüler sind mit Navajo-Geschichte in der Klasse und in ihren Schlafräumen befaßt. Es gibt sogenannte dormitory parents, Erwachsene aus der Gemeinde, die die Schüler im Internat betreuen. Diese dormitory parents halten informative Gesprächskreise ab und vermitteln in informellen Gesprächen Navajo-Etikette, Navajo-Glaube und

Navajo-Geschichten. Die Schüler werden ermutigt, überall in der Schule Navajo zu sprechen. Bei einem Besuch im Frühjahr 1998 stellte ich einer Mitarbeiterin die Frage, ob die Großelterngeneration des Schulbezirks immer noch in den Unterricht komme, um den Kindern traditionelle Geschichten zu erzählen, antwortete sie mir, "aber ja, und wir fixieren diese Geschichten später immer in einer Publikation, jetzt gerade sind wir wieder dabei". D.h., im eigenen Curriculum Center werden nicht nur Lehrmaterialien und Buchserien wie Navajo-Biographien, Geschichtsbücher, Bücher über Legenden entwickelt, sondern auch die oral überlieferten und weitergegebenen Geschichten der Großelterngeneration schließlich aufgeschrieben und auch auf diese Weise bewahrt.

4) Die Schule bietet ein schulinternes Fortbildungsprogramm für Lehrer an.
5) Die Schule bietet Fortbildungsprogramme für Gemeindemitglieder an.
6) Die Schule bietet verschiedene Hilfsdienste für die Gemeinde an.
7) Die Schule ermuntert Gemeindemitglieder, traditionelles Kunsthandwerk zu erlernen.
8) Die Schule versucht, Arbeitsmöglichkeiten für Gemeindemitglieder zu schaffen.
9) Die Schule ist Anlaufstelle für viele andere Organisationen. Als wichtigster Kontakt und wichtigste Kooperation kann die Zusammenarbeit mit dem U.S. Public Health Service angesehen werden, weil man auf dieser Basis das Navajo Mental Health Program entwickelt und praktiziert hat. Dabei wurde eine Gruppe von Medizinmännern ausgewählt, um die Zeremonien, die sie beherrschen, Schülern und Anwärtern zu vermitteln. 1976 waren sechs Medizinmänner in der Ausbildung von sechs Anwärtern engagiert. Weil damit sehr langwierige und komplexe Lernprozesse verbunden sind, erhielten die Medizinmänner dafür \$ 300,- und die Anwärter \$ 200,- pro Monat. *"Die Anwärter lernten dabei nicht nur in unmittelbarer Lehrer-Schüler-Interaktion, sondern sie assistierten auch den Medizinmännern, wenn diese zu Patienten gerufen wurden, um spezielle Zeremonien durchzuführen. [...] Zu den Heilungszeremonien, die 1976 vermittelt wurden, gehören: Mountain Top Way, Evilway, Blessingway, Male Schooting Way, Red Ant Way, Navajo Wind Chant, Enemy Way und Feather Way"* (Roessel 1977, S. 53; vgl. auch Faris 1988, S. 113, 115). In diesem Zusammenhang kam es auch zu komplementären Kontakten und Kooperationen mit bedeutenden weißen Psychiatern und Psychotherapeuten. Eines der Mitglieder des School Board, Yazzie Begay, äußerte sich bereits 1968 dazu: *"Dieses Programm ist die Lösung für die Navajos. Ohne dieses Programm haben wir keine Zukunft. Die heiligen Zeremonien schützen und leiten uns. Wir müssen dies lebendig erhalten und weiterführen"* (vgl. Roessel, 1977, S. 55).
10) Die Schule ermutigt zu Innovationen und Experimenten im Unterricht.

Diese Orientierungen sind in ihrer Ausrichtung sicher dazu angetan, Navajokultur nicht nur kognitiv zu vermitteln, sondern den Schülern traditionelle Lebenskontexte zu bieten unter Beteiligung ihrer eigenen Bezugspersonen aus Familie, Schule und

Gemeinde. Die Verantwortlichen in Rough Rock haben von Anfang an verstanden, daß Navajo Emphasis sich nicht auf kontinuierlichen Sprach- und Schreibunterricht in Navajo und eine rein kognitive Behandlung der Kultur beschränken, sondern daß es gelebter Kontexte bedarf, um Kultur zu bewahren und sie nicht zu folklorisieren. Das in Rough Rock aufgelegte Studienprogramm für Medizinmann-Aspiranten zeigt, wie sehr man sich der Bedeutung der zeremoniellen Navajokultur bewußt ist, deren Wirkungen wesentlich von ihrer ausgeprägten Vokalität getragen werden, eine Vokalität, die im religiösen wie alltäglichen Leben unabdingbar ist.
Die zweite Direktorin der Rough Rock Demonstration School, Ethelou Yazzie, fordert, der Unterricht für die Navajoschüler müsse eine bikognitive Entwicklung ermöglichen (vgl. Roessel 1977, S. 141), d.h., die Schüler sollten in beiden Kulturen denken lernen. Roessels evaluativer Bericht zeigt darüber hinaus, wie sich trotz direkter Kontrolle Fehlentwicklungen breitmachen können, wie verantwortliche Lehrkräfte trotz klar definierter Aufgaben im sprachlichen und kulturellen Bereich ihre Pflichten vernachlässigen (vgl. 1977, S. 50), was möglicherweise vor allem in unzureichender Qualifikation begründet sein kann.
Wirkliche Barrieren und Hindernisse für eine erfolgreiche Arbeit im Sinne der Bewahrung der Traditionen und der Öffnung für die Moderne sind für Roessel aber in der Ungewißheit und Unangemessenheit der Finanzierung durch das BIA zu sehen. Er befürchtet, im Verhalten der Verantwortlichen sei in dieser Hinsicht Methode, weil man den Erfolg des Konzeptes verhindern will (vgl. 1977, S. 146f.). Hier schließt sich der Kreis, denn die Festschreibung der finanziellen Abhängigkeit im Vertrag von 1868, wie ich sie eingangs hervorgehoben habe, ist bis heute Instrument des Einflusses und wie hier der Behinderung von Innovationen geblieben.

3.2 Evaluationsprobleme

In seiner Darstellung der Entwicklung der Rough Rock Demonstration School weist Robert A. Roessel jr. (1977) auf das außerordentliche Interesse am Erfolg dieses alternativen Schulkonzeptes hin. Die Interessenten kamen aus aller Herren Länder. Darüber hinaus fanden regelmäßige Evaluationen durch den Geldgeber, das BIA, statt. Roessel beklagt, daß bis zum Zeitpunkt seiner Publikation die Ergebnisse dieser Evaluationen durch das BIA in keinem Fall an die Schule zurückgemeldet worden sind, also auch keine Chance bestand, aus eventuellen Beanstandungen zu lernen und Verbesserungen anzustreben (vgl. 1977, S. 142). Eine hoch dotierte Evaluation im Auftrag des Office of Economic Opportunity durch Donald Erickson und Henrietta Schwartz (1969) präsentierte durchweg negative Ergebnisse, u.a. behaupteten sie, die kulturelle Schwerpunktsetzung sei unnötig und undurchführbar, Rough Rock als Modell ungeeignet. Einige Mitarbeiter im Projekt distanzierten sich von diesen Ergebnissen und veröffentlichten eigene Berichte. Die Verantwortlichen in Rough Rock kritisierten die während der Untersuchung öffentlich gewordene Voreingenommenheit der verantwortlichen Evaluatoren, ihre völlige Unkenntnis und Unerfahrenheit in kultureller Hinsicht und ihre Ignoranz gegenüber den Schulträgern. Als Konsequenz beauftragte der School Board vier Navajos, Spezialisten für Erziehung, mit einer Evaluation, deren Ergebnisse die Schule als Modell für andere Community Schools empfehlen (Roessel 1977, S. 141-145).

Die wirklich entscheidende Frage aus kultureller Sicht scheint mir zu sein, ob es mit diesem alternativen Schulkonzept gelingt, das kulturelle Erbe der Navajos nicht nur als Denk- sondern auch als Lebenskonzept darzustellen, das sich am Prinzip *hózhó* orientiert. Und dies entscheidet sich vor allem, wie ich meine, bei den Schülern, die Navajo nicht als Muttersprache mitbringen und ohne oder mit geringem kulturellem Hintergrund diese Schule besuchen. Eine angemessene Evaluation müßte diese Art von Wirkungen als einen Mittelpunkt haben (vgl. dazu Renner 1996, S. 342f.). In Roessels Interviews mit Lehrern und Schülern aus Rough Rock spiegeln sich solche Wirkungsaspekte.

Drei Äußerungen ehemaliger Schüler können das illustrieren (vgl. S. 135):

"Ich kam hierher, weil meine Eltern hier Arbeit bekamen. Als ich kam, konnte ich nicht Navajo sprechen. Ich finde die Idee gut, auf der Rough Rock gründet – beide Sprachen und Kulturen zu lernen. Ich habe viel über die Navajosprache und -kultur gelernt. Ich lebe wirklich gern in der Reservation. Hier bin ich näher bei meinen Verwandten und kann an Zeremonien teilnehmen. In Rough Rock haben die Navajos ein tiefes Kulturverständnis. Die Bedeutung ihrer Kultur ist ihnen bewußt."

"In anderen Schulen lernt man aus Büchern, und es ist egal, wer man ist. Hier in Rough Rock nehmen sie dich und deine Herkunft ernst."

"Es ist wichtig, die Navajokultur zu Hause und in der Schule zu lernen. Das heißt, man lernt es von verschiedenen Leuten und erhält verschiedene Sichtweisen."

3.3 Ein alternatives Konzept auf College-Ebene

Ein anderes Beispiel für innovative Schulentwicklung, jedoch auf College-Ebene, ist die Gründung des Navajo Community College 1969 in Tsaile, heute in Diné College umbenannt. Charakteristisch für diese Modell-Einrichtung ist der Schwerpunkt Navajo bzw. Diné Studies, die Einrichtung eines traditionellen Kulturzentrums mit Zeremonialhaus (Hogan) für Lehrzwecke und intensive Forschungs- und Publikationstätigkeit im kulturellen, sozialwissenschaftlichen und curricularen Bereich (vgl. z.B. Johnson 1977; Ruth Roessel 1973; Ruth Roessel & Johnson 1974). Interessant dürfte in diesem Zusammenhang der Entwurf einer spezifischen Lernphilosophie und -kultur sein, auf die an dieser Stelle jedoch nicht eingegangen werden kann (Benally 1987 bzw. 1995; vgl. auch König ²1983; McNeley 1988). Es wäre zu prüfen, ob und in welcher Weise darin die Problematik und Gefahr einseitiger Kognitivierung der Navajokultur mitgedacht wird.

Schlußwort

Eine meiner Studentinnen, Michaela Traubel, hat im vergangenen Jahr die Kontraktschule Rock Point besucht, untersucht und darüber eine interessante Prüfungsarbeit für das Lehramt geschrieben: *"Die Navajos haben es geschafft, die Tradition in ihre Lehrpläne aufzunehmen, ihre Kultur in den Plan (der Kontraktschulen) aufzunehmen und den Geist der Diné-Philosophie im Schulalltag leben zu lassen."* Doch die Verfasserin hat auch die permanente Gefährdung der Traditionen durch die "moderne" Gegenwelt wahrgenommen, denn sie warnt, *"Rationalität sei schneller als Harmonie"*. Aber hier hat sie einen Trost parat, sie meint, *"Harmonie lebe länger"* (S. 82).

Literatur

Begay, John Y. u.a. (1969). Navajo Evaluators Look at Rough Rock Demonstration School. Rough Rock Demonstration School.

Benally, Herbert (1995). Diné Philosophy of Learning. Excerpts from the Journal of Navajo Education. Articles selected for use in the Navajo Language Program, 1-4 (1987). Tsaile.

Biegert, Claus (1979). Indianerschulen. Als Indianer überleben – von Indianern lernen. Survival Schools. Reinbek: Rowohlt Tb.

Clark, Ann Nolan (1940; 1942; 1940; 1942). Little Herder in Autumn.; Little Herder in Winter; Little Herder in Spring; Little Herder in Summer. A Publication of the Education Division. Phoenix, Arizona: US Office of Indian Affairs.

Emerson, Gloria J. (1983). Navajo Education. In Handbook of North American Indians, Vol. 10: Southwest, ed. by Alfonso Ortiz (S. 659-671). Washington: Smithonian Institution.

Enochs, J. B. (1940). Little Man´s family. Illustrated by Gerald Nailor. (A Publication of the Education Division – U.S. Office of Indian Affairs). Phoenix Indian School.

Erickson, Donald A./Schwartz, Henrietta (1969). Community School at Rough Rock: A Report Submitted to the Office of Economic Opportunity, April, Contract No. B89-4534.

Faris, James (1988). Nightway Chant History: A Report. Diné Be'iina'. A Journal of Life, Volume 1, 2, 107-117.

Gold, Peter (1997). Wind des Lebens, Licht des Geistes. München: Droemer Knaur.

Häuptling Standhafter Bär (1930). Mein Volk die Sioux. Stuttgart: Strecker und Schröder.

Hodge, Frederick W. (1960). Handbook of American Indians North of Mexico (2 vol.). Washington: Bureau of American Ethnology, Smithonian Institution, Bulletin 30, 1907. New York: Pageant Books (Stichwort: Office of Indian Affairs).

Johnson, Broderick H. (Ed.) (1977). Stories of Traditional Navajo Life and Culture by Twenty-two Navajo Men and Women. Tsaile: Navajo Community College Press.

König, René (1973). Indianer wohin? Alternativen in Arizona. Opladen: Westdeutscher Verlag.

König, René (^{3}1983). Navajo Report. Von der Kolonie zur Nation. Berlin: Reimer.

Lindig, Wolfgang (1994). Die <moderne> Navajo-Welt. In derselbe, Indianische Realität (S. 252-268). München: dtv.

McNeley, James K. (1988). Navajo Curriculum in the National Context. Diné Be'iina', A Journal of Navajo Life, Volume 1, 2, 125-136.

Renner, Erich (1986). Sozialisation in zwei Kulturen. Analyse autobiographischer Texte. Frankfurt/M., New York: Campus.

Renner, Erich (1996). Die Suche nach Harmonie: Navajo-Versionen. Weinheim: Beltz Deutscher Studien Verlag.

Renner, Erich (1997a). Kinderwelten - zur ethnographischen Dimension von Kindheit. In Köhnlein, Walter/Marquardt-Mau, Brunhilde/Schreier, Helmut (Hrsg.), Kinder auf dem Wege zum Verstehen der Welt (S. 180-199). Bad Heilbrunn: Klinkhardt.

Renner, Erich (1997b). Navajo Trail of Beauty versus American Way of Life: Probleme individueller Modernisierung in einer traditionellen Kultur. In Behnken, Imbke/Schulze Theodor, Tatort: Biographie (S. 209-224). Opladen: Leske + Budrich.

Report on BIA Education (1988). Excellence in Indian Education Through the Effective School Process. Washington: Bureau of Indian Affairs, U.S. Department of the Interior.

Roessel, Robert A. jr. (1977). Navajo Education in Progress: The Rough Rock Demonstration School. Chinle. Navajo Curriculum Center. Rough Rock Demonstration School.

Roessel, Robert A. jr. (1979). Navajo Education 1948-1978: its Progress and its Problems. Rough Rock: Navajo Curriculum Center.

Roessel, Robert A. jr. (1983). Navajo History 1850-1923. In Handbook of North American Indians: Southwest, ed. by Alfonso Ortiz (Vol. 10, S. 506-523). Washington: Smithonian Institution.

Roessel, Ruth (Ed.) (1973). Navajo Stories of the Long Walk Period. Tsaile: Navajo Community College Press.

Roessel, Ruth/Johnson, Broderick H. (Eds.) (1974). Navajo Livestock Reduction: A National Disgrace. Tsaile: Navajo Community College Press.

Schierle, Sonja (1992). Alternative Perspektiven in der Schulerziehung von US-Amerikanischen Indianern und Australischen Aborigines. In Müller, Klaus E./Treml, Alfred K. (Hrsg.), Ethnopädagogik (S. 179-199). Berlin: Reimer.

Schierle, Sonja (1994). Perspektiven indianischer Erziehung in mulitkulturellen Städten: Papago und Yaqui in Tucson, Arizona. In Lindig, Wolfgang, Indianische Realität (S. 317-333). A.a.O.

Thompson, Hildegard (1974). The Navajos' Long Walk for Education: Tsaile: Navajo Community College Press.

Thompson, Hildegard (1975). The Navajos' Long Walk for Education. Tsaile: Navajo Community College Press.

Traubel, Michaela (1997). Von der Tradition zur Moderne: Untersuchungen in einer Navajo Elementary School in Arizona. Wissenschaftliche Hausarbeit zur Ersten Staatsprüfung für das Lehramt an Grundschulen. Erfurt: Pädagogische Hochschule.

Underhill, Ruth (1953). Hiere come the Navaho! In Willard W. Beatty (Hrsg.), Washington: United States Indian Service. Bureau of Indian Affairs, Branch of Education.

Zolbrod, Paul G. (1984). Diné bahanè. The Navajo Creation Story. Albuquerque: University of New Mexico Press. (Deutsch: Auf dem Weg des Regenbogens. Das Buch vom Ursprung der Navajo. Düsseldorf: Diederichs 1988).

Rough Rock Community School - eine indianische Reformschule[1]

Interview mit Dr. Robert A. Roessel jr., Gründer und derzeitiger Direktor

Vorbemerkungen

Im Rahmen eines von der DFG geförderten Forschungsprojektes "Navajo-Familienstudie" und im Zusammenhang mit einem Vortrag "Schulische Versionen traditioneller Kultur am Beispiel der Navajos" bei einer Tagung an der Pädagogischen Hochschule Erfurt im Juni 1998(1) hatte ich mir vorgenommen, die aktuelle Situation der Navajo-Reformschule in Rough Rock, heute Rough Rock Community School, ursprünglich Rough Rock Demonstration School, per Interview mit dem derzeitigen Direktor "zu evaluieren".
Das Reform-Konzept dieser Schule geht auf Robert A. Roessel jr. zurück, der es 1966, also vor bereits 32 Jahren, in Rough Rock verwirklicht hat.
Die Prinzipien dieses alternativen Modells sind in der Vorstellung gebündelt, kulturelle Kontinuität in Schulen brauche nicht nur bilinguale, sondern unabdingbar auch bikulturelle Orientierung. Auf institutioneller (und curricularer) Ebene bedeutet dies den Versuch, die gegenläufigen Kulturkonzepte "Navajo Trail of Beauty" und "American Way of Life" zum Wohle der Schüler (und der Gemeinde) miteinander zu verknüpfen, während das biographische Forschungsprojekt "Navajo-Familienstudie" bei der individuellen Verarbeitung dieses kulturellen Kontrastes ansetzt.
Unter den zahlreichen Publikationen Robert A. Roessels über Navajo-Angelegenheiten, über indianische Erziehung und Navajo-Erziehung(2) interessiert deshalb vor allem seine Darstellung über die Rough Rock Demonstration School (1977) und die dort formulierten zehn Prinzipien, "Areas of Demonstration" genannt (vgl. S. 9-12). Mein Interview mit dem derzeitigen Direktor sollte entlang dieser Prinzipien einen aktuellen Blick auf das Reformkonzept ermöglichen. Um diese Absicht zu realisieren, bin ich während meines Forschungsaufenthaltes im Herbst 1998 nach Rough Rock gefahren. Zu meiner großen Überraschung traf ich dort auf Robert A. Roessel jr. in der Funktion des Direktors. Nach dreißig Jahren war er, obwohl schon über siebzig Jahre alt, wieder zurückgekehrt, denn Rough Rock hatte er "nur" in der Anfangsphase von 1966 bis 1968 geleitet. Ich war gespannt auf seine Motive. Robert A. Roessel jr., ein weißer Amerikaner mit deutschen Großeltern aus dem nordbadisch-kurpfälzischen Raum, und seine

---

[1] Erstmals publiziert in:
Renner, Erich/Riemann, Sabine/Schneider, Ilona K. (Hrsg): Kindsein in der Schule. Interdisziplinäre Annäherungen. Weinheim: Deutscher Studien Verlag 1999, S. 232-247

Navajo-Frau, die Lehrerin Ruth Roessel, praktizieren als Ehepaar mit ihren Kindern bikulturelles Leben.[(3)] Ruth Roessel und ihr traditionell-familiärer Hintergrund spielen eine Schlüsselrolle in diesem Reformkonzept.[(4)] Sie war lange Jahre Direktor des Navajo Studies Program am Navajo Community College in Tsaile, heute Diné College.

Interview vom 29. September 1998[(5)]

Renner:
Dr. Roessel, ich bin sehr erstaunt und überrascht, Sie hier als Direktor von Rough Rock zu treffen, nachdem sie die Schulleitung vor dreißig Jahren bereits ab- und weitergegeben haben. Was ist seitdem geschehen, weshalb sind Sie zurückgekehrt, und wie ist der Stand der Dinge heute in Rough Rock?

Roessel:
Zwei Jahre haben wir hier gearbeitet, und die Schule hatte eine große Publizität und Prominenz in Sachen bilingualer und bikultureller Erziehung. Es war die erste Schule in den Vereinigten Staaten, in der Navajo-Geschichte und -Kultur unterrichtet wurde. Wir waren sehr erfolgreich und hatten Besucher von 60 bis 70 verschiedenen Stämmen. Besuche aus Peru, Mexiko, Kanada, von indianischen Stämmen, die kamen, um herauszufinden, ob tatsächlich eine Gruppe von Leuten, die nicht Englisch sprechen konnten und ihre Unterschrift nur per Daumenabdruck geben konnten, ob sie tatsächlich in der Lage waren, über Schulerziehung zu bestimmen. Wenn sie wieder gingen, waren sie überzeugt, daß das möglich war. Ich denke, das gab all diesen Stämmen und Individuen ein gutes Gefühl und Selbstvertrauen, ein Gefühl des Stolzes, daß sie von nun an wirklich über ihre eigene Schulerziehung zu bestimmen in der Lage waren.
Bis zu jener Zeit haben das Bureau of Indian Affairs und die Bundesstaaten das Schulsystem diktiert. Um das zu illustrieren, möchte ich Ihnen die englischen und Navajo-Begriffe für die drei Schultypen des offiziellen Systems nebeneinanderstellen, die es damals, 1966, in der Navajo-Reservation gab. Damals und heute nehmen die Public Schools die meisten Indianerkinder auf, etwa 2/3 aller Kinder. In Navajo heißt eine Public School "belangana yazhe bá 'ólta'", was little white man's school bedeutet. BIA-Schulen, die dem Bund unterstehen, nennt man "Washington bá 'ólta'", was Washington-Schule bedeutet. Aber Rough Rock war die erste Schule, die man "Dinétah 'ólta'" genannt hat, Navajo-Schule.
Heute gibt es in der Reservation 27 Schulen, die nach dem Muster von Rough Rock organisiert sind. Ich denke, dies ist eine der großen Leistungen der ersten Periode. Wir haben jedermann bewiesen, auch den Kritikern, also denen, die meinten, es könne oder dürfe nicht geschehen, daß die Navajos tatsächlich ihre eigene Schulerziehung kontrollieren. Für mich war das die zentrale Demonstration der Demonstration School. In den Augen der Navajos war es nicht die wichtigste Demonstration. Für sie war am wichtigsten, daß zum regulären Lehrplan der Unterricht in Navajo-Geschichte, -Sprache

und -Kultur gehörte, das meinten sie, sei am wichtigsten. Und Sie fragten mich, was seitdem geschehen ist. Nun, wir mögen den Berg etwa einen Fuß hinaufgekommen sein; sich auf die Navajos eingelassen zu haben, brachte uns weitere zwei Fuß am Berg voran; andere Navajos verhalfen uns wenige Inches weiter. Aber dann stellte der Rat der Schule (Board) einen Anglo(6) als Direktor ein. Und obgleich dem Board nur Navajos angehörten, wurde aus der Schule allmählich, aber stetig, eine weitere Schule ohne Schwerpunkt in Navajo-Geschichte, -Sprache und -Kultur. Und das, obgleich die Prinzipien unverändert und einige ehemalige Board-Mitglieder noch dabei waren. Dann, vor etwa eineinhalb Jahren, habe ich mich auf die Position beworben. Ich dachte, man würde mich nicht nehmen, sah aber die Annonce und habe mich beworben; außer mir haben sich zwei Navajos beworben. Der Board engagierte mich auf der Stelle und beauftragte mich, Rough Rock in bilingualer und bikultureller Erziehung wieder führend zu machen. Und das ist es, was wir zu tun versuchen. Ich muß nochmals hervorheben, Hauptaugenmerk oder die allerstärkste Schlaghand unserer Schule ist die Kultur. Also, unsere Schlaghand, wenn man ein Boxer wäre, dann wäre die rechte Hand unsere Kultur, unsere linke Hand, die Stoßhand, wäre die Navajo-Sprache. Damit soll nicht gesagt werden, nicht beide seien wichtig, beide sind lebenswichtig. Aber es gibt noch andere Schulen, eine davon hat bezüglich der Navajo-Sprache besser gearbeitet, und das ist Rock Point.(7) Aber kulturell haben sie nichts vorzuweisen. Wir versuchen also eine beidhändige Methode, um die Probleme zu lösen, denen sich die Navajos gegenübersehen. Wir glauben, das allerwichtigste Element ist es, nicht nur Englisch zu lernen, nicht nur Naturwissenschaften und Mathematik und Technik zu lernen und computerfit zu werden, also nicht nur all diese wichtigen Bereiche, denn das Fundament dazu liegt in der Selbstachtung der eigenen Person, der Person, die Gott so geschaffen hat, indem sie in ein Navajo-Heim im Navajo-Land geboren wurde. Und wir fühlen, nur eine Person, die fähig und willens ist, sich selbst als Navajo zu akzeptieren, die das als ein Positivum statt als Belastung empfindet, eine solche Person kann in der modernen Welt wahrhaft vorankommen.
Ich habe vorhin schon erwähnt, daß wir 1962/63 eine Studie gemacht haben, in der bei etwa 50 untersuchten Gebieten Kenntnis und Stolz auf die eigene Sprache – Respekt vor der eigenen Kultur wichtiger war als der besuchte Schultyp, wichtiger war als Englisch als erste Fremdsprache, wichtiger war als eine vorhandene oder nicht vorhandene Bibliothek. Es war der am höchsten signifikante, der einzige signifikante Faktor. Und das wurde in vielen anderen Studien bestätigt.
Dann haben wir eine weitere Studie gemacht, die in anderen Forschungen repliziert wurde. Aber unsere war die erste, und wir haben dabei erwachsene Navajos im Blick gehabt, welche Gruppen von Navajos stärker oder weniger akkulturiert sind, jene die ihre Sprache, Kultur und Geschichte kennen oder jene, die Sprache, Kultur und Geschichte nicht kennen. Welche Gruppe war weniger betroffen von zerbrochenen Familien, Alhohol, Kindesmißbrauch, welche war unter all diesen Umständen weniger in Auflösung? Und wir fanden bestätigt, statistisch signifikant, daß diejenigen, die ihre Kultur, Geschichte und Sprache kannten, weniger unter diesen Krankheiten litten, als

die anderen. Auf dieser Grundlage konnten wir uns dann beim Kongreß sehen lassen, denen dort in die Augen sehen, um Geld zu bekommen, Geld von Stiftungen, denn die brauchen solche Beweise. Wie ich vorhin auch schon sagte, die Navajos brauchten keine derartigen Beweise. Ihnen war es wichtig, Navajo-Geschichte, und -Sprache und -Kultur als Lehrstoff in der Schule, weil es ihnen wichtig ist. Genau wie bei uns, wir haben Europa, wir haben amerikanische Geschichte, Politik, Arizona-Verfassung, US-Geschichte – nicht um Personen dadurch zu fördern, sondern weil unsere Gesellschaft es verlangt. Die Navajos sind nicht anders. Aber die Navajos sollten wie die Asiaten verlangen, daß die Leute ihre Geschichte verstehen, ihre Sprache und Kultur. Das ist meine Antwort zu Ihrer Frage!

Renner:
Ich möchte Sie nun gerne über die speziellen Bereiche der "demonstration" befragen, die Sie 1966 formuliert haben, Ihre zehn Bereiche aus der Publikation über Rough Rock Demonstration School, ich glaube aus 1976.(8) Ich hätte gern, daß Sie sich zu diesen Bereichen der Demonstration äußern, aus heutiger Sicht.
Erster Bereich: "Die Navajos des Schulbezirks sind direkt am Betreiben der Schule beteiligt".(9)

Roessel:
Ich denke, wir haben, wir haben hier einhundertfünfzig Prozent erreicht. Wir haben einen dynamischen School Board. Gerade heute hatten wir eine Sitzung des Boards, in der es um Schulpolitik ging. Die Mitglieder sind auch in der Verwaltung engagiert, obwohl wir es nicht mögen, wenn man uns sagt, wen wir einstellen oder entlassen sollen – solche Dinge, verstehen Sie. Aber sie leiten die Schule, und sie wissen, daß sie die Schule leiten. Außerdem haben wir das Engagement der Eltern, und wir versuchen den Anteil und das Niveau ihrer Beteiligungen zu erhöhen. Daran hat es gefehlt seit jenem "Höhepunkt" unter der Führung jener anderen Person, für die das unwichtig war. Wir sind dabei, dies wieder einzuführen, die Notwendigkeit, mit den Eltern und den Gemeinden unserer Schüler zu kommunizieren.
Damals 1966 war es etwas einfacher, weil unsere Kinder aus der Gegend um Rough Rock kamen, so weit wie bis Many Farms, 15 Meilen östlich; so weit wie bis Black 15 Meilen nördlich; so weit wie 15 Meilen westlich bis Chilchinbito und so weiter. Prinzipiell hatten wir ein klar definiertes geographisches Gebiet. Danach haben wir die Eltern eingeladen. Nun gibt es insgesamt etwa einhundertzehn Gemeinden (chapters), also Gemeinden mit örtlicher Leitung, vergleichbar mit Kreisen bei uns.
Als die Schule eröffnet wurde, waren fünf Gemeinden (durch Schüler) bei uns repräsentiert, in diesem Herbst sind es 75. Und dadurch wird es schwierig, denn wir haben zwei Kinder aus Crownpoint, zweihundert Meilen östlich von hier. Aber wir wollen jene Eltern beteiligen, wir wollen mit den Leuten aus Crownpoint über unsere Schule reden, wie wir arbeiten, was sie von uns erwarten, in welcher Weise wir ihnen helfen können. Und das müssen wir überall in der Reservation verwirklichen. Gerade

sind wir dabei, das umzusetzen. Bereits letztes Jahr haben wir darüber diskutiert, sind aber nicht weit damit gekommen. In diesem Jahr haben wir einige Leute eingestellt, deren Hauptaufgabe darin liegt, Verantwortliche aus den Gemeinden zu kontaktieren, Möglichkeiten auszuarbeiten, daß die Eltern hierherkommen können. Wir stellen Transportmöglichkeiten zur Verfügung, weil sie keine haben. Wir möchten, daß sie hierherkommen. Wir möchten aber auch dort Treffen veranstalten, um nicht nur die Eltern der Kinder, sondern auch die ganze Gemeinde informieren, Leute, die an Rough Rock interessiert sind. Wir wollen Möglichkeiten schaffen, das zu verwirklichen. Und daran arbeiten wir. Wir möchten, daß die Kinder besucht werden – es war üblich, alle Eltern zu besuchen, die mit unserer Schule zu tun hatten, jeder Lehrer besuchte jedes Kind zweimal im Jahr zu Hause.
Zur Zeit haben wir nicht einmal das gemacht, wir hatten es aufgegeben. Einfach ist es allerdings, dies zweimal im Jahr in einem festgelegten Gebiet zu realisieren, aber in der Situation sind wir nicht mehr. Deshalb fordern wir jetzt unsere Lehrer auf, wir legen das gerade fest, weil wir dafür Teilzeitbeschäftigte haben aus den verschiedenen Gebieten, beispielsweise einen aus Aneth im Norden, einen aus Crystal im Osten und so weiter. Wir möchten, daß sie uns dabei unterstützen, Kontakt mit den Eltern aufzunehmen, diese einzubeziehen und damit das Problem anzupacken, das wir momentan haben. Wir haben es mit diesen verschiedenen Gemeinden zu tun und hatten bisher keinerlei Interaktion mit ihnen, und wissen Sie, das ist aber der Weg für unseren heutigen Kurs. Schulen verfahren üblicherweise so, sie übergeben den Kindern eine Information, daß am Donnerstag um vier Uhr nachmittags eine Eltern-Lehrer-Konferenz stattfindet. Und Sie wissen, es kann sein, daß sie kommen oder auch nicht kommen. Jedenfalls ist dies eine sehr ineffektive Methode, die Eltern einzubeziehen. Auf diese Weise wird ihnen die Verantwortung angelastet, sie sollte aber bei uns sein, bei der Schule. Es genügt nicht, den Eltern einfach eine Einladung zu schicken, wir müssen zu ihnen gehen. Wir müssen mit ihnen ins Gespräch kommen. Wir müssen die Lehrer in die Familien schicken. Wir sind jetzt dabei, es einmal pro Jahr zu verwirklichen, jedes Kind unserer Schule wird von einem Lehrer besucht. In unserer High School ist es wirklich schwierig, weil da nur sieben Lehrer sind. Das ist schwierig. Wir brauchen viele Hilfslehrer, die wir einstellen müssen, und dabei sind wir gerade. Um die Antwort zu der Frage auf den Punkt zu bringen, ich meine, wir waren auf diesem Gebiet sehr erfolgreich, und wir versuchen darin noch erfolgreicher zu sein, weil wir das Gemeinde-Engagement vernachlässigt haben.

Renner:
Was denken Sie über die Mitglieder des School Board – sind die alle traditionell, oder sind es unterschiedliche Leute mit unterschiedlichen Orientierungen?

Roessel:
Unser Board besteht aus einer sehr interessanten Kombination – es sind insgesamt sieben Mitglieder. Einer davon ist ein Sozialarbeiter mit College-Abschluß. Ich glaube,

er ist der einzige, der je ein College besucht hat. Wir haben einen Vorsitzenden, einen Chapter-Präsident oder Bürgermeister, wie man es in unserem Rat nennen könnte, der auch ein Medizinmann ist. Eine andere Person, die sehr dynamisch im Board mitarbeitet, hat sehr ernste Alkoholprobleme. Sie hat versucht, nach Art der Weißen damit fertigzuwerden, war aber nicht erfolgreich. Jetzt versucht sie es auf traditionelle Weise durch Zeremonien.
Wir haben hier einen Weide-Ausschuß, jede Gemeinde, jedes Chapter hat einen Weide-Ausschuß, also jemand der verantwortlich ist für Schafe, Pferde, Rinder, daß sie Injektionen bekommen, daß sie, wie Sie wissen, geimpft und geduscht werden und solche Sachen. Im Board haben wir jemand dafür, der sehr traditionell und ein Medizinmann ist. Wir haben eine sehr nette Dame, die einen College-Abschluß hat. Sie ist sowohl in Englisch als auch in Navajo sehr ausgewiesen. Sie ist außerdem Leiterin der Chinle Agentur, einer der fünf Abteilungen der Reservation.[10] Also haben wir einen sehr interessant zusammengesetzten Rat der Schule. Aber ich würde ihn nicht als traditionell oder nicht-traditionell einordnen wollen. Wir haben traditionelle Mitglieder. Wichtiger aber ist, wir wissen, unser Board, und zwar alle, alle sieben stehen einhundertfünfzig Prozent hinter uns, damit wir eine bilinguale und bikulturelle Schulerziehung aufbauen. Und nur das zählt.

Renner:
Der zweite Aspekt Ihrer "demonstration" bezieht sich auf den engen Kontakt der Schule mit Familie und Gemeinde. Aber das haben Sie bereits dargestellt.

Roessel:
Ja. Und das ist eine gute Sache. Wir machen das Richtige.

Renner:
Also kann man sagen (und das ist der dritte Aspekt der Demonstration), das "kulturelle Identifikationsprogramm macht die Navajo-Kultur zu einem integralen Bestandteil des Schulprogramms"?[11]

Roessel:
Ja! Und das ist wichtig. Ich denke, wir waren die erste Schule, die das verwirklicht hat. Im Jahr 1984 hat die Navajo-Nation erstmals ihre eigene Schulpolitik beschlossen, ausgewählt, was in ihren Schulen gelehrt werden sollte. Zwei Schwerpunkte davon waren, daß jedes Kind in jeder Klasse die Navajo-Sprache lernen sollte und, daß jedes Kind in jeder Klasse Navajo-Kultur, Navajo-Geschichte als soziale Studien lernen sollte. Als ich vor einigen Jahren in der Navajo Abteilung für Erziehung arbeitete, haben wir einige Bücher mit Statistiken über Navajo-Erziehung herausgegeben. Und ich war sehr gespannt, in welchem Maße diese von der Navajo-Nation beschlossenen Ziele realisiert worden sind. Und es gab nur eine Schule, die alle diese Ziele durchgeführt hat. Heute ist es wieder nur eine Schule – unsere Schule. Wissen Sie, wir

können sagen, wir haben unser Geld für das verwendet, was wir gesagt haben. Und, wissen Sie, wir glauben das nicht nur. Aber sehen Sie, in manchen Schulen heißt es so: "O ja, wir glauben an ein integriertes Curriculum, aber wir haben keine Kurse etwa in Navajo-Geschichte oder Long Walk(12) oder in Navajo-Sprache, die in die Sozialen Studien integriert sind." Sie finden keine Unterrichtseinheiten, die diese Navajo-Aspekte berücksichtigen, was eigentlich sehr gut zu machen ist.
Aber nicht genug damit. Sie müssen es, zusätzlich zur Integration im gesamten Unterricht haben – in jedes Thema, wissen Sie, muß es integriert sein. Außerdem braucht es spezielle Kurse. Warum? Weil die Navajos annehmen, wie Sie und ich wissen, daß das, was in der Schule gelehrt wird, wichtig ist, und wenn es dort nicht gelehrt wird, kann es nicht wichtig sein. Deshalb wollen wir spezielle, nicht nur unter dem Stichwort Integration, die gut ist, wollen wir spezielle Kurse. Und wir bieten 21 oder 23, wenn man alle zählt, Kurse als High School Niveau in Navajo-Studien an, die, wie Sie wissen, niemand auch nur im Entferntesten erreicht.
Außerdem haben wir ein ähnliches Programm wie in Rock Point, in dem Navajo Unterrichtssprache in den Grundschulklassen ist, was dann in den folgenden Klassen weitergeführt wird, auch eine wunderbare Sache. Aber ich möchte in kultureller Hinsicht etwas hinzufügen, wir haben hier keinen Kurs, von dem wir sagen, das ist ein Navajo-Sprachkurs, weiter nichts. Kultur muß hineinfließen, nur dann bekommt die Sache Sinn. Vielleicht findet sich ein Navajo-Sprachkurs mit Anglo-Inhalten, aber das kann nicht gutgehen. Navajo-Sprache braucht Navajo-Kultur. Und dessen sind wir uns sicher. Deshalb ist Kultur in unserem Denken so wichtig. Wir glauben, Sprache allein ist nur ein Vehikel – für sich allein hat sie keinen Wert. So kann es vorkommen, daß jemand perfekt Navajo spricht, ohne ein Navajo zu sein.
Wir veranstalten jedes Jahr, außer dieses Jahr, veranstalten wir eine Navajo Kultur-Konferenz. Und sie findet auf den heiligen Bergen statt, auf den Lukachukai Mountains. Es kommen ungefähr ein paar Hundert Leute dort zusammen, 80% davon Navajos, 20% Anglos von überall her. Einmal hatten wir eine Konferenz "Wer ist ein Navajo?". Das war das Thema der Konferenz. Sowohl die Navajos als auch die Konferenz insgesamt kamen zu dem Schluß, ein Navajo ist eine Person, die ihre Kultur kennt, nicht zwangsläufig die Sprache. Heute, glaube ich, glauben wir, man braucht beides! Aber fragen Sie weiter!

Renner:
Nummer vier (der Aspekte der Demonstration) sagt, "die Schule bietet ein internes Fortbildungsprogramm für Lehrer an".(13)

Roessel:
Das praktizieren wir. Ruth (Roessel) und ich – wir haben es früher gemacht, wir machen es jetzt auch. Gerade heute haben wir dem Board dazu ein Papier vorgelegt. In diesem Land gibt es zwei Gruppen von Angestellten in jeder Schule. Eine davon, die Lehrer mit Examen, die einen College-Abschluß nachholen müssen und deshalb viele College-

Stunden belegen müssen. Deshalb verdienen sie etwas mehr. Zur zweiten Gruppe gehören Busfahrer, Hausmeister, Köche, Internatswärter, sie bekommen nichts. Und das ist nicht in Ordnung. Und deshalb hat der Board heute zum erstenmal beschlossen, diesen Leuten für zusätzliche College-Ausbildung mehr Geld zu bezahlen. Wir möchten, daß sie ihre Ausbildung komplettieren, daß sie nicht nur Hausmeister sind, obwohl das eine wichtige Arbeit ist, wir möchten sie besser bezahlen und ihre Arbeit aufwerten. Das machen wir also. Und wir machen noch anderes, denn wir haben in unserem School Board im vergangenen Mai einen Beschluß gefaßt, wodurch wir die einzige Schule der Reservation sind, die bestimmte Qualifikationen als Voraussetzung für Lehrer verlangt. Sie müssen dies und dies nachweisen, wie es der Staat Arizona von Lehrern verlangt. Die Navajo-Nation sollte, zusätzlich zu dem, was der Staat akzeptiert oder ablehnt, zusätzlich ein bestimmtes Verständnis verlangen, wenn jemand Navajos unterrichtet. Das gab es bisher nicht, aber wir machen es.
Wir verlangen zwölf Stunden Navajo-Studien: Kurse in Navajo-Geschichte, Navajo-Sprache, Probleme der zeitgenössischen Navajos, derartige Kurse. Ruth und ich, wir bieten solche Kurse an. Wir verlangen solche Kurse, und nicht nur von unseren examinierten Leuten, sondern auch von Busfahrern und allen anderen. Wir lassen ihnen zwei Jahre Zeit dafür, oder sie müssen gehen. Wir haben unser eigenes Konzept, wir denken, ein Lehrer, der in Phoenix, Arizona, unterrichtet, kann nicht einfach zu uns kommen und hier eine Periode lang arbeiten, solange er kein Verständnis von Kultur, Sprache und Menschen hat. Und wir sind die einzigen, die das verwirklicht haben. Wir erwarten das jetzt allgemein, und wir wissen, es wird auch in den nächsten Jahren geschehen. Die Stammesregierung hat darüber diskutiert, eigene Qualifikationsstandards zu entwickeln. All dies hat mit schulinterner Fortbildung zu tun.
Wir bezahlen die Lehrer dafür. Wir bezahlen die Busfahrer dafür. Wir bezahlen die Hausmeister dafür, an diesen Kursen teilzunehmen. Wir verlangen nicht, daß sie es aus eigener Tasche bezahlen. Wir bezahlen es. Das ist wichtig für uns.

Renner:
Nummer fünf Ihrer Aspekte der Demonstration heißt, "die Schule bietet Fortbildungsprogramme für Gemeindemitglieder an".[14]

Roessel:
Das haben wir nicht realisiert, aber wir wollen es anpacken. Als ich letztes Jahr hierher kam, gab es keine Fortbildung für Erwachsene, nichts davon. Als diese Schule eröffnet wurde, war sie eine mächtige Quelle der Entwicklung in dieser Gemeinde. Wir haben Häuser gebaut, Möbel für die Klassen hergestellt, wir haben Kunsthandwerker ausgebildet, haben Qualifikationen im Weben, Silberschmieden, Korbflechten verbessert und ähnliches. Wir hatten einen außerordentlichen Einfluß auf die Gemeinde. Wir verbesserten das durchschnittliche Familieneinkommen um etwa einhundert Prozent für diejenigen, die an den Programmen teilgenommen haben und für die anderen. Wir haben damals viel bewegt. Einiges ist auch fehlgeschlagen. Wir probierten – es fällt

mir schwer, es angemessen zu sagen – Pistazien-Nüsse. Jemand sagte uns, wenn ihr die züchtet, seid ihr Spitze, werdet ihr wirklich reich sein. Wir haben sie dann gezüchtet, aber es war nutzlos. Aber dann haben wir andere Dinge probiert. In dem Gebäude nebenan hatten wir eine Hühnerfarm. Wir verkauften Hühner und Eier an die Leute. Die Gemeinde hat sich darum gekümmert und hat den Profit eingesteckt. Zuletzt haben wir nichts derartiges mehr praktiziert, aber jetzt versuchen wir es.
Wir haben zwei Erwachsenenbildner angestellt, die mit Erwachsenen arbeiten sollen. Also probieren wir etwas, was wir bisher nicht getan haben. Auf diesem Gebiet waren wir bis zum jetzigen Zeitpunkt nicht sehr erfolgreich. Trotzdem werden wir es sein.

Renner:
Nummer sechs heißt "die Schule bietet verschiedene Hilfsdienste für die Gemeinde an".[15]

Roessel:
Das praktizieren wir. Das praktizieren wir immer noch. Mit anderen Worten, wir haben dafür bestimmte Programme, wie ich schon sagte, ökonomische Entwicklungsprogramme, Sozialprogramme, Erholungsprogramme, Bildungsprogramme. Wir strengen uns bei diesen Dingen an. Wir sind die einzigen, deren EMT's (emergence technicians) Arbeit leisten, die der von Gesundheitsspezialisten sehr nahe kommt. Wir haben sie in der Gemeinde. Es handelt sich, wie auch immer, um Notfall-Helfer, sie sind nicht wie unsere registrierten Schwestern, und ihnen in gewisser Weise doch ähnlich. Wissen Sie, sie kümmern sich um Traumata und Verletzte. Wir haben also Leute, die wir in die Gemeinde schicken. Wenn ein Anruf kommt, so wie vor einer Woche, jemand, der später gestorben ist, hatte eine Herzattacke, und wir – unser EMT hat sich darum gekümmert, verstehen Sie, hat gewisse Dinge erledigt und den Kranken ins Hospital gebracht, aber er starb. Um solche Angelegenheiten kümmern wir uns. Wie schon erwähnt, in Erwachsenenbildung haben wir nichts getan, jedenfalls nicht besonders. Jetzt aber beginnen wir damit, in den Gemeinden nacheinander. Müll ist ein Problem. Wissen Sie, wir sind die einzigen, die einen Platz haben, um Müll zu lagern. Die Gemeinde lagert bei uns, verstehen Sie, kommt zu uns und benutzt unsere Container. Im Haushalt hatten wir dafür 6.000 Dollar, es kostete aber im letzten Jahr 24.000 Dollar.
Im Moment arbeiten wir mit dem Chapter ein Kooperationsabkommen aus. Unser Board hat dieses heute angenommen, verstehen Sie, um ein zentralisiertes Verfahren für die Deponierung von Müll zu entwickeln, in die wir als Angestellte der Schule soviel bezahlen, wie es unter Berücksichtigung unserer Gehälter möglich ist. Die Leute aus der Gemeinde bezahlen weniger, als die Lagerung kostet. Daran arbeiten wir. Außerdem haben wir einen Sicherheitsplan. Es gibt keine Polizei in der Gemeinde. Darum müssen wir auch für die Sicherheit unserer Schule sorgen, für unsere Ländereien und Gebäude. Wir müssen auch Streitigkeiten schlichten und verhindern, daß Leute einander umbringen und solche Sachen. So kümmern wir uns auch um solche Dinge.

Renner:
Nummer sieben Ihrer Schwerpunkte verbindet sich mit Nummer fünf: "Die Schule ermuntert Gemeindemitglieder, traditionelles Kunsthandwerk zu erlernen."(16)

Roessel:
In dieser Sache haben wir bis jetzt nichts unternommen, auch letztes Jahr nicht. Wir haben weder Weben, noch Silberschmieden, noch Korbflechten, noch Schärpenweben, noch Töpfern unterrichtet. Damals als die Schule eröffnet wurde, gab es in der ganzen Navajo-Reservation nur zwei Frauen, die noch wußten, wie man töpfert. Wir haben uns ohne Erfolg darum bemüht. Und es war 1966 viel leichter als heute, Geld zu beschaffen. Doch wir bemühen uns sehr. Wir haben Anträge geschrieben, um ein Kunsthandwerk-Programm wie 1966 auszurichten. Es gibt viele, viele, viele – alle weben in dieser Gemeinde, verstehen Sie. Aber ihre Teppiche sind nicht von hoher Qualität. Nun, schauen Sie, das dort drüben ist ein Qualitäts-Teppich. Das ist ein Teppich, dessen Weberin wir liebend gern als Lehrerin für Leute hätten, die z.B. diesen hier gemacht haben. Sehen Sie, das ist ein wirklicher Unterschied. Aber es war uns nicht möglich, jemanden dafür zu bekommen. Damals in den Sechzigern hatten wir viele Leute zu bezahlen. Wir mußten den Unterrichtenden bezahlen, aber nicht die Teilnehmer, die es lernen oder ihre Fertigkeiten verbessern wollten. Heute müssen wir beide bezahlen. Wissen Sie, man will seine Zeit nicht damit verbringen, etwas zu lernen. Es ist anders, ein völlig anderes Spiel als damals in den Sechzigern. Aber wir müssen es bewerkstelligen, wir müssen es möglich machen, Geld zu bekommen, den Lernenden ein kleines Stipendium zu zahlen und den Unterweisenden. Und wir werden es schaffen. Wir haben bereits angekündigt, daß wir in diesem Herbst einen Web- und Silberschmied-Kurs beginnen.

Renner:
Und Nummer acht heißt hier: "Die Schule versucht, Arbeitsmöglichkeiten für die Gemeindemitglieder zu schaffen."(17)

Roessel:
Und, wissen Sie, das bleibt ein erfolgreicher Aspekt. Das ist etwas, was wir weiterhin realisieren können. Wissen Sie, wir haben alle examinierten Lehrer angestellt, die wir in unserer Gemeinde finden konnten. Wir haben alle eingestellt, die existierten. Die angeheuerten Busfahrer, die Lehrer-Assistenten sind alle aus der lokalen Gemeinde. Wir sind Haupt-Arbeitgeber. Anfangs hatten wir etwa 250 Kinder in der Schule, und ich glaube, um die 50 Angestellte; heute haben wir 150 Angestellte für 500 Schüler. Ich würde sagen, 80% davon sind aus dieser Gegend.

Renner:
Bei Nummer neun, "die Schule ist Anlaufstelle für viele andere Organisationen"(18) ist eine Element, das mich besonders interessiert im Sinne eines Gesundheitsaspektes,

und zwar "Kooperation mit dem öffentlichen Gesundheitswesen". In diesem Zusammenhang gab es ein Medizinmann-Lehrlingsprogramm.

Roessel:
Es gab hier ein Medizinmann-Trainingsprogramm damals in den sechziger Jahren. Wir hatten es hier in den zwei Jahren, die wir hier arbeiteten. Und es wurde ein Zehn-Jahres-Programm daraus, in das eineinhalb Millionen Dollar vom National Institute of Mental Health in Washington geflossen sind. Und das wurde sehr gut aufgenommen. Im Wall Street Journal wurde positiv darüber geschrieben. Aber dann in den späten Siebzigern oder frühen Achtzigern wurde es abgeurteilt. Damals war ich nicht hier, aber erinnere mich, einen Artikel im Wallstreet Journal gelesen zu haben. Das Wallstreet Journal ist eine sehr professionell finanzorientierte Zeitung für Leute, verstehen Sie, mit Kapital und Kredit, reiche Leute. Es ist eine Zeitung, die wir normalerweise nie lesen, aber sie ist ein guter Indikator, denn dort schrieb man zuerst wirklich gut über uns. Aber dann begannen sie dort zu sagen, man würde, ich war damals nicht hier, Hexerei lehren und es wären Hexendoktoren und all sowas. Auf diese Weise haben wir unsere Unterstützung verloren und nicht wiederbekommen.
Das ist ein anderes Gebiet, auf dem wir uns anstrengen. Wir haben Anträge geschrieben, aber bis jetzt noch keine Finanzierung, um wieder die gleiche Art von Programm zu schaffen, wie das anfängliche Medizinmann-Programm. Aber dafür braucht man viel Geld. Wir haben anfangs drei Medizinmänner bezahlt, und Ruth, meine Frau, bezahlte jene drei Medizinpersonen von ihrem eigenen Gehalt. Und so haben wir begonnen, aber dann bekamen wir Geld. Wissen Sie, und dann war da Dr. Karl Menninger, zweifellos einer der führenden Psychiater auf der ganzen Welt. Er ist verstorben, war aber einer der führenden Psychiater. Er pflegte jeden Sommer zu uns herauszukommen, um bei Ruths Vater zu studieren, der ein Medizinmann war. Denn die Navajos praktizieren das schon seit Hunderten und Hunderten von Jahren, sagte er, während die abendländischen Menschen es vielleicht sechzig oder siebzig Jahre machen. Deshalb setzte er sich hin, setzte sich auf den Lehmboden, während Ruth dolmetschte, und stellte Fragen wie diese: "Wie würden Sie eine Person mit dieser Art von Symptomen behandeln?" Und dann ging er alles durch, hin und her. Und wirklich, wirklich – verstehen Sie – sie waren auf einer Linie, es war wirklich wunderbar. Und auch unsere Tochter ist Psychiater geworden. Verstehen Sie, sie kombiniert MD – Training – westliche Medizin mit ihres Großvaters Glauben an Navajo-Zeremonien. Sehen Sie, ich meine, das hat nicht in erster Linie mit Rough Rock zu tun, aber ich denke, es ist ein Zeichen, ein gutes Zeichen für das, was sich entwickelt hat. Allgemein denke ich, Rough Rock hat eine Rolle gespielt. Wissen Sie, damals in den Sechzigern und den Fünfzigern gab es eine Schule, die Ganado Mission School, die ein Schild "Tradition ist der Feind des Fortschritts" neben ihremTor hatte.
Und das war die Philosophie jener Schule. Heute würde jemand aus der Stadt gejagt werden, wenn er so etwas schreiben würde. Das wäre nicht möglich. Und ich bin heute der Meinung, daß Mediziner und Psychiater den bedeutenden Beitrag der Navajo-

Medizin und der Medizinmänner für Gesundheit und Wohlfahrt der Navajos anerkennen. Und das ist eine wunderbare Sache. Alle neueren Krankenhäuser, die ich kenne, haben auch einen Hogan, wo Medizinmänner die Möglichkeit haben, Zeremonien für Leute zu halten, die sonst das Krankenhaus und die beste westliche Behandlung nicht aushalten könnten.

Ich erinnere mich, wie in den Fünfzigern einer meiner Neffen an spinaler Meningitis erkrankte und sehr krank war. Und als er in Ganado im Krankenhaus lag, kam Ruths Vater um Gebete über ihm zu sprechen und gewisse Dinge für den kleinen Jungen zu tun. Dann kam der diensthabende Arzt und warf ihn hinaus. Wir möchten das nicht, das ist Aberglaube, und das wollen wir nicht. Glücklicherweise war sein Dienst zu Ende, und der nächste Arzt sagte, aber ja, das ist sehr gut, machen Sie nur weiter. Und der kleine Junge wurde gesund, selbstverständlich hat der Arzt gedacht von seiner Behandlung, mein Schwiegervater durch seine. Aber ich denke, die heutige moderne Medizin respektiert die Navajo-Medizinmänner mehr als jemals zuvor.

Renner:
Ich bin sehr von den Navajo-Zeremonien beeindruckt, an denen ich in der Familie unserer Freunde teilgenommen habe. Wir waren auch in Shiprock dabei im letzten Jahr und vor vier Jahren. Wir waren dort willkommen. Vielleicht liegt es daran, daß wir Deutsche sind, verstehen Sie?

Roessel:
Nun, ich denke, das ist eines der Charakteristika eines echten Navajos. Das bedeutet, sie nehmen dich in die Arme, sie jagen dich nicht weg. Als wir im ASU waren, waren wir verantwortlich im Indian Community Action Center unter der Leitung von Economic Opportunity. Es war unsere Aufgabe, alle Stämme der Vereinigten Staaten zu betreuen, was wir auch taten. Es wurden Regionen eingeteilt, damit wir es tun konnten. So haben wir etwa fünfzig Stämme besucht und alle Anführer, alle Probleme und Möglichkeiten, denen sie gegenüberstehen, kennengelernt. Aber die Navajos sind der einzige Stamm, der flexibel reagiert – dieses und ein anderes – sowohl als auch, entweder das eine oder das andere. Alle anderen Stämme, die Sioux, die Cheyenne bauen eine Mauer um ihre Kultur, um sie zu schützen. Und deshalb stehen sie weiterhin unter Druck. Schließlich ist ihnen alles in Stücke zerbrochen. Und nun versuchen sie, diese Stücke wieder zusammenzusetzen. Die Navajos andererseits sind wie ein Ballon, den man auf einer Seite eindrückt, der sich aber auf der anderen ausdehnt. Sie nehmen bestimmte Dinge in ihre Kultur auf, sie sehen sie nicht als fremd an, sondern als ein Geschenk des Heiligen Volkes, und ich glaube das auch, verstehen Sie. Aber manche Leute sagen, nun, wir haben es gesehen, ihr stammt kulturell von den Pueblos und sowas alles. Aber die Navajos glauben, sie stammen vom Heiligen Volk.

Um es deutlich zu machen, anfangs gab es vier originale Navajo Clans. Und heute gibt es 62 Clans. Weil die Navajos ihre Arme um die Menschen legen. Sie stoßen niemand zurück. Sie akzeptieren mich so gut sie können, verstehen Sie, aber ich bin immer noch oder ich werde immer ein Außenseiter sein. Aber ich denke, es gibt einige Verbitterung auch bei den Navajos. Einige wenige Navajos sind sehr verbittert. Aber es ist bemerkenswert, daß dieses Gefühl nicht bei vielen vorhanden ist. Es ist ein Ressentiment, das bei vielen anderen Stämmen vorhanden ist, sehr verbittert, sehr zornig, sehr verstimmt gegen Leute meiner Hautfarbe. Ich tadele sie deswegen nicht. Aber die Navajos, mit einigen Ausnahmen, sind nicht so. Sie akzeptieren dich als Person.

Renner:
Ja, das ist auch meine Erfahrung. Lassen Sie mich nun zum letzten Bereich Ihrer Demonstration kommen, der heißt, "die Schule ermutigt zu Innovationen und Experimenten im Unterricht".[19]

Roessel:
Nun, in dieser Hinsicht haben wir nicht viel gemacht, nein, ich denke nicht. Nummer zehn war nicht die allerwichtigste, als wir mit der Demonstration School anfingen. Wir haben das hier aufgenommen, wissen Sie, weil man Verbesserungen der Unterrichtsverfahren zeigen wollte, welche Methode wir beim Lesen einsetzen und wie wir die neuesten Begriffe beim Mathematikunterricht einbeziehen und ähnliches.
Wir versuchen, ein Schulkonzept mit vier Standbeinen zu entwickeln. Das erste Bein ist das akademische, und es geht darum, anhand verschiedener Rollen und Verfahren die Leistung der Schüler in akademischer Hinsicht zu verbessern. Das zweite Standbein ist arbeitsorientiert (vocational), das versuchen wir zu verbessern, denn es ist zur Zeit sehr, sehr schwach entwickelt. Aber es war hochentwickelt. Wir hatten damals noch keine High School, aber viel Bezug zur Gemeinde. Wie auch immer, dieses Standbein ist zur Zeit sehr schwach. Wir unternehmen viel, um es zu stärken. Wir hatten zwei Navajos, einer davon ein Tierfachmann, zuständig für Hufschmieden und Zuchtfragen; der andere war Fachmann für Ackerbau, Bewässerung, Trockenanbau, Naßkulturen, Gewächshäuser und solche Dinge. Wir versuchen das zu stärken. Das dritte und sicherlich das allerstärkste Standbein sind die Navajo-Studien, und das vierte ist die Beteiligung der Gemeinden (community involvement). Also sind wir in vierfacher Weise ausgerichtet – [Renner: die heilige Zahl!] – richtig, die heilige Zahl der Navajos. Im Moment setzen wir uns mit verschiedenen Beratern auseinander, die wir engagiert haben. Diese Berater sollen uns helfen, ein integriertes Gemeinde-Assessment zu entwickeln. Außerdem bemühen wir uns um ein integriertes Curriculum, das auch die Ziele umfaßt, die der Staat von uns verlangt. Wir müssen sichern, daß wir das auch leisten. Doch, wissen Sie, wir sind dabei, das eher zu realisieren als in den vergangenen Jahren. Ich denke, wir schaffen das zu 70%. Aber wir müssen uns hier verbessern. Wir haben viele Lehrer hier, Anglo-Lehrer, die glauben, unsere Schule hätte nur ein Standbein, die Navajo-Studien – und das wäre alles, was uns wichtig wäre. Und das stimmt nicht. Aber ich verstehe, warum sie so denken (...) wir hatten vor zwei Jahren **einen** Teilzeit-Lehrer für Navajo-Studien und heute fünfzehn Vollzeit-Lehrer dafür. Deshalb kann man so denken. Und das ist gut so, denn wir schämen uns dessen nicht, es ist das, was die Navajos wollen und was

sie jetzt brauchen. Gleichzeitig müssen wir unser Engagement im akademischen und berufsorientierten Bereich erhöhen, was wir auch machen. Sehen Sie, eine der ersten Fragen, die wir jemand stellen, der einen Job bei uns will, heißt, ob er glaubt, unsere Schule in bilingualer und bikultureller Hinsicht verbessern helfen zu können. Normalerweise antworten sie: ja. Sind sie dann an Bord, dann mag es sein, daß sie sich anders verhalten. Solche bleiben dann nicht, wir sorgen dafür, daß wir sie los werden. Wir wollen nur Leute, die ähnlich gesinnt sind und an die Sache glauben. Leider sind nicht alle so. Aber, wissen Sie, eines versuchen wir immer, wir versuchen zu ermutigen, wir versuchen zu kultivieren, wir versuchen die Leute, denen die Einstellung fehlt, auszubilden, um diese zu entwickeln, wenn sie können. Im vergangenen Jahr haben wir nicht viel dagegen unternommen, aber im nächsten werden wir ihre Verträge dann nicht verlängern.

Renner:
Ich erinnere mich, als ich zum ersten Mal hier war, ich glaube 1993 ...

Roessel:
War da Karl Levy Direktor?

Renner:
Nein, ich weiß es nicht!

Roessel:
Oh, Sie wissen es nicht. Gut, gut.

Renner:
Ich weiß es nicht. Ich war auf der Suche nach Veröffentlichungen und war hier völlig unbekannt. Und ich fragte jemanden, einen Lehrer, einen Navajo, der gerade vorbeikam, fragte ihn nach dem Shop, nach dem Presse-Shop, wo die Publikationen sein sollten. Er erzählte mir, er sei ein Hilfslehrer, deshalb wollte ich wissen, wie seine Arbeit sei, wie er sich hier fühle. Er antwortete mir: "Oh, ich bin sehr froh, daß ich mit den Kindern hier nicht verwandt bin, denn ich komme von weit her."

Roessel:
Ja, ich weiß, vor zehn Jahren war Karl Levy hier Direktor. Dieser Bursche hat nach meiner Einschätzung diese Schule zerstört. Er war derjenige, der daraus eine normale Schule gemacht hat. Es wurde eine Schule für, ich klage ihn nicht an dafür, für Versager daraus, die straffällig geworden sind, für diese Art von Leuten wurde sie eine Art Anlaufstelle. Auf Navajo-Geschichte, -Sprache und -Kultur legte er nicht länger Wert. Und als hier 25jähriges Jubiläum gefeiert wurde, hat er uns hierher eingeladen, aber er kam nicht, um meine Rede zu hören. Ich habe den Leuten gesagt, hören Sie: "Leute, Ihr macht einen großen Fehler." Ich sagte, "diese Schule wurde gegründet wegen der Bedeutung des Unterrichts in Navajo-Geschichte und -Sprache, und jetzt, jetzt gibt es das nicht mehr,

und Ihr habt einen Board, der sitzt dabei, der erlaubt, daß alles das geschieht. Ihr könnt nicht den Direktor deswegen beschuldigen, der Board hat erlaubt, daß das geschehen konnte". Einmal im Jahr habe ich dann einen Besuch hier gemacht und habe diese Dinge immer angesprochen, und das war Karl Levy nicht recht. Und vielen Leuten war das auch nicht recht. Aber auch viele Leute waren damit sehr einverstanden, schließlich kam es zu einer Machtprobe zwischen zwei Kräften, zwischen denen, die Karl Levy loswerden wollten und denen, die von ihm profitierten. Und dann sind sie Karl Levy losgeworden. Und dann hatten sie Schwierigkeiten, in einem Jahr vier Direktoren, alles Navajos, und es gelang nicht, die Dinge wieder in Gang zu bringen. Und jetzt, ich glaube, der Board denkt das und ich auch, daß wir jetzt wieder auf dem richtigen Wege sind.

Renner:
Nun, da Sie wieder zurückgekommen sind, haben Sie Hoffnung, haben Sie Hoffnung für die Zukunft?

Roessel:
Richtig! Man braucht Vertrauen, man muß an das glauben, was man tut. Und, wie Sie wissen, wir glauben daran, wegen des Heiligen Volkes. Verstehen Sie, wir glauben daran, ich kann Ihnen ehrlich und wahrheitsgemäß in die Augen schauen und sagen, ich glaube wirklich, wir sind hier, weil Gott uns hier haben will, wohin das Heilige Volk uns schickt. Und wir kommen voran, nicht weil ich etwas mache oder nicht mache, es kommt voran durch das Heilige Volk. Sie sind diejenigen, die die Briefe geschrieben haben und diesen Mund benutzten und so weiter. Und, wissen Sie, ich bin absolut überzeugt davon. Und ich versuche, anderen zu vermitteln, ebenso zu glauben. Viele denken nicht so, viele denken, ich sei verrückt.
Aber, wissen Sie, so ist das Leben. Aber, Sie verstehen, wir glauben, diese Schule hat eine bedeutende Rolle in der indianischen Erziehung zu spielen. Weil diese Schule so erfolgreich war, hat die Navajo-Nation einen weiteren großen Schritt gemacht und ein College eröffnet. Und wir haben das College gegründet. Der Chairman des Stammes (...) Raymond Nakai lud alle Gouverneure der Staaten ein, in der die Reservation liegt. Und sie kamen. Die Präsidenten aller Staats-Universitäten kamen. Die General Manager (...) der wichtigsten Unternehmen kamen. Es war in einem Raum mit 25 Leuten. Und (Raymond Nakai) war dabei, eine Ankündigung zu machen, und ich saß in einer Ecke, einige Navajos saßen auch dort, wir wußten, was er sagen würde. Ich erinnere mich daran, als ich da saß: "Dies ist so etwas wie der 4. Juli, ein sehr wichtiger Tag in unserer Geschichte, als wir unsere Unabhängigkeit von Großbritannien erklärten, dieser Tag wird lebendig bleiben in der Geschichte der Navajo Nation, ein wirklich wichtiger Tag." Dann stand er auf und sagte: "Meine Damen und Herren, ich kündige an, am 1. Juli 1968 eröffnet der Stamm der Navajos das erste College auf einer Indianer-Reservation, das von Indianern geleitet wird."
Und wir standen auf und klatschten. Niemand sonst sagte etwas. Ein Bursche, der immer noch oberster Chef eines bedeutenden Unternehmens ist, stand auf und schlug auf den

Tisch: "Guter Gott, Mr. Chairman, Sie wollen uns doch nicht erzählen, daß die Navajos glauben, sie könnten ein College leiten. Es ist eine Sache, eine zwei-klassige Grundschule zu leiten (gemeint war Rough Rock), aber, mein Gott, ein College ist etwas anderes." Und sie lachten alle und gingen weg. Und heute beherbergt das College etwa 3.500 Studenten. Und nicht etwa, weil wir etwas unternommen haben. Weitere Fragen?

Renner:
Nun, ich denke, wir können hier aufhören.

Roessel:
Ich denke, es ist gut, wenn wir hier aufhören.

Renner:
An diesem Punkt möchte ich Ihnen herzlich danken.

Schlußbemerkungen

Das Konzept der indianischen Reformschule in Rough Rock von Robert A. und Ruth Roessel erinnert in vielerlei Hinsicht an Schulmodelle und pädagogisches Gedankengut aus der europäischen Reformpädagogik zu Anfang unseres Jahrhunderts, ohne daß in den Publikationen der beiden darauf Bezug genommen wird. Die Herausforderung, der sich die beiden gestellt haben, scheint mir, selbst vor einem solchen Hintergrund, in besonderer Weise anspruchsvoll, denn es ging und geht um die Zusammenführung zweier an sich gegenläufiger kultureller Sinnorientierungen, den Navajo Trail of Beauty und den American Way of Life oder auch um die schulische Verifizierung einer in der Substanz oral existierenden Kultur.(20)
Wie Robert A.Roessel jr. hier in seinen Antworten und Kommentaren zeigt, muß kulturelle Kontinuität und Bewahrung in der Schule in konkrete Lebenspraxis der Gemeinde eingebettet sein, von ihr getragen werden: Der School Board muß es wollen, Eltern und Gemeinden müssen einbezogen werden, Lehrer und Angestellte müssen auf die Aufgabe eingeschworen sein, die kulturelle Identität aller muß gestärkt werden. Mit anderen Worten, Robert A. und Ruth Roessel arbeiten nach dem Grundsatz, daß Kultur gelebt werden muß, wenn sie für Schüler bedeutungsvoll bleiben oder werden soll. Eine rein kognitive Vermittlung riskiert das Scheitern. Die Reformschule in Rough Rock und das Ehepaar Roessel haben in der Navajo-Erziehung und in der indianischen Erziehung überhaupt eine Schlüsselfunktion.

Anmerkungen

(1) Vgl. den entsprechenden Beitrag in diesem Band!

(2) Roessel, Robert A. jr. (1979). Navajo Education, 1948-1978. Its Progress and its Problems. Rough Rock: Navajo Curriculum Center Rough Rock Demonstration School;
(1960).An Analysis of Select Navajo Needs with Implications for Navajo Education. Ed. D. Dissertation, Tempe: Arizona State University;
(1962). Handbook for Indian Education. Amerindian Publishing C.;
(1978). Rough Rock Demonstration School – Plans für Phase II – Middle School, Housing and Athletic Fields. Rough Rock; Navajo Arts and Crafts. Rough Rock: Navajo Curriculum Center Rough Rock Demonstation School ;
(1983). Dinétah. Navajo History, Vol. II. Rough Rock: Navajo Curriculum Center Rough Rock Demonstration School;
(1983). Navajo History, 1850-1923. In Handbook of North American Indians, Vol. 10: Southwest (S. 506-523). Washington: Smithonian Institution.

(3) Vgl. René König ([3]1983). Navajo-Report (S. 76). Berlin: Reimer.

(4) Dies ist durch wichtige Publikationen belegt:
Ruth Roessel (ed) (1971). Navajo Studies. Tsaile: Navajo Community College Press;
(1883) (Compiler). Navajo Stories of the Long Walk Period. Tsaile: Navajo Community College Press (Sammlung oraler Texte);
(1974) (Compiler). Navajo Livestock Reduction: A National Disgrace. Tsaile: Navajo Community College Press (Sammlung oraler Texte);
(1974). The Role of Indian Studies in American Education. Tsaile: Navajo Community College Press;
(1981). Women in Navajo Society (u.a. S. 148-172: Autobiographie). Rough Rock: Navajo Resource Center, Rough Rock Demonstration School;
(1983). Navajo Arts and Crafts. In Handbook of North American Indians, Vol. 10: Southwest (S.592-604). Washington: Smithonian Institution.

(5) Übersetzung von Erich Renner.

(6) Weiße Amerikaner werden als Anglos bezeichnet.

(7) Gemeint ist Rock Point Community School, etwa 40 Meilen östlich gelegen.

(8) Ich habe mich hier geirrt, die erwähnte Publikation ist 1977 erschienen.

(9) Roessel, Robert A. jr. (1977). Navajo Education in Action: The Rough Rock Demonstration School (S. 9/10). Chinle, Az.: Navajo Curriculum Center, Rough Rock Demonstration School.

(10) Gemeint sind die fünf Agentur-Bezirke des Bureau of Indian Affairs.

(11) Roessel, Robert A. jr. (1977). Navajo Education in Action: The Rough Rock Demonstration School (a.a.O., S. 10).

(12) Mit Long Walk bezeichnen die Navajos die Deportation ihres Volkes 1864-1868 nach Fort Sumner/ Bosque Redondo durch die US-Regierung.

(13) Roessel, Robert A. jr. (1977). Navajo Education in Action: The Rough Rock Demonstration School (a.a.O.,S. 10/11).

(14) Ebenda, S. 11.

(15) Ebenda, S. 11.

(16) Ebenda, S. 11.

(17) Ebenda, S. 11/12.

(18) Ebenda, S. 12.

(19) Ebenda, S. 12.

(20) Vgl. dazu meinen vorausgehenden Artikel: "Schulische Versionen traditioneller Kultur am Beispiel der Navajos" und insbesondere Abschnitt 2.1; außerdem die dortigen Literaturangaben unter meinem Namen!

Moderne gegen Tradition bei den Navajos oder das Problem kultureller Kontinuität in der Schule,

dargestellt an Schulbüchern und alternativer Schulentwicklung

Problematisierung

Einer der Informanten aus meinem DFG-Projekt "Navajo-Familienstudie", der 42jährige Toney Lee Atene, erinnert sich im Kontext seiner Lebensgeschichte daran, wie man den Navajo-Kindern in der Schule immer wieder klar gemacht habe, daß alles, was sie zu Hause über Kultur und Geschichte gelernt hätten, nicht wahr sei. Und es sei deshalb nicht wahr, weil es nirgends aufgeschrieben sei. Toney weiß auch noch genau, mit welchen Worten ein Lehrer ihn aufgefordert hat, einen Beweis zu nennen. "Wo, zeige mir einen Beweis, wo die Geschichten belegt sind, die man euch erzählt hat! Er habe darauf antworten müssen, er habe keinen Beweis. Worauf der Lehrer ein Buch vorgezeigt und gesagt habe, hier ist der Beweis, daß die Navajos zu den athabaskisch sprechenden Stämmen gehören, die aus Asien hierher gekommen sind." Toney kommentiert diese Erfahrung mit den Worten, "er glaube, daß hierin, (in dieser Vorgehensweise) die Ursache liege, daß viele junge Navajos sich in jener Zeit von ihrer Tradition, ihrer Kultur abgewandt hätten, weil man sie irregeführt und, wie er meine, Gehirnwäsche betrieben habe" (vgl. Ton, S:71; L: 35).
Mit dem Stichwort Irreführung und Gehirnwäsche trifft Toney den Sachverhalt genau. Die mit solchen Vergleichen unerfahrenen Navajo-Schüler können nicht übersehen, daß der Lehrer den Navajo-Schöpfungsmythos mit linguistischen Forschungen und historischen Theorien vergleicht, anstatt mit der Schöpfungsgeschichte der Heiligen Schrift. Möglicherweise hätte er sich dann selbst eingestehen müssen, daß die traditionelle Vorstellung vom Aufstieg der Lebewesen aus einer ersten bis in die fünfte Welt evolutionärem, d.h. naturwissenschaftlichem Denken durchaus näher liegt als die Erschaffung der Welt aus einer Hand, wie sie der biblische Mythos präsentiert. Aber, um das vorhandene kulturelle Selbstverständnis auszumerzen, war wohl jedes Mittel recht, gar nicht auszudenken, wenn ein solcher Lehrer selbst auch noch glaubt, was er den Kindern da vorsetzt. Wenn man dann noch berücksichtigt, daß Toneys Erinnerung ein Schlaglicht auf die Situation der sechziger Jahren wirft, dann wird deutlich, daß das Prinzip einer "forced assimilation" in den Schulen sich nicht auf die erste Hälfte des 20. Jahrhunderts beschränkt, sondern bis in die aktuelle Zeit wirksam ist.
Verantwortlich für indianische Schulerziehung seit der zweiten Hälfte des 19. Jahrhunderts war in erster Linie das Bureau of Indian Affairs (BIA), eine Abteilung des Innenministeriums und die von dort eingerichteten sogenannte BIA-Schulen. Hinzu kamen die Missionsschulen verschiedener christlicher Bekenntnisse, danach die Public Schools der einzelnen US-Staaten und die Non-Reservation Schools wie Carlisle Indian

School in Pennsylvania, Lawrence Haskell Indian Industrial School in Kansas, Phoenix Indian School in Arizona. Für die Navajo-Reservation war die Schulpolitik des BIA maßgebend, dessen Einfluß erst durch die Entwicklung von Public Schools in den 50er Jahren zurückgegangen ist. Obwohl sich die offizielle Schulpolitik bereits in den 30er Jahren geändert hat, "BIA-Schulen hätten seitdem einige, mit indianischer Kultur veredelte Schulbücher in ihre Curricula aufgenommen" (BIA-Report 1988, S. 217/218), für die Navajos gilt, erst in den 40er Jahren wurden ernstzunehmende Lehrbücher mit Curriculumcharakter entwickelt, in denen traditionelle Inhalte wie Kultur und Sprache im Mittelpunkt standen, ohne daß diese den Unterricht in den BIA-Schulen dominiert hätten.
Erst die Einrichtung von Kontraktschulen seit 1966 brachte eine wirkliche Änderung der Verhältnisse. Die Initiative dazu ging vom Rough Rock Chapter aus, einer abgelegenen Gemeinde im nördlichen Teil der Reservation. Man schloß einen Vertrag mit dem BIA, um in eigener Regie eine Schule zu entwickeln, in der Navajo-Sprache und -Kultur integrativer Schwerpunkt sein sollte. Heute gibt es 27 Schule in der Navajo-Reservation, die nach dem gleichen Muster organisiert sind.
Vor diesem Hintergrund möchte ich den NavajoTrail of Beauty und den American Way of Life als gegenläufige Bildungsprogramme skizzieren und Implikationen herausarbeiten, die sich daraus für die Konstruktion von Curricula und Schulbüchern ergeben. Zum zweiten möchte ich an verschiedenen Schulbüchern zeigen, wie Sprache und Kultur darin curricular repräsentiert sind. Schließlich sollen am Beispiel der Reformschule "Rough Rock Community School" Probleme der schulischen Repräsentation traditioneller und moderner Inhalte herausgearbeitet werden.

Gegenläufige Bildungsprogramme

Navajo-Trail of Beauty im Vergleich zu American Way of Life

In der Diskussion über alternative Schulformen für indigene Völker scheint das Problem der Didaktisierung traditioneller Bildungsinhalte nicht angemessen im Blickpunkt zu stehen (vgl. König [3]1983; Lindig 1994; Schierle 1992; 1994). Und damit ist nicht in erster Linie die Verwendung und Vermittlung der indigenen Sprachen gemeint, obwohl dies unabdingbar dazu gehört. Existiert erst einmal eine anerkannte Umschrift solcher Sprachen, gibt es für deren kognitive Vermittlung keine unüberwindbaren Hindernisse mehr. Schwierig und kompliziert ist dagegen das Problem schulischer Repräsentation indigener Wahrnehmungs-, Denk- und Handlungstraditionen im Sinne einer integrierten Alternative, von der aus traditionell geprägte Schüleridentitäten bestätigt werden und kultureller Entfremdung entgegengewirkt werden kann (vgl. dazu Larricq 1999). Eine rein kognitive Repräsentation traditionellen Wissens in Curricula und Schulbüchern dürfte für diese Zielsetzung zu kurz greifen.
Die Wahrnehmungs-, Denk- und Handlungstraditionen der Navajo sind im Konzept des

"Trail of Beauty" gebündelt und haben in hózhó ihren zentralen Begriff, ihr universales Grundmuster. "Hózhó regiert nicht nur die Beziehung der Geschlechter, sondern manifestiert sich direkt oder indirekt in der Harmonie der Beziehungen zwischen allen nur denkbaren Entsprechungen im großen kosmischen Rahmen: Erde und Himmel, Nacht und Tag, Sterbliche und Übernatürliche, Sommer und Winter" (Zolbrod, 1988, S. 17). Dem Begriff hózhó sind die Bedeutungen von Schönheit, Ausgewogenheit und Harmonie assoziiert. Die zentrale Strategie der Navajos zum Erreichen von hózhó ist in der Vokalität zu sehen. Im zeremoniellen Bereich sind dafür die hataalii, die Sänger zuständig, europäisch vulgär Medizinmänner genannt. Medizin-Sänger wäre eine sachgemäßere Übertragung. Vokalität als Prinzip durchdringt jedoch die gesamte traditionelle Lebenswelt. Mit Liedern und Gesängen reagiert man auf das vielfältige Auf und Ab des alltäglichen Lebens.

"Für Navajos sind Lieder etwas Unabdingbares, sie sind Interpretation, Hoffnung, Schutz und Trost (...) ein Mittel, um Frustration in Stärke zu verwandeln (Reichard 1990, S. 291). "Jede Familie besitzt eine Anzahl von 'good luck songs', von denen man Schutz der Familienmitglieder und der Besitztümer ... erwartet", urteilen Kluckhohn/Leighton über die vokale Dimension des alltäglichen Lebens (vgl. auch Renner 1997). Gefragt nach der Bedeutung von Liedern, antwortet mein Navajo-Informant Vincent Bedoni: "Damit wir uns glücklich fühlen, verwenden wir 'social songs', die wir singen ... es gibt persönliche Lieder und heilige Lieder ... und es hilft mir, wenn ich singe, und ich singe, um meine guten Gefühle wieder zu erlangen ..." (Vinc, L: 80, 81; S: 79). So gehören zum traditionellen Schwitzbad beispielsweise bestimmte Liedsequenzen und Gebete, ohne daß dazu ein Spezialist notwendig wäre. Jeder Navajo sollte sie beherrschen, wenn er sweat lodge nicht zur Sauna verkommen lassen will.

Mein Navajo-Informant Vergil Bedoni (Renner 1996), jüngerer Bruder von Vincent, hat bei Besuchen in Deutschland in bestimmten Situationen mehrfach spontan mit traditionellen Liedern reagiert. Als wir gemeinsam eingeladen waren, hat er sich bei den Gastgebern mit einem Lied bedankt, das er rhythmisch mit der Hand auf der Tischkante begleitete. Für die Vorstellung unseres gemeinsamen Buches im Hörfunkprogramm SWF 4 am 15.03.1997 hat Vergil, für mich unerwartet, ein Lied des Grußes an die deutschen Zuhörer auf Band gesungen, denn er selbst konnte nicht dabei sein. Die große Mehrheit der mir bekannten Navajo-Selbstzeugnisse enthält viele Hinweise auf vokale Verarbeitung des alltäglichen und die Vokalität zeremoniellen Lebens (vgl. Bennett 1990; Dyk 1938, 1947; Frisbie/McAllester 1978; Griffen 1992; Johnson 1977; Moon 1992; Stewart 1980). Vokalität erscheint vor diesem Hintergrund als eine Schlüsselqualifikation traditionellen Wahrnehmens, Denkens und Handelns. *"Die Aneignung traditionellen Wissens und der Vokalität vollzieht sich in intensiver und langwieriger teilnehmender Erfahrung mit vorbildhaften Bezugspersonen, d.h. in einer implizit organisierten Lernkultur"* (Renner 1999, S. 224).

Der American Way of Life hat sich, zumindest nominell, der Rationalität verschrieben, was im Kern als kognitiv bestimmtes Wahrnehmen, Denken und Handeln zu verstehen ist. Die National Academy of Sciences hat dafür Kernqualifikationen formuliert, denen

auch die vom BIA kontrollierten Schulen verpflichtet sind: Stärkung der Lesefähigkeit; Fähigkeit, effektiv zu schreiben; Verstehen und Anwenden grundlegender Mathematik durch elementare Algebra; Fähigkeit zu urteilen und Probleme zu lösen; Stärkung der mündlichen Kommunikation. Darüber hinaus werden weitere Fähigkeiten und Einstellungen gefordert wie: Sozialkompetenz, Konfliktfähigkeit, Selbstdisziplin, Selbständigkeit (BIA-Report 1988, S. 219-221, 224ff.). *Schulerziehung zur Verwirklichung dieser Ziele verlangt vor allem kognitive Lernprozesse in einer explizit organisierten Lernkultur, für die fremde Spezialisten verantwortlich sind* (vgl. Edelstein 1984). Mit dem Erreichen dieser Lernziele soll eine rational fundierte Berufsausübung und eine an Rationalität orientierte Sinngebung und Lebensführung möglich sein.
Vokalität und Rationalität erscheinen vor diesem Hintergrund als Gegensatz, als gegenläufige Grundorientierungen. Ob sie sich tatsächlich ausschließen müssen, soll nachfolgend genauer untersucht werden.

Beispiele aus der Curriculum-Entwicklung

Die Einsicht in die Notwendigkeit der Muttersprachen der Schüler kann als erster wichtiger Schritt weg von reiner Assimilationspolitik angesehen werden. Das erste bilinguale Schulbuch für Navajo-Schüler wurde unter der Leitung des Direktors der BIA-Erziehungsabteilung Willard W. Beatty, von höchster Stelle autorisiert (authorized by Congress), 1940 publiziert. Im Vorwort schreibt Beatty: "Die Verwendung der eingeborenen Sprachen in Schulen des Bundes stellt einen neuen Anfang der Indianerpolitik dar, möglich geworden durch die liberale Sichtweise des Innenministers Harold Ickes und des Kommissars für Indianerangelegenheiten John Collier." Autor und Illustrator dieses ersten bilingualen Schulbuches "**Little Man's Family – Diné Yázhi Ba'Átchini**" sind die Navajos J. B. Enochs und Gerald Nailor. Es handelt sich um ein Sprachlehrbuch für pre-primer, primer und reader, nach unserem Verständnis um eine bilinguale Fibel, die inhaltlich eine Navajofamilie im traditionellen Lebensstil präsentiert. Methodisch arbeitet das Werk nach dem Ganzwort- bzw. Ganzsatzprinzip, aber ohne analytische Elemente. Mit qualitätvollen Illustrationen hat dieses bilinguale Lesewerk bereits einen hohen inhaltlichen und ästhetischen Standard. Problematisch ist dabei, daß von Schulanfängern gleichzeitig die Alphabetisierung in Englisch und Navajo verlangt wird. Man kann annehmen, daß auch ein Schreiblehrgang damit verbunden werden mußte. Auf der Seite der Lehrenden erfordert ein solches bilinguales Konzept hoch entwickelte zweisprachige Kompetenz, differenziertes Wissen um die Unterschiedlichkeit beider Sprachen, Einfühlungsvermögen, didaktisch-methodisches Geschick.
Die **vierbändige "Little Herder-Serie – Na'nilkaadi Yazhi Baa Hani"** von Ann Nolan Clark und Hoke Denetsotsie ist das zweite bilinguale Unterrichtswerk für Navajo-Schüler. Die jahreszeitliche Gliederung erlaubt den Autoren eine inhaltlich kontinuierliche Darstellung des Alltagslebens eines Navajomädchens und seiner Familie und gleichzeitig die Eigenständigkeit jedes Bandes: "Little Herder in Spring", "... in

Summer", "... in Autumn", "... in Winter" (1940-1942). Im Vergleich zum Lehrwerk "Little Man's Family" zeigt die Little Herder-Serie eine differenziertere Darstellung der traditionellen Lebenswelt, insbesondere belegt sie in vielen Details die Bedeutung der Vokalität, d.h. des Singen und der Lieder, als dem traditionellen Grundmuster, das auf Harmonisierung des alltäglichen Lebens ausgerichtet ist. Im engen Bezug dazu gelingt den Autoren eine Rekonstruktion des natürlichen Rhythmus der Navajosprache und dessen Wiedergabe in der englischen Übertragung (vgl. Renner 1997, S. 188/189). Das Werk geht damit weit über die kognitive Abhandlung von Sprachinhalten hinaus. Allerdings handelt es sich hier um ein bilinguales Sach- und Lesebuch, nicht um ein Sprachlehrbuch. Lehrende, die dieses Unterrichtswerk einsetzen wollen, müssen einen gewissen Standard an bilingualem Sprachwissen seitens der Schüler voraussetzen. Ob aber die atmosphärische Seite der Serie unterrichtlich zur Wirkung kommen kann, hängt in hohem Maße von Wahrnehmung, Einstellung und Mentalität der Lehrenden ab, d.h. auch von deren Qualifikation.

"**Surrounded by Holy Mountains – Umgeben von heiligen Bergen**" (1982, dt. 1984) heißt ein Sachbuch, das den mehrperspektivischen Blick eines Realienbuches mit einer themenzentrierten Konzeption verbindet, und zwar mit der Entwicklung des Navajo-Landes und seiner Menschen von den Ursprüngen bis zur Gegenwart. Es wurde im Auftrag des Schulvorstandes der Rock Point Community School, einer anderen Reformschule in Arizona, entwickelt. Die Autoren verwirklichen einen integrativen Ansatz und betrachten das Thema nicht nur inhaltlich-fachlich aus allen notwendigen Perspektiven, sie verwenden auch eine breites Spektrum von traditionellen und modernen Darstellungsformen: mündliche Texte, zeremonielle Texte und Lieder, selbstbiographisches Material, wissenschaftliche Abhandlungen, Analysen, Tabellen, Skizzen/Zeichnungen, Fotos. Ob der Geist, den dieses Realien- und Lesebuch atmet, in schulischer Vermittlung zur Wirkung kommen kann, hängt jedoch von den Fähigkeiten der Lehrenden ab, diese Qualität des Werkes wahrzunehmen und sprechen zu lassen.

"**Cultural Awareness**" heißt ein Unterrichtswerk für alle Klassenstufen, das seit 1975 für den San Juan School District in Blanding/Utah entwickelt worden ist. 1995 wurde es unverändert in der fünften Auflage gedruckt. Um das mit dem Titel verknüpfte Ziel zu erreichen, bieten umfangreiche Arbeitsmappen für jede Klassenstufe fächerübergreifend Themen der traditionellen Navajo-Kultur an. Der Schwerpunkt liegt im Bereich der Sozialen Studien. Obwohl Englisch die Leitsprache ist, werden alle wichtigen Begriffe auch in Navajo eingeführt. Die Mappe "First Grade" präsentiert u.a. das Clan- und Verwandtschaftssystem, historische Anführer; im Bereich Kunst: Teppichweberei, Sandmalerei, Silberschmieden, Korbflechten. In "Second Grade" wird das Thema Familie wieder aufgegriffen, außerdem Lebensweise, Aberglauben, Mythen, Legenden, ebenso die traditionellen Künste. Daneben findet sich ein Sprachkapitel, ein naturwissenschaftlicher Teil über Pflanzen als Nahrung, Medizin, Färbstoffe; ein anderer über sportliche Aktivitäten mit traditionellen Spielen und Tänzen sowie ein Kapitel mit mathematischen Aspekten. "Third Grade" umfaßt Kapitel über Legenden und Mythen,

über die Zeremonien Mountain Chant und Blessingway, über die Schwitzhütte, historische Ereignisse und erneut über Weben, Silberschmieden, Sandmalerei. "Fourth Grade" thematisiert historische Themen wie die Entwicklung der Reservation; kulturelle wie Diagnostiker und Sänger als Zeremonialspezialisten sowie die Zeremonien Blessingway, Fire Dance, Nightway, Squaw Dance; künstlerische Themen wie Designs von Teppichen, Sandbildern und Masken; im Bereich Gesundheit traditionelles Essen, Tabus und Verhaltensweisen, schließlich indianische Spiele unter sportlichem Aspekt. In "Fifth Grade" werden bearbeitet: die aktuelle politische Struktur der Navajo Nation, die Schafzucht in allen Aspekten und erneut traditionelle Tabus, Zeremonien wie Yeibichei, Squaw Dance, Pubertätszeremonie Kinaaldá, Familienstruktur; außerdem das Teppichweben und seine traditionellen Muster; Tabus; das Schlachten von Vieh und Rodeo als Sportart. Ein ähnliches Konzept gilt für Grade Sixth. Die Bände für die Klassen sieben bis zwölf sind fachspezifisch ausgerichtet. Zur Zeit liegt je ein Band für Gesundheitserziehung, Sprachkunst, Musik, Sport, Soziale Studien vor.
Die hier angedeutete curriculare Aufbereitung traditioneller Navajo-Kultur verfährt nach dem Prinzip einer spiraligen Struktur, d.h. die einzelnen Themen werden in jedem Schuljahr unter neuem Blickwinkel wieder aufgegriffen, ausdifferenziert und weiterentwickelt. Diese Anlage macht das Unterrichtswerk sehr anspruchsvoll. Um die dort entworfenen Konzepte zu verwirklichen, bedarf es allerdings der Bereitstellung und der Verwendung zusätzlicher Unterrichtsmaterialien, auf die an jeweils spezieller Stelle auch immer wieder hingewiesen wird. Der alleinige Einsatz der Arbeitsmappen im Unterricht birgt die Gefahr, daß man sich auf enges, begrifflich-kognitives Wissen beschränkt und ein vertieftes Verständnis verfehlt. Auch hier ist bikulturelle Qualifikation und entsprechende Mentalität der Lehrkräfte gefragt.

Das Konzept der Reformschule "Rough Rock Community School"

Die kommentierenden Hinweise zu den Schulbuch-Beispielen sollten deutlich machen, daß der programmatische Charakter der Unterrichtswerke keine Garantie für angemessenen Einsatz darstellt. Es bedarf vielmehr bestimmter Voraussetzung in den Schulen, damit die investierten bikulturellen Konzepte zur Wirkung kommen können. Im Mittelpunkt dieser Voraussetzungen steht die Qualifikation der Lehrenden. Eine dafür universell geltende Maxime hat der deutsche Pädagoge Hartmut von Hentig formuliert: "Das wichtigste Curriculum des Lehrers ist seine Person, denn kein Lehrer kann einem Schüler etwas wichtig machen, was ihm selber nicht wichtig ist." Nummer vier unter den zehn Schwerpunkten des Konzeptes der Rough Rock Community School schließt eher ungewollt an diese Maxime an: "Die Schule organisiert für alle Angestellten interne Fortbildungsprogramme." Dazu gehört eine zwei Wochen dauernde Orientierungsphase vor dem Beginn jedes Schuljahres, in der die Geschichte der Navajos, ihre Philosophie und die Ziele der Schule behandelt werden (vgl. Roessel 1977, S. 10/11).
Robert Roessel, Gründer und derzeitiger Direktor der Rough Rock Community School,

hat im September 1998 in einem Interview auf meine Frage zur Lehrerqualifikation an seiner Schule folgenden Kommentar gegeben: "Wir haben unser eigenes Konzept, wir denken, ein Lehrer, der in Phoenix, Arizona, unterrichtet, kann nicht einfach zu uns kommen und hier eine Periode lang arbeiten, solange er kein Verständnis von Kultur, Sprache und Menschen hat. (...) Sehen Sie, eine der ersten Fragen, die wir jemand stellen, der einen Job bei uns will, heißt, ob er glaubt, unsere Schule in bilingualer und bikultureller Hinsicht verbessern helfen zu können. Normalerweise antworten sie: ja. Sind sie dann an Bord, dann mag es sein, daß sie sich anders verhalten. Solche bleiben dann nicht, wir sorgen dafür, daß wir sie los werden. Wir wollen nur Leute, die ähnlich gesinnt sind und an die Sache glauben. (...) wir versuchen, die Leute, denen die Einstellung fehlt, auszubilden, um diese zu entwickeln (...) Wir verlangen zwölf Stunden Navajo-Studien: Kurse in Navajo-Geschichte, Navajo-Sprache, Probleme der zeitgenössischen Navajos – derartige Kurse bieten Ruth (seine Navajo-Ehefrau und Leiterin der Abteilung Navajo-Studien) und ich an" (Renner 1999a, S. 238/239, 244).

Aber der Hinweis "alle Angestellten" bedeutet, diese interne kulturelle Fortbildung ist auch für Busfahrer, Hausmeister, Köche, Internatsaufseher verpflichtend. Die Schulverwaltung möchte damit die kulturellen Rahmenbedingungen verbessern und die Arbeit des gesamten Personals aufwerten – auch eine Grundlage für bessere Bezahlung.

Eine andere wichtige Frage in dem genannten Interview befaßt sich mit kultureller Identifikation und ihrer Integration ins Schulprogramm. Dazu R. Roessel: "Jedes Kind braucht in jeder Klasse Sprachunterricht in Navajo sowie Navajo-Kultur und Navajo-Geschichte. (...) Aber nicht genug damit, sie müssen es, zusätzlich zur Integration, im gesamten Unterricht haben – in jedes Thema, wissen Sie, muß es integriert sein. Außerdem braucht es spezielle Kurse. (...) Und wir bieten 21 oder 23, wenn man alle zählt, Kurse auf High School Niveau in Navajo-Studien an (...) wir haben hier keinen Sprachkurs, von dem wir sagen, das ist ein Navajo-Sprachkurs, weiter nichts. Kultur muß hineinfließen, nur dann bekommt die Sache Sinn. (...) Wir glauben, Sprache allein ist nur ein Vehikel – für sich allein hat sie keinen Wert" (Renner 1999a, S. 237/238).

Das Curriculum Center von Rough Rock, heute Rough Rock Press, hat auf curricularem Gebiet während der letzten 30 Jahre sehr viel Pionierarbeit geleistet und initiiert. Inzwischen gibt es einen Verbund von Medienzentren in und außerhalb der Reservation, so daß sich bewährtes Lehrmaterial auch durchsetzen kann. In Konsequenz daraus lernen Navajo-Kinder, seit es Rough Rock gibt, mit didaktisch-methodisch gut durchdachtem Material ausgestattet, in Navajo Lesen und Schreiben. Erst dann, wenn hier einige Sicherheit erreicht ist, kommt Englisch als zweite Sprache hinzu. Motto: Wer gut in seiner Muttersprache ist, lernt umso leichter eine Fremdsprache. Inzwischen existiert eine Fülle an zweisprachigem Material, in dem die Navajo-Kultur vielfältig aufgearbeitet ist. Dazu gehören differenzierte Informationen und Hinweise auf die vokale kulturelle Dimension.

Besonders wichtig für kulturelle Kontinuität ist die Einbeziehung der Eltern und anderer Mitglieder der Gemeinde (Navajo Elders Program), ihr Engagement in der Schule, ihre Betreuungsarbeit in den Internaten, ihre Beiträge an traditionellen Geschichten, Liedern, an traditionellem Wissen überhaupt. Bekannt geworden ist Rough Rock Community School auch durch ein Medizinmann-Lehrlingsprogramm (Navajo Medicine Person Training), das seit 1966 zehn Jahre lang renommierte Medizin-Sänger engagiert und bezahlt hat, um Lehrlinge auszubilden. Auf meine Frage nach dem Stand dieser Einrichtung heute antwortet mir Robert Roessel: "Das ist ein anderes Gebiet, auf dem wir uns anstrengen. Wir haben Anträge geschrieben, aber bis jetzt keine Finanzierung, um wieder die gleiche Art von Programm zu schaffen, wie das anfängliche Medizinsänger-Programm. Aber dafür braucht man viel Geld. Wir haben anfangs drei Medizinsänger bezahlt, und Ruth, meine Frau, bezahlte jene drei Medizinpersonen von ihrem eigenen Gehalt. Und so haben wir begonnen, unterstützt von Dr. Karl Menninger, zweifellos einem der führenden Psychiater auf der ganzen Welt" (Renner 1999a, S. 241).

Fazit: Diese konzeptionellen Merkmale haben ihre Grundlage in einer relativ weitreichenden, regional geprägten Autonomie der Schule. Der demokratisch gewählte Schulverwaltungsrat (School Board) hat die alleinige Entscheidung über das Gesamtkonzept, über Schulprogramme, Einstellung und Bezahlung der Lehrer, Engagement in der Gemeinde, abhängig allerdings von den finanziellen Zuwendungen des BIA oder von anderen selbst eingeworbenen Mitteln. Bilinguale und bikulturelle Ausrichtung der Schule sind auf diese Weise eingebettet in das Gemeindeleben. *Man arbeitet nach dem Grundsatz, daß Kultur gelebt werden muß, soll sie für Schüler bedeutungsvoll bleiben oder werden.*
Wie schwierig es ist, eine derart komplexe bikulturelle Ausrichtung einer Schule zu entwickeln und auf lange Distanz aufrecht zu erhalten, ja, sie wiederzubeleben, belegt das oben mehrfach erwähnte Interview mit Robert Roessel (vgl. Renner 1999a).

Literatur

Bennett, Noél, ed.: Bighorse the Warrior, recorded by Tiana Bighorse. Tucson: University of Arizona Press 1990

Bingham, Sam/Bingham, Janet: Umgeben von heiligen Bergen. Navajo Geschichten und Erfahrungen über das Land. Hannover: Touristbuch 1984

Clark, Ann: Little Herder in Autumn; ... in Winter; ... in Spring; ... in Summer. A Publication of the Education Division, Phoexnix/Az: US Office of Indian Affairs 1940; 1942; 1940; 1942

Dyk, Walter, ed.: Son of Old Man Hat. A Navaho Autobiography. Lincoln, London: University of Nebraska Press 1938, 1967

Enochs, J.B.: Little Man's Family. Illustrated by Gerald Nailor. A Publication of the Education Division - U.S. Office of Indian Affairs. Phoenix Indian School 1940

Frisbie, Charlotte/McAllester, David P., eds.: Navajo Blessingway Singer: The Autobiography of Frank Mitchell, 1881-1967. Tucson: University of Arizona Press 1978

Griffen, Joyce J., ed.: Lucky the Navajo Singer. Recordet by A. H. & D. C. Leighton. Albuquerque: University of New Mexico Press 1992

Johnson, Broderick H., ed.: Stories of Traditional Life and Culture. Tsaile/Az: Navajo Community College Press 1977

König, René: Navajo Report. Von der Kolonie zur Nation. Berlin: Reimer ³1983

Larricq, Marcelo: Indianische Kinder und weiße Schule: Eine Begegnung zwischen Fremden in Argentinien. In Renner, Erich u.a., Hrsg., Kindsein in der Schule, Weinheim: Deutscher Studien Verlag, 1999, S. 248-259

Lindig, Wolfgang: Die moderne Navajo-Welt. In derselbe, Indianische Realität, München: dtv, 1994, S. 252-268

Moon, Samuel: Tall Sheep - Harry Goulding, Monument Valley Trader. Norman: University of Oklahoma Press: 1992, S. 188-191: Life story of Tom Tsosie

Reichard, Gladys A.: Navaho Religion. A Study of Symbolism. Princeton: University of Princeton Press, Bollington Series 1990

Renner, Erich: Die Suche nach Harmonie. Navajo-Versionen. Weinheim: Deutscher Studien Verlag 1996

Renner, Erich: Kinderwelten - zur ethnographischen Dimension von Kindheit. In Köhnlein, Walter u.a., Hrsg., Kinder auf dem Wege zum Verstehen der Welt, Bad Heilbrunn: Klinkhardt 1997, S.180-199

Renner, Erich: Rough Rock Community School - eine indianische Reformschule - Interview mit Dr. Robert A. Roessel jr., Gründer und derzeitiger Direktor. In derselbe u.a., Hrsg., Kindsein in der Schule, Interdisziplinäre Annäherungen, Weinheim: Deutscher Studien Verlag 1999a, S. 232-247

Renner, Erich: Schulische Versionen traditioneller Kultur am Beispiel der Navajos. In derselbe u.a., Hrsg., Kindsein in der Schule, Interdisziplinäre Annäherungen, Weinheim: Deutscher Studien Verlag 1999b, S. 217-231

Report on BIA Education: Excellence in Indian Education Through the Effective School Process. Washington: Bureau of Indian Affairs, U.S. Department of the Interior 1988

Roessel, Robert A. Jr.: Navajo Education in Action: The Rough Rock Demonstration School. Chinle/Az: Navajo Curriculum Center, Rough Rock 1977

San Juan School District: Cultural Awareness. Volumes: Kindergarten till Grade Sixth. Blanding: San Juan School District Media Center 1979, 1995

Schierle, Sonja: Alternative Perspektiven in der Schulerziehung von US-amerikanischen Indianern und australischen Aborigines. In Müller, Klaus/Treml, Alfred K., Hrsg., Ethnopädagogik, Berlin: Reimer 1992, S. 179-199

Schierle, Sonja: Perspektiven indianischer Erziehung in multikulturellen Städten: Papago und Yaqui in Tucson, Arizona. In Lindig, Wolfgang, Indianische Realität, a.a.O., 1994, S. 317-333

Zolbrod, Paul G.: Auf dem Weg des Regenbogens. Das Buch vom Ursprung der Navajo. München: Diederichs 1988

Stewart, Irene: A Voice of her Tribe. A Navajo Woman's Own Story. Socorro/NM: Ballena Press 1980

Trennert, Robert A. jr.: The Phoenix Indian School. Forced Assimilation in Arizona, 1891-1935. Norman, London: University of Oklahoma Press 1988

Medien und Spiele

Western-Filme als Identifikation für das Spiel indianischer Kinder: autobiographische Beispiele[1]

1. Das Westernthema in der Wahrnehmung indianischer Kinder und Erwachsener: Problematisierung

Während meiner biographieforscherischen Aktivitäten mit Texten indianischer Autoren bin ich auf ein interessantes Phänomen aufmerksam geworden, nämlich auf Unterschiede in der Wahrnehmung und Verarbeitung der in Westernfilmen kolportierten Mythen. Einen Hinweis auf Tiefenwirkungen solcher Mythen habe ich in einem Psychotherapie-Bericht des französischen Ethnologen George Devereux gefunden, in dessen Mittelpunkt ein Indianer aus der Gruppe der ehemaligen Büffeljägernomaden steht. In einem der dort publizierten Interviews erzählt der Patient, daß ein anderer schizophrener Patient ihn "Tonto" genannt habe. Mit der Antwort, "Tonto" sei ein "indianischer Cowboy", kann Devereux jedoch damals nichts anfangen, wie er in einer Fußnote bemerkt (1971, S. 249). Er glaubt, es handele sich dabei um eine Untergruppe des Apachenstammes, also verfolgt er das Thema nicht weiter, so daß andere Kontexte zu diesem Thema entfallen. Tatsächlich handelt es sich bei "Tonto" um den indianischen Freund des Westernhelden "Lone Ranger", beides Serienfiguren zunächst im Radioprogramm, seit 1938 im Film, seit den 50er Jahren auch im Fernsehen. Bemerkenswert bleibt immerhin, der Patient bezeichnet diesen Tonto nicht als Indianer, sondern als "indianischen Cowboy", womit er einen akkulturierten Zustand bezeichnet. Insgesamt scheint mir dieses Beispiel zu belegen, daß das Gegenüber bzw. Nebeneinander von Indianern und Cowboys in Filmen von Indianern intensiv wahrgenommen wird.

Die selbstsbiographische Wahrnehmung und Verarbeitung von Westernthemen

(1) Zu den Schwerpunkten meiner biographischen Arbeit mit Navajo-Indianern aus Monument Valley gehörten Aufnahmen über ihre Erfahrungen in den verschiedenen Schulsystemen. *Vergil Bedoni, mein 1953 geborener Gewährsmann,* erinnert sich aus seiner Zeit in der Kayenta Boarding School, wie er nach dem Kennenlernen des Mediums Film allmählich großes Interesse für die gezeigten Westernstreifen entwickelte. "Alle Kinder waren von den Filmen begeistert, und ich war eines davon, wenn man Cowboy- und Indianerfilme zeigte. Ich weiß nicht weshalb aber ständig liefen solche Filme. Jeder von uns wollte dann Cowboy sein und niemand Indianer, obwohl 100%

---

[1] Erstmals publiziert in:
Renner, Erich/Riemann, Sabine/Schneider, Ilona K./Trautmann, Thomas (Hrsg.): Spiele der Kinder. Interdisziplinäre Annäherungen. Weinheim: Deutscher Studien Verlag 1997, S. 225-236

der Kinder Indianer waren, Navajos. Aber alle wollten die Hauptrollen spielen, alle wollten John Wayne sein, denn er war immer der Gute, während die Indianer die Bösen spielen mußten. Selbst samstags und sonntags an unseren freien Tagen gingen wir Kinder nach draußen, um Cowboy und Indianer zu spielen, und wieder wollten alle die guten Helden sein. Je nachdem, welchen Film wir gerade gesehen hatten, wollten wir entweder John Wayne, Hopalong Cassidy oder Roy Rogers sein. Wir hatten Spaß an diesen Spielen" (Renner 1996, S. 79).
Und an anderer Stelle, im Zusammenhang mit Monument Valley , der berühmten Filmkulisse für viele Western, in denen Navajos die verschiedensten Indianerstämme verkörpern mußten, wiederholt Vergil seine Western-Erfahrungen aus der Schule: "Wie gesagt, im Internat haben sie uns diese Filme gezeigt, und wir spielten die Rollen immer nach, egal ob (die Filme) gut oder schlecht waren, wir wollten immer die Helden sein. Wir lasen auch Comics und wollten immer Superman oder Batman sein, eben die Helden, und in den Filmen waren das John Wayne, Roy Rogers, Hopalong Cassidy, Gene Autry. Wir wollten die Cowboys sein und am Ende siegen. Meistens hat niemand uns dabei Beachtung geschenkt, aber manchmal haben sich doch einige unserer älteren Leute darüber gewundert. Aber Kinder, die wir waren, wußten wir nicht, was wir taten, wir wollten einfach nur die Helden sein. Und die Erwachsenen spielten in den Filmen mit, weil sie Geld dabei verdienen konnten, für jeden Tag, an dem sie mitspielten, wurden sie bezahlt. Zu uns sagten sie nicht viel, und unsere Ideen dabei waren ihnen fremd, wir waren ja Kinder, und von den Filmen wußten sie, es war alles nur Spiel" (Renner 1996, S. 156).

(2) *Der indianische Aktivist und Führer des American Indian Movement, Russell Means*, ein Sioux-Lakota, geb. 1939, hat in seiner 1995 erschienenen Autobiographie ebenfalls Kindheitserfahrungen mit Westernfilmen geschildert: "Wenn wir Cowboy und Indianer spielten, mein Bruder Dace und ich, dann haben immer die Indianer gewonnen. Schließlich wollten die meisten Kinder in der Nachbarschaft Indianer spielen. Ich übernahm immer die Rolle eines Kriegers namens Knife. Ein Junge namens Johnny Buchanan wollte immer ein Apache, ein anderer, Bobby Loop wollte ein Mohawk sein. Natürlich waren Dace und ich immer Sioux. Zeitweise wollte niemand die Kavallerie spielen, so daß ich sagen mußte, <du warst letzte Woche ein Apache, diesmal mußt du Kavallerie spielen>. Als Erwachsener gebe ich diese Erfahrungen an Kinder auf der Reservation weiter. Diese Kinder haben keinen Vergleichsmaßstab, ihnen ist nicht klar, daß das weiße Amerika immer noch von rassistischen Vorurteilen gegenüber Indianern geprägt ist. Das hat eine lange Geschichte. Meine Kinderzeit zwischen 1940 und 1950 war der Höhepunkt der Westernfilme. Die Helden darin...waren John Wayne, Randolph Scott, Roy Rogers und Gene Autry. In den allermeisten dieser Filme kommt am Schluß die Kavallerie und bringt alle Indianer um. Hunderte von Kindern stampften (im Kino) mit den Füßen und schrien, wenn sie das Signalhorn hörten, denn das bedeutete, daß die Kavallerie kommt. Es machte mich wahnsinnig, und Dace lehnte es einfach ab, Filme anzuschauen, in denen die Indianer abgeschlachtet wurden. Ich wollte, daß er es ansieht,

aber er verbarg seine Gesicht hinter dem Sitz und schloß die Augen. Kaum waren wir aus dem Kino raus, mußten wir kämpfen. Wir nahmen es mit allen auf - mit Weißen, Schwarzen, Mexikanern, Filipinos, Chinesen. Alle schrien, <Da sind sie, die Indianer! Kommt nur her, ihr Burschen!> Mein Bruder und ich kämpften Rücken an Rücken und nahmen es mit allen auf" (S. 34, 35).
Und an anderer Stelle, als der Filmregisseur Michael Mann Russell Means selbst die Rolle des Chingachgook im Film 'Der Letzte Mohikaner' anbietet, erinnert er sich ebenfalls an die Kinderspiele jener Zeit: "Als Kind liebte ich Filme und unsere ausgeklügelten Cowboy- und Indianerspiele ähnelten dem Filmemachen. Ich trieb die Nachbarkinder zusammen, ernannte mich zum Star, arrangierte Szenen mit einfachen Kostümen und einer Reihe von Tricks. ... Meine Schwester Madonna erzählte mir, daß ich einmal gesagt habe, <Wenn ich groß bin, werde ich ein Filmstar und mache Filme, in denen die Indianer gewinnen>" (S. 511).

(3) Mein Erkenntnisinteresse dreht sich um zwei Fragen, zum einen, wie es kommt , daß in den Erinnerungen von Vergil B. er und die anderen Navajokinder die Rollen der Filmindianer nicht problematisieren; und zum anderen, welche Hintergründe dazu führen, daß sich die Siouxkinder Russell und Dace M., trotz negativer Gegenbilder aus den Filmen, so ausschließlich mit ihrem Indianersein identifizieren? Meine Arbeitsweise im Hinblick auf die formulierten Fragen verstehe ich als ethnopädagogisches Konzept auf biographischer Grundlage, das selbstbiographische Materialien prinzipiell als Lern- und Bildungsgeschichten auffaßt. Die hier vorgestellten Szenarien sind Ausschnitte aus solchen umfassenden Lern- und Bildungsgeschichten. Als methodisches Instrumentarium verwende ich den Deutungsmusteransatz (Renner 1986, 1997). Anhand dieses Verfahrens sind umfangreiche dreigliederige Raster an Schlüsselformulierungen entstanden, die ich als "mental sets" bezeichne. Sie bilden das Basismaterial für die nachfolgenden Analysen. Ihre Auswahl und Anordnung ist jedoch bereits als eine erste analytisch-interpretative Phase zu verstehen (Renner 1997a, 1997b).
Zunächst aber wird es hier notwendig, im folgenden Kapitel Merkmale und Prinzipien des Western herauszuarbeiten.

2. Die Botschaft der Western-Filme

Das Western-Genre gründet insgesamt auf einer engen Verbindung zwischen der Literatur, wozu nicht nur Belletristik, sondern auch Trivialliteratur und Comics zu rechnen sind, und den audiovisuellen Medien wie Radio, Film und Fernsehen.
Zu den Merkmalen des Genres gehören der Gegensatz von Zivilisation und Wildnis, d.h. das Thema der Grenze und die damit verbundene, immer gewaltsame Landnahme; die Bewährung des Einzelnen, der sich, mit der Waffe in der Hand, letztlich durchsetzt; die Kristallisierung des Geschehens in typischen Szenen wie Wagenburg gegen Indianer, Showdown der Helden, Viehbaron gegen Farmer, Bankraub und Edelbandit u.a. Zu den

Merkmalen gehört aber auch eine zumeist moralisierende Botschaft deren Variationen sich aus historischen, politischen, ethisch-moralischen und erotischen Aspekten ergeben. Seeßlen typisiert den Western nach folgenden inhaltlichen Versionen: Verkehrswestern (Wells Fargo, Pony-Expreß, Eisenbahnbau), Ranch- und Empire-Western, Viehtrail-Western, Indianer-Western, Banditen-Western und Sheriff-Western (1984, S. 517-520). Diese Versionen kommen in allen Medienprodukten vor.

Der Typus Indianer-Western ist somit nur einer unter etwa sieben. Es handelt sich dabei um Produkte, in denen Indianer die Protagonisten sind. Dieses Westernkonzept bewegt sich zumeist zwischen den extremen Polen von Diskriminierung und Romantisierung, wobei die Variante Romantisierung durch ihre Verfälschungen letztlich zur Diskriminierung ausartet.

Indianer aber treten in vielen der genannten Western-Typen auf, oft nur in Gruppen, gegen die gekämpft werden muß, weil sie einen Überfall planen, weil sie auf dem Kriegspfad sind, weil sie die Postlinie oder den Eisenbahnbau behindern, weil sie mit ihren Reservaten nicht zufrieden sind, oder ganz einfach, weil sie gegen die von den Weißen verordneten Bedingungen verstoßen. Am Ende reitet dann die Kavallerie mit Hornsignalen ein, um die Indianer vernichtend zu schlagen, zu dezimieren oder auch zu massakrieren. Indianer benutzt man dabei vor allem als Kontrastfiguren, damit die moralische Bewährung der Hauptpersonen im Mittelpunkt stehen kann.

Die Filmstars, von denen in unseren anfangs vorgestellten selbstbiographischen Texten die Rede ist, Hopalong Cassidy, Gene Autry, Roy Rogers, Randolph Scott und John Wayne repräsentieren in bezug auf die historische Entwicklung des Westernfilms verschiedene Phasen. Die 30er Jahre waren die Zeit der Serienfilme (serials) und des sogen. B.-Western, Produktionen, die mit möglichst wenig Mitteln möglichst große Publikumseffekte erzielen wollten.

Hopalong Cassidy, ein Edel-Cowboy, muß im längst befriedeten Westen eigentlich nur nach dem Rechten sehen. Durch spektakuläre Aktionen gelingt es ihm, zumeist in letzter Minute, die Welt gegen Verrückte und Schurken wieder in Ordnung zu bringen. Eine Serienfigur aus Pulp-Magazinen wurde mit ihm zu einer der berühmstesten Filmserienhelden der 30er Jahre (vgl. Seeßlen/Weil 1979, S. 109-111).

Gene Autry und Roy Rogers sind die Prominentesten in der Gruppe der "singenden Cowboys". Die Filmplots sind dabei so organisiert, daß sie den Helden neben gefährlichen Aktionen Gelegenheit geben, zur Gitarre zu singen. Seeßlen/Weil meinen, in den 40er Jahren seien diese Filme dann "mehr oder minder zu Musicals im Westerngewand" geworden (vgl. Seeßlen/Weil, S. 112, Hembus 1978, S. 68-74 bzw. 100-104).

Randolph Scott verkörpert dagegen eine völlig andere Generation von Westernhelden. Zumeist gehört er zu den Einzelkämpfern, die mit stoischer Ruhe und Understatement gegen Banditen, gegen Indianer oder zwischen den Fronten um ihre Selbstverwirklichung kämpfen (vgl. Seeßlen/Weil, S. 77, 125, 154, 155, 194).

John Waynes Aufstieg als Star der A-Western beginnt mit John Fords "Stagecoach", nachdem er mit unterschiedlichen Erfolgen ebenfalls in Serienproduktionen gearbeitet hatte (vgl. Hembus 1978, S. 107-114). "Ringo" bzw. "Höllenfahrt nach Santa Fé", wie der deutsche Titel lautet, ist der erste Film, der in Monument Valley gedreht wurde, womit diese urweltliche Landschaft zur Standardkulisse des Westens schlechthin avancierte. Die feindlichen Apachen als Hintergrund für die Bewährung der zusammengewürfelten Menschen in der Postkutsche wurden von Navajo-Indianern gespielt (vgl. Hembus 1976, S. 478). John Wayne verkörpert darin und in der Folge in vielen Filmen John Fords den harten Westerner und Soldaten, Indianer bleiben dabei zumeist Staffage, die dazu herhalten müssen, daß der Protagonist ein Held sein kann.

3. Diskussion – Versuche zu verstehen

3.1 Das Spielverhalten der Navajokinder, wie es in der Selbstbiographie von Vergil Bedoni erinnert wird, folgt dem Muster, das durch *Albert Bandura* seit Anfang der 60er Jahre als Modell des Beobachtungslernens (vgl. dazu Schlag 1995) bekannt geworden ist. Vergil und seine Schulkameraden haben die in den Westernfilmen erlebten Hauptfiguren beobachtet und danach im Spiel imitiert, d.h. Beobachtung und Nachahmung stehen hier mehr oder weniger in direktem Zusammenhang. Das Verhalten der Protagonisten der Filme gegen Angehörige der eigenen Rasse und die Rolle, die Angehörige der eigenen Rasse im Handlungszusammenhang einnehmen, wird von den Navajokindern offensichtlich nicht als Problem gesehen. In Vergils Erinnerung heißt es ausdrücklich, daß niemand die Indianer spielen wollte, weil diese immer die Rolle der Bösen verkörperten, obwohl alle Kinder selbst Indianer waren. Wahrgenommen haben die Kinder aber ganz explizit, daß Cowboys, die John Waynes, Roy Rogers, Randolph Scotts, Gene Autrys, immer die Sieger waren. Und obwohl die Siegertypen immer Weiße waren, wollten alle zu den Siegern gehören. Medienmodelle hätten, nach Bandura, den speziellen Effekt, daß sie die Aufmerksamkeit der Betrachter auf "spezifische Gegenstände, Handlungen oder Ereignisse" lenkten, so daß diese in der Folge stärker beachtet würden (vgl. Schlag 1995, S. 55). Nachdem, was wir von den Navajokindern um Vergil Bedoni wissen, hätten diese, dem Konzept entsprechend, die Hauptpersonen in den konsumierten Westernfilmen vor allem in ihrer omnipotenten Qualität wahrgenommen. Darin gründeten deren Handlungen und davon werden Ereignisse bestimmt. Mit dieser ersten Betrachtung des Spielverhaltens der Navajokinder anhand des Bandura-Modells bleibt aber die eingangs gestellte Fragen weiterhin offen, weshalb die Kinder ihre rassisch-kulturelle Zugehörigkeit beim Nachspielen außer acht lassen.
Vergil hat in einem zweiten Erinnerungskontext seiner Selbstbiographie nochmals Stellung bezogen und eingeräumt, daß es älteren Navajos sehr wohl aufgefallen sei, wie die Kinder Cowboy gespielt hätten. Sie hätten sich deswegen gewundert, aber nichts gesagt. Vergils zweiter Kommentar klingt dann wie eine Entschuldigung, er und die anderen Kinder hätten einfach nur die Helden sein wollen. Und außerdem hätten die Erwachsenen ja selbst in manchen Filmen "die Indianerrollen" gespielt, es sei sowieso ja alles Spiel.
Man kann davon ausgehen, daß Westernfilme während der Internatsjahre die Rolle

traditioneller Märchen und Geschichten für die Indianerkinder übernommen haben. Mit der Äußerung "Ich weiß nicht warum, aber ständig liefen solche Filme", gibt Vergil Bedoni einen Hinweis auf die Funktion der Filme als permanentem Sozialisationsfaktor. Wenn man außerdem bedenkt, daß die meisten Kinder viele Jahre in boarding schools verbracht haben (und heute noch verbringen), Vergil z.B. in Kayenta seit 1958, als er fünf Jahre alt war, bis zur siebten Klasse, und danach, von 1968-1971 die Intermountain Boarding School in Brigham bei Salt Lake City, dann wird die Frage umso dringlicher, ob die Ignoranz der Indianerrollen in den Filmen nicht ein Stück Entfremdung von der eigenen Kultur bedeutete oder auch ein Stück Akkulturation.
Folgt man der Argumentation von *Bruno Bettelheim*, nimmt die Westernfilme für die Navajokinder als Märchenersatz, dann konnten die Kinder mit deren Hilfe ein Stück emotionale Befriedigung erlangen, weil ihnen die Filme Möglichkeiten boten, die eigene Kindheitssituation phantasievoll in der Wahrnehmung und quasi-real beim Spiel im Sinne der Helden zu transzendieren (vgl. Bettelheim 1977, S. 118 ff.). Die rassisch-kulturelle Zugehörigkeit der Helden konnte in einer solchen Reaktion leicht übersehen werden. Die Flucht der Kinder in die Rolle der Cowboys wäre hier aber weniger als ödipale Enttäuschung gegenüber den Eltern denn als Kompensation des Verlassenseins in den Internaten zu deuten.
Betrachtet man das Spielverhalten der Navajokinder als spezielle Sozialisationsphasen innerhalb umfassender Lern- und Bildungsgeschichten, wie es der *ethnopädagogische Ansatz auf biographischer Grundlage* erfordert, dann müssen der größere biographische Kontext des Informanten sowie die damit verknüpften Hintergründe in Betracht gezogen werden.
Wie wir von Vergil gehört haben, war die Kayenta Boarding School zu seiner Zeit eine reine Indianerschule, um genau zu sein, eine Internatsschule nur für Navajokinder. Und er weiß noch von seinem Weinen wegen der Trennung von zu Hause, von seinem Heimweh und den Versuchungen, aus der Schule auszureißen. Aber er weiß auch, was die Mutter will, die selbst ohne Schulerziehung, darauf bedacht ist, daß ihre Kinder eine solche absolvieren: "... to learn the white man's ways ..." Nach der Eingewöhnung und die Unabänderlichkeit hinnehmend, mögen Vergil und die anderen Kinder die Trennung von der Familie durch die Ablenkung der Filme besser verkraftet haben. Das Medium und die damit verbundene Technik habe ihn fasziniert, so daß er, nachdem er einige Filme gesehen habe, ein steigendes Interesse dafür entwickelte: "... I began to enjoy the movies more and more. And usually at that time, kids really got into the movies, and I myself was really into it when they showed movies of cowboys and Indians ..." Möglicherweise hat die Tatsache, daß alle Kinder Navajos und alle in der gleichen Lage waren, auch verhindert, daß eine stereotype Zuordnung der negativ besetzten Rollen erfolgte. Zu der Selbstwahrnehmung als Gruppe, als Navajos, gehört auch, daß die in den Westernfilmen vorkommenden Gegner der Cowboys zumeist keine Navajos waren. Von Vergil wissen wir, daß es bei den Navajos üblich war, andere Stämme in der Regel als Fremde, als Leute anderer Rasse zu betrachten, eben als Nicht-Navajos, auch als Feinde, und daß es dafür auch spezielle Begriffe gab (vgl. Renner 1996, S. 100). Die

Feinde der Filmhelden waren zumeist die Apachen, die Sioux, die Comanchen, z.B. fungierten in John Fords "Ringo" (Stagecoach) Apachen als Widersacher, wie weiter vorne schon erwähnt. Eine spätere Erfahrung aus Vergils Studienzeit am Haskell Junior College in Kansas 1974/75 bestätigt diese Einschätzung. Es habe dort immer wieder Konflikte und handgreifliche Auseinandersetzungen zwischen Abkömmlingen verschiedener Stämme aufgrund historischer Feindschaften und Gegensätze gegeben (vgl. Renner 1996, S. 101). Vor diesem Hintergrund wird verstehbar, daß die Navajokinder, von denen hier die Rede ist, die indianischen Gegner ihrer Filmhelden nicht als ihresgleichen ansahen, deshalb konnten sie auch keine Diskriminierung durch deren permanente Niederlagen empfinden.
Bei der Art Verarbeitung der Westernfilme durch die Navajokinder muß aber auch gesehen, daß das Leben eines Jungen wie Vergil, trotz langer Abwesenheit in den boarding schools, in den traditionellen Familienverband eingebunden bleibt. Die Lehren der Großeltern mütterlicherseits, ihre traditionelles Leben und Denken haben sich ihm tief eingeprägt, wie Vergil immer wieder bekennt, wie er es auch als seine aktuelle Lebensorientierung betont (S. 316, 317). Wann immer eine Transportmöglichkeit besteht, hat man ihn an den Wochenenden abgeholt, manchmal ist er auch mit seinem Bruder getrampt. Die langen Ferien verbringt Vergil zumeist mit seinen Großeltern, seine Beziehungen zu ihnen sind besonders intensiv. Um bei ihnen sein zu können, hat er gar eine ganzes Jahr lang die Schule geschwänzt. "Aber da ich auf eine Art und Weise erzogen und aufgezogen wurde, die sehr eng an der (traditionellen) Kultur orientiert war, tat ich (in der Schule) selten etwas Schlechtes" (S. 58). Aus der Sicherheit dieses Hintergrundes kann erwartet werden, daß seine spielerische Identifizierung mit den "fremden" Filmhelden, möglicherweise auch die mancher anderer Navajokinder, einer eher unbefangenen Haltung zuzuschreiben ist.
Eine harmonisierende und vielleicht auch verharmlosende Wirkung, was das Verhältnis von Cowboys und Indianern angeht, dürften jene frühen Western auf die Navajokinder gehabt haben, in denen Helden wie Gene Autry und Roy Rogers als singende Cowboys auftraten. Die Verbindung von spektakulären Aktionen und musikalischen Auftritten dürften nicht nur die vorhandenen Fronten verwischt haben, sie haben möglicherweise bei den traditionell aufgewachsenen Navajokindern die Erinnerung an die Bedeutung des individuellen Singens in der eigenen Kultur wachgerufen. Traditionelle Navajos haben für viele Lebenssituation spezielle Lieder, eine Haltung, die ich an anderer Stelle "gesungene Harmonie des Alltags" genannt habe, die mir auch in neuester Zeit bei meinen Informanten noch begegnet ist (vgl. Renner 1995, S. 189). Das Imitieren der singenden Helden Roy Rogers oder Gene Autry konnte deshalb für die Kinder einen hohen positiven Wiedererkennungswert haben, von dem aus rassisch-kulturelle Differenzen unerheblich bleiben mußten.
Zum Bewußsein der Navajokinder jener Zeit gehört aber auch schon, daß viele Western in Monument Valley, ihrer Heimatregion, gedreht sind, und daß in so manchem dieser Filme die eigenen Stammesangehörigen als Komparsen und Nebendarsteller auftreten. Möglicherweise haben die Kinder aus dieser Erfahrung tatsächlich das Imitieren der

Westernhelden als Spiel aufgefaßt, das ihnen die eigenen Stammesangehörigen gewissermaßen vorexerziert haben. Vergil berichtet, daß die Erinnerungen daran auch heute noch wach sind, obwohl nur wenige dieser Alten aus den frühen Filmen noch leben, daß aber alle bisher Beteiligten das Einkommen, das sich aus dem Filmgeschäft ergibt, zu schätzen wissen (S. 156). Indianerspielen wie im Film ist aus dieser Sicht für Kinder ebenfalls nicht unattraktiv. Die speziellen Erfahrungen und Einstellungen der Navajos, was Film und Filmgeschäft angeht, spiegeln sich schließlich in Vergils selbstbiographischem Kapitel "Haskell Junior College, Kansas". Als der damals 21jährige mit seinem Freund in der Stadt ins Kino gehen will, stehen dort die Leute Schlange. Er erinnert sich auch noch genau an Titel und Inhalt des gezeigten Films. "Billy Jack", gedreht von dem Regisseur Tom Laughlin, handelt von einem Halbblut-Indianer, der sich nach seiner Rückkehr aus Vietnam mit anderen für ein interrassisches Schulmodell einsetzt, wobei man feindlich gesinnten Weißen in die Quere kommt. Vergils Kommentar dazu: "Es waren mehr Anglo-Amerikaner in diesem Film als Indianer, und während des ganzen Films war es ruhig, aber am Ende des Films haben die meisten Leute den Indianern im Film die Daumen gedrückt. In diesem Film sah ich eine Menge Verwandte von mir, die mitspielten, ich sah meine Tante und meine Cousine, und ich fühlte mich großartig, weil meine Verwandten echte Filmstars waren und an einem Ort gezeigt wurden, wo man nie glauben würde, sie sehen zu können" (S. 99).

3.2 Das Spielverhalten der Siouxkinder, wie es von Russell Means autobiographisch überliefert ist, kehrt die in Filmen beobachtete Rollenverteilung zwischen Cowboys und Indianern um und macht die permanenten Helden zu Verlierern: "When we played, Dace and I, the Indians always won. Eventually, most of the kids in the neighborhood wanted to play Indians" (S. 34). Man merkt aber auch an der Formulierung, daß diese Umkehrung der üblichen Rollen keineswegs auf allgemeiner Übereinstimmung mit den beteiligten Mitspielern beruht und von daher argumentativ begründet ist, sondern auf der ebenso permanenten Demonstration, daß die einzigen vorhandenen Indianer, nämlich Russell und Dace, auch noch die unumgänglich (körperlich) Überlegenen sind. In diesem Sinne werden die beiden indianischen Brüder Vorbild für die anderen Kinder, so daß diese immerzu auch Indianer sein wollen. Aber im Kino wird den Siouxkindern als Zweier-Minderheit dann doch die übliche Rollenverteilung präsentiert, wird ihnen das gesellschaftlich übliche Modell eindringlich vermittelt, zunächst als Zelluloid-Version und anschließend als kämpferische Variante mit Fäusten. Und kämpfend müssen sie den Rückzug antreten. In diesem Kontext findet Russell Means zu einer für sein ganzes Leben signifikanten Selbstdeutung, nämlich kämpfend großgeworden zu sein: "I grew up figthing" (S. 35). Am Ende seiner Autobiographie bringt er diese Einschätzung dann in einen umfassenden Zusammenhang, "er hoffe, man erinnere sich an ihn als einen Kämpfer und Patrioten, der keine Kontroverse gescheut habe, und nicht nur der Indianer wegen" (S. 535).
Das Spielverhalten der beiden Siouxkinder gewinnt vor diesem Hintergrund eine andere

Kontur, es zeigt sich als ein Stück Selbstbehauptung, als aggressiv unterlegte Selbstdarstellung, deren Grundmuster sowohl in der unmittelbaren Lebenssituation als auch in frühen Erfahrungen zu suchen ist. Unmittelbar relevant ist die Tatsache, daß ihre Familie als einzige in dieser Wohngegend des Großraumes Oakland indianischer Herkunft ist. Russells Selbstwahrnehmung in der Schule ist entsprechend, in der Zeit seines siebten Schuljahres bezeichnet er sich "... as the school's lone Indian ..." (S. 37) und an anderer Stelle kommentiert er seine Gleichsetzung mit der Chicano-Minderheit in der High School entsprechend: "Weil ich der einzige Indianer in der Schule war und dunkle Haut hatte, wurde ich ebenso wie die Chicanos behandelt" (S. 45). Das bedeutet letztlich, Russell muß immer allein für sich und gegen andere stehen. Unmittelbar bedeutsam sind auch die schwierigen Familienverhältnisse. Russell ist wie sein Bruder weitgehend auf sich selbst angewiesen. Die Mutter als assimilierte strenggläubige Episkopalanhängerin quält sich ab, die notwendigsten finanziellen Ressourcen zu beschaffen, der extrem alkoholabhängige Vaters fällt dafür und als Bezugsperson völlig aus. Zudem praktiziert die Mutter die in der Episkopal Boarding School selbst erfahrenen harten Erziehungsmethoden auch bei ihren Kindern. Von der Mutter geprügelt zu werden, ist ein Erfahrungskontext, der weit in Russells frühe Kindheit zurückreicht. Er meint, "seine Mutter sei seinetwegen ständig außer sich gewesen" (S. 28).

Und Russell opponiert dagegen. Es beginnt damit, daß ihn die Mutter schon mit fünf Jahren einschult, denn Lesen und Schreiben hat sie ihm selbst beigebracht. Aber ein Jahr jünger als andere zu sein, bedeutet für Russell, ständig beweisen zu müssen, ein ebenso harter Bursche wie die Älteren zu sein: "I spent years having to prove that I was as tough as my classmates" (S. 25). Als er älter wird, erprobt er sich an der Persönlichkeit aller Lehrer, die mit ihm zu tun haben: "I tested every teacher, and easily dominated those who were wimps" (S. 46). Aggressiv unterlegte Selbstdarstellung und Selbstbehauptung, wie sie sich im Spielverhalten schon andeuten, setzen sich auf diese Weise fort. Schließlich erklärt er sich von seiner Mutter unabhängig (S. 49).

Im bisher diskutierten Zusammenhang konnte deutlich werden, wie die rassische Zugehörigkeit der beiden Siouxkinder Quelle ihrer Diskriminierung gewesen ist. Von den anderen Kindern unterschieden zu sein, bedeutet für Russell aber auch das Gefühl der Zugehörigkeit zu einem bestimmten kulturellen Hintergrund. Diese kulturelle Substanz ist allerdings in der Familie nur insofern gepflegt worden, als diese ihre Verbindung zur Reservation nicht aufgegeben hat. So sprechen die Eltern, denen man die Muttersprache in der Internatserziehung abgewöhnt hat, mit den Kindern nicht die Siouxsprache Lakota. Dennoch entwickelt Russell selbstbiographische Linien, in denen er sich mit der indianischen Tradition verbunden sieht. Besonders wichtig sind hier die frühen Lehren des traditionalistischen Großvaters John Feather, von dem er sagt, er habe ihm die indianische Art des Denkens beigebracht (S. 13, 127), und zwar "die eigene Vorstellungskraft zu gebrauchen, Dinge selbst herauszufinden, zuerst genau zu beobachten und dann zu analysieren". Und die Mutter führt, trotz ihrer sonstigen kulturellen Abstinenz, ihren Sohn in die traditionelle vierphasige Namengebung ein. Sie gibt Russell den Lakota-Namen "Wanbli Ohikita", was "Tapferer Adler" bedeutet. Da er vom

Großvater weiß, daß es für einen Lakota wichtig ist, die Bedeutung des eigenen Namens erfüllen, "to live up to your name" (S. 13), erhält damit das kämpferische Grundmuster der Selbstdefinitionen des Russell Means' eine kulturelle Substanz. Dieser Hintergrund dürfte für das Selbstverständnis der spielenden Kinder, Indianer zu sein, prägend gewesen sein. Die kämpferische Aggressivität wäre demnach keine einfache Reproduktion des mütterlichen Erziehungsverhaltens. Die Annahme, Russell Means sei bei den Cowboy- und Indianerspielen seiner Kinderzeit die treibende und dominierende Kraft gewesen, bestätigt sich auch in dem zweiten schon genannten, aber später zu datierenden Element seiner Erinnerung, das sich auf den gleichen Sachverhalt bezieht. Diese Erinnerung überkommt ihn, als er selbst vor der Aufgabe steht, eine Filmrolle als indianischer Hauptdarsteller zu übernehmen. Und auch seine Schwester bestätigt ihn in dieser Erinnerung. Nicht nur, daß er es ist, der die anderen Kinder dazu animiert, er ernennt sich auch immer selbst zum Anführer, der die zu spielenden Szenen entwirft und organisiert (S. 511).
Vor allem bestätigt die Schwester, wie sehr ihr Bruder bereits in jenen frühen Jahren die in den Westernfilmen präsente permanente Diskriminierung der Indianer wahrgenommen hat und wie er diese Erfahrung mit dem damals kindlichen Ziel verknüpft, als Erwachsener die Rollen umzukehren.

Russell Means ist dann nach einem langen und schwierigen Weg tatsächlich eine der indianischen Führungspersönlichkeiten geworden, die das Bild des Indianers in der Öffentlichkeit nachhaltig beeinflußt haben. Als Hauptverantwortlicher für die Besetzung des Handelspostens Wounded Knee in South Dakota 1973 wird er zum Sinnbild indianischen Widerstandes im 20. Jahrhundert.
In diesem Zusammenhang macht er die sarkastische Bemerkung, "Wounded Knee habe der Welt klar gemacht, daß John Wayne die Indianer nicht alle umgebracht habe" (S. 277). Seine Beurteilung des von Hollywood produzierten Bild des Indianers ändert sich aber auch dann nicht, als er selbst eine Hauptrolle im "Letzten Mohikaner" spielt: "Ich habe immer die Art gehaßt, wie Hollywood die Indianer darstellt. Außer einigen wenigen Filmen mit Chief Dan George, weiß ich keinen einzigen, in dem indianische Charaktere als menschliche Wesen entwickelt worden sind. Statt dessen waren sie zweidimenionale Stereotype, Pappkameraden von marodierenden Wilden oder roten Kriechern wie Tonto, der die zweite Geige beim weißen Lone Ranger spielen durfte" (S. 513). Auch in dem zuletzt von Hollywood mit Oskars überhäuften Streifen "Der mit dem Wolf tanzt" von Kevin Koster sieht Russell Means nicht viel Gutes. Die Indianer darin seien zwar nette Kerle, aber sie blieben simple Wilde, die einen weißen Messias, gespielt von Kostner, als Retter bräuchten. Nicht einmal eine indianische Frau sei für den Weißen gut genug gewesen, es hätte schon eine weiße Gefangene sein müssen (vgl. S. 513/514).
Die Selbstbild, das Russell Means mit seiner Rolle als Chingackgook verbindet, umfaßt drei Elemente. Er meint zum einen, in Chingachgooks Charakter habe er die Chance, das allgemeine indianische Erbe mit aktuellem indianischem Leben zu verbinden (S. 513), er meint zum anderen, daß nach Uncas Tod am Ende des Films, ihm die Rolle des

letzten Mohikaners zufalle, was er als symbolischen Hinweis für das ansehe, was man der indianischen Zivilisation angetan habe (S. 514), und schließlich, er liebe den Künstlerberuf, denn er habe sehr viel Ähnlichkeit mit dem eines Revolutionärs, denn Filme hätten ihm eine bessere Möglichkeit eröffnet, der Welt Botschaften über sein Volk zu vermitteln (S. 515).

4. Zusammenfassende Bemerkungen

Mit der Diskussion dieser gegensätzlichen Spielszenen auf der Folie der umfassenderen Texte, aus denen sie entnommen sind, habe ich versucht herauszuarbeiten, welche motivationalen Hintergründe das Spielverhalten der hier agierenden Kinder bestimmen. Es sollte dabei deutlich werden, wie anhand des ethnopädagogischen Ansatzes auf biographischer Grundlage Selbstdeutungen der Verfasser im Sinne eines speziellen Lern- und Bildungszusammenhangs, nämlich dieser spielerischen Szenarien, ausschnitthaft und doch umfassend rekonstruiert werden können. Die Komplexität der Zusammenhänge, d.h., die Verknüpfung vorbildhafter, gesellschaftlich-kultureller und individueller Beweggründe in konkreten Spielhandlungen kann auf diese Weise aus der Sicht von Beteiligten besser verstanden werden. Was ich hier vorgestellt habe, ist allerdings eine analytisch-interpretativ-rekonstruierende Sicht der Beteiligten gemäß dem Verstehensinteresse des Untersuchenden.
Wie gesagt, höchstwahrscheinlich können wir nun besser verstehen, wie und warum indianische Kinder Cowboy und/oder Indianer spielen. Aber womit hängt es zusammen, daß deutsche Kinder, z.B. Kinder, die in der ehemaligen DDR aufgewachsen sind, ähnliche Spielinteressen haben? Aljoschas Erinnerungen sind mir ein Beispiel dafür: "Indianer! Indianer haben wir unheimlich oft gespielt. Zu dieser Zeit, immer, wenn wir was gespielt haben, was das immer Indianer. Manchmal mußte einer Cowboy spielen. Aber das wollte keiner. Auch zum Fasching bin ich immer Indianer gewesen, jahrelang. Man hat mal so'ne Phase. Ich wollte jedenfalls immer Indianer sein" (vgl. Schneider, Material zu Aljoscha B., S. 7).
Daraus folgt – das Indianerspielen bleibt ein weites Feld, ein weites Forschungsfeld eben!

Literatur

Primärliteratur

Means, R. & Wolf, M. J:. Where White Men Fear to Tread. New York: St. Martins Press 1995
Renner, E.:. Die Suche nach Harmonie: Navajo-Versionen. Weinheim: Deutscher Studien Verlag 1996

Sekundärliteratur

Bettelheim, B.: Kinder brauchen Märchen. Stuttgart: Deutsche Verlags-Anstalt 1977

Cawkwell, T. & Smith, J. M. (Hrsg.): The World Ecyclopedia of the Film. London: A & W Visual Library. 1972

Champagne, Duane: Native America. Portrait of the Peoples. Detroit: Visible Ink Press 1994

Devereux, G.: Reality and Dream. Psychotherapy of a Plains Indian. New York: Anchor Books, Doubleday 1969

Fenin, G. N. & Everson, W. K.:The Western. From Silents to the Seventies. Revised Edition, New York: Penguin 1977

Hembus, J.:Western Geschichte.: Chronologie, Mythologie, Filmographie (S. 1540-1894). München: Heyne Taschenbuch 1979

Hembus, J.: Western-Lexikon. 1272 Filme von 1894-1975 2 . München: Hanser 1977

Hembus, J. (1978). Western von gestern. Das Buch zu der Fernsehreihe über die großen Westernfilme der 30er und 40er Jahre. München: Heyne Taschenbuch.

Renner, E.: Navajo Trail of Beauty versus American Way of Life. Probleme individueller Modernisierung: in einer traditionellen Kultur. In I. Behnken, T. Schulze (Hrsg.), Tatort: Biographie. Spuren – Zugänge – Orte – Ereignisse, Opladen: Leske + Budrich 1997a

Renner, E.: Die Legende vom Schmelztiegel USA: Biographische Forschungen bei Native Americans (Vortragsmanuskript zur Veröffentlichung). 1977b

Seeßlen, G.: Western. In D. Grünewald, W. Kaminski (Hrsg.), Kinder- und Jugendmedien, Ein Handbuch für die Praxis (S. 513-521). Weinheim: Beltz 1984

Seeßlen, G. & Weil C.: Western-Kino. Geschichte und Mythologie des Western-Films. Reinbek: Rowohlt Taschenbuch 1979

Weigand, J.: Mythos Western: Kein Abbild historischer Wirklichkeit. Die <Deutsche Gesellschaft zum Studium des Westerns> und ihre Aufgabenstellung. In Jugend, Medien, Schutz-Report, 2, 56. (Kontaktperson: Dr. Peter Bischoff, Uni Münster). 1996

Über die Mediatisierung unserer Lebenswelt und die Wechselwirkung zwischen Medien und Rezipienten
(mit indianischen Beispielen)

1. Problematisierung

Beim Thema Mediatisierung unserer Lebenswelt erinnert man sich an immer wieder auftauchende Schlagwörter, an Argumentationstrends, mit denen man versucht, die offiziell ungeliebte, aber heimlich geliebte Medienbestimmtheit unseres Lebens zu charakterisieren, wobei der Einfluß des Fernsehens im Mittelpunkt steht.
Mediatisierung gehe mit einer "Industrialisierung des Bewußtseins" einher, formuliert der Verleger Ernst Reinhard Pieper 1985 in einem Zeitungsartikel. Primäres Aktionsfeld dafür ist ihm der durchschnittliche tägliche Fernsehkonsum, der in Amerika damals bei 420 Minuten pro Kopf der Bevölkerung, in der Bundesrepublik bei 132 Minuten lag. Ich vermag nicht zu sagen, ob sich dieser Trend in den USA noch verstärkt hat, aber eigentlich sind sieben Stunden eine fast unglaubliche Zahl. Jedenfalls hat Industrialisierung als Voraussetzung die Produktion von Programmen. Im Kontext eines allgemeinen Konzentrationstrends und der damit verbundenen Vormachtstellung haben die USA damals schon mit 250.000 exportierten Programmstunden – produzierte dürften es noch viel mehr sein – den Weltmarkt dominiert. Das meint, Fernsehprogramme als industriell hergestellte Ware prägen das Bewußtsein, weil ihnen die Konsumenten mehr oder weniger hilflos ausgeliefert seien. Der Medienwissenschaftler Neil Postman hat mit seinem Buch "Das Verschwinden der Kindheit" einen anderen Diskussionstrend ausgelöst. Die allgemeine Verfügbarkeit des Fernsehprogramms egalisiere die Erfahrungswelt der Erwachsenen, Kinder und Jugendlichen, denn alle hätten in etwa die gleichen Lieblingssendungen, für die im Prinzip nur die Intelligenz von Sechs- bis Achtjährigen notwendig sei.
1979 erschien in Deutschland die Publikation der Amerikanerin Marie Winn unter dem Titel "Die Droge im Wohnzimmer", wörtlich "the plug in drug", die Droge aus der Steckdose. Damit war ein anderes Schlagwort geboren, mit dem man vor einer einseitigen bildorientierten Entwicklung des Gehirns zu Lasten der Sprachfähigkeit warnte. Vor wenigen Tagen las ich in der Wochenzeitung DIE ZEIT die Rezension eines neuen Buches zu der Frage "Warum sehen Kinder Gewaltfilme?" von Ute Benz. Das anhand von Beispielen begründete Plädoyer der Autorin für eine 'visuelle Alphabetisierung' junger Menschen nennt der Rezensent einen "nicht ganz neuen Ansatz". Er beinhalte die altbekannte Strategie von Medienmoguln und Politikern, das Problem der Medienerziehung an Eltern und Lehrer zu delegieren (vgl. 25.06.1998).
Am wichtigsten schien ihm die Erkenntnis, "die Entwicklung der visuellen Medien habe inzwischen die Dimension eines Megaexperimentes der Aufklärung angenommen. Dabei werden die Kinder schon von frühestem Alter an über die wahre Natur des Menschen

'ins Bild gesetzt', über seine guten wie bösen Leidenschaften." Ich glaube, es ist unumstritten, daß die Produzenten jeglicher Gewalt in Film und Fernsehen nicht aus ihrer ethischen Verantwortung entlassen werden dürfen, aber das gilt für die Gesamtgesellschaft und nicht nur bezüglich der Kinder. Es wird häufig übersehen, daß Kinder, zunächst wahrnehmend, aber noch nicht handelnd, sehr früh Doppelbödigkeit, Ungerechtigkeit, Gewalt, die Differenz zwischen Anspruch und Wirklichkeit der Erwachsenenwelt ihrer Umgebung erkennen und verstehen. Wer das bezweifelt, sollte sich einmal zu teilnehmender Beobachtung im Kindergarten entschließen. Bereits die Dreijährigen haben den Durchblick. Einblicke in die Lebensverhältnisse fremder Kulturen anderer Kontinente, in der eine strenge lebensweltliche Trennung der Generationen nicht existiert, zeigen, wie Kinder die Welt der Erwachsenen in allen ihren Aspekten wahrnehmen und mitleben. Ich behaupte, die für die sogenannte moderne westliche Welt charakteristische Vorstellung, Kindheit könne ein Schonraum sein, war und ist eine Illusion.
Die ethische Verantwortung der Erwachsenen für Kinder muß aus der Tatsache erwachsen, daß, trotz der Isolierung von Altersgruppen und Generationen, ein wirkliches Heraushalten der Kinder und Jugendlichen aus der gesellschaftlichen Wirklichkeit nicht möglich ist, ja eigentlich noch nie funktioniert hat. Auf die Frage, weshalb Kinder Gewaltfilme ansehen, gibt es eine unwiderlegbare Antwort, weil Gewalt in vielen Formen das Hauptthema der Medien ist. Mein Erkenntnisinteresse ist die Frage, wie sich die Mediatisierung unserer Lebenswelt in der Medienforschung, insbesondere in der Wirkungsforschung bis heute niedergeschlagen hat. Dazu möchte ich zunächst mit einigen aktuellen Daten an das Ausmaß des Medienkonsums, an die Häufigkeit der Medienrezeption erinnern. Zum zweiten werde ich einen historischen Überblick über die verschiedenen Forschungsrichtungen geben und wichtige Problembereiche an einigen Beispielen erläutern. Dazu werde ich eigene interkulturelle Forschungserfahrungen verwenden.

2. Einige neuere Daten zur Mediennutzung

In einer Studie der ARD/ZDF-Medienkommission (Klingler und Groebel 1994, S. 185) finden sich folgende Angaben über "Fernsehnutzung der Zuschauer nach Altersgruppen 1993" von Montag bis Sonntag:

Alter	Sehdauer (in Minuten)
6 - 13	106
14 - 19	88
20 - 29	122
30 - 39	161
40 - 49	175
50 - 64	206
65 und älter	242

Bei diesen Daten handelt es sich um Durchschnittswerte pro Tag einer Woche, d.h., tatsächlich bestehen während der einzelnen Wochentage teilweise erhebliche Unterschiede. In der Regel nimmt der Fernsehkonsum an den Wochenenden zu, entsprechend geringer kann er dann an den normalen Wochentagen sein.
In einer aktuellen Studie "Kindsein in Österreich" von Liselotte Wilk (1996), einer sogenannten Surveyerhebung mit 2.745 Kindern im Alter von 10 Jahren und 2.347 Eltern, heißt es über den Umgang mit Medien: "Mehr als die Hälfte der befragten Kinder sitzt an Wochentagen zwei Stunden und mehr vor dem Fernseher (am Samstag erhöht sich der Prozentsatz derer, die über zwei Stunden fernsehen, auf 68%)." An anderer Stelle heißt es weiter: "Zwischen den Angaben der Eltern über das Fernsehverhalten ihrer Kinder und den Angaben der Kinder selbst sind große Unterschiede feststellbar. Eltern schätzen die Fernsehdauer ihrer Kinder bedeutend geringer ein, als diese sie angeben" (S. 65). Die Autorin vermutet, daß die niedrigeren Angaben der Eltern als Anpassung an gesellschaftliche Erwartung zu interpretieren sind. Sie wollen bei einer doch irgendwie offiziellen Befragung ein möglichst günstiges Bild abgeben.
Schließlich möchte ich noch einige speziellere Daten vorstellen. Sie stammen aus einer Studie "Jugend und Medien" von Heinz Bonfadelli, die 1984 durchgeführt wurde. Er untersuchte 4.011 Jugendliche und junge Erwachsene im Alter von 12 bis 29 Jahren und hat für Audio-, AV- und Printmedien folgende Daten erarbeitet:

Alter	Medienwirkung (in Minuten pro Tag					
	Radio/Platten	TV/Video		Buch/Zeitung		Gesamt
12 - 15	103	127	(118)	37	(25)	267
16 - 19	134	101	(91)	33	(17)	268
20 - 24	162	95	(86)	40	(17)	297
25 - 29	149	119	(113)	45	(20)	313

(Die in den Klammern hinzugefügten Zahlen spezifizieren TV- bzw. Büchernutzung.)

Mit diesen repräsentativen Daten wird uns das, was wir eigentlich schon wissen, nochmals detailliert vor Augen geführt, nämlich die Omnipräsenz der Medien. Aber ich denke, obwohl diese Daten für die damalige Jugendgeneration gelten, wir alle und unsere Kinder mit uns, leben in einer Multi-Media-Gesellschaft. Und - wir leben miteinander diese Multi-Media-Gesellschaft.

3. Medienwirkungen und die Entwicklung der Wirkungsforschung

Seit der Entstehung der Medienwirkungsforschung sind etwa drei Trends aufeinander gefolgt, haben sich aber auch überlagert. Vereinfacht gesagt, lassen sie sich mit drei Fragen verbinden:

- Was machen die Medien mit den Leuten, mit den Rezipienten?
- Was machen die Leute, die Rezipienten, mit den Medien?
- In welchem Wechselverhältnis stehen Medien und Rezipienten zueinander?

3.1 Die Vorstellung von der Allmacht der Medien

"Invasion vom Mars" hieß ein realistisch inszeniertes Hörspiel von Orson Wells. Als es am 30. Oktober 1938 gesendet wurde, hätten viele Amerikaner das Science Fiction-Stück als Nachrichtensendung mißverstanden und mit Panik reagiert. Hadley Cantrils Publikation über die Wirkungen dieser Sendung, erschienen 1940 (Reprint 1966), galt lange Zeit als Paradebeispiel und Nachweis für die Omnipotenz der Medien. Etwas Ähnliches behauptete man noch im November 1973 in Schweden bei der Rundfunksimulation eines Kernkraftwerkunfalls. Genaue Recherchen entlarvten beide Fälle als journalistische Fiktion, als Sensationsmache.
Diese Beispiele sind typisch für die Vorstellung, massenmediale Kommunikation sei einseitig, also asymmetrisch. Zuschauer und Zuhörer seien eigentlich nur Objekte der Beeinflussung. Vor allem das Fernsehen manipuliere das Bewußtsein zielgerichtet und nach Belieben. "Industrialisierung des Bewußtseins" hatte der Verleger Pieper es genannt. Man sah das Fernsehen als ursächlich verantwortlich für die allgemeine Verbreitung von Passivität und sozialer Isolation.
Im Kontext des behavioristischen Lernmodells diskutierte man die Wirkung der Massenmedien zwar im Hinblick auf individuelle und/oder sozialstrukturelle Unterschiede, aber ohne Berücksichtigung jeglicher Rückkopplungseffekte.

3.2 Über Nutzen und Kosten von Medien für die Rezipienten

Der sogenannte Nutzen-Ansatz, der eigentlich Nutzen-Kosten-Ansatz heißen müßte, bearbeitet Fragen nach den Gründen für die Mediennutzung oder nach dem Nutzen bzw. den Kosten, die sich für Rezipienten aus den Angeboten der Medien ergeben. Eine Untersuchung von Saxer/Bonfadelli/ Hättenschwiler, die 1978 veröffentlicht wurde, konstatiert u.a. eskapistische und habituelle Tendenzen der Fernsehnutzung bei Schülern im Grundschulalter. Danach wird Fernsehen zur alltäglichen Gewohnheit, und die Kinder nutzen das Medium, um ihrer realen Welt zu entfliehen. Dabei bleiben informative Seiten oder auch Inhalte insgesamt zweitrangig.
Auch die Thesen der Amerikanerin Mari Winn zielen in eine ähnliche Richtung, wenn sie behaupten, das Fernsehen wirke wie eine Droge, der sich die Rezipienten nicht mehr entziehen könnten. Auf der Kostenseite reklamiert sie die Unterentwicklung der sprachlichen Dimension.
Mit ihrem rezipientenorientierten Ansatz belegt Hertha Sturm, daß die Wirkungen des Fernsehkonsums im frühen Alter vor allem in der emotionalen Dimension gesehen

werden müssen. Der emotionale Streß übertreffe alle anderen Wirkungen (vgl. 1978, S. 158ff.). Während Inhalte nach wenigen Tagen oder Stunden vergessen werden, bleiben emotionale Wirkungen mehrere Wochen relativ stabil. Diese Ergebnisse reklamieren wie beim vorangehenden Beispiel vor allen Dingen eine Kostenseite für den Rezipienten. In diesem Zusammenhang fordert Sturm eine veränderte Mediendramaturgie. Durch das Einbringen der "fehlenden Halbsekunde" könnten den Zuschauern die notwendigen inneren Benennungen ermöglicht werden. Sie kritisiert damit die zu raschen Schnitte und Bildwechsel des TV-Mediums, die emotionale Wirkungen auslösen und aktives Zuschauerverhalten verhindern. Diese Forderungen sind, soweit man das beurteilen kann, bisher ohne Konsequenzen geblieben.
Für Kinder sei das Fernsehen ein "Schaufenster in die Erwachsenenwelt", präzisiert Meier (1981) eine Nutzenperspektive aus der Sicht von Kindern und Jugendlichen. Fernsehen befriedigt danach das natürliche Interesse der heranwachsenden Generationen an ihrer zukünftigen Lebenswelt.

3.3 Über die Wechselwirkung zwischen Medien und Rezipienten

In der Diskussion über Wechselwirkungen werden sowohl inhaltliche Aspekte der Medien als auch Vorgaben der sozialen Realität in Betracht gezogen. "Medien konstituieren also soziale Realität mit, jedoch in einem gemeinsamen Prozeß mit der sozialen Umwelt, und damit ist die Konstitution der sozialen Realität durch Medien von der sozialen Realität selbst abhängig" (S. 369). Latente Folgen der Medienrezeption könnten darin bestehen, daß diejenigen, die schon gesellschaftlich bevorteilt sind, eher größeren Nutzen aus den Medien ziehen als die sozial Benachteiligten. "Die Medienrezeption und die Wirkung von Medien hängen wesentlich von den schon existierenden Wissensbeständen ab, die durch die Medienbotschaft verändert und erweitert werden, aber auch die Aufnahme der Medienbotschaft steuern"(S. 370). Auf eine einfache Formel gebracht, bedeutet dieser Zusammenhang, es hängt von persönlichen Vorgaben der Rezipienten ab, welchen Stellenwert die Medien gewinnen.
Mediensozialisation als Forschungskonzept befaßt sich mit Fragen der Medienwirkungen auf die traditionellen Erziehungskontexte in Familie und Schule. In ihrem Blickpunkt stehen durch Medien verursachte Veränderungen und Einflüsse auf Sozialisation, Erziehung und Unterricht. Als Konsequenz solcher Untersuchungen wurden und werden immer wieder pädagogische Forderungen formuliert, z.B. Schulunterricht solle Medienkompetenz oder, in anderer Version, visuelle Alphabetisierung entwickeln. Die Medienwirkungsforschung hat dann den Wandel des Sozialisationsverständnisses unter dem Stichwort Selbstsozialisation aufgenommen. Es geht hier um das Problem, in welcher Weise Kinder und Jugendliche aktiv an ihrer Mediensozialisation beteiligt sind. In diesen Zusammenhang gehören auch alltags- und lebensweltliche Perspektiven wie etwa der medienbiographische und der medienökologische Forschungsansatz. Besonders interessant scheinen Fragestellungen, in denen die Bedeutung von Medien in biographischen

Kontexten untersucht wird. Biographische Medienerinnerungen können dabei Spiegelbild von Medienverhältnissen bestimmter Generationen sein (vgl. Hickethier 1982). Sie können aber auch zeigen, wie Medienerfahrungen und Medieninteresse gewisse biographische Steuerungsfunktionen übernehmen oder wie sie an der Entwicklung von Selbstbildern beteiligt sind.

Beispiele:

(1) Der Schüler Andreas – Anfang der siebziger Jahre im Grundschulalter, als das Interesse am Fernsehen immer größer wurde – hat keinen unbegrenzten Zugang zum familiären TV-Gerät. Eines Tages erzählt er den Eltern, daß die anderen Kinder während der Pausen in der Schule Fernsehsendungen als wichtigstes Gesprächsthema hätten. Als die Eltern darauf meinen, da könne er doch wohl nicht so mitreden, antwortet Andreas, er könne da sehr wohl mitreden. Auf die erstaunte Frage wieso, gibt er folgenden Kommentar: "Ich lese in der Fernsehzeitung immer, was über die Sendungen geschrieben wird, und dann weiß ich meistens mehr als diejenigen, die diese Sendungen gesehen haben."
Kommentar: Diese kleine Fallbeobachtung scheint mir typisch zu sein für die Fähigkeit von Kindern sich mit gegebenen Situationen aktiv zu arrangieren. Andreas hat ganz offenbar Differenzen zwischen seinen Informationen aus dem Lesen der Fernsehzeitung und den Gesprächen seiner Klassenkameraden festgestellt. Diese Differenz wahrnehmend, hat er die Chance genutzt, den Mangel an originaler Fernsehbegegnung, den er sicher als solchen empfunden hat, positiv zu wenden. Er scheint dabei auch festgestellt zu haben, daß das gelesene Wissen über bestimmte Sendungen den visuellen Erfahrungen seiner Freunde mindestens ebenbürtig, wenn nicht sogar überlegen war, ein möglicherweise grundlegender Unterschied zwischen beiden Medien. Außerdem brauchte Andreas sein Defizit an Fernseherfahrungen nicht einzugestehen. Dieses Beispiel dürfte etwas von dem andeuten, was unter medialer Selbstsozia-lisation verstanden werden kann.
(2) Bei meinen von der DFG geförderten Biographieforschungen unter Indianern in den USA bin ich auf deren Rezeption der Westernfilme und der damit verknüpften Rollenzuweisung an Indianer aufmerksam geworden.

- Aus seiner Zeit in der Kayenta Boarding School erinnert sich mein Gewährsmann, der Navajo Vergil Bedoni, Jahrgang 1953, an das große Interesse für die gezeigten Western: "Alle Kinder waren von den Filmen begeistert, und ich war eines davon, wenn man Cowboy- und Indianerfilme zeigte. Ich weiß nicht warum, aber ständig liefen solche Filme. Jeder von uns wollte dann Cowboy sein und niemand Indianer, obwohl 100% der Kinder Indianer waren, Navajos. Aber alle wollten die Hauptrollen spielen, alle wollten John Wayne sein, denn er war immer der Gute, während die Indianer die Bösen spielen mußten" (Renner 1997, S. 225/226).

Nach diesem für mich überraschenden Einblick habe ich weitere Informanten aus demselben Familienverband auf das gleiche Thema angesprochen.

- Vergils Bruder Vincent Bedoni (Jahrgang 1952) erinnert sich ebenfalls an Cowboy- und Indianerspiele nach dem Vorbild der Kinofilme, die sie in der Schule gesehen hatten: "Wenn wir nach Hause kamen, wollte Vergil diesen Revolvermann mit zwei Pistolen spielen und ich war Tonto (sein indianischer Begleiter). Da wir alle Pferde hatten und reiten konnten, schnell mit weißen und gefleckten Pferden, ritten wir in der Wüste umher. (...) Vergil war Lone Ranger und ich war Tonto, so beschlichen wir unsere Brüder und Cousins, die die anderen Cowboys spielten. (...) Die anderen Cousins waren die Bösen."
- Toney Lee Atene, Cousin und etwas jünger als Vergil und Vincent, bestätigt Vergils Version, im Spiel nicht Indianer sein zu wollen: "Indianer wollten wir überhaupt nicht spielen. (...) Selbst in den Schlafsälen der boarding school, in die ich ging, sahen wir immer Cowboy- und Indianerfilme. Die Indianer waren immer die bösen Buben. Wir haben das in den Filmen so wahrgenommen, wir wurden damit gefüttert, daß die Indianer immer die Bösen waren. Und diese Indianer haben immer ein anderes Camp überfallen, sind immerzu herumgezogen und haben verschiedene Camps überfallen, bis am Ende die Kavallerie zur Rettung kam. Wenn die Kavallerie sich mit ihrer Trompete näherte, bejubelten wir, auf dem Boden sitzend auf die riesige Leinwand schauend, ihre Ankunft, denn sie kamen, um weiße Siedler zu befreien, bevor sie von Indianern ausgelöscht wurden. Wir wußten damals nicht viel darüber, ja, wir waren Indianer, aber man muß verstehen, daß wir so beeinflußt wurden. Und wir waren mehr oder weniger auf der Seite der Kavallerie, anstatt zu den Indianern zu halten. Aber, auf diese Weise – ich weiß auch nicht – auf diese Weise wurden wir erzogen."
- Phil Ateen, Halbbruder von Vergil und Vincent, Jahrgang 1962, hat eine andere Generation von Western in der boarding school per Fernseher kennen gelernt, die Serien Bonanza, High Chapparal, Gun Smoke: "Ich glaube immer, wir spielten immerzu Cowboys und Indianer und versuchten jemand nachzuahmen. (...) Auf meine Frage, ob er dabei Cowboy oder Indianer hat sein wollen, antwortet er: "Meiner Meinung nach wußten viele Kinder nicht, wer sie sind; aber ich, ich war mir immer im klaren, wer ich bin (...), wenn die Indianer die Kavallerie angriffen, wurden alle ganz still; und dann wenn neue Kavallerie ins Bild kam und feuerte, haben alle applaudiert. Also waren sie auf der Seite der Kavallerie, es wurde mir deutlich, auf welcher Seite sie waren. Aber ich war immer, ich wußte immer, woher ich kam ... daß ich ein Native American bin; es war, als wäre ich ausgezählt, die Majorität der Schüler war auf der Seite der Cowboys. Weil ich mit den anderen deshalb nicht streiten wollte, hielt ich mich einfach ruhig. Ich weiß nicht, ob man sie jemals darauf hingewiesen hat, wohin sie gehören (...) aber ich war immer, immer auf der indianischen Seite. So sehe ich auch die Rivalität zwischen den Washington Redskins und den Dallas Cowboys in der NFL. Ich weiß, ich bin immer für die Redskins ..."

Nicht genug mit diesen Navajo-Beispielen, auch in anderen indianischen Selbstbiographien sind Westernfilme als medialer Einfluß thematisiert. Ein letzter Fall:

- Der indianische Aktivist Russell Means, geb. 1939, ein Sioux-Lakota, bekannt als

Anführer des Aufstandes in South Dakota 1973, schildert in seiner 1995 erschienenen Autobiographie Kindheitserfahrungen mit Western: "Wenn wir Cowboy und Indianer spielten, mein Bruder Dace und ich, dann haben immer die Indianer gewonnen. Schließlich wollten alle Kinder in der Nachbarschaft Indianer spielen. (...) Natürlich waren Dace und ich immer Sioux. Zeitweise wollte niemand die Kavallerie spielen, so daß ich sagen mußte, 'du warst letzte Woche ein Apache, diesmal mußt du Kavallerie spielen.' (...)
Meine Kinderzeit zwischen 1940 und 1950 war der Höhepunkt der Westernfilme. Die Helden darin waren John Wayne, Randolph Scott, Roy Rogers und Gene Autry. In den allermeisten dieser Filme kommt am Schluß die Kavallerie und bringt alle Indianer um. Hunderte von Kindern stampften (im Kino) mit den Füßen und schrien, wenn sie das Signalhorn hörten. (...) Es machte mich wahnsinnig, und Dace lehnte es einfach ab, Filme anzuschauen, in denen die Indianer abgeschlachtet wurden. Ich wollte, daß er es ansieht, aber er verbarg sein Gesicht hinter dem Sitz und schloß die Augen. Kaum waren wir aus dem Kino, mußten wir kämpfen. Wir nahmen es mit allen auf – mit Weißen, Schwarzen, Mexikanern, Filipinos, Chinesen. Alle schrien: 'Da sind sie, die Indianer! Kommt nur her, ihr Burschen!' Mein Bruder und ich kämpften Rücken an Rücken und nahmen es mit allen auf" (vgl. Renner 1997, S. 226/227).

Kommentar: Alle Beispiele sind aus umfangreicheren selbstbiographischen Erzählungen entnommen, wobei Medienerfahrungen in den Navajotexten nur einen Aspekt unter vielen darstellen. Die Autobiographie des Russell Means allerdings kann man als mediengeleitet ansehen, in der die frühen Filmerfahrungen über Medienpopularität als indianischer Aktivist bis hin zum Indianerdarsteller in Hollywood führen.

In allen Fällen bedarf es für das Verstehen der unterschiedlichen Rezeption der frühen Filme einer genauen Analyse und Interpretation der Gesamttexte. Das habe ich an anderer Stelle bereits versucht, indem ich Vergil Bedonis Aussagen mit denen von Russell Means verglichen habe (vgl. Renner 1997, S. 225-236). Die Auszüge aus den Erinnerungen von Vincent Bedoni, Toney Lee Atene und Phil Ateen, Vergils Verwandten, werden hier erstmals verwendet.

Jedenfalls, der Kontrast zwischen den Erinnerungen des Sioux-Lakota und denen der vier Navajos könnte kaum größer sein, darum sprechen die Beispiele in mancher Hinsicht für sich selbst. An dieser Stelle sollen wenige analysierende und interpretierende Hinweise auf Rezeptionskontexte genügen:

(1) Die Rezeptionssituation der Navajokinder unterscheidet sich erheblich von der der beiden Siouxbrüder. Die Navajokinder sehen die Westernfilme in den Internaten der Schulen ihrer Reservation und sind dabei unter sich. Die beiden Siouxkinder wachsen in einem Stadtteil von Oakland in Kalifornien auf, wo sie als Indianer absolute Minderheit sind. Dort sehen sie sich, und nicht nur im Kino, ständig mit ihrem Anderssein konfrontiert.

(2) Die Navajokinder erleben, daß es sich bei den Indianern in den Westernfilmen in der Regel nicht um Navajos handelt. Die Feinde der Westernhelden sind zumeist Sioux,

Apachen, Comanchen. Hierin könnte begründet sein, daß sie sich mit den Indianern der Filme nicht identifizieren. Historisch gesehen lagen die Navajos mit diesen Stämmen häufig sogar in Fehde. Die beiden Siouxbrüder empfinden die negative Darstellung ihres Volkes in den Filmen dagegen als unmittelbare Diskriminierung, als Angriff auf ihre Identität.

(3) Da viele Westernfilme auf dem Territorium der Navajos gedreht worden sind, spielen häufig Navajos die verschiedenen Filmindianer. Für die Navajokinder könnte in dieser Erfahrung ein Element der Verfremdung liegen, was dazu führt, daß sie annehmen, es sei sowieso alles nicht ganz ernst.

(4) Aufmerksamkeit verlangt auch die Varianz in der biographischen Verarbeitung der Erinnerungen. Phil, Vergils Stiefbrunder, scheint der einzige unter meinen Navajo-Informanten zu sein, der die in den Filmen transportierte Diskriminierung schon während seiner Kindheit wahrgenommen hat, ohne dieses allerdings öffentlich zu äußern. Toney, Vergils Cousin, deutet im Nachhinein das Gegenüber der Westernfilme als ständige Berieselung, bewußt zugelassen durch die Verantwortlichen der Internatsschulen. Vergils und Vincents Erinnerungen spiegeln eine eher unbefangene Reaktion, wobei beide im Zusammenhang zu sehen sind. Vincent berichtet, Vergil wollte immer den weißen Westernhelden "Lone Ranger", also den Bestimmer spielen und er, der ältere Bruder, sollte der indianische Helfer "Tonto" sein. Und Vincent hat diesem Verlangen entsprochen. Vincent beurteilt seinen Bruder Vergil an anderer Stelle als "always quick minded", also mit schneller Auffassungsgabe ausgestattet, der wußte, was er wollte und sich auch durchgesetzt hat. Hier könnte ein Schlüssel für diese Art der spielerischen Verarbeitung jener Filmerfahrungen liegen.

Die Siouxkinder haben in ihrer Familie, in der Schule, in der Stadt schwierige, ja gegenläufige Lebensumstände zu verarbeiten. Aber auch gewisse traditionell-kulturelle Hintergründe bilden eine Folie, die aggressive Reaktionen auf die als Diskriminierung empfundenen Westernfilme noch verstärken. Dazu gehört, daß ein Sioux die mit seinem persönlichen Namen verknüpften Vorgaben in seinem Leben erfüllen muß, "to live up to your name", und Russell Means' Siouxname Wanbli Ohikita bedeutet Tapferer Adler. Diese Kontexte fügen sich zu einem kämpferischen Grundmuster in seinem Selbstverständnis. In seiner eigenen Formulierung heißt es: "I grew up fighting!" – Ich bin kämpfend aufgewachsen.

Mit diesen Details wollte ich auf komplexe Wechselwirkungen zwischen Medien und Rezipienten hinweisen. Es sollte deutlich werden, daß Vorstellungen über einfache Zusammenhänge von Ursache, Wirkung nicht der Realität entsprechen.

Die Beispiele illustrieren die Bedeutung der Rezeptionssituation und des medienökologischen Hintergrundes mit historischen, ökonomischen, kulturellen Aspekten. Sie geben Hinweise auf Unterschiede im individuellen Zugriff und individuelle Verarbeitung der Medienerfahrungen.

4. Zusammenfassende Bemerkungen

Die Medienwirkungsforschung hat inzwischen einen der Komplexität der Wechselwirkung zwischen Medien und Rezipient angemessenen Standard erreicht. Ein besonders interessantes Beispiel stellt die sogenannte "Strukturanalytische Rezeptionsforschung" einer Freiburger Arbeitsgruppe um Michael Charlton und Klaus Neumann dar. Sie konzentrieren sich auf drei Schwerpunkte:

"- die Bedeutung der Medien für die Lebensbewältigung, Identitätsbildung und -wahrung unter dem Aspekt der Mediensozialisation;
- die Einbettung der Medienrezeption in einen situativen und kulturellen Kontext als den strukturellen Aspekt der Rezeption;
- die Auseinandersetzung des Rezipienten mit einem Medienangebot als der prozessuale Aspekt der Rezeption" (Aufenanger 1994, S. 403/404).

Diesen und anderen qualitativen Forschungsarbeiten wird das Verdienst zugesprochen, eine Umorientierung in der Medienpädagogik hervorgerufen zu haben. "Dazu gehört der neue Blick auf den einzelnen Fall, seine Einbettung in das familiale und soziale Umfeld, die Betonung des Kindes als ein aktives Subjekt im Medienrezeptionsprozeß und die Sichtweise, daß Medien der Lebensbewältigung dienen können, also auch den funktionalen Aspekt zu sehen" (Aufenanger 1994, S. 410).

Schlagworte, so viel ist sicher, helfen in der Medienpädagogik nicht weiter. Es genügt auch nicht, unter Medienkompetenz ein rein kognitives Medienhandeln zu verstehen. Wichtiger scheinen "die affektiven Möglichkeiten, Medien in die eigene Psychodynamik zu integrieren, ohne von ihnen abhängig zu werden" (Aufenanger 1994, S. 411).

Welche Botschaften für Kinder von heutigen Medienerfahrungen ausgehen, hat Ben Bachmair differenziert untersucht. Er diskutiert die Ergebnisse der Medienwirkungsforschung und setzt sich für ebenso differenzierte Reaktionen von Eltern und Pädagogen ein. Wer sich dafür interessiert, dem empfehle ich seine Publikation "TV-Kids", 1993 bei Otto Maier Ravensburg erschienen. Über den Zusammenhang von Lesen und Fernsehen hat Bettina Hurrelmann vielfältig gearbeitet. In verschiedenen Fallstudien zeigt sie komplexe Verknüpfungen von Lese- und Fernsehinteressen im familiären Alltag. Für die pädagogische Arbeit in der Schule wäre daraus die Konsequenz zu ziehen, z.B. Fernseherfahrungen und Leseaktivitäten aufeinander zu beziehen.

Alles in allem, meine Ausführungen sollten aufmerksam machen, daß die Mediatisierung unserer Lebenswelt Wirkungen zeitigt, die man im Hinblick auf Kindheit nicht isolieren kann. Sie betreffen uns alle, die Gesamtgesellschaft steht in der Verantwortung. Die Welt ist komplex, wie sollte ihre Mediatisierung ein einfacher Ursache-Wirkungszusammenhang sein?

Literatur

Aufenanger, Stefan: Strukturanalytische Rezeptionsforschung. Familienwelt und Medienwelt von Kindern. In: Hiegemann, Susanne/Swoboda, Wolfgang H. (Hrsg.), Medienpädagogik, a.a.O., S. 403-412

Bachmar, Ben: TV-Kids. Ravensburg: Otto Maier 1993

Bonfadelli, Heinz: Standardisierte Multi-Media-Forschung. Medienzuwendung als soziales Handeln – Möglichkeiten und Grenzen quantifizierter Rezipientenforschung. In: Hiegemann, Susanne/Swoboda, Wolfgang H. (Hrsg.): Handbuch der Medienpädagogik. Opladen: Leske + Budrich 1994, S. 341-359

Hickethier, Knut: Medienbiographien - Bausteine für eine Rezeptionsgeschichte. In: Medien und Erziehung, 26. Jg., 4/82, S. 206-215

Hiegemann, Susanne/Swoboda, Wolfgang H. (Hrsg.): Medienpädagogik. Opladen: Leske + Budrich 1994

Hurrelmann, Bettina: Fernsehen und Bücher – Medien im Familienalltag. Über die Hintergründe verhinderter Lesebereitschaft. In: Behnken, Imbke/Jaumann, Olga (Hrsg.), Kindheit und Schule, Kinderleben im Blick von Grundschulpädagogik und Kindheitsforschung, München: Juventa 1995, S. 83-93

Klingler, Walter/Groebel, Jo: Kinder und Medien 1990. Eine Studie der ARD/ZDF-Medienkommission unter Mitarbeit von Imme Horn und Karen Schönenberg. Baden-Baden: Nomos Verlagsgesellschaft 1994

Meier, Gustav: Fernsehen. In: Neumann, Karl (Hrsg.): Kindsein. Göttingen: Vandenhoeck & Ruprecht 1981, S. 110-125

Renner, Erich: Die Suche nach Harmonie: Navajo-Versionen. Weinheim: Deutscher Studien Verlag 1996

Renner, Erich: Western-Filme als Identifikation für das Spiel indianischer Kinder: autobiographische Beispiele. In: derselbe u.a. (Hrsg.), Spiele der Kinder, a.a.O., 1997, S. 225-236

Renner, Erich/Riemann, Sabine/Schneider, Ilona K./Trautmann, Thomas (Hrsg.): Spiele der Kinder. Interdisziplinäre Annäherungen. Weinheim: Deutscher Studien Verlag 1997

Sander, Uwe/Vollbrecht, Ralf: Wirkungen der Medien im Spiegel der Forschung. In: Hiegemann, Susanne/Swoboda, Wolfgang H. (Hrsg.): Handbuch der Medienpädagogik. Opladen: Leske + Budrich 1994, S. 361-412

Saxer, Ulrich/Bonfadelli, Heinz/Hättenschwiler, Walter: Die Massenmedien im Leben der Schüler. In: Rundfunk und Fernsehen, 26, 1978/2

Sturm, Hertha: Emotionale Wirkungen – das Medienspezifische von Hörfunk und Fernsehen. In: Fernsehen und Bildung 12, 1978, S. 158ff.

Wilk, Liselotte: Die Studie "Kindsein in Österreich". Kinder und ihre Lebenswelten als Gegenstand empirischer Sozialforschung – Chancen und Grenzen einer Surveyerhebung. In: Honig, Michael-Sebastian/Leu, Hans Rudolf/Nissen, Ursula (Hrsg.): Kinder und Kindheiten. Soziokulturelle Muster – sozialisationstheoretische Perspektiven. München: Juventa 1996, S. 55-76